한국적 리더십 사상의 근원과 미래

21세기 화랑도(花郞道)

한국적 리더십 사상의 근원과 미래

21세기 화랑도(花郞道)

초판 1쇄 인쇄   2010년 09월 25일
초판 1쇄 발행   2010년 10월 03일

지은이 | 소이원
펴낸이 | 손형국
펴낸곳 | (주)에세이퍼블리싱
출판등록 | 2004. 12. 1(제315-2008-022호)
주소 | 서울특별시 강서구 방화3동 316-3 한국계량계측회관 102호
홈페이지 | www.essay.co.kr
전화번호 | (02)3159-9638~40
팩스 | (02)3159-9637

ISBN 978-89-6023-422-2 03810

이 책의 판권은 지은이와 (주)에세이퍼블리싱에 있습니다.
내용의 일부와 전부를 무단 전재하거나 복제를 금합니다.

21세기 화랑도 (花郎道)

| 에세이 작가총서 309 |
21세기 화랑도 리더십 연구소장 **소이원** 지음

한국적 리더십 사상의 근원과 미래

ESSAY

추천사

　무릇 한 나라의 역사는 지도자들이 만들어가는 것은 아닙니다. 역사는 나라를 구성하고 있는 모든 백성들의 피와 땀이 뭉쳐서 흐르는 것이기 때문입니다. 그러나 역사의 물줄기는 그 시대의 선각자들과 지도자들이 그 방향을 잡아갑니다. 또한 역사의 물줄기가 틀어지는 순간의 중심에 선 지도자들의 생각과 가치체계는 모든 사람들의 운명을 좌우할 수 있습니다. 그러기에 흔히 지도자를 잘 만나야 세상이 평안하다고들 말하고, 평안한 삶을 살지 못하고 어려운 처지에 놓인 사람들은 이게 다 지도자를 잘못 만난 탓이라고 한탄하기도 합니다. 한 사람의 지도자와 그의 리더십을 이야기하는 것이 아닙니다. 사회의 각 부문에서 지도적인 역할을 하는 사람들을 말합니다. 다시 말하면 지도층을 말합니다. 절대 권력을 가지고 있었던 조선시대의 임금도 혼자서 모든 것을 결정할 수 없었지 않습니까? 다원화 시대인 현대에는 더욱 한 사람이 아닌 지도층이 역사의 방향을 잡아갑니다.

　한반도에서 흘러간 반만년의 오랜 역사를 돌이켜 보면서 현재를 바라볼 때 현재의 우리는 스스로 크게 자부심을 가지고 살아가고 있습니다. 경술국치를 당한지 100년, 6·25 한국전쟁이 일어난지 60년, 36년간의 주권이 박탈된 식민시대를 뒤로하고, 남북간의 동족전쟁을 치른 지반세기 만에 최소한 남한의 국민들은 그 어느 시대보다도 풍요로운 삶을 살고 있습니다. 훌륭한 지도층을 만난 덕분이겠지요. 한반도 남쪽의 현 주소는 가히 세계에 내놓고 자랑할 만큼 화려하게 쓰여져 있습니다. 해방 후 남한의 지도층이 민주주의와 시장경제를 나라의 정체성으로 잡았기 때문이겠지요. 그리고 이제는 민주주의, 시장경제에 사회안전망 구축이라는 나라의 정체성을 덧붙이면서 복지국가를 지향해 나가고 있지 않습니까? 역사의 방향을 지도층은 제대로 잡았었고 탁월한 리더십을 발휘한 지도자들도 있었고, 한편 국민들은 희망을 가지고 열심히 일한 결과라고 밖에 달리 기록할 수 없을 것입니다. 참으로 스스로 자랑스러운 시대에 우리는 살고 있습니다.

그러나 다른 한편으로는 어둡고 슬픈 현실도 있습니다. 남북간 분단이 고착되고 통일을 이루지 못한 유일한 국가로 지구상에 남아있다는 사실과 나라의 정체성에 대하여 완전히 합의하지 못하고 있는 사람들도 있음을 부정하기 어렵고 또한 지도자들의 공동체, 사회, 나아가 국가와 인류에 대한 책임의식이 엷어져 가고 있지 않나 하는 점입니다. 노블리스 오블리쥬, 바로 그것이 부족한 지도자들이 점점 더 많아지고 있다는 생각이 듭니다. 또한 역사를 배우면서 비판을 하여 왔던 바로 그 현상, 즉, 구체적으로 말하면 사색당쟁과 같은 파벌싸움과 파벌정치 등 다시는 반복되어서는 안될 현상이 해소되지 않고 있는 점입니다. 참으로

답답한 일입니다. 그래서 국민들은 노블리스 오블리쥬를 실행하면서 공정하고 투명하고, 더 나아가 자기 자신을 잘 다스리고 있는 멋있는 지도층을 그리워하고 있다고 생각합니다.

이런 때는 자연히 과거를 돌아보고, 문제점 해결의 실마리를 역사에서 찾으려고 하는 노력이 필요합니다. 그 실마리를 이 책의 저자는 한민족 고유의 리더십 사상이라고 보는 "풍류도"에서 찾았고 풍류도의 맥락에서 화랑도의 현대적 해석을 찾아, 앞에서 지적한 우리 나라 지도층의 담론화를 유도하여 리더십에 대한 전통사상을 계승발전시켜 국민들이 고대하는 주체적 한국인, 열린 아시아인, 나아가 창의적 세계인으로 거듭나 국내적으로는 통일을 성취하고 또한 지구촌 모든 구성원을 이롭게 하는 인물들이 많이 배출되기를 바라고 있습니다.

저자는 국내에서 수여된 군사학 박사 제1호이십니다. 이 점을 소이원 박사는 마음에 새기고 앞으로 더욱 더 훌륭한 연구 결과를 보여주실 것이라 기대합니다.

개인의 이익 만큼 국익을 생각하고, 우리가 살고 앞으로 후손들에게 물려 줄 나라를 걱정하는 선의의 국민들과 이 사회의 지도층이라고 스스로 느끼는 분들에게 감히 일독을 권합니다.

충남대학교 평화안보대학원
초대원장 이 주 영

서문

  21세기를 지식정보화 시대 또는 글로벌 시대라고 한다. 인류가 집단을 이루고 문명을 발전시켜온 이래 오늘날처럼 지구촌이 하나의 공동체로서 상호 의존적이고 상호 연결되어 조화와 공존공영을 추구하는 시대는 일찍이 없었다. '가장 한국적인 것이 가장 세계적'이라는 말은 가장 한국적인 것이라야 세계에서도 통할 수 있다는 의미이기도 하다. 한 사람의 개인은 고유한 유전자(DNA)를 지니고 있으며, 사람의 고유성은 지문으로 나타난다. 따라서 지문이 동일한 사람은 한 명도 없다. 사람에게 고유한 유전자가 있듯이 민족에게도 고유한 정체성이 있다. 그렇다면 한민족의 문화적 유전자(DNA)는 무엇일까?

  고대부터 한민족은 백두산 일대를 비롯한 한반도와 동아시아 지역을 삶의 터전으로 삼아 5000년 동안 민족적 정체성을 유지하면서 고유한 역사와 전통을 가꾸어온 문화민족이다. 반만년 동안 하나의 공동체를 유지하면서 지속적으로 문화를 발전시킬 수 있었던 것은 우리 고유의 말과 글, 그리고 사상이 있었기에 가능했다. 한국인의 말, 한글, 그리고 한국정신[1]이 그것이다.

---

1) 신채호 선생은 이를 '낭가사상(郎家思想)', 정인보 선생은 '얼', 박은식 선생은 '혼', 문일평 선생은 '조선심(朝鮮心)', 최남선 선생은 '조선정신(朝鮮精神)'으로 표현했다.

예로부터 동아시아 지역은 농경, 수렵, 유목 등 인류가 집단을 이루어 생활하면서 정립한 삶의 방식이 혼재된 지리적, 환경적 특성을 지닌 곳이다. 선조들은 환경적 특성을 고려하여 자연 친화적이면서도, 자연의 이치와 질서에 따라 모든 이질적 요소가 조화, 통합되고 공존공영이 이뤄질 수 있도록 '홍익인간 재세이화(弘益人間 在世理化)'2)의 사상을 정립하고 이를 구현하기 위해 노력해왔다. 오늘날 지구촌 공동체는 문명 간의 충돌과 갈등, 생명경시 풍조, 지구 온난화, 환경오염, 삼림 감소 및 사막화, 오존층 파괴 등의 문제에 직면하고 있다. 그러므로 이러한 범지구적 문제를 해결하기 위해 새롭게 정립하고 있는 조화와 공존, 포용과 융합, 저탄소 녹색성장 등 이른바 자연 친화적 삶의 패러다임과 관련하여 '홍익인간 재세이화'의 사상은 그 중요성이 재조명되고 있다.

　특히 구성원들의 도의와 무예를 연마하여 문무겸전의 전인적 역량을 구비하고 국가 사회에 봉사하는 바람직한 리더 양성과 관련해 정립된 '풍류도(風流道) 사상'3)은 한국적 인재 개발과 리더십 사상의 원류로서

---

2) 인간을 널리 이롭게 하고 이치에 따라 세상을 조화롭게 한다는 의미로서 인간과 인간 간의 조화와 공존, 인간과 자연의 조화와 합일사상이 내재되어 있다.

3) 풍류도란 배달겨레의 도(道)라는 의미를 지니고 있으며, 고조선의 선인, 고구려의 조의·선인, 신라의 화랑도, 조선의 선비정신으로 계승되고 있는 한민족 고유의 리더십 사상을 말한다. 이 책에서는 풍류도와 화랑도를 같은 의미로 사용했다.

현대에 새롭게 조명되고 있다. 5000년 전 우리 선조들이 정립한 삶의 방식은 허황된 자존심이나 배타적 민족주의가 아닌, 주체의식을 바탕으로 한 개방적, 포용적, 창의적, 자연 친화적인 문화였다. 이것이야말로 오늘날 인류가 직면한 전 지구적 문제를 해결할 수 있는 지혜였다는 것이 새롭게 인식되고 있는 것이다.

『21세기 화랑도』는 오늘날 세계 속의 한국인으로 살아가고 있는 모든 사람들에게 한민족의 유구한 역사와 리더십 사상의 뿌리를 올바르게 알리고자 하는 데 목적이 있다. 민족적 정체성과 자긍심을 확립하고 이를 현대적으로 온고지신하여 21세기 새로운 화랑으로서 리더십 역량을 개발하며, 더 나아가 세계 속의 한국으로 우뚝 설 수 있도록 그 주역이 되는 데에 다소나마 도움이 되기를 바라는 마음으로 집필했다.

이 책에서는 리더와 리더십에 관한 동서양의 개념과 이론을 소개하고, 특히 한민족이 정립하고 계승·발전시켜온 화랑도 사상을 중심으로 하여 그 뿌리와 역사 속에 나타난 사례를 분석하며, 21세기 변화된 환경을 고려하여 현대의 바람직한 리더십 관점을 새롭게 제시했다.

어느 민족 또는 국가이든지 간에 역사의 흐름에 따라 부침을 거듭하며 흥망성쇠가 반복된다. 한민족은 역사가 유구한 민족으로서 인류 문명사의 격랑 속에서도 민족문화의 정체성을 상실하지 않고 현재까지 지속해 왔다. 그 속에는 모든 인간을 이롭게 하고 자연과의 조화를 지향하는 한국적 리더십 사상, 즉 '풍류도'가 있었기에 가능했다. 온고지신(溫故知新)이라는 말이 있듯이, 과거에 아무리 훌륭한 사상이 있었더라도 이를 현대적으로 새롭게 계승·발전시키지 못하면 사멸되고 만다.

후손들이 해야 할 바람직한 도리는 과거의 영광을 회상하면서 향수에 젖는 일이 아니라, 현대에 적합하게 더욱 발전시켜 계승하는 일이다. 특히 이 책이 발간되는 2010년은 1910년 8월 29일 한일합방으로 우리나라가 일본의 강점 하에 들어간 지 100주년이 되는 해이며, 1950년 6월 25일 한국전쟁이 발발한 지 60주년이 되는 해이다. 지난 100년은 한민족 5000년 역사에서 가장 비극적이고 치욕적인, 이민족에 의한 식민통치와 동족 간의 전쟁으로 인한 고통과 질곡으로 점철된 역사, 민족이 주체성과 정체성을 상실하면 어떤 상태에 돌입하게 되는가를 잘 보여준 역사였다. 그간 우리는 민족사적 어려움에 처했지만 민족 정체성과 원상을 회복하기 위해 힘써왔다. 그러나 아직 온전한 원상회복이 되지 못하고 남과 북이 분단된 상태로 민족적 역량을 소모하면서 21세기를 맞았다. 21세기의 새로운 100년은 한민족 공동체의 원상을 온전히 회복하고 고대 선조들이 이룩한 동이문화권의 영광을 재현해야 한다. 한민족은 이를 실현할 수 있는 정신적 유산과 성공사례, 미래에 대한 비전을 다 갖추고 있다.

아무쪼록 본 저서를 통해 21세기를 살아가는 한국인들이 리더십에 대한 전통사상을 더욱 계승·발전시키고, 자긍심·주체성·열린 마음·창의성을 제고하여 21세기 화랑도로서 거듭날 수 있기를 바라는 바이다. 주체적 한국인, 열린 아시아인, 나아가 창의적 세계인으로 성장하여 지식정보화 시대가 요구하는 자연 친화적인 새로운 삶의 패러다임을 정립하는 주역으로서, 분단된 조국을 통일하고 지구촌 모든 구성원들을 이롭게 하는 '글로벌 홍익인간 재세이화'를 달성할 수 있도록 다소나마 도움이 되었으면 하는 바람이다.

- 단기 4343년, 서기 2010년 개천절에 소이원(蘇二元)

목차

〈추천사〉··· 5
〈서 문〉··· 8

제1장 리더와 리더십

1. 인간의 집단생활과 리더십 현상 ························· 17
2. 리더와 리더십 ·· 20
　가. 리더와 리더십의 정의 ································· 20
　나. 리더의 출현과 리더십의 발전 ······················· 21
　다. 현대 리더십 연구의 다양한 관점 ··················· 28
　　1) 리더십에 대한 다양한 정의 ······················· 28
　　2) 리더십 연구의 방법 ································· 30
3. 팔로우어와 팔로우어십 ···································· 38
　가. 팔로우어와 팔로우어십의 정의 ····················· 38
　나. 고대 동양의 팔로우어십 ······························ 39
　다. 근대 전체주의 국가의 팔로우어십 ················· 45
　라. 현대의 팔로우어십 ···································· 49
4. 군대와 리더십 ··· 53
　가. 지휘와 통솔 ··· 53
　나. 지휘관과 지휘권 ······································· 54
　다. 고대 동양 병서의 지휘 개념 ························ 60
　　1) 지휘관의 자격과 권한 ····························· 60
　　2) 지휘관의 바람직한 자세 ·························· 65

라. 현대 군대의 지휘 유형 ················· 66
　　　1) 임무형 지휘와 통제형 지휘 ············· 66
　　　2) 독일의 전통적 지휘 개념과 임무형 지휘 ······ 68
　　마. 현대 군대의 리더와 리더십 ············· 71
　　　1) 미국 육군의 리더와 리더십 ············· 71
　　　2) 캐나다 육군의 리더십 개념 ············· 76
　　　3) 팔로우어십 발휘 사례와 교훈 ············ 78
　　　4) 리더십 패러다임의 유형과 변천 ··········· 80
　　　5) 21세기 리더십의 지향점 ··············· 83

제 2 장 한국적 리더십 사상의 근원과 역사적 전개

1. 한반도의 자연적 특성과 공동체 형성 ········· 91
2. 한민족의 리더십과 정신문화의 근원 ········· 101
　　가. 풍류도 사상과 원광법사의 세속오계 ······· 101
　　나. 풍류도의 사상적 뿌리 ··············· 104
　　다. 화랑도의 수련 내용과 실천 윤리 ········· 121
3. 고조선의 풍류도 ····················· 126
4. 고구려의 풍류도와 선배 제도 ············· 136
5. 삼국통일에 반영된 풍류도 사상 ············ 145
6. 통일신라의 풍류도 사상의 전개와 쇠퇴 ········ 155
7. 고려의 훈요십조와 풍류도 정신 ············ 168
8. 유교, 불교, 풍류도 사상의 병립 ············ 174
9. 사상적 충돌과 풍류도 사상의 쇠퇴 ·········· 186
10. 고려의 몰락과 풍류도 사상의 위축 ·········· 195
11. 한글 창제와 풍류도 정신의 계승 ··········· 207
12. 사상적 정체와 임진왜란과 병자호란의 발생 ····· 211
13. 사상적 전환기의 풍류도 사상의 부활 ········ 226
14. 3·1 운동에 나타난 풍류도 사상 ············ 235

15. 해방과 한국전쟁에서 나타난 풍류도 사상 ········ 241
16. 대한민국 정부 수립과 풍류도 정신의 계승 ········ 260
17. 산업 사회 전환기의 풍류도 사상 ················ 265
18. 시대적 과제 해결과 풍류도 정신의 계승 ·········· 273

제3장 21세기 새로운 화랑도

1. 전통사상의 재조명과 화랑도리더십의 계승 ········ 279
   - 가. 한국의 현주소 ······························· 279
   - 나. 화랑도 정신에 의한 재도약 ··················· 286
2. 21세기 한반도의 비전 ···························· 295
   - 가. 한반도의 지리적 정세 ························ 295
   - 나. 21세기 한반도 문제 재검토 ··················· 298
   - 다. 통일된 한국의 청사진 ························ 300
3. 화랑도 사상의 현대적 재조명 ····················· 305
   - 가. 새로운 풍류도 사상 정립 ····················· 305
   - 나. 다시 쓰는 21세기 난랑비 서문 ················· 307
   - 다. 조화를 위한 포용의 자세 ····················· 310
   - 라. 지·인·용 삼덕을 구비한 전인적 글로벌 리더십 개발 ······ 313
   - 마. 새로운 세속오계의 정립과 실현 ················ 317
     1) 새로운 사군이충 ························· 317
     2) 새로운 사친이효 ························· 329
     3) 새로운 교우이신 ························· 332
     4) 새로운 임전무퇴 ························· 340
     5) 새로운 살생유택 ························· 344

제4장 맺음말 ······································· 349

〈참고문헌〉 ··· 354

제 1 장

리더와 리더십

1. 인간의 집단생활과 리더십 현상

현대사회에서 인구에 자주 회자되는 용어 가운데 하나가 리더와 리더십이다. 청소년 리더십, 신입사원 리더십, 팀장 리더십, CEO 리더십 등 다양한 분야에서 사용되고 있다. 이는 리더와 리더십이라는 개념이 현대사회를 살아가는 데 매우 중요한 비중을 차지한다는 것을 나타내는 것이기도 하다.

리더와 리더십이라는 용어는 서구에서 온 외래어로서, 국립국어연구원에서 발간한 『표준국어대사전』에 따르면 리더(leader)의 사전적 의미는 "조직이나 단체 따위에서 전체를 이끌어가는 위치에 있는 사람"으로 설명되어 있고, 리더십(leadership)이란 "무리를 다스리거나 이끌어가는 지도자로서의 능력"[1]이라고 설명되어 있다. 또 다른 『국어대사전』에서는 리더란 "지도자, 지휘자"를 뜻하며, 리더십이란 "지휘자로서의 지위 또는 임무, 지도, 지휘, 통솔, 통솔력"[2]이라고 설명하고 있다. 사전의 설명을 보면, 리더란 사람으로 구성된 무리, 집단, 조직을 이끌어가는 사람을 의미하며, 리더십이란 이끌어가는 능력을 의미함을 알 수 있다.

왜 리더와 리더십이라는 용어가 필요했으며, 이는 어떤 현상을 설명해주는 것일까? 동양 유가사상의 시조 공자는 세 사람이 길을 가면 반드시 스승이 있다[3]고 했다. 베일즈(Bales)와 배스(Bass)는 사람이 집단을 이루면 리더와 팔로우어 관계가 자연스럽게 형성되며 이끌고 따르는 관계는 동시에 출현하는 현상[4]이라고 했다. 또한 진화론적 관점에서 인간의 리더십 현상을 바라보는 학자들은 리더십을 인간의 생존 및 진

---

[1] 국립국어연구원, 『표준국어대사전』(서울 : 두산동아, 1999), p.1951.
[2] 이희승, 『국어대사전』(서울 : 민중서림, 1994), p.1120.
[3] 주희 집주, 임동석 역주, 『사서집주언해 논어』(서울 : 학고방, 2004), p.267.(三人行必有我師)
[4] Mark Van Vugt, "Evolutionary Origins of Leadership and Followership", *Personality and Social Psychology Review*, 2006, Vol.10, No.4, p.354.

화와 관련된 사회적 협력 전략의 결과5)로 설명하기도 한다.

이처럼 동서양의 여러 식자들이 언급한 것처럼 인간은 사회적 동물로서 혼자서는 생존할 수 없으며, 집단생활을 통해 생존을 영위하고 사회를 형성하여 성장, 발전, 진화해왔다. 인류가 공동체를 이루어 생활하면서 먹을 것을 구하기 위해 수렵, 채집 활동을 하는 데는 협동이 필수적으로 요구되었다. 바로 이 과정에서 자연스럽게 이끌고 따르는 관계가 형성되었을 것이다. 그리고 잘 이끌고 잘 따르는 문제는 가정, 마을, 사회, 국가 등 집단과 공동체의 흥망성쇠와 직결되기 때문에 지도자의 리더십과 따르는 사람의 팔로우어십(followership)이 중시되었음을 짐작할 수 있다. 이처럼 인간의 집단생활은 사람과 사람 사이의 이끌고 따르는 것을 기반으로 하여 형성된다.

리더십 현상은 인간이 집단을 형성하고 사회생활을 하면서 나타난 자연스러운 현상이다. 리더와 리더십이라는 용어가 이러한 현상을 설명해준다. 즉 리더십 현상(phenomenon of leadership)이란 인간이 공동체를 이루고 사회생활을 하면서 공동의 목표를 달성하는 과정에서 나타나는 것으로서 아래와 같이 요약할 수 있다. 첫째, 리더십은 집단 상황에서 일어나는 현상이다. 둘째, 리더십은 목표 달성을 위한 과정이다. 셋째, 리더십은 영향을 미치는 과정6)이다.

먼저 리더십이 인간의 집단생활에서 일어나는 현상이라는 것은, 인간이 공동체를 유지하고 집단의 일원으로 생존하기 위해서는 이끌고 따르는 관계가 기초가 되며, 집단 상황에서 이끌고 따르는 관계가 역동적으로 발생한다는 것을 의미한다. 이 경우 집단은 소집단일 수도 있고 공동체 집단일 수도 있으며, 집단 전체를 포괄하는 대규모 조직일 수도 있

---

5) Ibid., p.359.
6) P.G.Northouse 저, 김남현 역, 『리더십』 (서울 : 경문사, 2006), p.4.

다. 다음으로 리더십이 목표 달성의 과정이라는 것은, 구성원들로 이루어진 집단에서 구성원 상호간에 이끌고 따르는 관계가 발생하는 것은 이들이 공동 목표(common goal)를 지향하고 추구하는 바가 동일하기 때문에 집합적 행동(collective action)이 나타난다는 의미이다. 집단의 구성원들은 지향하는 목표와 추구하는 바가 동일하지 않으면 집합적 행동을 추구하지 않는다. 마지막으로 영향을 미치는 과정이라는 의미는, 이끌고 따르게 하는 힘의 근원인 영향력이 집단을 형성하는 리더와 구성원 간에 상호 교환된다는 것이다. 이 과정에서 더 많은 영향력을 미치는 사람이 리더 역할을 수행한 사람[7]이며, 따르는 사람은 팔로우어[8]이다. 집단생활에는 질서유지와 협력을 위해 반드시 이끄는 사람(leader)과 따르는 사람(follower)이 있기 마련이고, 잘 이끌고 잘 따르는 것과 관련된 문제가 리더와 리더십에 관한 담론이라고 볼 수 있다.

[리더십 3 요소]

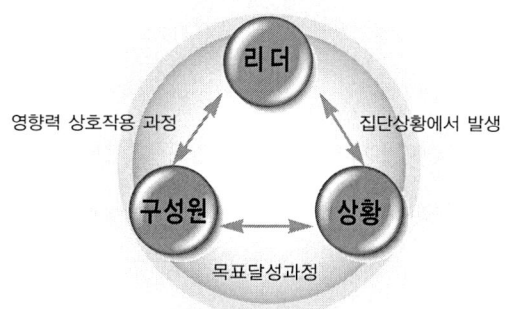

---

[7] Canadian National Defence, *Leadership in the Canadian Forces*, Ottawa : Canadian national Defence HQs, 2007, P.7(Influence process that occurs in human groups engaged in collective action, those people who do more of the influence are said to perform a leadership role.)

[8] Websters College Dictionary, New York : Random House, 1991, p.517.(Follower : a person who follows another in regard to his or her ideas or belief.)

2. 리더(leader)와 리더십(leadership)

가. 리더와 리더십의 정의

리더십 현상에 대해 의미를 부여하고 용어로 사용하고 문자로 기록하기 시작한 것은 지금으로부터 약 5000년 전의 이집트 상형문자에 리더(Seshemu), 리더십(Seshemet), 팔로우어(Shemsu)를 사용한 것이 최초[9]라고 알려져 있다. 이는 현재의 리더십이라는 용어가 출현하기 이전에 이미 오래 전부터 리더십 현상을 설명하는 용어가 있었음을 의미한다. 그 후 리더(leader)라는 용어가 나타나기 시작한 것은 1300년경이다. 그 어원은 라틴어 'Ladan' 에서 유래했다고 한다. 'Ledan' 의 뜻은 'to travel', 'show the way' 로서 여행이나 이동 시의 안내라는 의미를 지니고 있다. 즉 '이끌다, 안내하다' 를 의미하는 'lead' 에서 '이끄는 사람, 안내하는 사람' 을 의미하는 'leader' 로 발전했음을 의미한다. 이와 같은 의미로 Websters 사전에는 리더에 대해 "Leader : a person or thing that leads, a guiding or directing head, as of an army, movement, or political group"[10]으로 기술되어 있다. 이처럼 리더에는 안내자, 앞에서 이끄는 자, 정치집단 또는 군대, 또는 이동 시 우두머리 등 다양한 의미가 담겨 있다.

리더십이라는 용어는 그 후 500년이 지난 19세기부터 사용되기 시작했고, 리더십에 대한 학문적 연구는 20세기에 들어와서부터 본격적으로 시작[11]되었다. 리더십에 대해 Websters 사전에는 "Leadership :

---

[9] 최광신, "팔로우어십-리더십 유형간의 짝이 조직 유효성에 미치는 영향에 관한 연구" (전남대 박사학위논문, 2001), p.42.
[10] Websters College Dictionary(1991), op. cit., p.770.
[11] Georgia Sorenson, "An intellectual history of leadership studies : The role of James MacGregor Burns", http://www.academy.umd.edu/publications/presdidental_leadership/so (검색일 : 2006.4.7.)

the position or function of a leader, ability to lead"[12]로 기술되어 있다. 리더십은 이끄는 사람, 안내하는 사람을 뜻하는 리더(leader)와 상태, 신분, 관계, 관직, 술을 의미하는(ship)이 합쳐진 외래어로서 『표준국어대사전』에 따르면 "무리를 다스리거나 이끌어 가는 지도자로서의 능력, 지도력, 통솔력으로 순화"[13]라고 기술되어 있다. 즉 리더는 이끄는 사람, 리더십은 이끄는 사람의 능력 또는 역량이라는 의미로 볼 수 있다.

나. 리더의 출현과 리더십의 발전

인류가 집단을 형성하게 되면 이끄는 사람과 따르는 사람이 있기 마련이다. 고대부터 이어온 인류의 정착생활이나 유목생활에 있어서 집단 형성과 삶의 형태에 따라 다양한 리더가 존재했음을 알려주는 역사적 사례들이 있다. 먼저 한반도에서는 신석기 시대부터 정착생활이 시작되었다. 집단 단위가 씨족으로 구성되고 씨족 구성원들에 의해 집단을 대표하는 씨족장이 선출되었다. 씨족장은 잘못이 있으면 언제든지 물러나야 했다. 신라의 화백제도는 이러한 전통이 발전한 것[14]이라 할 수 있다. 씨족단위 공동체가 인구가 증가하고 규모가 커지면서 부족사회로 발전했고, 부족 연맹체가 결성되면서 성읍국가 형태의 정치적 사회가 출현했다. 고조선이 그 대표적인 예이다. 성읍국가에는 국가를 대표하는 단군왕검이라 불리는 지도자가 있었는데, 정치 지도자 기능과

---

[12] Websters College Dictionary(1991), op. cit., p.770.
[13] 국립국어연구원(1999), 앞의 책, p.1951.
[14] 이기백, 『한국사 신론』, (서울 : 일조각, 1984), p.15.

제사장 기능을 겸한 호칭15)으로 알려져 있다. 단군왕검에게는 제사장으로서의 종교적 자질과 능력, 정치 지도자로서 정치, 사회적 역량과 도덕성 및 인격이 동시에 요구되었다. 즉 문무겸전의 전인적 역량이 요구된 것이다. 단군왕검은 무력과 강압에 의거하여 구성원을 지배하고 통제하는 것이 아니라, 전인적 역량을 기반으로 하여 이치(理致)로써 세상을 교화하는 이른바 '재세이화(在世理化)'의 사상을 정립하고 이를 구현했다. 이승휴의 『제왕운기(帝王韻紀)』에서는 이와 같은 사상에 대해 "무나 변화 전환인(無奈變化 傳桓因)"이라고 전하는데, 이는 '어찌할 도리가 없는 변화는 환인이 전한 것이다' 라는 의미이다. 한영우는 이에 덧붙여 '강압적이고 인위적인 통치가 아니라 자연의 이치에 따라 통치한다' 라는 의미로서, 고대 동양의 노장사상에서 제시된 무위자연(無爲自然), 무위이치(無爲而治)와 같은 맥락16)이라고 설명한다.

한편 진화론적 관점에서 리더십을 연구한 학자들에 의하면 제정일치 시대의 고대 지도자에게 공통적으로 나타나는 중요한 요소는 관용과 포용성(generosity), 주도적이고 적극적인 행동(initiative taking), 특정한 과업을 수행할 수 있는 역량과 지적능력(intelligence, specific task competencies)으로서 강제적 지배(dominance)는 리더십과 관련이 없는 것17)으로 보고된다. 공동체 구성원들을 모두 포용하고 배려하는 사람 됨됨이와 그릇의 크기가 중요하며, 생존에 필요한 지식과 능력, 적극적 사고와 행동이 중요하게 요구되었음을 알 수 있다. 원시 공동체 사회의 제정일치는 인구 증가와 사회 변화에 따라 정치와 종교가 분화됨으로써 정치 지도자는 왕으로, 제사장은 천군으로 각각 분리되었다.

---

15) 위의 책, p.26.(동양과 서양을 막론하고 고대의 지도자는 정치 지도자와 제사장 기능을 겸한 Priest-King의 모습을 보여주고 있다.) p.354.
16) 한영우, 『한국 선비지성사』, (서울 : 지식산업사, 2010), p.113.
17) Mark Van Vugt(2006), op. cit., p.359.

고대 한국의 정치와 종교, 도덕과 윤리 사상은 이와 같은 역사적 맥락에서 태동, 발전되었다.

고대 아라비아 반도에서도 유목민과 농경 정착민이 거주하고 있었는데, 둘 다 부족 단위로 공동생활을 영위했다. 원시 제정일치 시대에는 승려 왕(Priest-King)의 형태를 보이다가 후에 부족장, 점술사, 전시 지도자, 중재자 등의 지도자 직위로 분화되었고, 이들은 모두 부족 구성원 회의에서 선임되었다. 부족장은 주로 덕망 높고 나이 많은 구성원 중에서 선출되었다. 그는 특별한 권한을 가졌다기보다는 구성원들과 동등한 자격으로 부족 대표자로서 회의를 주재하고 대외적으로 부족을 대표하는 기능을 담당했다. 점술사는 부족의 제사와 장례, 축제 시 의식을 관장했다. 전시 지도자는 군사적 식견과 활동력이 왕성한 중년의 구성원 중에서 선출되었는데, 그는 다른 부족과의 전쟁, 천재지변 등 공동체의 위기 시에 위기관리 업무를 관장했다. 이는 연로한 부족장보다 전투 지휘의 효율성 차원에서 고려[18]된 듯하다. 중재자는 부족 구성원간의 분규를 조정하여 해결하는 업무를 관장했으며, 중요한 문제는 부족 구성원 회의에서 토의를 통해 결정했고 합의와 관행을 중요시[19]했다. 이와 같이 집단의 형태에 따라 정치 지도자, 종교 지도자, 군사 지도자, 중재(오늘날 사법부) 지도자 등 다양한 리더가 출현하고 있음을 알 수 있다.

고대부터 현대에 이르기까지 동양과 서양을 막론하고 인간이 집단생활을 영위하는 데에는 다양한 지도자 역할이 요구되었으며, 효과적인 리더십 발휘는 집단의 운명과 직결되었다. 따라서 바람직한 리더십에 관한 여러 견해들을 다양한 문헌에서 살펴볼 수 있다.

---

[18] 전쟁 시에는 구성원들 힘의 결집과 일사불란한 대응을 위해 강력한 지도력이 요구되었다. 이러한 필요에 의해 생겨난 것이 왕(King) 제도였는데, 원래 임시직이었으나 전쟁이 빈발하고 계속되면서 왕의 권한이 계속되고 세습이 이루어지게 되었다.
[19] 김정위, 『중동사』, (서울 : 대한교과서 주식회사, 1990), p.73.

먼저 서양에서는 그리스 신화, 기독교의 경전, 『플루타르크 영웅전』, 플라톤의 『국가론』, 마키아벨리의 『군주론』에 이르기까지 다양한 고전에서 리더십에 대해 직·간접적으로 강조하고 있다. 특히 『플루타르크 영웅전』에는 정치 지도자의 리더십에 관하여 '너무 고상한 태도로 백성을 대하며 모든 일에 있어 백성들의 의사를 꺾으려는 지도자는 백성들로부터 엄격하고 냉혹하다고 생각되기 쉽다. 그 반면에 항상 백성들의 뜻을 추종하며 그들과 같은 과오를 범하는 지도자는 위험에 빠지고 파멸에 이르게 된다. 나라를 부강하게 만드는 방법은 때로는 백성의 뜻에 양보하고 그들이 순종할 때는 칭찬하면서 좋은 정책이라면 강력히 추진해야 한다'라고 기술하고 있다. 또한 "통치자로서의 엄격성과 지도자로서의 온유함이 가장 참된 조화를 이루면 신이 우주를 다스리는 것처럼 백성들도 다스려지기 때문에 폭력이 필요 없게 된다."[20]라고 전해진다. 『플루타르크 영웅전』에서 제시하는 최상의 리더십은 통치자로서의 엄격함과 지도자로서의 온유함을 겸비하고, 마치 신이 우주를 다스리는 것과 같은 모습으로 나타나고 있다.

동양에서도 고대로부터 춘추전국 시대 제자백가 사상의 출현과 함께 리더와 구성원의 역할과 사회질서 유지, 국가 통치, 바람직한 인간관계와 관련한 다양한 관점이 제시되었다. 먼저 정치와 군사에 관한 고전으로 알려진 『육도삼략』에서 "국가의 안위와 흥망성쇠는 천시에 있는 것이 아니라 군주에게 달려 있으며[21] 삼군의 지휘통솔의 성공 여부는 장수에 달려 있다."[22]라고 했다. 국가를 다스리는 군주와 전쟁 시 군대를 지휘하는 장수의 리더십의 중요성에 대해 언급하고 있음을 알 수 있다.

---

20) 서근석 역, 『중용』, (서울 : 풀잎, 1994), p.102.
21) 이상옥 역, 『육도삼략』, (서울 : 명문당, 2007), p.72.(國家安危禍福在君, 不在天時)
22) 위의 책, p.300.(三軍與之俱治與之俱亂 在賢將)

또한 유가(儒家)의 인(仁), 의(儀), 성인(聖人), 군자(君子), 왕도(王道), 도가(道家)의 도(道), 덕(德), 선인(仙人), 무위이치(無爲而治), 법가(法家)의 법(法), 세(勢), 술(術), 패도(覇道) 등 제반 개념은 현대적 의미의 리더와 리더십에 대한 다양하고도 심도 깊은 논의가 오래 전부터 있었음[23]을 잘 보여주고 있다.

또한 고대 중국의 황실에 전해져오던 자료를 정리하여 제시된 유향의 『설원』에는 제1장 군도(君道) 편에 "군주가 행할 도리는 청정무위하고, 인애에 힘쓰며, 어질고 현명한 인재를 골라 쓰고, 항상 눈과 귀를 열어 사방을 살피고, 세상의 유행에 동조하지 말아야 하며, 측근들로 인하여 눈이 어두워지지 않도록 해야 하고, 현실을 직시하고 미래를 예측해야 하며, 독자적인 원칙과 견해를 갖고 있어야 한다. 그리고 아랫사람의 업적을 공평무사하게 평가하고 신상 필벌해야 한다."[24]라고 제시하고 있다.

> 〈인군지도(人君之道)〉
>
> 청정무위(淸淨無爲), 무재박애(務在博愛), 추재임현(趨在任賢), 광개이목(廣開耳目), 이찰만방(以察萬方), 불고익어유속(不固溺於流俗), 불구계어좌우(不拘繫於左右), 곽연원견(廓然遠見), 탁연독립(踔然獨立), 누성고적(屢省考績), 이임신하(以臨臣下)
>
> – 『설원』 제1장 군도

특히 공자는 "지도자가 덕으로 다스린다는 것은 비유하건대 북극성이 제자리를 지키고 있으면서 뭇 별들이 그를 둘러싸고 도는 것과 같

---

[23] Chao-Chaun Chen and Yueh-Ting Lee, *Leadership and Management in China*, New York : Cambridge, 2008, p.3.
[24] 유향·유흠 편, 후웨이홍 재편, 이원길 역, 『반성하는 조직이 성공한다』 (서울 : 신원문화사, 2007), p.16.

다."25)라고 했다. 또한 노자는 "가장 바람직한 다스림은 구성원들이 지도자가 있다는 것을 인식하는 선에서 저절로 다스려지는 것이며, 그 다음은 지도자가 구성원들로부터 사랑과 칭찬을 받으면서 다스리는 것이며, 그 다음은 구성원들이 지도자를 두려워하는 것이며, 가장 바람직하지 못한 다스림은 지도자가 구성원들로부터 경멸을 당하는 상태이다."26)라고 했다. Chen and Lee는 이를 해석하여 '가장 바람직한 리더는 도(道)에 따라서 다스리는 사람이고, 그 다음으로 바람직한 리더는 덕(德)에 따라서 다스리는 사람이며, 그 다음은 법(法)에 따라서 다스리는 사람이고, 가장 바람직하지 못한 리더는 무능력하면서 어떤 형태의 도, 덕, 법에도 따르지 않고 사람들로부터 무시와 모멸을 받는 리더' 라고 했다. 이와 같은 맥락에서 사람을 다스리는 것과 관련하여 왕도(王道), 인도(人道), 패도(霸道)의 세 가지 패러다임이 나타나고 발전했다.

　동양에서 임금을 의미하는 한자어 '군(君)'은 다스린다는 의미의 '尹'자와 사람의 말을 의미하는 '口'자의 합성어이다. 즉 말로써 호령하며 구성원을 다스리는 사람을 뜻한다. 고대부터 바람직한 군주의 모습을 성군(聖君)이라고 한다. 聖은 귀를 뜻하는 耳와 입을 뜻하는 口, 그리고 사람을 뜻하는 壬이 결합한 글자다. 즉 임금은 말하기 전에 먼저 다양한 의견을 잘 듣고 현명하게 판단한 후 결정된 것을 말하는 사람이라는 의미가 내포되어 있다. 또한 왕(王)은 하늘과 땅과 사람을 의미하는 '一' + '一' + '一' 과 이를 연결하여 꿰뚫고 있는 모습을 나타내는 'ㅣ'이 결합한 글자이다. 왕은 천(天), 지(地), 인(人)에 대하여 훤히 알고 이를 하나로 연결할 수 있는 능력을 구비한 사람을 말하며 고대 중국에서는 이

---

25) 주희 집주(2004), 앞의 책, p.55.(爲政以德, 譬如北辰居其所而衆星共之)
26) Chao-Chaun Chen and Yueh-Ting Lee(2008), op. cit., p.97.(노자, 『도덕경』 17장 : 太上, 下知有之, 其次, 親之譽之, 其次, 畏之, 其次, 侮之)

를 천자(天子)라고 했다.

지도자에게 요구되는 자질과 태도와 관련하여 인격과 전인적 역량 구비, 자연스러움과 순리, 자연법칙에 따른 리더십이 강제적, 인위적으로 통치하는 것보다 효과적임을 제시하고 있다. 동양의 바람직한 리더십 사상은 북극성을 중심으로 뭇 별들이 도는 것과 같은 무위이치(無爲而治), 즉 저절로 다스려짐을 최상으로 제시하고 있는데, 이는 천체 운행 원리, 자연법칙과 관련되어 있음을 알 수 있다.

공자는 이와 같은 무위이치의 모범적인 예를 순 임금의 리더십으로 제시하고 있다. "저절로 다스려짐을 진정으로 구현한 사람은 순 임금이었다. 그가 한 일은 그 일을 가장 잘할 수 있는 사람을 선발하여 관직을 맡기고, 스스로를 바르게 하고 임금의 자리를 지켰다."[27]라고 전하고 있다.

이를 현대적으로 해석해보면 가장 능력 있는 사람을 선발하여 적재적시 적소 원칙을 적용한 인사관리를 하고, 이들이 자신의 역량을 최대한 발휘할 수 있도록 동기 부여 및 권한 위임을 하며, 여건을 보장해주고, 자신은 스스로 몸가짐을 바르게 하여 자리를 지켰다는 의미로 이해할 수 있다. 그리고 그렇게 할 수 있는 사람이 리더가 될 수 있었다는 의미이기도 하다.

서양의 『플루타르크 영웅전』에서 제시하는 '신이 우주를 다스리는 것과 같은 리더십'이나 동양의 '저절로 다스려짐(無爲而治)' 사상은 궁극적으로 자연의 이치에 따르는 리더십을 제시한 것으로서, 최상의 리더십이 지향하는 바는 동양과 서양이 크게 다르지 않음을 보여주고 있다.

---

[27] 리쩌허우 저, 임옥균 역, 『논어금독』, (서울 : 북로드, 2006), p.692.(子曰, 無爲而治者, 其舜也與, 夫何爲哉 恭己正南面而已矣)

이는 동양과 서양을 막론하고 인류가 집단생활을 효과적으로 영위하기 위한 가장 바람직한 인간관계와 질서유지 방법을 자연법칙으로부터 찾고 있다는 것을 뜻하며, 현대 리더십 연구에도 시사해주는 바가 크다.

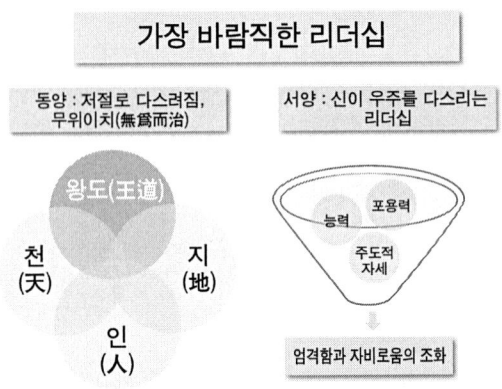

다. 현대 리더십 연구의 다양한 관점

1) 리더십에 대한 다양한 정의

리더십에 대한 현대 학자들의 관심은 20세기에 들어와서 행동과학적 연구가 진행되면서 활성화되었다. 서구 문명의 확산이 영어 사용을 동반하듯이 리더십 용어도 세계적으로 확산되면서 다양하게 정의되고 사용되기 시작했다.

리더십이란 무엇인가와 관련하여 스톡딜(Stogdill)은 리더십에 대한 정의는 리더십을 연구하는 사람들의 수만큼이나 다양하다고 했다. 또한 플라이쉬만(Fleishman)은 리더십에 대한 과학적 연구가 진행되면서 리더십을 정의하기 위해 개발된 분류 시스템이 65개나 된다고 했다.

리더십에 대한 정의는 리더십 현상을 조망하는 관점에 따라서, 또는 시대 사조에 따라서 아래와 같이 다양하게 제시되었다. 아래 표는 과거 50년에 걸쳐 제시되어온 몇 가지 대표적인 정의[28]를 보여주고 있다.

> 〈현대 리더십의 정의〉
>
> 1. 리더십은 "개인의 행동이며 집단의 활동들을 공유해 목표로 향하게 한다." (Hemphill & Coons, 1957, p.7.)
> 2. 리더십은 "조직의 일상적인 지시에 기계적으로 응종하도록 하는 것에 더해서 영향력을 증가시키는 것이다."(Katz & Kahn, 1978, p.528.)
> 3. "개인이 부하들을 동기 유발시키고 관여시키며 만족시키기 위해서 제도적, 정치적, 심리적 및 기타 자원을 동원할 때 리더십은 발휘된다." (Burns, 1978, p.18.)
> 4. 리더십은 "조직화된 집단 활동에 영향을 미쳐 목표를 성취하도록 하는 과정이다."(Rauch & Behling, 1984, p.46.)
> 5. "리더십은 집합적 노력에 목적, 즉 의미 있는 방향을 부여하는 과정이며, 하고자 하는 의욕을 불러일으켜서 목적의 성취를 위해 이것을 사용하게 된다."(Jacobs & Jacobs, 1990, p.281.)
> 6. 리더십은 "문화 바깥으로 나아갈 수 있는 능력이며 보다 적응적인 진화적 변화 과정에 착수할 수 있는 능력이다."(Schein, 1992, p.2.)
> 7. "리더십은 사람들이 서로를 이해하고 개입하기 위해서 함께 일하고 있는 것을 이해하는 과정이다."(Drath & Palus, 1994, p.4.)
> 8. "리더십은 비전을 천명하고 가치를 구현하며 일을 달성할 수 있는 환경을 조성하는 것에 대한 것이다."(Richards & Engle, 1986, p.206.)
> 9. 리더십은 "개인이 타인에게 영향을 미치고 동기를 부여하며 타인이 조직의 효과성과 성공을 위해 공헌할 수 있도록 하는 능력이다."(House et al., 1999, p.184.)

---

[28] Gary Yukl, *Leadership In Organization*, New Jersey : Person Prentice Hall, 2006, p.5.

이러한 다양한 정의를 크게 두 가지 유형으로 분류 및 요약하면, 초기의 연구자들은 일반적으로 리더를 집단의 목표에 달성하기 위하여 구성원들을 동기화시키고 그들에게 영향력을 발휘하는 존재로 보았다. 즉 리더가 집단을 이끌어 가는 중심인물이며 집단의 성패를 좌우하는 핵심적인 역할을 한다는 것을 기본 전제로 하고 있다. 부하는 수동적 존재로서 리더의 지도하에 그를 잘 따라가기만 하면 집단의 목표가 달성될 수 있다는 관점이다. "나를 따르라(Follow Me)"라는 구호가 이를 상징적으로 표현한다고 볼 수 있다.

시대가 변화하고 사회가 다양화, 민주화, 복잡화됨에 따라 리더십에 대한 초기 연구자의 관점은 변화하고 있다. 오늘날 리더십을 연구하는 학자들은 부하를 단순히 리더의 지시나 명령을 수동적으로 수용하는 피동적 존재가 아니라 자유, 평등, 자아실현과 같은 고차원적 동기를 지닌 능동적 존재로 보고 있다. 따라서 기존의 입장인 리더 중심의 단순한 지시나 영향력의 일방적 행사만으로는 부하를 동기화시키기 어렵다고 보고, 리더십을 집단과 각 구성원들의 목표달성을 촉진하기 위하여 각 구성원들이 다른 구성원들에게 영향을 미치고 또한 그들을 동기화시키는 상호작용적 과정으로 본다. "다 함께(Let's Go Together)"라는 구호가 이를 잘 표현[29]해준다.

2) 리더십 연구의 방법

(가) 특성 접근(Trait Approach) : "리더는 천부적으로 태어난다"

앞에서 제시한 리더십의 개념, 바람직한 리더십 연구와 관련하여 현

---

29) 이준형, 『리더십 먼저 민주주의 나중에』 (서울 : 도서출판 인간사랑, 2004), p.77.

대에도 다양한 이론과 연구 패러다임이 등장했다. 정치, 경제, 사회, 군사, 문화 등 다양한 분야에서 리더와 리더십의 중요성은 현대에도 계속되고 있기 때문이다.

　리더십 연구에 대한 초창기 접근 방식의 하나는 특성 접근이다. 이 접근에서는 성격, 동기, 가치, 기술과 같이 리더가 천성적(Nature)으로 갖고 있는 특성(Traits)을 강조한다. 이 접근에서는 '어떤 사람들은 천부적인 리더로서 다른 사람들이 소유하지 못한 어떤 특성을 타고난다(Inborn & Great man Theory)'는 기본 가정을 바탕에 깔고 있다. 이 접근에서 주로 사용한 연구방법은 다양한 상황 하의 어떤 설명 과정을 따져보지 않은 채 개인 리더의 천부적 속성과 리더 성공의 준거 사이에 유의한 상관을 찾는 것이었다. 즉 리더가 지닌 천부적 특성과 리더십 효과성과의 관계를 알아보는 접근 방법을 취했다. 그러나 1930년대와 40년대 동안에 수백 편의 특성 연구들이 리더가 천부적으로 지닌 특성과 자질을 파악하기 위해 노력했지만, 리더십 성공을 보장해줄 공통적 특성을 찾아내는 데 실패했다. 스톡딜(Stogdill)은 여러 가지 다양한 상황에 걸쳐 리더와 비 리더를 구분하게 하는 일관된 특성은 없다고 보고, 리더십이 어떤 개인이 지니고 있는 천성적 자질이라기보다는 사회적 상황 속에서 사람들 간의 관계[30]라고 했다. 이 세상의 수많은 리더들 중에서 공통분모를 찾아 리더십 특성의 보편성을 일반화한다는 것은 어려운 일임을 보여주고 있다. 특성이론은 인간의 리더십 역량은 선천적으로 타고난다는 가정과 리더 중심적 관점에서 접근하는 한계가 있다.

---

30) P.G.Northouse(2005), 앞의 책, pp.22-23.

(나) 행동 접근(Behavioral Approach) : "리더는 후천적으로 만들어진다"

상기 특성이론에 대한 제한사항을 보완하기 위해 1940년대 후반부터 행동 접근이 출현했다. 행동 접근은 특성 접근에 실망한 연구자들이 리더가 직무에서 실제로 무엇을 하는지에 관심을 갖고 리더의 행동에 대해 연구를 진행했다. 특성이론이 리더의 타고난 천성적 특성(Nature)을 강조한 것에 반하여, 행동이론은 후천적 개발(Nurture)에 중점을 두고, 기본적으로 '사람은 누구나 리더로 육성될 수 있다.'라는 입장[31]을 취한다.

행동 접근은 두 가지 일반적인 하위 범주로 나뉜다. 한 계열의 연구들은 리더들이 관리 직무에 쏟는 시간, 전형적인 활동 패턴, 책임, 기능들을 검토했다. 또한 어떤 연구들은 관리자들이 그들의 직무에서 요구, 제약 및 역할 갈등에 대처하는 방식을 조사했다. 대부분의 연구들은 직접 관찰, 일기, 직무기술 질문지 그리고 면접에서 수집한 일화와 같은 기술적 자료수집 방법을 사용했다. 지난 50년에 걸쳐 수백 편의 조사연구들이 리더십 행동과 다양한 리더십 효과성 지표들 간의 상관관계를 조사해왔다. 그 결과 리더십 효과성은 "복잡한 조직 문제들을 해결하는 리더의 능력에 달려 있다."[32]라고 주장했다. 즉 리더십 효과성은 학습될 수 있고 개발될 수 있는 리더의 역량이나 능력과 관계가 있다는 주장이다.

인간의 능력이 선천적으로 타고나느냐, 후천적으로 개발되느냐에 관한 논쟁은(nature-nurture debate) 오래 전부터 학자들의 관심 사항이었으며, 이는 오늘날까지 계속되고 있다. 17세기의 데카르트는 이 같은 선천적 견해를 지지하는 대표적인 학자이다. 이에 반해 영국의 철학자

---

[31] 위의 책, p.48.(a man can be trained to become a leader)
[32] 위의 책, p.49.

존 로크는 인간은 태어날 당시는 백지 상태(tabula rasa)로 태어나, 성장하면서 경험을 통해 지식과 능력이 습득된다고 했다. 그러나 오늘날 과학의 발달과 연구결과의 축적 등으로, 인간은 어느 정도 자연과 환경에 적응하면서 생존할 수 있는 선천적, 본능적 특질을 구비하고 태어나지만, 성장하면서도 학습과 사회 환경과 상호작용에 의해 능력이 향상되고 개발된다는 통합적인 견해[33]가 지배적이다. 이와 같은 견해는 태어난 직후부터 별도의 환경에서 양육된 일란성 쌍생아 연구 결과(Plomin, 1994)에서 확인되었다. 일란성 쌍생아는 생물학적으로 유전자가 동일한 상태로서, 선천적 견해에 따르면 성격, 능력, 기질 등 모든 것이 같아야 한다. 그러나 연구 결과 다른 사람에 비해 유사한 점도 많지만 성장 환경이 상이함에 따라 달라지는 것도 많은 것으로 나타났다. 따라서 인간의 능력과 행동은 유전적, 선천적 요소와 환경에 의한 후천적 요소의 상호작용에 의해 발현되는 것[34]으로 확인되었다.

(다) 상황 접근(Situational approach) : "변화된 상황에 따라 상이한 리더십이 요구된다"

이와 같이 특성이론과 행동이론 모두 한계를 지니고 있는 것으로 나타나자, 특성이론과 행동이론의 한계를 극복하기 위해 상황이론이 등장했다. 상황 접근에서는 리더십 과정에 영향을 미치는 맥락 요인들의 중요성을 강조한다. 이 접근에서는 효과적인 리더 속성이 상황에 따라 달라질 것이며, "상이한 상황은 상이한 유형의 리더십을 요구한다."[35]라는 입장이다. 즉 리더십에는 하나의 고정된 최선의 유형이 있을 수 없

---

[33] Edward E. Smith, 장현갑 외 5인 공역, 『힐가드와 애트킨슨의 심리학 원론』, (서울 : 박학사, 2004), p.5.
[34] 위의 책, p.57.
[35] P.G.Northouse(2005), 앞의 책, p.114.(Different situations demand different kinds of leadership.)

다는 입장이다. 상황 접근법은 Hersey & Blanchard(1969)에 의해 개발되어 여러 차례 개정, 보완되어왔다. 주요 상황 요인들로는 부하의 특징, 집단이 수행하는 작업의 성질, 조직의 유형, 외부환경의 성격들이 있다. 이 접근은 두 가지 주요 하위 범주로 나뉜다. 한 계열의 연구들은 서로 다른 조직의 유형, 관리의 수준 그리고 문화에 걸쳐서 리더십 과정이 얼마나 동일하거나 독특한지를 밝혀내려고 했다. 다른 하위 범주의 상황 접근은 리더의 속성(예 : 특성, 기술, 행동)과 리더십 효과성의 관계를 조절하는 상황 측면들을 파악하고자 했다. 상황적 접근의 핵심은 효과적인 리더십이란 "리더는 그의 행동 유형을 구성원의 유능성과 헌신성의 정도에 적합시켜야 한다."[36] 라는 것으로 요약할 수 있다. 상황 접근은 상기 특성이론, 행동이론이 리더 자체에만 초점을 맞추었던 연구 경향에서 벗어나, 리더가 상황 속에서 구성원과 더불어 리더십을 발휘해야 한다는 지평을 확대하는 계기가 되었다. 그러나 상황이론은 어떤 리더십 유형을 가진 사람이 서로 다른 상황에서 왜 더 효과적이고 효과적이지 못한가에 대한 설명이 부족하고, 리더십 유형과 상황과의 연결을 적절하게 설명하지 못하는 한계[37]가 있다.

리더십이란 앞에서 논의했듯이, '리더-구성원-상황' 등 세 가지 요소가 상호 역동적으로 영향을 주고받는 복잡한 현상이다. 따라서 모든 상황을 나열하여 각 상황마다 적합한 리더십 유형을 제시하는 것은 어려운 일이다. 상기 언급된 이론 외에도 리더십을 보는 관점에 따라 상황적합 이론, 경로-목표 이론, 변혁적 리더십 이론, 권력-영향력 접근 이론, 리더-구성원 교환 이론, 팔로우어십 이론 등 다양한 이론이 출현했다.

---

36) 위의 책, p.115.
37) 위의 책, pp.161-162.

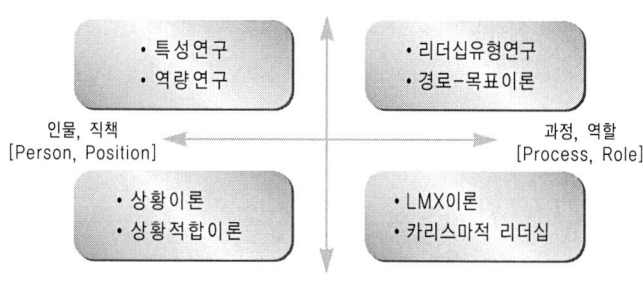

(라) 최근의 연구 경향

이처럼 오랜 기간의 연구경험의 축적에도 불구하고 리더십 현상을 통합적으로 설명하고 리더십 효과성과의 관계를 종합적으로 이해할 수 있는 유용한 이론을 정립하기는 매우 어려운 일이었다. 리더십 현상의 종합적 이해에 대한 어려움에 대해 1974년 스톡딜(Stogdill)은 그의 저서 Handbook of Leadership에서 4725회의 리더십 연구사례와 189페이지의 참고문헌을 제시하면서, 결론적으로 끊임없는 실증연구 결과의 자료 축적에도 불구하고 통합된 차원에서 리더십을 이해할 수는 없다[38]고 표현하고 있다. 1970년대 후반 이후의 리더십 연구는 심리학 또는 사회과학 전반에 걸쳐 인지적 관점(cognitive approach)과 인본주의적 관점이 확장되면서 새로운 방향으로 연구가 진행되었다. 인간을 환경자극에 수동적으로 반응하는 무생물적인 기계로서가 아니라, 환경변화에 적극적으로 대응하고 미래 지향적인 능동적 존재로서 인식했다. 즉

---

[38] Georgia Sorenson, op. cit., (The endless accumulation of empirical data has not produced an integrated understanding of leadership.)

인간의 잠재력, 자아실현 동기를 근본적으로 이해하고 이를 구현하기 위한 카리스마적 리더십, 변환적 리더십, 팔로우어십 이론 등이 출현[39]했다. 최근에 Graen and Graen(2006, 2007)은 공유된 네트워크 리더십(SNL : Sharing Network Leadership) 모형을 제시하고 있다. Graen and Graen은 리더십 구조 변천에 대해, 20세기 초반에는 영웅적 개인 리더가 중요시되었으며, 그 후 팀 리더가 부각되었다가 최근에는 네트워크 중심적 리더가 부각[40]되고 있다고 했다. 이와 같이 리더십 연구는 시대적 상황과 연구자들의 관점에 따라 다양하게 변천되어왔음을 알 수 있다. 이를 요약하면 아래 그림과 같다.

[리더십 연구 패러다임 변천도]

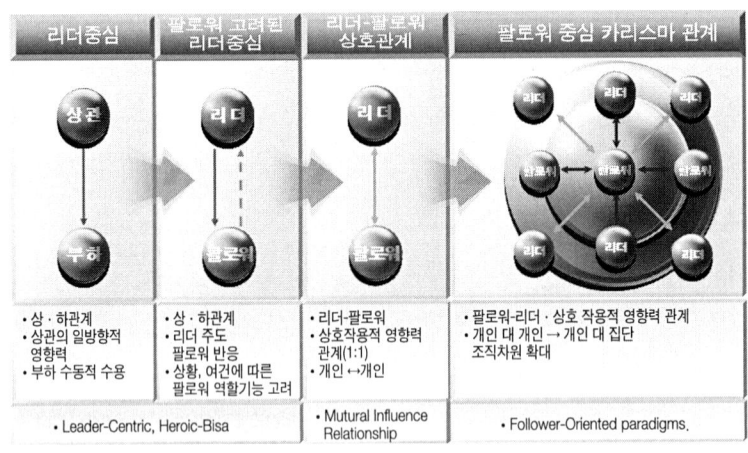

---

39) 신응섭 외 5인 공저, 『리더십의 이론과 실제』(서울 : 학지사, 2005), p.35.
40) Chao-Chaun Chen and Yueh-Ting Lee(2008), op. cit., p.289. (Leadership structures have changed for the twenty-first century. Early in the twentieth century, leadership structures were designed for autocratic heroic individuals who saved our routine and stable existence. Later in that century, they became leaders of special project team, now they have become leaders of networks of leaders. This is sometimes called the network-centric approach to leadership.)

즉 리더십 현상은 역동적이고 복잡한 현상으로서 앞에서 언급된 어느 이론이나 접근방법도 부분적으로 한계와 제한 사항(Anomaly)이 있어 리더십 현상을 총체적으로 설명할 수 없는 어려움을 말해주고 있다. 그러나 이러한 제한 사항을 극복하고 보다 더 통합적 관점에서 리더십을 이해하고 설명하기 위해 많은 노력이 진행되고 있으며, 이러한 노력의 결과가 축적되고 진화하면서 새로운 이론도 출현하고 있다고 볼 수 있다. 이 같은 관점에 따라 최근에는 연구자들이 동일 연구에서 두 가지 유형 이상의 리더십 변인들을 포함하여 연구하는 경향이 대두되고 있는데, 이것을 통합접근이라고 부른다. 통합접근은 리더 중심적 관점, 팔로우어 중심적 관점, 직책으로서의 리더십, 과정 및 역할로서의 리더십, 상황변수, 매개변수, 효과성 요소 등 제반 변수를 종합하여 통합적 시각에서 리더십을 바라보고 분석하려는 시도이다.

3. 팔로우어(follower)와 팔로우어십(followership)

가. 팔로우어와 팔로우어십의 정의

앞에서 베일즈(Bales)와 배스(Bass, 1954)는 리더십 현상에 대해 사람들이 집단을 이루면 리더와 팔로우어 관계가 자연스럽게 형성되며, 이끌고 따르는 관계는 동시에 출현하는 현상이라고 했다. 홀랜더(Hollander, 1993)는 "팔로우어 없이는 리더도 있을 수 없고 리더십도 존재하지 않는다."라고 언급했다. 맥로리(Macrorie)는 리더십과 팔로우어십의 관계를 'mobius strip'으로 비유하여 설명하면서, 이들 관계는 동전의 양면처럼 분리될 수 없는 관계라고 했다. 영어 단어 팔로우어(follower)의 의미를 웹스터 사전은 "따르는 사람 또는 사물(a person or thing that follows)", "자신의 생각이나 신념과 관련하여 다른 사람을 따르는 사람(a person who follows another in regard to his or her ideas or belief)"[41]으로 설명하고 있다. 또 팔로우어십(followership)에 대해서는 "리더를 따르는 팔로우어의 능력 또는 의지(the ability or willingness to follow a leader)"로 기술하고 있다. 이처럼 팔로우어와 팔로우어십의 의미는 이끌고 따르는 관계에서 따르는 자와 관계된 용어임을 알 수 있다. 즉 리더십 현상이 이끌고(lead) 따르는(follow) 관계임을 감안하면, 팔로우어십은 따르는 자의 도리(臣道, followership)라고 볼 수 있다. 그리고 켈리(R. E. Kelly)의 연구에 의하면 조직의 성공은 약 20% 정도가 리더에 의해, 그리고 나머지 80%는 팔로우어에 의해 영향을 받으며, 아무리 높은 리더라 하더라도 팔로우어로 일하는 시간이 더 많기 때문에 팔로우어십이 중요하다고 했다.

---

[41] Websters College Dictionary(1991), op. cit, p.517.

나. 고대 동양의 팔로우어십 : "도(道)를 따르되 사람을 따르지 말라"

동양에서는 고대부터 이미 따르는 사람의 도리에 대하여 다양하게 언급되어 왔다. 이는 이끄는 자 못지않게 따르는 자의 도리도 중요함을 시사해준다. 먼저 노자의 『도덕경』에는 "큰 덕을 지닌 사람은 오로지 도만을 따른다(孔德之容, 唯道是從)."42)라고 했고, 장자는 "효자는 그 부모에게 아부하지 않고, 충신은 그 임금의 비위를 맞추지 않는다(孝子不諛其親, 忠臣不諛其君)."라고 했다.

『육도삼략』에도 "신하로서 충성스러운 자세로 군주에게 바른 말로 간하지 않는 사람은 신하가 아니다."43)라고 했다. 『논어』에도 자로가 공자에게 임금을 잘 섬기는 일을 묻자, 공자는 "속임이 없어야 한다. 그리고 얼굴을 붉히는 간쟁이 있어야 한다."44)라고 했다. 또한 인(仁)의 실천과 관련하여 "인에 당하여서는 스승에게도 양보하지 않아야 한다."45)라고 했다. 그리고 대신이란 "도(道)에 따라서 임금을 위해 일하다가, 이를 구현할 수 없으면 그 직을 그만두는 사람"46)이라고 했다.

공자와 맹자에 이어서 유가사상을 체계화하고 집대성한 순자는 임금과 신하 사이에 신하가 취해야 할 바람직한 도리[臣道] 편에서, 신하로서 바람직한 도리는 도(道)를 좇고 군주를 좇지 않는 자세, 즉 '의도불의인(依道不依人)'이라 제시했다. 이와 같은 관점에 따라 명령을 좇아서 임금을 이롭게 하는 것을 순종이라 하고, 명령을 좇아서 임금을 해롭

---

42) 김학주 역해, 『노자』, (서울 : 명문당, 2002), p.98.
43) 이상옥 역(2007), 앞의 책, p.136.(臣不忠諫, 非吾臣也)
44) 주희 집주(2004), 앞의 책, p.547.(勿欺也, 而犯之)
45) 위의 책, p.618.(當仁, 不讓於師)
46) 이기동 역해, 『논어강설』, (서울 : 성균관대학교 출판부, 2009), p.387.(所謂大臣者, 以道事君, 不可則止)

게 하는 것을 아첨이라 하고, 명령을 거역해서라도 임금을 이롭게 하는 것을 충성이라 하고, 명령을 거역해서 임금을 해롭게 하는 것을 찬이라고 했으며, 신하의 유형을 성신(聖臣), 공신(功臣), 찬신(纂臣), 태신(態臣)47)으로 제시했다.

태신(態臣)이란 안으로는 백성을 통일시키지 못하고 밖으로는 환란을 막지 못하면서 교묘한 방법과 거짓된 말로써 임금의 총애를 받기 위해 애쓰는 신하를 말한다. 찬신(纂臣)이란 위로는 임금에게 충성하지 않으면서 아래로는 백성들로부터 명성을 얻기 위해 애쓰며, 공정과 도리를 멀리하고 붕당을 만들어 사사로이 이익을 도모하는 신하를 말한다. 공신(功臣)이란 안으로는 백성을 통일시키고 밖으로는 환란을 막아주며, 백성들은 그와 친하고 선비들은 그를 믿으며, 임금에게 충성하고 백성을 사랑하는 신하를 말한다. 성신(聖臣)이란 위로는 임금을 존중하고 아래로는 백성을 사랑하며, 정치와 법령으로 교화하고 졸지에 생긴 일을 잘 처리하며 변화에 대처하기를 신속히 하며, 전례에 비추어 미래를 대비하고 빈틈없이 제도와 법 학문을 이루는 신하를 말한다. 따라서 성신(聖臣)이 가장 바람직한 신하의 유형이라 할 수 있다.

의도불의인(依道不依人) 사상은 부모와 자식 사이에서 자식이 따라야 할 바람직한 도리[子道]에서도 강조되고 있다. 순자의 자도 편(子道篇)에 "자식이 부모에게 순종할 수 있는데 순종하지 않는 것은 자식의 도리가 아니며, 순종해서는 안 될 때 순종하는 것은 충심으로써 섬기지 않는 것이다. 순종하고 순종치 않는 것을 분명히 깨닫고서 공경과 충성과 믿음을 다하며 바르고 성실하고 삼가서 행동하는 것이 위대한 효도다. 이것이 전(傳)에 언급되어 있는 '도리(道理)를 따르되 임금을 따르지 아

---

47) 성낙훈, 『세계의 대사상 묵자, 순자, 손자, 한비자』 (서울 : 휘문출판사, 1983), p.240.

니하며, 의로움(義)을 따르되 어버이를 따르지 않는다'는 가르침의 의미이다."48)라고 제시하고 있다.

이처럼 동양사상에 나타난 아랫사람, 따르는 사람으로서의 바람직한 도리[臣道]는 한마디로 의도불의인(依道不依人)이라고 할 수 있다. 이는 상하 인간관계에서 스스로가 주도적인 자세로 도(道)에 따라 사고하고 행동하여 자신과 윗사람 모두를 이롭게 하는 것이 바람직한 도리라는 사상이다. 이러한 사상은 고대부터 일관되게 전수되어 한나라 시대 유향이 지었다고 전해지는 『설원』49)에서 "바람직한 신하(팔로우어)의 도리는 군주의 명령에 순종하고 복명하되 전횡하지 말아야 하며, 아첨으로 신임을 얻으려 하지 말고, 맡은 바 소임을 다하여 나라에 반드시 이익이 될 수 있도록 군주를 보좌하여 자신의 존엄을 지키고 자손들을 보호해야 한다"라고 했다. 이와 관련하여 바람직한 신하의 여섯 가지 유형[六正臣]과 부정적인 신하의 여섯 가지 유형[六邪臣]을 구분하여 제시하고, 육정에 따라 행동하면 영광을 얻고, 육사에 따르면 욕을 당한다고 강조하고 있다.

〈인신지술(人臣之術)〉

순종이복명(順從而復命), 무소감전(無所敢專), 의불구합(義不苟合), 위불구존(位不苟尊), 필유익어국(必有益於國), 필유보어군(必有補於君), 고기신존이자손보지(故其身尊而子孫保之), 고인신지행유육정육사(故人臣之行有六正六邪), 행육정즉영(行六正則榮), 범육사즉욕(犯六邪則辱), 현신처육정지도(賢臣處六正之道), 불행육사지술(不行六邪之術)

- 『설원』 제2장 신술

---

48) 위의 책, p.357.
49) 유향·유흠 편(2007), 앞의 책, pp.58-61.

바람직한 신하의 유형은 6가지[六正臣]로 제시하고 있다. 성신이란 어떤 일의 맹아가 아직 움직이지 않고 형체가 드러나기 전에 독자적으로 나라의 존망과 득실의 요령을 미리 정확히 보고, 재앙이 일어나기 전에 그것을 소멸시켜 나라를 평안하게 하는 사람을 말한다. 양신이란 전심전력으로 국사를 처리하고 매일같이 군주에게 좋은 의견을 제시하며, 예의를 갖추어 군주를 염려하고 훌륭한 계책은 군주에게 아뢰며, 군주의 좋은 생각에는 따르고 군주에게 허물이 있을 때는 이를 바로잡는 사람을 말한다. 충신이란 항상 현명하고 재능 있는 자를 군주에게 추천하고, 고대 현인의 행동을 본받아 행하며, 그것으로 군주의 의지를 격려하는 사람이다. 지신이란 일의 성패를 분명하게 볼 줄 알고 일찍 대비하며 법을 세워 보충하고, 새는 부분을 막고 재앙의 뿌리를 끊으며, 재앙을 복으로 만들어 군주로 하여금 항상 근심이 없게 하는 사람을 말한다. 정신이란 법도를 준수하며 인재를 추천해서 직무를 잘 처리하고, 청렴결백하며 검소와 절약을 생활화하는 사람을 말한다. 직신이란 군주가 어리석어 나라에 혼란이 발생할 때, 아첨하며 윗사람의 행위를 따르지 않고 군주의 잘못된 점을 면전에서 논하며 이를 시정하기 위해 노력하는 사람을 말한다.50) 이와 같은 어진 신하는 항상 원칙에 입각하여 생각하고 행동하기 때문에 군주는 편안하고 나라는 효과적으로 다스려진다. 이러한 신하가 살아 있을 때 백성들은 그들을 좋아하고, 그들이 세상을 떠난 후에 그리워한다.

한편 부정적인 신하의 모습은 구신(具臣), 유신(諛臣), 간신(奸臣), 참신(讒臣), 적신(賊臣), 망국신(亡國臣)등 6사신으로 분류51)된다. 구신이

---

50) 오긍 저, 김원중 역, 『정관정요』, (서울 : 현암사, 2008), pp.155-156.
51) 위의 책, pp.155-156.

란 관직에 안주하고 봉록을 탐하며, 직무를 충실히 수행하지 않고 세태의 흐름에 따라 부침하며, 일이 발생하면 관망만 할 뿐 자신이 심사숙고한 의견은 제시하지 않는 사람을 말한다. 유신이란 군주가 어떤 말을 해도 모두 좋다고 하고 군주가 어떤 일을 하든 모두 옳다고 하며, 항상 군주가 좋아하는 것을 은밀히 바치고 그것으로 군주의 눈과 귀를 즐겁게 하고, 군주의 수법에 영합하여 자신의 부귀영화를 도모하며 아첨하면서 이후의 폐해에 대해서는 돌아보지 않는 사람을 말한다. 간신이란 마음속은 간사하고 사악한 생각이 가득 차 있으면서, 겉으로는 근신하고 교묘한 말과 온화한 낯빛으로 다른 사람의 환심을 사지만 속으로는 어진 사람을 질투한다. 누군가 추천할 때에는 그 사람의 우수한 점을 과장되게 칭찬하고 단점은 가리며, 누군가를 비방할 때는 그 사람의 허물을 과장되게 나타내고 우수한 점은 가려, 군주가 공정한 신상필벌을 못 하게 하고 명령을 집행할 수 없게 하는 사람을 말한다. 참신이란 교묘하게 잘못을 가리고 궤변으로 유세를 하며, 속으로는 골육지친의 관계를 이간시키고 밖으로는 조정에서 반란을 조성하는 사람을 말한다. 적신이란 대권을 쥐고 전횡하며 사사건건 시비를 걸고 사사로이 패거리를 지어 사욕을 추구하며 자의적으로 군주의 뜻을 조작하여 왜곡하는 사람을 말한다. 망국신이란 화려하고 교묘한 말로 군주를 속여 군주가 불의에 빠지게 하고, 사사로이 당파를 결성해서 군주의 눈을 가려 현명한 판단을 방해하며, 그럼으로써 군주의 악명이 전국은 물론 이웃 나라까지 퍼지게 하여 나라를 멸망에 이르게 하는 사람을 말한다. 이상은 신하의 유형을 12가지로 세분하여 바람직한 팔로우어와 바람직하지 못한 팔로우어를 구분하는 좋은 모델로 활용할 수 있는 고전의 예이다.

그리고 명령에 복종하는 것이 군주에게 유리하면 그런 복종을 순종이라고 하고, 명령에 복종하는 것이 임금에게 불리하면 아첨이라고 하며,

명령에 복종하지 않는 것이 임금에게 유리하면 이를 진충(盡忠)이라고 하고, 명령에 복종하지 않는 것이 임금에게 불리하면 이를 반역이라고 했다. 또한 군주에게 과오가 있어서 나라의 사직이 위태로울 때 임금에게 충언을 드려 그 충언이 받아들여지면 조정에 남아 있고 받아들여지지 않으면 조정에서 물러나는 것을 권간(勸諫)이라고 하고, 임금에게 충언을 드려 받아들여지면 살고 받아들여지지 않으면 죽는 것을 쟁간(諍諫)이라고 했다. 또한 임금이 불편하더라도 여럿이 함께 과오를 시정하도록 하여 나라의 근심거리가 제거되고 임금의 지위가 확고해지며 나라의 안전을 보장하게 하는 것을 보좌(補佐)라 했다. 또한 임금의 명과 결정을 과감히 어기거나 반대하면서 나라에 닥친 위험을 막아내어 임금이 수치를 당하지 않도록 하고, 위협을 제거하고 나라에 이익을 가져오는 것을 보필(輔弼)52)이라고 했다.

『정관정요』에는 "군주의 옳지 않은 명령을 그대로 시행하는 것은 신하의 도리가 아니다."53), "달콤한 말로 가득 찬 상소문을 경계하라."54)라는 말이 있다. 그리고 『논어』에도 "임금을 섬기면서 너무 잦은 간언을 하면 이로써 욕을 입게 되고, 동료와의 관계에서 너무 잦은 충고를 하면 이로써 소원한 관계가 되고 만다."55)라고 했다. 이를 현대적으로 해석하면 바람직한 부하의 도리는 자신의 부귀영화와 일시적인 영달을 추구하여 군주나 상관에게 맹종하거나 아부, 아첨하는 것이 아니라, 사심을 버리고 원칙과 정도를 지키며 올바른 가치에 따라 사고하고 행동하라는 것이다. 또한 아랫사람으로서의 도리를 다하면서 진심 어린 충고

---

52) 유향·유흠 편(2007), 앞의 책, pp.79-80.
53) 오긍 저(2008), 앞의 책, p.39.
54) 위의 책, p.101.
55) 주희 집주(2004), 앞의 책, p.157.(事君數 斯辱, 朋友數 斯疏)

와 건의를 통해 군주나 상관으로 하여금 이를 실행하게 하여, 그 결과가 국가(조직)와 백성(구성원) 모두를 이롭게 하는 것이 진정한 의미에서의 충성이며 바람직한 팔로우어십이라는 의미로 볼 수 있다.

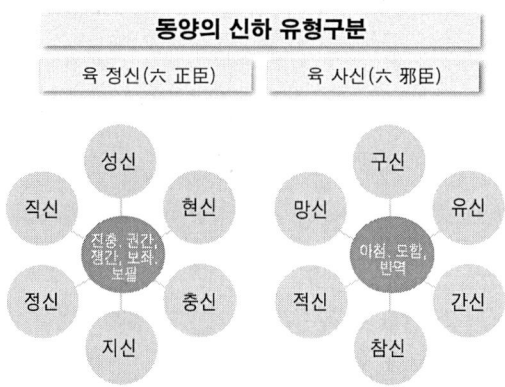

다. 근대 전체주의 국가의 팔로우어십 : "절대복종이 부하의 도리다"

동양의 전통사상과는 달리 전체주의와 군국주의적 전통으로 지구촌 현대사에 부정적 영향을 미친 독일군과 일본군의 팔로우어십 사상은 무조건 복종, 절대복종을 최고의 가치로 여겨왔다.

고대 독일은 전쟁 중심의 마르크 공동체로 출발했다. 중국 대륙의 통일 왕조가 수립된 이후 한나라 무제 시절에 이루어진 흉노족, 훈족에 대한 대규모 서역 정벌은 흉노족의 이동을 야기했다. 이로 인해 게르만족도 새로운 정착지를 찾아 끊임없이 이동을 해야 했다. 고대 게르만족은 생존을 위한 이동 과정에서 이민족과 끊임없는 투쟁과 전쟁을 벌여야 했기 때문에 전쟁이 일상화된 공동체였다. 게르만 전사들은 수장의 명령에 무조건 복종하여 그것이 어떤 것이라도 아무런 의심 없이 따랐다. 그 명령이 정당성이나 용맹함과는 거리가 먼, 포로를 맹목적으로 학살하는 것이라 해도 이의를 제기하거나 수치스럽게 여기지도 않았다.56) 이러한 게르만족의 전통은 중부 유럽에 정착하고 국가를 수립한 이후에도 이어졌다. 프로이센의 군인 황제인 프리드리히 빌헬름 1세 시대 때 군대의 최고 가치는 '죽어도 기꺼이 복종하는 모습'으로 나타났다. 프로이센의 군인 훈련소에서 구타 장면이나 피 묻은 몽둥이를 보는 것은 예사였다.57) 이는 후에 독일 통일과 더불어 게르만족의 인종적, 민족적 우월주의와 연계되어 전체주의 국가와 군대를 지배하는 사상으로 발전하게 되었고, 결국 1차 세계대전과 2차 세계대전을 일으키는 근원이 되고 말았다. 이것은 앞서 언급한 동양의 의도불의인(依道不依人) 사상과 전혀 다른 패러다임이다.

　이러한 절대복종 사상은 일본이 메이지 유신을 기해 '동양을 벗어나 서구화(탈아입구 : 脫亞入歐)'한다는 패러다임을 구축하는 과정에서 일본에 많은 영향을 미쳤다. 특히 일본군은 메이지 유신 이후 군대를 현대화하면서 독일 군대의 전통으로부터 많은 영향을 받았다.58) 일본은 국민과 군대를 천황에 대한 신민(臣民), 노복(奴僕)으로 삼으며 순종을 최고 덕목으로 정립하기 위해 교육칙어(敎育勅語), 군인칙유(軍人勅諭)를 제정59)했다. 특히 군인들에 대한 전장에서의 행동규범 및 전투교범으로 전진훈(戰陣訓)이 제정되었는데, 이는 개인의 존엄을 무시하고 천황을 위하여 목숨을 바치는 것이 최고의 가치라는 군국주의 이념을 강조

---

56) 중국 CCTV 저, 『대국굴기, 강대국의 조건, 독일편』(서울 : 안그라픽스, 2007a), p.29.
57) 위의 책, p.134.
58) 중국 CCTV 저, 『대국굴기, 강대국의 조건, 일본편』(서울 : 안그라픽스, 2007b), pp.82-91.
59) 위의 책, p.180.

60)한 것이다. 이러한 이념을 구현하기 위해 일본군은 엄격한 정신교육과 가혹한 군사훈련을 실시했으며, 강한 군대 육성이라는 명분하에 '기합', '구타', '군인정신 주입봉' 등 군대 내에서 비인간적 폭력을 공공연하게 행사했다.61)

이러한 팔로우어십 전통은 실제 전장에서 돌격(突擊), 옥쇄(玉碎), 가미카제 특공대 전술과 같은 일본군 특유의 생명 경시사고와 극단적 비이성적 전투 행동으로 나타났다. 뿐만 아니라 일본 본토에서의 1억 옥쇄까지 강요하던 일본은 무모한 희생으로 인해 전쟁 말기에는 예비병력 부족이라는 심각한 사태에 봉착하여 스스로 붕괴되는 결과를 초래했다. 또한 이러한 극단적이고 비합리적인 전술과 인명경시 풍조는 미국이 미국 군의 피해를 줄이고 전쟁을 조기에 종결시키기 위해 원자무기 사용이 필요하다는 정당성을 부여케 했다. 그로써 무고한 시민들과 비 전투요원에 대한 대량 인명피해를 가져오고 말았다.

이처럼 명령에 대한 무비판적, 맹목적 복종, 가혹한 훈련, 상관에 의한 비인간적 대우, 기합, 구타와 같은 폭력, 억압적 군사문화는 전장에서 불필요한 민간인 학살, 포로에 대한 만행 등 억압의 전이(transfer for suppression) 현상62)으로 나타났다. 그 결과 전쟁의 승리에도 부정적으로 작용했으며, 전후에도 국가 이미지에 부정적 영향을 미치게 되었다.

전체주의, 군국주의 시대 독일과 일본의 팔로우어십 사상은 총통, 황제와 상관에 대한 무조건 복종, 기계적 복종을 강요한 것으로 동양의 전

---

60) 이창위, 『일본제국흥망사』, (서울 : 궁리출판, 2005), p.190.
61) 위의 책, pp.200-201.
62) 위의 책, p.204.

통적인 의도불의인(依道不依人) 사상과는 상반된 패러다임이다. 일본 제국주의 군대의 이 같은 기계적 절대복종 사상은 해방 후 한국군 창설 과정에 구일본군 출신들이 주도적인 역할을 담당하면서 바람직한 한국군 리더십 사상 정립에 나쁜 영향을 주었고, 그것은 현재까지도 부정적 영향을 미치고 있는 것으로 보인다.

국방부 전사편찬위원회(1968) 자료에 의하면, 해방 후 한국군 창설은 군사영어학교가 설립되면서 본격화되었는데, 군사영어학교 입교자를 분석해보면 일본 육사 출신이 10.9%, 일본 학병 출신이 65.5%, 조선 특별 지원병 출신이 5.4%로 일본군 출신이 약 82%를 차지하고 있다. 만주군 출신은 16.4%, 광복군 출신은 1.8%로서 한민족의 전통적 맥을 이어온 독립군 계열은 18%에 지나지 않았다.63) 일본군 출신 중에서도 병사 출신이 약 71%로 대부분을 차지하고 있다. 이들은 앞에서 언급한 것처럼 일본의 강한 군대 육성이라는 명분하에 기합, 구타, 군인정신 주입봉 등 군대 내에서의 비인간적 대우와 폭력, 명령에 대한 무비판적이고 맹목적인 복종, 가혹한 훈련과 기합, 억압적 군사문화를 직접 경험한 계층이다. 이들이 군사영어학교 수료 후 한국군 창설과 군의 주요 직책을 담당하는 주도적인 세력으로 성장하면서 한국군 창설 초기에 많은 영향을 주었음을 짐작 가능하게 하는 자료이다.

한국군이 창설된 지 60여 년이 지난 2007년 11월, 군 리더십 혁신과 관련하여 미국의 Edgar F. Puyear 박사64) 초청강연이 대한민국 국방부에서 있었다. 강연에 앞선 기조연설에서 당시 윤광웅 국방부 장관은

---

63) 국방부 전사편찬위원회, 『한국전쟁사』 제1권 (서울 : 국방부 전사편찬위원회, 1968), p.258.
64) 미국의 Edgar F. Puyear 박사는 미국 군 리더십 분야의 전기 작가로서 육·해·공군의 고위 지휘관들의 리더십을 분석하여, American Generalship, American Admiralship, Stars in Flight, Nineteen Stars 등의 저술을 펴낸 바 있다.

"우리의 군 구조는 미국식 제도를 도입했지만 머릿속에는 여전히 군국주의 시대 일본 군대의 마인드가 한국군 도처에 잔재해 있는 것으로 보인다"65)며 일본 제국주의 군대의 부정적 잔재 청산의 필요성과 리더십 혁신을 강조했다. 일본 제국주의 군대의 리더십 및 팔로우어십과 관련해 그 부정적 잔재가 한국군에게 영향을 미치고 있다는 것을 시사해주는 내용이다. 2010년은 일제 강점이 이루어진 1910년으로부터 100년이 되는 해이다. 일본의 식민통치 잔재를 완전히 청산하고 한민족 고유의 정신과 전통사상을 온고지신하여 새롭게 출발해야 할 것이다.

라. 현대의 팔로우어십

현대에 들어와 본격적인 팔로우어십 연구가 이루어진 것은 1988년 켈리(Kelly)가 Harvard Business Review에 'In Praise of Followers'를 발표하면서 많은 관심을 모은 이후부터이다. 켈리는 팔로우어십 속에 두 가지 특징이 있는 것으로 보았다.

첫 번째 특징은 독자적, 비판적 사고(independent, critical thinking)와 의존적, 무비판적 사고(dependent, uncritical thinking)이다. 비판적 사고(critical thinking)란 직접적 관찰이 불가능 또는 불충분하거나 실제적이지 못한 상황에서 진리를 식별하기 위한 정교한 사고 과정을 말한다. 비판적 사고는 문제를 깊게 생각하고 숙고하며 다양한 관점에서 바라보고 즉흥적으로 문제를 단순하게 해결하려는 것이

---

65) 《연합뉴스》, 2007.11.14.

아니다.66) 두 번째 특징은 능동적 참여(active)와 수동적 참여(passive) 의 구분으로서 행동의 적극성과 소극성을 기준으로 한 것이다. 켈리는 위의 두 가지 특징에 따라 팔로우어 유형을 구분하여 아래와 같이 다섯 가지로 제시67)했다. 독립심과 비판적 사고가 강하고 행동이 적극적일 수록 바람직한 팔로우어의 모습으로, 무비판적이며 소극적일수록 부정 적인 팔로우어의 모습으로 그는 구분한다.

첫째, 수동형 팔로우어(the passive follower)이다. 그는 어렵고 힘든 일은 리더에게 맡기고 임무를 열성적으로 수행하지 않는다. 책임감이 결여되어 있고 적극적이지 않으며, 지시 없이는 주어진 임무를 수행하지 않는다. 또한 공식적, 의무적으로 부과된 업무 이상은 하지 않으며 전반적으로 나태하고 게으르다.

둘째, 순응형 팔로우어(the conformist follower)이다. 이는 리더의 명령을 받고 권위에 순종하며 일방적으로 리더의 견해나 의견에 따르는 유형으로서 예스맨(yes men)형이라고도 한다. 리더의 명령이나 지시를 충실하게 이행하며 스스로 창조하기보다 리더에게 의존한다.

셋째, 실무형 팔로우어(the pragmatist follower)이다. 이는 위험보다는 안전을 우선으로 하며 리더의 결정이나 지시에 대하여 의문을 품기는 하지만 비판적이지는 않다. 또 지시된 업무는 수행하지만 그 이상의 모험은 하지 않고 안전을 추구한다. 자신의 이익을 위해 다른 사람과 조직을 교묘히 조종하기도 한다. 일명 생존 형(surviors)이라고도 한다.

---

66) US Department of the Army, *Army Leadership*, (FM 6-22, 2006), pp.1-6.(Critical thinking is a deliberate process of thought whose purpose is to discern truth in situations where direct observation is insufficient, impossible or impractical. Critical thinking implies examining a problem in depth, from multiple point of view, and not settling for the first answer that comes to mind.)

67) Elizabeth C. Thach, Karen J. Thompson and Alan Morris, "A Fresh Look at Followership", *Institute of Behaviorial and Applied Management*, 2006, p.310.

넷째, 소외형 팔로우어(the alienated follower)이다. 이는 독립적 비판적 사고는 있으나 역할 수행에는 매우 소극적이다. 리더의 노력을 빈정거리며 비난하면서도 스스로 노력은 하지 않고 불만에 빠진 상태로서 매사에 부정적이다.

다섯째, 모범형 팔로우어(the effective, exemplary follower)이다. 이는 매사에 적극적이며 창의적 업무 수행과 지시된 것 이상의 업무에 주저하지 않는 형이다.68)

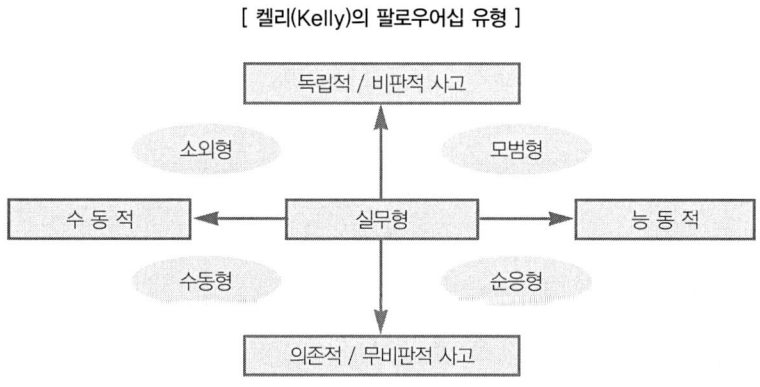

[켈리(Kelly)의 팔로우어십 유형]

켈리는 위에서 언급한 다섯 가지의 팔로우어십 형태 중에서 모범형 팔로우어가 조직에 필요한 진정한 팔로우어라고 본다. 그는 모범형 팔로우어가 지니는 특성을 아래와 같이 네 가지로 제시69)했다.

첫째, 자기관리 능력(self management)이다. 모범형 팔로우어는 자기 자신을 스스로 자율적으로 관리한다. 즉 상관이나 상급자의 감시 감

---

68) 최광신(2001), 앞의 논문, pp.92-93.
69) 위의 논문, pp.25-26

독에 관계없이 독자적, 능동적으로 생각하고 행동하며, 직위에 관계없이 의견을 제시하고 적극적으로 행동한다.

둘째, 조직과 동료에 대하여 헌신적(commitment)이다. 모범형 팔로우어는 자기 자신의 이기적인 목적을 위해서만 행동하지 않으며 다른 사람과 조직 전체를 위해 헌신한다.

셋째, 능력을 구비하기 위해 끊임없이 자기계발(competence)을 한다. 자세나 태도가 헌신적이라도 능력이 부족하면 조직에 올바르게 기여할 수 없다. 따라서 지속적인 노력을 하면서 역량을 구비하기 위해 최선을 다한다.

넷째, 용기(courage)를 지니고 있다. 모범형 팔로우어는 자신의 견해와 윤리적 기준을 정하고 자신의 신념에 따라 행동하며, 독립심이 강하고 혁신적이고 독창적이며 건설적인 비판을 제시한다.

켈리가 제시한 독자적, 비판적 사고와 적극적 행동을 기반으로 하는 바람직한 팔로우어십을 요약하면 동양의 의도불의인(依道不依人) 개념과 맥락을 같이한다. 모범형 팔로우어 유형은 동양 전통사상에서 제시한 성신(聖臣), 양신(良臣), 충신(忠臣), 지신(智臣), 정신(貞臣), 직신(直臣) 등 여섯 가지 정신[六正臣]과도 맥락을 같이한다고 볼 수 있다. 이를 통해 따르는 입장에서의 바람직한 인간 모습도 동양과 서양이 크게 다르지 않음을 알 수 있다.

4. 군대와 리더십

가. 지휘(指揮)와 통솔(統率)

동양 속담에 "용장(勇將) 밑에 약졸(弱卒) 없다", 그리고 서양 속담에 "나쁜 리더가 있을 뿐 나쁜 병사는 없다(There are no bad troops only bad leaders)"라는 말이 있다. 군대에서의 리더십 역시 위의 속담들처럼 전투력의 효과적인 발휘와 관련하여 매우 중요한 요소로 인식되어 왔다.

군대에서 사용되는 리더십 관련 용어에는 '지휘'와 '통솔'이라는 말이 있다. 먼저 지휘란 지(指 : 똑바로 뻗어서 물건을 가리키는 손가락을 의미)와 휘(揮 : 손으로 빙글빙글 원을 그리면서 휘두르는 모양)가 합쳐진 의미로서, 『표준국어대사전』에는 "목적을 효과적으로 이루기 위하여 단체의 행동을 통솔함"으로 기술되어 있고, 사용 예로 "대장의 지휘에 따라 행동하다, 중대원들은 중대장의 지휘 아래 일사불란하게 적을 에워쌌다"70)를 제시하고 있다. 또 다른 『국어대사전』에는 "지시하여 일을 하도록 시킴"71)으로 기술되어 있다. 이처럼 지휘라는 의미는 일을 시킨다, 무엇을 하게 한다는 의미가 있다. 특히 한자어 휘(揮 : 手+軍)는 손과 군이 합쳐진 말로서 어원상 군대와 관련된 의미를 내포하고 있음을 알 수 있다.

언급된 리더, 리더십, 지휘, 통솔이라는 용어를 살펴보자. 통솔은 통(統 : 명주실을 여러 개 모아 튼튼한 한 가닥의 실로 꼬는 것을 의미)과

---

70) 국립국어연구원(1999), 앞의 책, p.5789.
71) 이희승(1994), 앞의 책, p.3619.

솔(率 : 쓸데없는 실보무라지를 없애고 남은 실을 하나로 단단히 묶어 종합함을 의미)을 합한 의미로 "무리를 거느려 다스림, 온통 몰아서 거느림"[72]이라는 뜻을 지니고 있다. 특히 한자어 솔(率)은 '거느리다, 이끌다, 따르다, 복종하다' [73] 등의 다양한 의미가 있다.

각각 외래어이면서 한자 배경을 가진 말이 우리말로 순화된 것으로서 인간의 집단 및 조직생활에서 나타나는 리더십 현상을 설명하는 용어라는 공통점은 있으나 의미는 다소 차이가 있다. 먼저 지휘란 '지시하여 일을 시킨다' 는 의미가 강하며 군과 관련이 많다. 통솔이란 '이끌고 다스리다, 이끌고 따르다' 의 뜻이 포함되어 있다. 리더십이란 무리를 다스리거나 이끌어가는 지도자로서의 능력, 지도력, 통솔력을 의미한다고 볼 수 있다.

나. 지휘관과 지휘권

지휘관이란 중대 이상의 단위부대의 장과 함선부대의 장 또는 함정 및 항공기를 지휘하는 자를 말하며, 지휘권이란 지휘관이 계급과 직책에 의해 예하 부대에 합법적으로 행사하는 권한[74]을 말한다.

먼저 지휘(指揮, command)란 지휘권(指揮權, command authority)에 입각하여 부대를 이끌어가는 일체의 행위로서 임무 완수를 위하여 부대 활동을 계획, 지시, 협조하는 기능[75]을 말한다. 지휘에는 지휘관에

---

[72] 국립국어연구원(1999), 앞의 책, p.6428.
[73] 두산동아, 『동아 백년옥편』 (서울 : 두산동아, 2009), p.1124.
[74] 육군본부, 『인간중심 리더십에 기반을 둔 임무형 지휘』 (대전 : 육군본부, 2006), pp.부3-1-3-3.
[75] 육군본부, 『육군리더십』 (대전 : 육군본부, 2009), pp.1-8.

게 부여된 합법적 권한과 책임을 바탕으로 임무를 달성하기 위한 부대 운용계획 수립, 부대 편성, 지시, 협조, 통제 등의 활동과 예하 장병의 건강, 복지, 사기, 규율 등에 대한 책임도 포함된다. 특히 지휘라는 개념은 지휘관(指揮官, commander)이 법에 명시된 합법적 권한과 책임을 바탕으로 지휘계통상 예하 부대와 부하 장병을 지도하고 감독하는 모든 행위를 말하며, 법적 강제력이 보장되는 군대 특유의 조직운영 개념[76]이다. 이와 같이 지휘관이라는 용어와 지휘권이라는 용어는 법과 규정에 명시되어 있는 용어이다. 특히 지휘권은 헌법과 법률에 근거하여 군 최고 통수권자로부터 위임되는 권한으로서 군 지휘관들이 보유하는 특별한 권한(authority)이다.

군대조직과 일반조직이 다른 점은 군은 필요할 때 구성원의 의지와 관계없이 생명을 희생하면서까지 임무를 완수해야 하는 특성이 있다는 점이다. 이를 위한 제도적 장치가 지휘권이며, 이것이 일반적인 리더십과 군대의 지휘 개념의 차이점이다. 따라서 지휘권은 법에 명시적으로 규정되어 있고, 지휘관이라는 직책도 법과 규정에 의해 정해져 있으며 책임과 역할이 막중하다. 군대에서 지휘관의 역할과 책임은 너무나 중요하기 때문에 일찍이 손자는 "전쟁의 본질과 수행 방법을 잘 아는 장수는 국민의 생명을 맡을 사람이요, 또 국가의 안위를 좌우하는 주인공이다."라고 했다. 또 프랑스의 포쉬 장군도 "전투의 승패는 지휘관에게 달려 있지 병사에게 있는 것이 아니다."라고 했다.

군 지휘관은 군의 구성원으로서 수행하는 여러 가지 직책 중에서도 특별하며 책임과 의무가 별도로 규정되어 있다. 지휘관은 부대의 핵심

---

[76] US Department of the Army(2006), op. cit, pp.2-3.(Command is a specific legal leadership responsibility unique to the military.)

으로서 부대를 지휘, 관리 및 훈련하고 부대의 성패에 대하여 책임을 진다. 그러므로 지휘관은 부대의 모든 역량을 통합하여 부여된 임무를 완수해야 한다. 지휘관의 궁극적인 임무는 전투에서 승리하는 데 있고, 부대의 임무를 수행함에 있어서 성공 또는 실패에 대한 책임 역시 지휘관에게 있다. 따라서 군 지휘관은 임무 수행과 관련해 필요한 권한을 부하에게 위임할 수 있으나 책임은 위임할 수가 없다.

군 지휘권과 지휘관 직위의 중요성에 대해서는 고대 병서에도 잘 나타나 있다. 먼저 『육도삼략』의 병도(兵道) 편에 전쟁 수행과 관련해 군 최고 통수권자로서 군주와 전장에서 군을 직접 지휘하는 장수와 관련된 가장 근본적 원칙이 제시되어 있다. 무왕이 태공에게 병도에 대해 묻자 태공이 대답하기를 "용병의 원리는 하나(一)에 지나지 않습니다. 일(一)이란 지휘권의 독립이며, 장수가 자유자재로 군을 움직이게 하는 것을 말합니다. 옛날 황제도 일(一)이란 도(道)로 나아가는 단계이며 신(神)의 경지에 가깝다 했습니다. 용병이란 전기(戰機)의 포착과 기세의 활용에 지나지 않으며, 그 성패는 군왕이 장수를 신임하고 모든 권한을 맡겨주느냐에 달려 있습니다. 성군들은 병기를 흉기라 하고 전쟁을 위험스러운 일이라 해서 부득이한 경우에만 이를 사용했던 것입니다."[77] 라고 했다. 용병의 도, 전쟁 수행의 도는 군 통수권자와 전장에 위치하는 최고 지휘관을 중심으로 하나가 되어 변화무쌍한 상황에서 자유자재로 오고가고 능수능란하게, 일사불란하게 전세(戰勢)를 발휘하여 승리하는 것을 말하는데, 이것은 신의 경지에 가까운 것이며 나아가서 도에 이르는 과정이라는 것이다. 또한 이것은 『손자병법』에서 말하는 '물이

---

[77] 이상옥 역(2007), 앞의 책, pp.149-153(武王問太公曰, 兵道如何, 太公曰, 凡兵之道, 莫過於一, 一者能獨往獨來, 黃帝曰, 一者階於道, 幾於神, 用之在於機, 顯之在於勢, 成之在於君, 故聖王號兵爲凶器, 不得已用之)

일정한 형태가 없듯이 용병도 고정된 승리의 비책이 별도로 있는 것이 아니다. 적의 변화에 대응하여 능수능란하게 세를 구사해서 승리를 쟁취하는 자를 전쟁의 신이라고 한다.'78)라는 내용과 맥락을 같이하는 것으로서 최상의 병도가 무엇인지를 잘 제시해주고 있다.

노자의 『도덕경』에도 "올바른 도리로써 나라를 다스리고 기책으로써 군사력을 운용하여야 하며 무사함으로써 천하를 얻을 수 있다."라는 구절과 "전쟁은 바람직한 수단이 아니며 군자가 취할 바가 아니며 어쩔 수 없는 경우에만 사용한다"79)라는 내용이 제시되어 있다. 이는 전쟁과 관련된 용병은 평상시에 함부로 사용하는 것이 아니라, 위기나 비상시에 최후의 수단으로 사용하는 것임을 말해준다. 또한 나라 전체의 안정을 위해서는 군주의 올바른 정치와 군 지휘관의 효과적인 용병술 구사가 중요함을 뜻하기도 한다. 이와 관련하여 손자는 '군주는 도를 구비해야 하고[主孰有道], 장수는 능력을 갖추어야[將孰有能] 한다.' 80)라고 했다. 전쟁 수행과 관련하여 군 최고 통수권자로서 정치 지도자와 전장에서 용병을 직접 담당하는 군사 지휘관의 역할이 갖는 중요성을 잘 설명해주는 부분81)이다.

이같이 군주는 도를 구비해야 하고[主孰有道], 장수는 능력을 갖추어야 한다[將孰有能]는 원칙의 중요성은 임진왜란 당시 선조와 이순신 장군, 원균 장군과의 사례에서도 잘 나타나고 있다. 정유재란 직전에 조선

---

78) 노병천, 『손자병법 통달을 위하여』, (서울 : 21세기 군사연구소, 1996), p.164.(水無常形, 兵無常勢, 能因敵變化而取勝者, 謂之神)
79) 노자, 『도덕경』, 57장, www.quanxue.cn/CT_BingFa/SunZiIndex.html, (검색일 : 2007.11.14.), (以正治國, 以奇用兵, 以無事取天下,兵者不祥之器, 非君子之器, 不得已用之)
80) 노병천(1996), 앞의 책, p.32
81) 고대에는 정치 지도자는 군주, 군사 지도자는 장수라 칭했는데, 군대를 총괄하는 최고 지휘관을 상장(上將)이라고 호칭했다. 조선시대에는 종4품 이상의 무관 직위를 장군, 종6품부터 정5품까지를 교위, 정7품부터 종9품까지를 부위라고 호칭했다. 이러한 호칭은 현대 군대의 장군, 장교, 부사관으로 이어지고 있다.

조정은 이순신 장군에 대한 선조의 의심, 이순신 장군을 제거하기 위한 일본의 이간책, 당파 이해관계에 따른 정치적 이유 등이 복합적으로 작용하여 삼도 수군통제사로서의 임무를 성공적으로 수행해오던 이순신 장군을 해임하고 원균을 통제사로 임명하는 실책을 범했다. 그 결과 1597년 7월 15일과 16일에 있었던 칠천량 해전에서 일사불란한 지휘체계를 확립하지 못한 원균 함대가 일본군의 전략전술에 끌려 다니다가 전멸에 가까운 참패를 당했다. 이로 인해 조선은 남해의 제해권을 상실하고 전라도와 경기도 지역까지 위협받는 심각한 상황이 초래되었다. 이후 이순신 장군이 통제사로 재기용되어 1597년 9월 16일에 있었던 명량해전에서 불과 13척의 전력으로 왜선 133척을 상대하여 적선 31척을 격파하는 놀라운 승리를 달성했다. 또한 칠천량 전투로 인해 상실했던 남해의 제해권을 되찾고 이후 노량해전에서 일본 수군을 물리칠 수 있는 기반을 마련[82]하게 되었다.

 군주의 올바른 상황 판단과 바른 정치, 상황과 임무를 고려한 능력을 갖춘 적임자의 임명, 그리고 지휘관의 리더십이 전쟁 승패에 미치는 영향을 생생히 보여주는 사례이다. 이처럼 군 통수를 위한 지휘계통의 확립과 지휘관 임명 및 지휘권 위임은 전쟁의 승패와 직결되는 중요한 사안이기 때문에 고대로부터 이를 중요시해왔다. 『육도삼략』의 입장(立將) 편에는 군주가 장수를 지휘관으로 임명하고 전쟁수행과 관련된 지침을 하달한 후 군대 지휘 권한을 위임하는 내용이 제시되어 있다. 군주는 사흘 동안 목욕재계하고 종묘에 고한 다음에 지휘관으로 선발된 장수에게 지휘권을 상징하는 '작은 도끼와 큰 도끼(부월, 斧鉞)'를 내려주면서 "이제부터는 아래로는 황천 깊이 이르기까지, 위로는 하늘 끝에

---

[82] 이민웅, "임진왜란 해전사 연구" (서울대 박사학위논문, 2002), 초록.

이르기까지 장군의 재량으로 제어하시오. 적에게 허점이 있거든 나아가 칠 것이며, 적이 실(實)하거든 고수하고 나아가지 마시오. 아군이 대군이라고 해서 적을 경시하지 말고, 군주의 명령만을 중히 여겨 전사(戰死)하는 것을 가볍게 여기지 말고, 자신의 직위가 귀하다고 다른 사람을 천하게 여기지 말고, 장군의 의견만 고집하고 부하들의 의견이나 건의사항을 무시하지 마시오. 말 잘하는 자의 교묘한 말에 현혹되지 마시오. 장병들이 아직 앉지 않았는데 먼저 앉지 말고, 장병들이 식사를 하기 전에 먼저 식사하지 마시오. 장병들과 추위와 더위를 함께하면 장병들은 필사적으로 분투를 할 것이오."[83]라고 말했다.

여기에는 군주가 전쟁터에 나아가는 장수에게 지휘관으로서 부대를 지휘할 수 있는 전권을 위임하면서 지휘관으로서 명심해야 할 군주의 지침도 하달하고 있다. 핵심 내용은 지휘관으로서 장병들과 더불어 동고동락, 생사고락을 함께하고, 독단적으로 업무를 처리하지 말고 중지를 모아 현명하게 부대를 지휘하여 임무를 완수해줄 것을 당부하고 있다. 고대부터 군 지휘관을 선발하고 지휘권을 부여하는 절차가 얼마나 엄숙하고 신성하게 이루어졌으며, 지휘관이라는 직책과 지휘권이라는 것이 어떠한 의미를 지니는지를 상징적으로 보여주는 내용이다. 이러한 이유로 『손자병법』에 "국가원수는 군 최고 통수권자로서 리더십을 구비해야 하고, 군 지휘관은 군사 전문성과 전장 리더십을 구비해야 하며, 모든 부대와 장병들은 각각의 위치에서 역할과 기능을 다할 수 있어야 한다."[84]라고 했다. 전쟁이라는 국가 대사는 군대의 야전 지휘관이

---

83) 이상옥 역(2007), 앞의 책, p.257.(君親槖鉞, 從此上至天者, 將軍制之, 復操斧, 從此下至淵者, 將軍制之, 見其虛則進, 見其實則止, 勿以三軍爲衆而輕敵, 勿以受命爲重而必死, 勿以身貴而賤人, 勿以獨見而違衆, 勿以辯說爲必然也, 士未座勿座, 士未食勿食, 寒暑心同如此, 士衆必盡死力)
84) 노병천, 『도해손자병법』, (서울 : 도서출판 한원, 1990), pp.32-33.(土孰有道, 將孰有能, 兵衆孰强, 士卒孰練)

혼자 담당하는 영역이 아니다.

군대에서 지휘란 바로 이 같은 맥락에서 지휘권에 입각하여 부대를 이끌어 가는 일체의 행위이다. 지휘관은 부여된 지휘권이라는 합법적 수단을 통해 자신의 의지를 구현하고 임무를 완수하게 된다. 이는 고대로부터의 전쟁 경험과 옛 지혜가 압축된 내용으로서 현대 군대의 지휘권 확립과 군의 정치적 중립 보장, 군 지휘관의 전문성 구비, 지휘 통일의 원칙, 권한 위임, 지휘관의 책무 및 리더십과 관련하여 많은 교훈이 되는 내용이다.

다. 고대 동양 병서의 지휘 개념

1) 지휘관의 자격과 권한

군주와 장수의 바람직한 관계, 전장에서의 지휘관의 바람직한 리더십은 고대부터 많은 연구자들의 관심 대상이었다. 앞에서 언급한 바와 같이 군 지휘관의 부대 지휘는 국가의 안위와 직결되기 때문에 고대로부터 병서에서 중요하게 취급되고 있다. 먼저 『육도삼략』에는 군주가 전쟁에 출전하는 장수를 임명하고 지휘권을 상징하는 부월(斧鉞)을 내려준 다음 장수가 명심해야 할 지침을 하달하고 있다. 군주로부터 부월을 받고 당부의 말을 듣고 나면 부대를 출동시키기 전 장수가 군주에게 절하고 다음과 같은 건의를 한다.

"신이 알기에 국가는 밖으로부터 다스리면 안 되고 군대는 안으로부터 제어하면 안 된다고 했습니다. 또한 두 마음으로 군주를 섬길 수 없고 의심된 마음으로 적과 대응할 수 없다 했습니다. 신이 이미 군주로부터 출전 명령을 받고 부월을 하사받아 지휘관으로서 위엄을 갖게 되었으니 감히 살아 돌아오지 않겠나이다. 군주께서 출전한 군대에 대해 안에서 불필요한 제어를 하지 않겠다는 허락을 받고자 합니다. 기꺼이 허락해주시면 지휘관직을 수락하고 허락하지 않으시면 장수의 직에 오를 수 없습니다."[85]

그리고 군주가 허락하면 장수는 하직하고 나아가 지휘권이 통일된 상태에서 군주의 지침을 받들면서 상황에 적합하게 군대를 재량껏 지휘하게 된다. 이는 군주는 능히 지휘관 직책을 성공적으로 수행할 수 있는 유능한 인재를 선발하여 그에게 임무를 수행할 수 있는 지침을 하달하고 필요한 권한을 위임해주어야 하며, 장수는 군주의 지침을 받들어서 군주가 장수에게 위임한 권한을 자의적으로 행사해서는 안 되며 모든 판단의 기준은 전쟁 수행과 관련된 도(道)에 따라서 전장에서의 임무를 성공적으로 완수해야 한다는 의미이다.

『손자병법』에도 이와 같은 맥락에서 "장수가 유능하고 군주가 간섭하지 않아야 승리"함을 강조하고, "군주의 명령이라도 장소에 따라서 받아들여서는 안 될 것도 있다."[86]라고 했다. 또한 이와 더불어 전장에 위치한 장수의 바람직한 임무수행 자세에 대하여 아래와 같이 강조하고 있다.

"전장에 위치한 장수는 전장의 실제 상황을 고려하여 군주가 싸우지 말라고 해도 전도(戰道)에 비추어 승리가 확실하면 반드시 전쟁을 수행하고, 군주가 싸우라고 해도 승리가 불확실하면 싸우지 말아야 한다. 임

---

85) 이상옥 역(2007), 앞의 책, p.258.(將己受命, 拜而報君, 臣聞國不可從外治, 軍不可從中御, 二心不可以事君, 疑志不可而應敵, 臣旣受命, 專斧鉞之威, 臣不敢生還, 願君亦垂一言之命於臣, 君不許臣, 神不敢將, 君許之, 乃辭而行)
86) 노병천(1990), 앞의 책, p.90.(將能而君不御者勝, 君命有所不受)

무 수행과 관련하여 나아감에 있어서 자신의 명예와 부귀영화를 추구하지 않으며, 물러나야 할 상황에 처벌이 두려워 물러나기를 주저해서도 아니 된다. 나아가고 물러남을 판단하는 사고와 행동의 기준이 백성을 보호하고 그 결과가 군주에게도 이롭게 하는 사람이 진정한 국가의 보배이다."[87]

이는 군주로부터 군대 지휘에 관한 전권을 위임받았으니, 군주의 명령을 거역하고 장수 마음대로 하라는 의미가 아니다. 중국의 『손자병법』 종합연구에서는 "군 최고 통수권자의 명령은 때에 따라서 반드시 지키지 못할 수도 있다. 군주의 명령을 임기응변적으로 취해야 한다."[88]라고 했다. 이같이 군주의 명령이나 지시 사항에 대해 현장 상황과 전쟁의 원칙을 고려하여 승리를 최우선으로 할 수 있도록 스스로 판단하며, 전쟁의 결과가 국가 이익에 도움이 될 수 있도록 적극적으로 행동하라는 의미이다. 전장에서의 지휘관이 취해야 할 바람직한 행동을 언급한 것으로 볼 수 있다.

이와 같은 사례는 한국 역사상 임진왜란 시 선조와 이순신 장군, 원균 장군의 예에서도 잘 드러난다. 임진왜란 시 일본은 육상에서의 일방적인 승리에도 불구하고 이순신 장군의 탁월한 능력으로 조선 수군에 연전연패하여 수륙병진 전략에 차질이 생겼다. 그러자 이순신 장군을 제거하기 위해 이간책을 사용했다. 일본은 조선에 대한 재침이 기정 사실화된 1596년 가을, 요시라를 간첩으로 조선에 접근시켜 일본 장수 소서행장과 가등청정 간에 갈등이 있다는 것과 가등청정 군대의 해상이동

---

[87] 위의 책, pp.242-243.(上將之道, 故戰道必勝, 主日無戰, 必戰可也, 戰道不勝, 主日必戰, 無戰可也, 故進不求名, 退不避罪, 唯民是保, 而利於主, 國之寶也), '상장지도'라는 말은 전쟁을 수행하는 최고 지휘관이 따라야 할 원칙이라는 뜻으로 서구에서 사용되었던 전략(Strategy)이라는 용어, '장수의 책략(art of the generals)' 과 같은 의미이다.
[88] 위의 책, p.200.(元首的命令有時也不必服從, 而採取因應機應時的處置)

상황과 관련된 허위 정보를 조선에 제공했다. 조선 조정에서는 이를 믿고 이순신에게 함대를 출동시켜 가등청정 부대를 격멸할 것을 지시했다. 그러나 이순신 장군은 현지 상황과 정보의 신뢰성을 고려하여 함대를 출동시키지 않고 신중하게 대처했다. 이러한 행동으로 이순신 장군은 임금의 명령을 이행치 않았다는 항명죄가 적용되어 삼도 수군통제사에서 해임되고 파직 당하게 된다. 그 후 원균이 이순신을 대신하여 삼도 수군통제사에 임명[89]되었다. 수군의 최고 지휘관을 원균으로 교체한 선조는 군 지휘계통을 새롭게 하여 도체찰사 이원익, 도원수 권율, 통제사 원균으로 이어지도록 하고, 수군에 대한 지휘 통제권을 원균에게 위임하지 않고 도원수 권율이 행사하도록 하여 군 지휘계통을 이원화시켰다. 원균은 해상작전에 관한 지휘권을 위임받지 못한 상황에서 일본군과 싸워야 했고, 현장에서의 전투방법과 관련해서도 도원수 권율과 견해 차이가 발생하여 불화가 생기기 시작했다. 그 결과 칠천량 해전은 조선 수군의 주력이 섬멸당하는 대패로 나타났다.

이순신 장군은 부대 출동과 관련하여 조선 조정의 명령을 고의적으로 거부한 것이 아니라, 현장 지휘관으로서 『손자병법』에서 제시된 "전장에 위치한 장수의 바람직한 자세는 전장의 실제 상황을 고려하여 군주가 싸우지 말라고 해도 전쟁의 도에 비추어 승리가 확실하면 반드시 전쟁을 수행하고, 군주가 싸우라고 해도 승리가 불확실하면 싸우지 말아야 한다."는 원칙을 지키면서 신중히 대처했을 뿐이다. 그러나 조선 조정에서는 현장에 위치한 지휘관의 판단을 존중하기보다 적의 이간책에 속아서 결정적 시기에 능력이 검증되고 휘하 장병들과 단결되어 연전연승하던 지휘관을 교체하는 전략적 실책을 범하고 말았다.

---

[89] 이민웅(2002), 앞의 논문, p.116.

이는 군사 전문성을 구비한 유능한 지휘관이 임무와 관련하여 현장에서 상황에 적합하게 업무를 수행할 수 있도록 적절한 권한 위임과 여건을 보장해야 하며, 군주나 다른 사람이 불필요한 간섭을 하면 전쟁에서 승리할 수 없다는 것을 잘 보여주는 사례이다. 이와 같은 사상은 『손자병법』을 비롯한 동양 고대 병법의 일관된 논리이다. 손자가 말한, 장수가 유능하고 군주가 간섭하지 않아야 승리한다는 원칙이 지켜지기 위해서는 장수의 유능함[將孰有能]이 전제되어야 한다.

이를 위해 『육도삼략』에서는 용(勇), 지(知), 인(仁), 신(信), 충(忠)의 다섯 가지 재능을 구비해야 한다[90]고 했고, 손자는 지(知), 신(信), 인(仁), 용(勇), 엄(嚴) 등 다섯 가지 덕(武德)을 구비해야 한다[91]고 했다. 장수의 유능함이란 문과 무를 겸비한 전인적 역량을 말하며, 실제 전장에서도 문과 무의 조화를 이루고 장수 스스로 이를 행동으로 실천하면서 장병들과 함께해야 진정한 복종을 가져오고 승리할 수 있다고 손자는 강조하고 있다.

> 고령지이문(故令之以文), 제지이무(齊之以武), 시위필취(是謂必取), 령소행이교기민, 즉민복(令素行以敎其民, 則民服), 령불소행이교기민, 즉민불복(令不素行以敎其民, 則民不服), 령소행자, 여중상득야(令素行者, 與衆相得也)
>
> － 『손자병법』, 행군 편

물론 군주도 장수를 포용할 수 있는 도량과 올바른 정치를 할 수 있는 리더십 역량을 갖추는 것이 중요하다. 이와 관련해 『육도삼략』에서는 군주가 구비해야 할 도리를 육수삼보(六守三寶)로 제시하고 있다. 육수

---

90) 이상옥 역(2007), 앞의 책, p.236.
91) 노병천(1990), 앞의 책, p.26.

란 인, 의, 충, 신, 용, 엄 등 여섯 가지를 말하며, 삼보란 대농, 대공, 대상 등 세 가지를 말한다. 군주가 이를 잘 구비하고 실행하면 나라가 안정되고 번창한다[92]라고 했다.

이는 정치 지도자의 리더십[道]과 군사 지도자의 리더십[能]이 조화와 균형을 이루어 하나가 되어야[莫過於一] 전쟁에서 승리한다는 『육도삼략』에서 제시된 내용과 맥락을 같이하며, 현대적으로 군대의 정치적 중립 보장, 국민과 정부, 군대와 군 지휘관이 하나가 되어야 전쟁에서 승리할 수 있다는 클라우제비츠의 삼위일체 사상과도 맥락을 같이하는 것이다. 전쟁은 국민과 여론의 지지를 받고, 정부에서 추진하는 정책과 연계하여 명분과 목적이 타당하고, 군대가 정치적 중립이 보장된 가운데 군 지휘관과 장병들이 하나가 되어야 승리할 수 있다는 의미이다.

2) 지휘관의 바람직한 자세

지휘관의 솔선수범, 장병들과 더불어 동고동락하는 자세가 전투의 승리와 직결되는 사례는 고대 병서에서 다양하게 언급되고 있다. 『육도삼략』에는 지휘관의 솔선수범 및 장병들과의 동고동락이 전쟁의 승패와 직결됨을 여러 차례 언급하고 있다.

무왕이 태공에게 물었다. "장병들이 죽음을 두려워하지 않고 기꺼이 전투에 임하게 하기 위해서는 어떻게 해야 합니까?" 그러자 태공은 "장수에게는 승리하는 법이 3가지 있습니다. 첫째는 장수는 겨울에 갑옷을 입지 않고, 여름에는 부채를 사용하지 않으며, 비가 와도 덮개를 덮지 않습니다. 장수가 몸소 예를 좇지 않으면 장병들의 춥고 더움을 알 수

---

[92] 이상옥 역(2007), 앞의 책, p.25.(六守長則君昌, 三寶全則國安)

없습니다. 둘째는 좁고 막힌 길이나 진창길을 지날 때는 장수가 먼저 내려서 걸어야 합니다. 장수가 몸소 어려운 일을 겪어보지 않으면 장병의 노고를 알 수 없습니다. 셋째, 부대가 머무를 곳에 다다르면 군사가 숙소를 다 정한 다음에 장수가 머무를 곳에 들고, 장병들이 식사를 마친 다음에 장수가 식사를 하고, 장병들이 숙소에 불을 켜지 않으면 장수도 불을 켜지 않아야 합니다. 이와 같이 장수가 사졸들과 더불어 추위와 더위, 수고로움과 괴로움, 배고픔과 배부름을 함께하면 장병들은 죽음을 좋아하고 싸우다 다치는 것을 즐겨서가 아니라, 장수의 솔선수범과 동고동락에 보답하기 위해 죽음을 무릅쓰고 전투에 임하게 됩니다."[93] 라고 답변했다.

또한 『손자병법』에서도 "상하동욕자승(上下同欲者勝)"을 강조하고 있다. 고대 병서의 이러한 교훈은 현대 군대에서도 동일하게 적용되는 원칙이다.

라. 현대 군대의 지휘 유형

1) 임무형 지휘와 통제형 지휘

인류의 문명이 농경사회, 산업사회를 거쳐 지식 정보화 시대로 발전하면서 군대에서의 지휘 개념도 변화해왔다. 오늘날 군대에서 구분하는 지휘의 유형은 크게 임무형 지휘와 통제형 지휘로 구분[94]된다.

먼저 통제형 지휘는 계획과 결심 수립에 대한 권한이 상급 부대 지휘

---

93) 위의 책, pp.265-268.
94) 육군본부(2006), 앞의 책, pp.10-12.

관에게 집권화되어 있으며 부하에게는 엄격한 복종을 요구하는 지휘 유형이다. 이에 비해 임무형 지휘는 시시각각(時時刻刻)으로 변화하는 현장 상황에 신속하고 능동적으로 대처하기 위해, 부하가 지휘관의 의도에 기초하여 주도적으로 임무를 수행하는 지휘 유형이다. 즉 지휘관은 부하에게 임무 부여 시 '누가·언제·왜·어디서·무엇을'의 요소를 구체적으로 제시하고, 부하는 임무 수행 과정에서 구체적으로 어떻게 할 것인가(How To Do)를 스스로 판단하고 행동하는 것[95]을 말한다. 임무형 지휘가 성공적으로 이루어지기 위해서는 지휘관이 부하에게 임무와 자신의 지휘 의도(Commander's intent)를 명확히 제시하고, 임무와 관련된 명령(Mission orders)을 하달해야 하며, 임무수행에 필요한 자원과 수단(Resource allocation)을 제공해야 한다. 그리고 부하는 임무를 수행하는 과정에서 임무와 지휘관의 의도를 기초로 자율적·창의적·적극적(Subordinate's initiative)으로 임무를 수행해야 한다. 또한 상하 상호 신뢰와 상호 이해가 필수적이다.

임무형 지휘는 전투가 이루어지는 현장 상황은 전방에 있는 지휘관이 그 현장에 있지 않은 상급 지휘관보다 현장 상황을 더 잘 알고 있다는 것을 전제로 하며, 최초의 계획이나 명령이 상황에 맞지 않을 경우 자신들이 처한 상황에 맞게 계획을 변경할 수 있는 최종적인 권한을 현장 지휘관이 갖는다는 것을 의미한다. 물론 계획의 변경이 자의적, 임의적으로 이루어져서는 안 되고 임무와 지휘관의 의도를 더욱 잘 구현하는 것[96]이어야 한다.

통제형 지휘는 전쟁의 양상이 고정적이며 예측 가능하다는 가정에 바탕을 두고 있기 때문에 상급 부대에 의한 중앙 집권적이며 강력한 통제

---

[95] 위의 책, pp.3-4, 3-5
[96] Robert L. Bateman 3세 편저, 윤주학 역, 『디지털 전쟁』 (대전 : 문경출판사, 2000), p.53.

를 통해 지휘하는 경향97)이 있다. 이에 비해 임무형 지휘는 전쟁 양상을 가변적으로 보고 유동적으로 인식한다. 통제형 지휘는 중앙 집권적 계획 수립과 함께 강력하고 일사불란한 통제를 통해 부하들의 기계적, 수동적 복종을 중시하나, 임무형 지휘는 분권화된 통제와 융통성을 통해 부하들의 적극적이고 능동적인 역할을 중시한다. 통제형 지휘는 상하관계에서 하향적이고 일 방향적인 의사소통과 위계적 질서를 중시하는 반면, 임무형 지휘는 수직 및 수평의 전 방향적 상호작용을 중시한다. 통제형 지휘는 위계적이며 기계적 조직관을, 임무형 지휘는 유기체적 조직관을 특징으로 한다. 통제형 지휘는 지휘관의 직접적인 통제력이 잘 발휘될수록 효율적이라는 특징이 있으나, 통제형 지휘에만 익숙하게 되면 현장 지휘관이 급격한 상황 변화에 직면했을 때 자율적이고 적극적으로 적시에 대처하는 능력이 감소될 수 있다.

2) 독일의 전통적 지휘 개념과 임무형 지휘

서구의 산업시대에 형성된 절대전 사상의 진원지로서, 또한 제 1·2차 세계대전의 당사국으로서 연합군 측과 전쟁의 주된 역할을 수행한 독일 군대의 지휘 관련 개념은 현대 군대의 리더십 전통에 많은 영향을 미쳤다. 독일군의 리더십 전통은 전쟁 중심의 마르크 공동체를 역사적 기원으로 하며, 프로이센의 프리드리히 빌헬름 1세 시대의 규칙준수, 명령복종, 책임완수와 같은 소위 '프로이센 정신'으로 정립되어 있다. 따라서 리더의 명령에 절대복종, 무조건 복종을 최고의 가치로 여기는 전통이 계승98)되어 왔다. 이러한 전통은 육군의 최상층부에 몇몇의 '생

---

97) 육군본부(2006), 앞의 책, pp.3-3, 3-4.
98) 중국 CCTV 저(2007b), 앞의 책, p.133.

각하는 두뇌'가 있고 그 나머지 사람들은 단순히 기계처럼 행동하되, 각자가 자기 직책의 의무를 수행하는 패러다임으로 형성되어 오랫동안 독일군의 리더십 전통이 되었다. 그러나 두 차례의 세계대전을 거치면서 전쟁의 교훈을 거울삼아 이 같은 전통적 패러다임에서 탈피하고 새로운 패러다임을 정립했다.

독일 군대의 새로운 지휘 개념은 독일 연방 헌법 제1조에 명시된, "모든 사람은 그의 정신적 가능성과 독자적인 판단 능력에 힘입어 자기 자신을 알고, 스스로 결정을 내리고 자신과 주변세계를 꾸려나갈 능력을 가지고 있다."라는 인간의 존엄성에 대한 현대적 인간관[99]에 기초하고 있다. 독일 연방군의 지휘와 리더십에 관련된 새로운 개념은 군 구성원 모두의 창의적 사고와 자율적 판단 및 행동의 중요성에 기반을 두는 내적 지휘(內的指揮: Innere Führung)와 임무형 지휘(任務型指揮: Auftragstaktik)의 개념[100]으로 구체화되어 있다.

먼저 내적 지휘의 핵심 개념은 "군인은 제복 입은 시민(Uniformed Citizen)이다."라는 구절에서 나타난다. 즉 군인은 명령에 따라 움직이는 기계가 아니며, 군인이라도 헌법에 보장된 인격을 갖춘 시민으로서의 기본적 권리나 의무가 근본적으로 달라지는 것은 없다. 따라서 군인이 임무를 수행할 때 개인의 기본권, 창의성, 자율성이 최대한 보장되면서 군이 추구하는 임무를 달성하도록 해야 한다는 것이다.

다음으로 임무형 지휘란 '육군의 지휘 원칙으로서 부하에게 명확한 목표를 제시하고 임무수행에 필요한 병력과 수단을 제공한 가운데 임무수행 과정에서 행동의 자유를 보장하는 것'으로 정의된다. 이를 달성

---

[99] 박영한, "독일군 임무형 지휘연구" (육군 교육사, 2005), pp.45-55.
[100] Werner Widder, "Auftragstaktic and Innere Fuhrung : Trademarks of German Leadership, *US Military Review*, 2002, pp.2-5.

하기 위한 기본 요건으로서 간부의 사명감 및 자질의 우수성, 통일된 전술관 배양과 전쟁에 관한 사고의 공유, 명확한 책임 한계, 명확하고 통일된 군사용어 사용, 상황의 주도와 모험 감수, 창의적 시행착오 및 과오에 대한 관용, 상·하간 신뢰성 유지, 부하의 자발적 복종'을 제시[101]하고 있다. 특히 독일군은 내적 지휘 및 임무형 지휘와 관련하여 상급 지휘관으로부터 명령을 수령하여 실제 임무를 수행하는 부하의 임무수행 과정에서의 행동에 대한 '자발적 복종(Selbstandig denkender Gehorsam)'을 강조하고 있다. 자발적 복종이란 '부하가 자신의 직무를 수행하는 데 있어 자신을 단순히 명령 수령자로서 생각하는 것이 아니라, 임무를 달성하는 데 공동 책임을 지고 있는 중요한 사람으로 여기고 상황이 급박하거나 상관과 연락이 두절된 상황 하에서도 지휘관의 의도(commander's intent)에 기초하여 상관의 입장에서 임무를 수행하는 것'[102]을 말한다. 이를 상징적으로 나타내고 있는 "가장 기계가 아닌 사람이 가장 훌륭한 군인이다."[103]라는 문구는 위의 내용을 가장 잘 함축하고 있다. 전통적인 무조건 복종, 기계적 복종, 통제형 지휘 개념에서 부하의 주도적 행동, 창의성, 자발적 복종을 중시하는 임무형 지휘 개념으로 패러다임이 전환된 것을 보여주고 있다.

군대에서의 지휘 개념은 고대부터 현대까지 두루 사용되고 있다. 지휘의 형태는 전쟁의 양상과 임무의 형태에 따라 상이하고 다양하게 적용될 수 있겠지만, 오늘날 군대에서의 바람직한 지휘 개념은 임무형 지휘 패러다임이 대세를 이룬다고 볼 수 있다.

오늘날 임무형 지휘의 성공을 위해서 제시하고 있는 간부의 사명감

---

101) 육군본부(2006), 앞의 책, pp.부3-4.
102) 위의 책, pp.부3-4.
103) 박영한(2005), 앞의 책, pp.45-55.

및 자질의 우수성, 통일된 전술관 배양과 전쟁에 관한 사고의 공유, 명확한 책임 한계, 상황의 주도와 모험 감수, 상·하간 신뢰성 유지, 부하의 자발적 복종, 지휘 통일의 원칙, 적절한 권한 위임, 현장 지휘관의 창의성과 융통성 발휘 여건 보장, 변화되는 상황에 적합한 전투수행 등과 관련된 제반 개념은 고대 동양 병서에 제시된 '장수가 유능하고 군주가 간섭하지 않아야 승리한다'는 개념과 '군 최고 통수권자의 명령은 상황에 따라서 반드시 지키지 못할 수도 있다. 군주의 명령을 임기응변적으로 취해야 한다.'라는 개념과 맥락을 같이한다고 볼 수 있다.

마. 현대 군대의 리더와 리더십

1) 미국 육군의 리더와 리더십

1991년 3월 1일 미국 대통령 조지 부시(George W. Bush)는 걸프전 승리 이후 "오늘은 미국이 비로소 베트남 신드롬으로부터 완전히 벗어난 자랑스러운 날이다."[104]라고 했다. 미국이 수치스러운 악몽의 기간으로 여겼던 베트남 전쟁으로부터 벗어났다는 상징적인 연설이면서 새로운 미국으로 탈바꿈했다는 자신감의 표현이기도 하다.

미국 군대에도 리더십의 위기가 있었다. 미국 군은 전략보다는 과학기술, 전술보다는 과학적 관리기법, 군사 전문 직업의식보다는 관료제, 기타 분석적 비교 계량화 방법에 대한 선호 문화가 군대를 지배[105]했다. 이러한 사고방식은 장병들은 거대한 관료주의적 기계의 한 부속품에

---

104) Harry G. Summer, *A Critical Analysis of the Gulf War*, New York : Dell, 1992, p.7.
105) Robert L. Bateman 3세 편저(2000), 앞의 책, pp.308-309.

지나지 않으며, 기계가 전장에서 싸우고 사람은 부차적으로 중요하다는 리더십의 비인격성과 유물론적 가치체계를 형성했으며, 효율성을 중시하는 경영 과학적 부대관리와 권위주의적 하향식 리더십 전통을 중시하게 했다. 상급 지휘관은 권한과 정보를 독점하고 부하들에게는 적자생존 식 경쟁 체제를 유도하여 맹목적이고 무조건적인 복종을 강요했다. 이러한 풍토 속에서 부하들은 상급자를 불편하게 만드는 정직한 보고나 용기 있는 건의 대신 허위 보고를 해서라도 경쟁에서 살아남고자 하는 도덕적 해이 현상까지 보였다.

미국 군은 군대가 정치화, 관료화되고 도덕적 용기가 상실된 가운데 의무(duty), 명예(honor), 조국(country)이라는 숭고한 가치보다 군 지휘관들의 출세를 위한 경력 관리, 사적 이익추구를 위한 심각한 도덕적 타락의 위기를 초래했다. 또 실전적이고 강한 훈련보다는 지휘, 물자관리, 사열(CMMI : Command, Material, Maintenance, Inspection)을 중시하는 부대 운용 분위기가 베트남 전쟁에서 나타났다. 이는 군의 효과적인 전투력 발휘와 임무완수에 부정적 영향을 미치고 전쟁 실패의 한 요인으로 분석[106]되었다.

베트남 전쟁에서의 실패 이후 미국 군은 '모든 것을 처음부터 다시 시작한다(Back To the Basis)'[107]라는 자세로 교육훈련과 리더십을 혁신하기 시작했다. 기존의 경영 과학문화 중시 패러다임에서 전투수행에 중점을 둔 패러다임으로 개혁했다. 특히 리더십과 관련해서는 도덕적 용기(moral courage)와 진실 및 공정성, 정직성, 성실성과 관련하여 "타락하지 않고 흠이 없는 완벽한 상태(integrity)"[108] 등 군이 지향하는

---

[106] Harry G. Summer(1992), op. cit, pp.54-144.
[107] Ibid., p.55.
[108] Edgar F. Fuyer, 권영근 역, 『공군 지휘관의 인격과 리더십』 (대전 : 공군본부, 2006), p.15.

가치와 원칙에서 순일성(純一性)을 회복하기 위해 우선적으로 노력했다. 그리고 전쟁에서 인적 차원(human-dimension)의 중요성을 재인식하고 군대에서의 바람직한 인간관계와 도덕, 윤리와 관련된 원칙 준수, 인간의 전인적 능력 개발에 관심을 갖게 되었다.

이 같은 역사적 교훈과 배경에서 리더와 리더십 개념을 계속 발전시켜왔으며, 그 결과 1990년대 걸프 전쟁에서 효과성이 입증되었다. 또한 미국 육군에서는 21세기 지식 정보화 기반 사회의 변화된 환경을 고려하여 2006년 10월 리더십 교범을 재발간하고 리더와 리더십에 대한 새로운 정의를 내렸다. '육군의 리더란(army leader) 계급이나 직책에 관계없이 부여된 역할이나 책임에 따라 조직의 목표 달성을 위해 조직 지휘계통 내·외부의 사람들에게 동기를 부여하고 영향을 미치는 사람'[109]으로 규정했다. 이는 공식적으로 임명된 리더뿐만 아니라 군 구성원 모두는 리더가 될 수 있다는 의미이며 또 리더가 되어야 한다는 의미이기도 하다.

다음으로 리더십에 대하여 '리더가 조직의 목표를 달성하고 임무를 완수하며 조직을 향상시키기 위해 구성원들에게 동기부여 및 목적과 방향 제시 등을 하여 영향력을 미치는 과정'[110]이라고 정의하고 있다. 여기서 구성원들이란 지휘계통 상 부하, 동료를 포함하여 지휘계통 외부의 기타 임무수행과 관련되는 인원을 포함하는 개념으로서, 이때의 영향력 관계는 상관과 부하 사이에만 제한되지 않고 전 방향적 인간관

---

[109] US Department of the Army(2006), op. cit., p.1.(An Army leader is anyone who by virtue of assumed role or assigned responsibility inspires and influences people to accomplish organizational goals. Army leaders motivate people both inside and outside the chain of command to persue actions, focus thinking, and shape decisions for the greater good of the organization.)

[110] Ibid, pp.1-2.(Leadership is the process of influencing people by providing purpose, direction, and motivation while operating to accomplish the mission and improving the organization.)

계111)로서 작용한다. 또한 리더란 항상 부하에 대해 이끄는 입장만이 아니라 팀의 일원이며, 어떤 면에서는 리더의 리더라는 관점112)을 취하고 있다. 부하의 역할 또한 리더의 비전을 이해하고 책임을 공유하며 임무와 관련하여 자부심과 적극성을 가질 것113)을 중시하고 있다. 이러한 정의는 리더십에 대하여 이끌고(lead) 따르는(follow) 면을 동시에 강조하고 있으며, 부하라는 용어의 의미도 단순히 리더의 명령에 복종하는 것이 아니라 팀의 일원으로서 책임을 공유하고 적극적인 역할을 강조하는 팔로우어십의 중요성도 함께 언급하는 것이라 할 수 있다.

미국 군은 이와 같은 리더와 리더십 개념을 바탕으로 모든 군 구성원들이 인격을 갖춘 유능한 리더(competent leaders of character)가 될 수 있도록 하기 위해 '어떤 군 리더가 되어야 하는가(BE), 어떤 역량을 구비해야 하는가(KNOW), 어떻게 행동하고 실천해야 하는가(DO)' 라고 하는 이른바 '인격, 지식, 실천(BE, KNOW, DO)' 리더십 모형을 정립114)하여 적용하고 있다. 이는 리더의 인격(character), 리더의 역량(knowledge), 리더의 행동 및 실천(application)과 관련된 개념으로서, 리더로서 전인적 역량(character : 리더가 어떠한 상황에서도 올바름과 적절함을 유지할 수 있도록 해주는 도덕적, 윤리적 특질)을 스스로 먼저 구비하고(prepare self) 다른 사람을 이끄는 것(lead others)이 중요하다는 개념이다.

미국 군이 베트남 전쟁 이후 기본으로 돌아가서 새롭게 시작하자는

---

111) Ibid., pp.1-2.(Influencing is getting people, Soldiers, Army civilians and multinational partners to do what is necessary.)
112) Ibid., pp.3-1,1-1.(Every leader in the Army is a member of a team a subordinate, and at some point, a leader of leaders.)
113) Ibid., pp.1-2. (Subordinate, royal team player who understand leader's vision, shares responsibility, and takes pride in accomplishment.)
114) Ibid., p.1.

리더십 개념은 동양 전통사상에서 제시된 지(知), 인(仁), 용(勇) 사상 그리고 수기치인(修己治人) 개념과 유사한 면이 있다. 지(知), 인(仁), 용(勇) 세 가지 요소는 인간의 자기완성과 사회적 인간관계 형성에 있어 가장 중요한 덕목으로서, 자신부터 구비하고 사회적 인간관계에서 이를 실천해야 자기완성(修身), 가정의 화목과 질서유지(齊家), 국가의 질서유지와 올바른 다스림(治國), 나아가 온 세상의 조화와 평화(平天下)가 실현될 수 있다는 사상이다. 이 같은 미국 군의 새로운 리더십 개념은 베트남 전쟁 이후 계속 발전시켜온 개념으로서, 21세기 변화된 안보환경과 전쟁 양상의 변화와 관련하여 이를 더욱 강조, 확대시키고 있다. 또한 미국 군은 21세기의 변화된 환경 속에서 발생 가능한 모든 형태의 작전(full spectrum operation)에 효과적으로 대응하기 위해서는 기존의 계급과 직책에 의존하는 리더십 개념으로는 한계가 있다고 판단하고, 계급과 직책 위주의 위계적 상하관계에서 진일보하여 보다 더 총체적이고 광범위하게 리더십을 인식[115]하고 있다.

군 구성원 모두가 리더이면서 팔로우어로서 전인적 역량을 구비하고 도덕적, 윤리적 올바름과 군사적 전문성을 겸비하여 상황에 따라 적극적으로 리더십을 발휘할 수 있어야 임무수행이 효과적으로 이루어질 수 있다는 것[116]이 미국 군이 지향하는 새로운 리더십 개념이다.

---

[115] Christopher R. Paparone, "Deconstruction Army Leadership", *US MILITARY REVIEW*,(2004), p.5.(In the 21st century, it is no longer acceptable to assume that a leader's influence on effectiveness is attributable to his position or rank. An understanding of leadership requires a much broader, more complex view of organizational effectiveness. Perhaps the Army's hierarchical view of leadership blinds us to other interpretations.)

[116] US Department of the Army(2006), op. cit., pp.71-72.(All soldiers and civilians, at one time or another, must act as leaders and followers.)

> 21세기의 복잡하고 불확실한 안보 환경에 효과적으로 대응하기 위해서는 인격을 갖춘 유능한 리더가 필요하다. 육군의 모든 구성원은 인격과 지식과 실천력을 구비하고 어떠한 상황 하에서도 임무를 성공적으로 완수할 수 있도록 고도의 도덕적 자질, 폭넓은 지식과 기술, 예리한 지성과 판단력을 갖춘 다재다능한 리더가 되어야 한다. 이를 위해서는 항상 노력하고 준비해야 하며 평생 학습을 통해 이를 구현해야 한다.
> Competent leaders of character are necessary for the Army to meet the challenges in the dangerous and complex security environment we face. It is critical that Army leaders be agile, multi-skilled pentathletes who have strong moral character, broad knowledge, and keen intellect. Leaders must be committed to lifelong learning to remain relevant and ready during a career of service to the Nation.
>
> - 미 육군 리더십 교범

2) 캐나다 육군의 리더십 개념

캐나다 군에도 미국 군이 베트남 전쟁 시기에 실패한 경험과 유사한 사례가 있다. 캐나다 군은 1990년대 '소말리아 사건'[117]이 발생하자 이를 위기로 인식하고 전화위복의 기회로 삼기 위해 군 리더십을 혁신하고 리더십 교리를 발전시켜왔다.

캐나다 군에서 정의하고 있는 리더십은 다음과 같다. 캐나다 군에서는 리더십을 가치중립적 정의와 캐나다 군이 지향하는 효과적인 리더십으로 구분하여 정의하고 있다. 먼저 일반적, 가치중립적 리더십 정의는 '공식적 권위 또는 개인적 특성에 의거, 공유된 목표를 달성하기 위해 직·간접적으로 사람들에게 영향을 주는 것'[118]이다. 이는 리더십을

---

[117] 1990년대 캐나다 군이 소말리아에 파병되어 군 작전수행을 할 때 발생한 윤리·도덕적 문제와 리더십에 관한 부정적 사건을 말함.
[118] Canadian National Defence, op. cit., p.7.(Leadership may be defined as directly or indirectly influencing others, by means of formal authority or personal attributes, to act in accordances with one's intent or a shared purpose.)

목표 달성을 위한 영향력 과정이라는 측면에 중점을 둔 것으로 앞에서 언급된 내용과 대동소이하다. 이를 기초로 하여 캐나다 군이 지향하는 효과적인 리더십에 대하여 아래와 같이 정의하고 있다. 효과적인 리더란(effective CF leader) '캐나다 군의 전사정신을 기반으로 하여 임무를 완수하고 구성원들을 돌보며 상위 조직과 팀의 입장에서 생각하고 행동하며 변화를 수용하는 사람'[119]이다. 즉 캐나다 군이 추구하는 가치(캐나다 군의 군인정신)에 기반을 두고 이를 모범적으로 실천하는 솔선수범, 임무완수, 구성원 복지, 조직 전체의 입장에서 사고하고 행동하며, 이를 통해 변화에 대응하고 참여하는 사람을 효과적인 리더의 모습으로 선정하고 있음을 알 수 있다. 효과적인 리더십이란 '리더가 구성원들이 전문적, 윤리적으로 임무를 완수하는 데 기여할 수 있도록 방향제시 및 동기부여를 하는 것'[120]으로 정의된다.

캐나다 군의 리더십 정의는 가치중립적 정의와 가치 지향적 정의로 구분하는 것이 특징이다. 캐나다 군에서 추구하는 효과적인 리더십은 군대의 임무수행과 관련하여 전문성과 윤리성이 특히 강조된다는 점 역시 주목할 부분이다. 캐나다 군에서는 이 같은 리더와 리더십 개념을 바탕으로 하여 윤리성과 전문성이 기초가 된 임무완수, 구성원들을 중시하고 큰 조직의 일원으로서 사고하고 행동하며 변화에 대한 적응과 미래 지향적 역량 개발 및 성장을 중시하는 군 리더십 모형을 정립[121]하여 구현해 나가고 있다.

---

[119] Ibid., p.30.(Effective CF leaders get the job done, look after their people, think and act in terms of the larger team, anticipate and adapt to change, and exemplify the military ethos in all they do.)
[120] Ibid., p.30.(Definition of Effective CF leadership is directing, motivating, and enabling others to accomplish the mission professionally and ethically, while developing or improving capabilities that contributes to the mission success.)
[121] Ibid., p.60.

> 캐나다 군의 모든 구성원은 캐나다 군의 전사정신을 기반으로 하여 부여되는 임무를 전문적으로 윤리적으로 수행해야 하며, 변화되는 상황에 적응하고, 항상 보다 큰 공동체의 일원으로 임무를 수행하고 있다는 것을 생각하고 임무완수와 구성원들의 보살핌에 최선을 다해야 한다.
> Effective CF leaders get the gob done, look after their people, think and act in terms of the larger team, anticipate and adapt to change, and exemplify the military ethos in all they do.
> – 캐나다 군 리더십 교범

캐나다 군에서 소말리아 사건 이후 리더십을 혁신하여 정립한 개념이 도덕적 가치와 윤리의식 중시, 법적 정당성, 전인적 역량 개발과 완전성을 제시하고 있는 점은 앞에서 언급한 미국 군의 예와 맥락을 같이하고 있다.

3) 팔로우어십 발휘 사례와 교훈

미국 군은 소위 베트남 신드롬 시기에 군에서 도덕적 용기가 상실되고 군대가 정치화, 관료화되면서 앞서 언급한 군대의 순일성(integrity)이 현실과 타협함으로써 베트남 전쟁의 성공적 수행에 부정적 영향을 미친 경험을 한 적이 있다. 1964년부터 1968년까지 미 육군 참모총장을 역임하고 미국 합동 참모본부의 중요한 구성원으로 베트남 전쟁 수행과 관련하여 고위 간부로서 임무를 수행한 헤럴드 존슨(Harold K. Johnson) 장군에게 그의 친구가 퇴역한 지 10년이 지난 후 인생을 새롭게 살 기회가 주어진다면 무슨 일을 다르게 하고 싶은지를 물었다. 헤럴드 존슨 장군은 육군 참모총장 시절의 자신의 소극적인 팔로우어십에 대해 후회하면서, "참모총장으로 다시 복귀한다면 대통령 집무실에 가서 '대통령께서 궁극적인 승리가 불확실하고, 동원 태세도 미비하며, 전쟁 원칙도 제대로 지켜지지 않는 가운데 군대를 전쟁으로 내몰고 있으니 참모총장 직을 사임하고 4성 장군을 반납하겠습니다.' 라고 말한 뒤 집무실을 나와 기자회견을 하겠다. 나는 평소에 올바르다고 믿는 신념에 따라 행동하고 참모총장 직을 그만두었다면 국가를 위해 더욱 보람된 일을 할 수 있었을 텐데, 도덕적 용기가 상실되어 큰 실수를 저지르고 말았다. 나는 이제 그 도덕적 용기를 내 무덤으로 가져가야 할 때가 되었다."[122]라고 자책했다고 한다. 군 지휘계통 상 중요한 위치에 있는 사람으로서 전장의 현실을 정확하게 파악하여 문제가 있는 것은 문제가 있다, 할 수 없는 것은 할 수 없다고 해야 하는데도 불구하고 부정적인 보고가 불충으로 인식될 수 있다고 판단, 무조건 가능하다고 보고한 그 당시 자신의 사고방식과 행동에 대해 뒤늦게 잘못되었음을 고백하는 내용이다.

이와 달리 맥아더 장군은 1930년대 미국이 어려움을 겪고 있던 대 공황기에 참모총장 직을 수행했다. 그에게는 육군과 공군의 전투력을 확보하고 유지하는 책임이 있었다. 적정한 군 예산의 확보는 정상적인 시기에도 어려운 일인데, 전대미문의 대 공황기를 맞이하여 그는 더욱 어려운 여건과 몇 번의 좌절을 경험해야 했다. 1934년 맥아더는 당시 대통령이던 루스벨트에게 정면으로 맞서서 육군의 예산감축을 막은 적이 있었다. 경제상황을 고려하여 예산감축을 강행하려 하자 그는 대통령에게 이렇게 말했다. "다음 전쟁에서 우리가 패배하여 우리 병사가 적군의 총검에 찔려 진흙 속에 넘어지고 구둣발에 목을 짓눌린 채 죽어가면서, 병사가 마지막 저주와 원망을 과연 누구를 향하여 뱉겠습니까?

---

[122] Harry G. Summer(1992), op. cit, pp.52-54.

그건 이 맥아더가 아니라 바로 대통령 각하입니다."123)라고 직언하고 예산 삭감을 막는 팔로우어십을 발휘했다. 이러한 노력의 결과로 미국군이 2차 세계대전에서 강한 군대로서 연합군의 승리에 기여했음은 잘 알려진 사실이다.

헤럴드 존슨 장군과 맥아더 장군의 사례에서 보듯이 군대에서의 팔로우어십은 병사나 계급이 낮은 사람만이 발휘해야 하는 것이 아니다. 계급과 직책이 높을수록 그 발휘 결과가 군과 국가에 미치는 영향이 크기 때문에 더욱 중요시되는 개념이다. 켈리(Kelly)가 제시한 비판적 사고, 적극적 행동, 진정한 용기를 바탕으로 하는 모범형 팔로우어십은 중국의 순자가 제시한 '바람직한 신하의 도[臣道]는 도(道)를 좇아야 하며 사람을 좇으면 안 된다' 는 내용과 맥락을 같이한다. 이를 종합해 보면 따르는 자의 바람직한 도리도 동서고금을 막론하고 일맥상통한다고 볼 수 있다.

4) 리더십 패러다임의 유형과 변천

군대에서 효과적인 리더십 패러다임 유형은 아래 표에 제시된 바와 같이 상명하복 유형, 나를 따르라 유형, 다함께 유형으로 구분할 수 있다. 이들은 군대 조직을 구성하는 인간과 조직을 바라보는 관점, 군대 조직에서의 주도적 역할 수행자, 영향력 발휘 방향과 영향력의 형태, 계급의식(power distance)의 정도, 추구하는 목표에 따라 각각 상이한 관점을 보여주고 있으며, 시대에 따라 그 중요성이 변천되어 왔다.

첫째, 유형에 따라 인간과 조직을 바라보는 관점을 살펴보면, 상명하

---

123) Richard Nixon 저, 박정기 역, 『20세기를 움직인 지도자들』, 서울 : 을지서적, 1998, pp.225-226.

복 유형은 상관이 명령을 하달하고 부하는 이를 실행하는 소위 "명령에 따라서 해!" 형태이다. 나를 따르라 유형은 "내가 하는 것처럼 해!" 형태이다. 다함께 유형은 "스스로 알아서 해!" 형태이다. 먼저 상명하복 유형과 나를 따르라 유형은 조직의 현행업무와 목표 달성, 안정과 효율을 추구한다. 이를 위해 개인 가치의 희생은 불가피하며 조직에 있어 인간은 쉽게 대체될 수 있는 하나의 요소나 부속품이라는 기계론적 인간관이 전제되어 있다. 이에 비해 다함께 유형은 조직의 힘은 조직 구성원들의 인격과 개성 존중을 바탕으로 한 자발적인 헌신과 창의성을 중시하는 인간관을 지닌다. 즉 군인을 단순히 국가나 정치적 목적을 위해 전투에서 소모되는 자원이 아니라, 국가 번영과 국민의 안전, 개인과 가정의 행복을 위해 스스로 봉사하는 사람이며, 군이 지향하는 가치를 위해 목숨까지 헌신할 수 있는 전문가이자 소명의식을 지닌 전투력의 핵과 원천으로 인식한다.

둘째, 조직 내의 주도적 역할 수행자를 준거 삼아 살펴보면, 상명하복 유형과 나를 따르라 유형은 직책과 직위가 누가 더 높은가에 따라 리더십의 중심 수행자가 결정된다. 즉 주어진 임무에 대한 전문성이나 효과성보다는 연공서열에 의한 직책과 계급이 먼저라는 관점을 지녔다. 따라서 지휘관, 상급자 중심으로 영향력이 발휘된다. 이에 비해 다함께 유형은 복잡다단한 전문적 지식과 기술이 필요하거나 기술 변화가 빠른 업무에 대해서는 연공서열보다는 누가 새로운 지식과 기술을 갖추었느냐를 고려하여 임무에 가장 적절한 사람 중심으로 리더십의 수행자를 결정한다. 따라서 구성원 모두의 역할이 중시된다.

셋째, 리더십 발휘 방향이 상명하복 유형과 나를 따르라 유형에서는 부하를 대상으로 한 상하 하향적, 일 방향적이었던 것에 비해, 다함께 유형은 부하, 동료, 상관을 대상으로 한 상하좌우 전 방향적이다.

넷째, 리더십을 발휘하는 영향력의 원천을 보는 관점에도 차이가 있다. 상명하복 유형은 강제적, 합법적 권한과 수단을 중시하고, 나를 따르라 유형은 합법적, 보상적 권한과 수단을 중시하나, 다함께 유형은 인격과 전문적 역량을 기반으로 한 문제해결 능력을 중시한다.

끝으로 구성원 상호간 계급과 직책에 따라 느끼는 계급의식의 차이가 상명하복 유형은 크고 나를 따르라 유형은 중간 수준이며 다함께 유형은 작다고 볼 수 있다.

[군 리더십 패러다임 유형]

구분	상명하복 유형	나를 따르라 유형	다함께 유형
인간관	성악설 Theory-X, 인간의 기계적, 수동적 역할 중시	성악설 Theory-X, 인간의 기계적, 수동적 역할 중시	성선설 Theory-Y, 인간의 자율적, 창의적 역할 중시
조직관	인간보다 조직 중시 폐쇄 조직	인간보다 조직 중시 폐쇄 조직	조직보다 인간 중시 개방 조직
주도적 역할 수행	지휘관, 상관, 리더	지휘관, 상관, 리더	구성원 전원
영향력 발휘 방향	상하 하향식	상하 하향식	상하좌우 전 방향
지휘 형태	통제형 지휘	통제형 지휘	임무형 지휘
영향력 원천	강제적, 합법적 권한 및 수단	합법적, 보상적 권한 및 수단	인격과 역량에 기반을 둔 전문성과 문제해결 능력
추구하는 목표	조직의 안정, 효율, 현행업무 완수	조직의 안정, 효율, 현행업무 완수	구성원의 창의성, 유연성, 자율성 극대화, 조직변화와 외부환경 대응, 지속적 성장과 번영
계급의식 (power distance)	대(大)	중(中)	소(小)

어떠한 유형이 효과적인가는 상황과 여건에 따라 다르다. 그리고 어떤 상황에서도 효과성이 보장되는 단일의 유형은 없다. 상기 표에서 제시된 바와 같이 상명하복 유형, 나를 따르라 유형, 다함께 유형은 리더십 발휘 대상, 영향력의 원천, 추구하는 목표 등 여러 분야에서 서로 다른 관점을 지닌다. 따라서 각각의 장점을 취해 상호 보완하는 것이 중요하다.

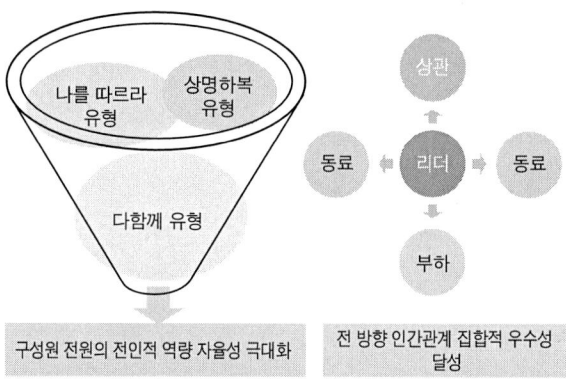

5) 21세기 리더십의 지향점

동서양을 막론하고 21세기 군대에서 필요로 하는 효과적인 리더십은 인격과 역량, 도덕적 원칙과 법적 정당성, 행동과 실천의 요소를 중시하고 있다. 이는 동양사상에서 제시한 지·인·용 3가지 덕을 온전히 구비하고[修己, 內聖], 다양한 사회적 인간관계에서 이를 구현해가야 한다는[治人, 外王] 개념과 맥락을 같이하는 것으로서, 21세기 인류가 지향하는 자연친화적 패러다임 정립과 관련하여 시사해주는 바가 크다.

인간의 집단생활과 관련하여 잘 이끌고 잘 따르는 문제는 동양과 서양, 일반 조직과 군대 조직을 막론하고 지속적으로 강조되고 있으며 학자들의 관심 또한 지대하다. 특히 21세기는 근대에서 탈근대로 시대적 상황이 전반적으로 변화하는 시기로서 조직 구조, 업무, 인간관계, 리더십 등 근대 산업시대의 패러다임이 탈근대 지식 정보화 시대 패러다임으로 전환[124]되고 있다.

[근대-탈근대 조직, 인간관계, 리더십 패러다임 변화]

구분	업무 지향적 패러다임	사람 지향적 패러다임
시대 구분	근대	탈근대
앨빈 토플러 구분	산업 시대	지식 정보화 시대
인간관에 대한 이론	Theory-X, 지배 및 통제	Theory-Y&Z, 상호관계
대표적 우상	포드, 테일러	빌 게이츠, 스티브 잡스
조직 구조	위계조직, 관료제	매트릭스 조직, 네트워크
통상적 수단	육체/근육노동, 자동생산 라인	정신/두뇌노동, 하이테크
업무 위치, 작업 위치	공장, 철강 플랜트	소프트웨어 설계 사무실
업무 구조	조직 구조/작업 설명서	목표 제시, 프로젝트, 변화
업무 정보/세부 항목	과업, 시간 비율	전문성, 인격 및 자질
업무 과정	직업/직무분석	역량과 직무분석
리더 영향력	직위 영향력, 계급	개인 영향력, 솔선수범
리더십	거래적 리더십	변혁적 리더십
군사 전문성	전사 +전술/ 전기	전사+전술/전기+학자+외교관

상기 도표는 업무 지향적 패러다임(work-oriented paradigm)에서 일하는 사람 지향적 패러다임(worker-oriented paradigm)으로 전환되고 있는 변화 양상을 시대 구분부터 리더십, 새로운 군사 전문성에 이르기까지 13개 요소로 구분하여 제시하고 있다.

---

124) Robert W. Walker, "A Summary of the Requisite Leader Attributes for the Canadian Forces", 2004, p.7. www.cda.acd.forces.gc.ca/cfl (검색일 : 2009.2.1)

학자들은 인류 문명사의 시대 구분을 고대, 중세, 근대, 탈근대로 구분하기도 하고, 앨빈 토플러는 농경시대, 산업시대, 지식 정보화 시대로 구분하기도 한다. 이를 패러다임 전환 측면에서 보면 농경시대에는 인류가 수렵과 채취 위주의 삶의 방식에서 야생동물을 가축으로 기르고 야생식물을 농작물로 재배하면서 근본적인 생활양식의 변화가 일어났다. 앨빈 토플러는 이를 제1의 물결이라고 했다. 먹이를 구하기 위해 끊임없이 이동하면서 야생식물이나 열매, 그리고 동물을 사냥해야 생존할 수 있는 삶의 방식이 한 곳에 정착하여 기르고 재배하여 식량 문제를 해결하고 저장했다가 사용하는 전혀 다른 패러다임으로 대체되었다. 이러한 새로운 패러다임의 시작은 누군가가 매일 이동하면서 사냥이나 채집을 하지 말고 이를 재배하고 기르면 어떨까라는 사고의 전환으로부터 출발했을 것이다. 고정관념에서 벗어나 새롭고 창의적인 사고를 할 때 패러다임 전환은 시작된다. 이러한 농경시대의 패러다임은 기계와 내연기관의 발명으로 두 번째 근본적인 변화를 가져왔다. 이를 산업시대라고 하고, 토플러는 제2의 물결이라고 했다. 사람과 동물의 노동력에 의존하여 재화와 용역을 생산하던 농경시대 방식이 기계의 힘을 이용하여 대량생산이 가능하게 되었다. 이러한 산업시대는 오늘날 지식 정보화 시대라는 새로운 변화에 직면하여 상기 표에서 제시된 것과 같이 조직 구조, 인간관 및 리더십에 대한 관점이 바뀌고 새로운 패러다임으로 대체되고 있다. 토플러는 이를 제3의 물결이라고 했다.

　인간관에 대한 이론의 경우 근대에는 인간을 바라보는 관점이 인간은 선천적으로 수동적이고 나태하기 때문에 엄격한 지배와 통제를 해야 능률을 올릴 수 있다는 Theory-X적 관점이었다. 그러나 탈근대로 접어들면서 인간은 능동적이며 잠재력을 지닌 이성적 존재이기 때문에 동기를 부여하고 권한위임과 여건을 보장해주면 자발적으로 몰입하여 목표를 달성한다는 Theory-Y&Z 관점으로 바뀌고 있다.

산업시대에 기계 산업을 대표하는 것은 자동차 산업이었다. 미국의 테일러는 노동자의 생산성을 극대화하기 위해서는 시간, 동작 등 세부적인 면까지 일사불란한 통제와 획일화를 해야 한다는 과학적 관리법을 제시하여 인간의 기계적 역할을 중시하는 패러다임을 제시했다. 이러한 패러다임은 대량생산 체제에서 요구되는 제품의 표준화, 고도의 분업화, 단순 반복노동, 관료제적 위계질서 환경에 적합한 나름의 기능을 했다. 지식 정보화 시대를 대표하는 것은 IT 산업이다. 지식 정보화 사회의 복잡성은 산업시대와는 차원이 다르다. 지식정보 관련 상품은 자동화된 생산조립 라인 앞에서 규격화되고 표준화된 부속품을 반복해서 조립만 하면 되는 것이 아니라, 변화되는 상황에 맞게 개인이 끊임없이 창의성을 발휘해서 새로운 상황에 대응하고 문제해결 방법을 스스로 모색해야 하는 고도의 창조적 활동이 요구된다. 빌 게이츠는 대학 공부를 도중에 그만두고 자신이 하고 싶어 하는 컴퓨터 소프트웨어 개발과 관련된 마이크로소프트 회사를 설립해서 소위 벤처 기업의 기원을 열었다. 오늘날 마이크로소프트사는 인터넷 관련 글로벌 기업으로서 지식 정보화 시대를 선도하고 있다. 한 사람의 독창적인 사고가 산업시대의 삶의 방식을 근본적으로 변화시키고 있다.

조직운영 개념도 수직적 위계와 통제, 지배 개념에서 수평적 협력과 자율이 중시되고 있으며, 육체와 근육 노동보다 정신적 두뇌 노동이 중시되고 있다. 특히 군대와 관련하여 종전의 직책, 계급 위주의 역할보다 개인적 영향력과 솔선수범이 중시되고 있으며, 전사와 전투기술 구비 위주의 전통적 군사 전문성에서 전사, 전투기술, 학자, 외교관 능력을 겸비해야 한다는 새로운 군사 전문성이 제시되고 있다.

이러한 환경 변화는 새로운 리더십 패러다임을 요구한다. Graen

and Graen(2007)은 리더십 구조 변천에 대해 20세기 초반에는 영웅적 개인 리더가, 이후에는 팀 리더가, 최근에는 네트워크 중심적 리더(LMX-SNL)가 부각[125]되고 있다고 말한다. 그리고 이와 같은 리더십이 효과적으로 발휘되기 위해서는 이끌고 따르는 관계가 형성되는 리더-팔로우어 네트워크에 있어서 능력에 대한 상호 존중, 동기와 목적에 대한 상호 신뢰, 파트너의 삶의 질에 대한 상호 헌신, 그리고 이를 효과적으로 달성하기 위한 상호 훈련이 중요하다고 제시[126]하고 있다. 즉 21세기에 바람직한 리더십과 팔로우어십은 아래 그림에서 제시된 것처럼, 조직을 구성하는 모든 구성원이 지식과 인격을 겸비하고 행동력과 실천력을 발휘하여 상관, 부하, 동료 등 전반향의 인간관계에서 잘 이끌고 잘 따름으로써 임무를 완수하고 개인과 구성원 모두의 성장과 발전에 기여할 수 있는 것을 말한다.

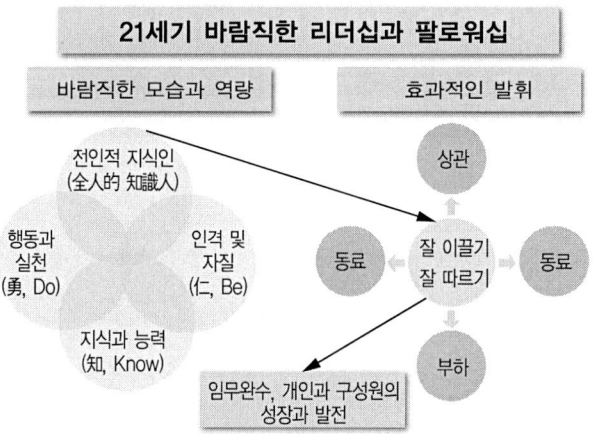

---

[125] Chao-Chaun Chen and Yueh-Ting Lee(2008), op. cit., p.289.(Leadership structures have changed for the twenty-first century. Early in the twentieth century, leadership structures were designed for autocratic heroic individuals who saved our routine and stable existence. Later in that century, they became leaders of special project team, now they have become leaders of networks of leaders. This is sometimes called the network-centric approach to leadership.)
[126] Ibid.

제2장

한국적 리더십 사상의 근원과 역사적 전개

1. 한반도의 자연적 특성과 공동체 형성

오늘날 대한민국은 유라시아 대륙의 동북 지역으로부터 남으로 돌출한 한반도와 제주도를 비롯하여 3300개가 넘는 부속 도서로 구성되어 있으며, 북쪽으로는 압록강, 백두산, 두만강 등 비교적 뚜렷한 자연적 경계선에 의해 중국과 러시아에 잇대어 있다. 또 동쪽, 서쪽, 남쪽 삼면은 바다로 둘러싸여 있다. 서쪽으로는 중국, 남동쪽으로는 일본과 이웃하여 멀리 태평양으로 열려 있고 나아가 미국에 다다른다. 이와 같은 지리적 위치는 유라시아 대륙에서 보면 주변 지역이지만, 미국·일본·중국·러시아 등 정치적·전략적 입장에서 보면 한반도가 병참지, 연결 지역, 교두보 지역 등 중앙 지역으로서 정치·군사적 요충지[127]이다.

대한민국이 위치하고 있는 동아시아 지역의 반도 지형을 우리말로는 '한반도(韓半島)'라 하고 영어로는 'Korean Peninsula'라고 한다. 왜 'Han Peninsula'라고 부르지 않고 'Korean Peninsula'라고 부를까? '한'이라는 말은 순수 우리말로서 '크다, 하나의, 단일의' 등과 같은 의미가 있다. 고대로부터 삼한(마한, 변한, 진한), 한국, 대한민국이라는 말은 이와 같은 '한'으로부터 유래한다.

코리아(Korea)라는 말은 고려시대 아라비아 상인들이 고려의 예성항에서 활발한 국제무역 활동을 하던 당시 고려(高麗)라는 국호가 '코레아(Korea)'라는 말로 서구에 전파되면서 생겨났다. 오늘날 중앙아시아에 거주하는 한민족을 현지인들이 '고려인'이라고 호칭하는 것은 이와 같은 맥락에서 비롯된 것이다. 고려라는 말은 산고수려(山高水麗)의 줄임말로서 산이 높고 물이 아름답고 깨끗하다는 의미이다.

---

127) 김운태 외 공저, 『한국정치론』, (서울 : 박영사, 1986), p.33.

대한민국이라는 국호 이전의 명칭은 '조선(朝鮮)'이다. 조선이라는 말은 아침의 밝음을 뜻한다. 조선을 영어로는 'Land of morning calm'이라고 하는데, 이는 동해 바다에서 아침 해가 떠오를 때의 고요함과 밝음을 나타내는 말이다. 오늘날 중국인들이 동북삼성 지역에 살고 있는 사람을 조선족이라고 호칭하는 것 역시 이 때문이다. 한반도 일대에 형성된 국가의 명칭을 조선, 삼한, 한나라, 조선, 고려, 대한민국이라고 하는 것은 이와 같은 자연 지리적 환경과 밀접한 관계가 있다. 한반도는 고대부터 산이 많고 경관이 수려하며, 계곡과 강이 많아 물이 맑고 깨끗하며, 해가 뜨면 제일 먼저 밝아오는 땅으로서 사람이 살기에 좋은 곳으로 여겨졌다.

고대 중국 사람들은 한반도 일대에 사는 민족을 동이족(東夷族)이라고 불렀다. 이는 '동쪽에 사는 활을 잘 다루는 민족', '큰 활을 가진 민족'이라는 의미를 지닌다. 『삼국지』 동이전 읍루 편에 다음과 같이 전해지고 있다. "이 땅은 옛날 숙신 씨의 나라인데, 원래 활을 잘 쏘고, 쏘기만 하면 반드시 사람을 맞히며 화살에 독이 있어서 맞으면 죽는다. 또한 그 땅은 산을 끼고 있으며 그들이 활을 잘 쏘고 화살에 독이 있기 때문에 이웃나라 사람들은 그들을 두려워하여 절대로 항복받을 수가 없다."[128] 또한 북사(北史)에도 "사람들이 활을 잘 쏘아 사냥을 업으로 삼는다. 모진 활을 사용하는데, 그 길이가 석 자이며 화살은 한 자 두 치이다. 항상 7·8월에 독약을 만들어 화살에 칠했다가 사냥 시에 사용하는데, 짐승을 쏘아 맞기만 하면 즉사한다."[129]라고 전하고 있다. 활과 화살을 주

---

[128] 고동영, 『한국상고무예사』 (서울 : 한뿌리, 1993), p.158.
[129] 위의 책, p.159.

변의 다른 부족에 비해 상대적으로 우수하게 잘 다루었음130)을 알 수 있다. 농경 생활에 정착하기 전 고대 선조들은 수렵과 채취에 의존했고, 사냥을 잘하기 위해 활 다루는 기술을 발전시켰을 것이다.

고대나 현재나 사람이 생존하기 위해서는 첫째, 깨끗한 물이 안정적으로 공급되어야 한다. 지구상의 모든 생물은 물이 없이는 생명이 유지되지 않는다. 한반도는 강이 많고 토양이 비 침투성으로 형성되어 있어서 물을 구하기가 쉬웠다. 때문에 한민족의 삶과 문화에 가장 밀접하게 영향을 미친 것은 강이라고 볼 수 있다. 강가의 언덕이나 구릉지에 집단을 형성하고 강물을 식수로 하고 물고기를 식량으로 삼으면서 생존을 영위했을 것이고, 다양한 조류(철새, 텃새)가 물과 먹을 것을 구하기 위해 모여 들었을 것이다. 활을 잘 다루는 민족이 강의 고기도 잡고 조류도 사냥하여 풍족한 삶을 유지할 수 있었음을 충분히 짐작할 수 있다.

고대 백두산을 비롯한 백두대간의 높은 산 일대는 원시림이 무성하고 다양한 동물과 식물이 건강한 생태계를 이루고 있었다. 특히 백두산은 주기적인 화산 활동으로 공포와 경이의 대상이자 신성시되는 특별한 존재였다. '한밝문화(배달문화)'라고 하는 한민족 고유의 태양숭배 사상, 밝음을 중시하는 사상은 모두 백두산의 밝음과 관련131)이 있다. 백두산을 발원지로 하는 강을 압록강(鴨綠江)이라고 하는데, 압은 '오리'를 뜻하며 록은 '푸르다'를 의미한다. 강은 순수 우리말로 '라'라고 하는데, 압록강을 우리말로 하면 '아리라, 오리라'가 된다. 의미는 '오리빛처럼 푸른 강', '오리가 많이 서식하고 있는 푸른 강', '푸르고 긴 강'

---

130) 이와 같은 활과 화살, 수렵이 중심이 되는 고대 문화권을 동이 문화권이라고 한다. 고대 동이 문화권에는 오늘날 한민족(조선족)을 중심으로 하여 만주족, 몽골족, 돌궐족(터키 민족의 조상)이 문화적 기원을 같이하는 것으로 알려지고 있다.
131) 백두산을 '불함산'이라고도 한다. 몽골에서는 '부르칸(Burkhan)'이라고 하는데, 모두 빛을 발하는 밝고 신성함과 관련이 있는 것에 기원을 두고 있다.

등 다양하게 해석할 수 있다.

⟨백두산 천지: 동이문화권의 상징, 풍류도 사상의 발원지⟩

두 번째는 공기가 깨끗해야 한다. 즉 산소를 생산하는 산림과 수목이 잘 자라고 다양하며 생태계가 건전해야 한다.

세 번째는 식량을 구하기 쉬워야 한다. 인간은 잡식성으로서 동물과 식물 모두를 먹을것으로 취했는데, 동물과 식물 모두 일조량, 물, 숲과 관련이 있다. 물이 많고 일조량이 풍부해야 생태계가 건강해지고 생물 다양성도 풍부해 먹이사슬이 형성되고 먹을 것을 구하기가 쉬워진다.

마지막으로, 안전한 주거 공간 확보가 용이해야 한다. 화산 및 지진 활동, 비나 바람, 맹수들의 공격을 피할 수 있고 물과 식량을 구하기 쉬워야 한다. 이러한 기준에 비추어 보면 강, 산, 고개, 들판, 동굴 등으로 구성된 한반도 및 동북아시아 지역은 고대인들이 이동하면서 발견한 삶의 터전 중에 가장 이상적인 곳의 하나라고 여겼을 것이다. 이는 현대에도 자연 친화적인 삶, 웰빙 개념과 관련해서 동일하게 중요시되는 지리 환경적 개념이다. 숲이 무성하게 이루어진 높은 산이 있고, 기름진

넓은 땅이 있으며, 강과 물이 있는 곳이 수렵과 농경을 위해서는 가장 이상적인 땅132)으로 인식되었다.

후세 사람들이 발전시킨 한국의 풍수지리학은 이 같은 자연환경과 인간의 삶과의 관계를 정립한 사상이다. 인간의 삶은 자연환경과 분리될 수 없으며, 자연의 순리에 따른 삶의 터전 선정이 중요하다는 것을 기본 사상으로 한다. 소위 '배산임수(背山臨水)'로 요약되는 풍수지리 사상은 앞에서 언급한 강과 산의 중요성과 맥락을 같이한다. 사람이 살기에 적당한 공간은 물과 언덕(산)이 조화를 이룬 곳이어야 하며, 이는 개인의 주거지뿐만 아니라 죽은 후의 묘지에도 해당되며 나라의 도읍지 역시 마찬가지라는 것이다. 자연의 공간은 사람이 머물기에 적당한 곳, 물이 흐르고 머무는 곳, 바람이 순환하고 머무는 곳이 각각 상이하면서도 서로 조화를 이루어야 한다. 그리고 바람과 물이 차지해야 할 공간을 인간이 인위적으로 무리하게 점령하면 자연으로부터 해를 입게 되므로, 사람은 자연과 조화된 가운데 공간을 활용, 이용해야 한다는 것을 중시하는 현대적 의미의 자연친화적 환경사상133)이라고 할 수 있다.

한반도는 농경 및 채취 활동, 어로 및 수렵, 그리고 한반도 북부 지역의 초원지대는 유목 및 수렵 활동이 용이한 지역이다. 농경, 수렵, 유목 문화가 혼재된, 특유의 지역적·환경적 요인을 지닌 곳으로서 사람이

---

132) 이러한 곳을 몽골어로 '항가이(숲이 무성하게 우거지고 목초지가 있으며 물이 흐르는 비옥한 곳)'라고 하는데, 몽골인들이 생각하는 명당을 가리킨다. 부족의 지도자들은 이러한 곳을 수도로 정하고 '오르도'라 불렀다. '배산임수'라는 지리·환경적 개념은 북방 유목 및 농경 민족에게 있어서 명당을 가리키는 말이다.

133) 과학기술을 신봉하는 서구의 현대인들은 오래 전부터 바람과 물이 차지해왔고 앞으로도 계속 차지하게 될 미국 대서양 연안 뉴올리언스 일대에 대형 제방을 설치하고 대규모의 도시를 건설했다. 대서양에는 주기적으로 허리케인이 발생한다. 허리케인은 바람과 물이 결합된 에너지로서 이동하다 머무르기 좋은 곳에 머무르다가 소멸된다. 뉴올리언스 일대는 허리케인이 머무르는 공간이다. 미국 뉴올리언스에서 주기적으로 발생하는 허리케인 피해는 이 같은 한국의 풍수지리학적 관점에서 겸허하게 이해되고 재조명되어야 한다.

자연과 더불어 살아가기에 좋은 조건을 갖춘 곳이다. 오늘날 한반도가 지구상에서 인구 밀도가 높은 지역 중의 한 곳으로 선정되는 것은 이러한 이유와 맥락을 같이한다.

한반도와 동북아시아 일대에 언제부터 인구가 정착하여 살았으며, 한민족이 언제부터 단일 공동체로 형성되었는지는 정확하게 알 수 없다. 문화인류학적 연구 결과에 의하면, 인류는 아프리카 대륙에서 태동하여 전 세계적으로 퍼져나간 것으로 추정된다. 역사학과 고고학이 발달하면서 그간의 축적된 연구 결과, 한반도 전 지역에서 구석기 및 신석기 시대의 유물이 발견되고 있고, 이러한 유물이 시베리아, 연해주, 만주, 몽골 지역과 연계되어 있는 것으로 나타났다. 기원전 4000년 이전에 한반도에 신석기 시대가 전개되었으며, 신석기와 청동기 시대를 거치면서 인구가 증가하고 서로 융합되면서 한민족이 형성된 것[134]으로 판단하고 있다.

〈중국 고대 역사기록에 나타난 고조선 건국 관련 기록〉

중국의 사서인 『위서』의 기록에 의하면, 지금으로부터 2천 년 전에 단군왕검이 있었는데, 도읍지를 아사달에 정하고 나라를 열었는데 나라 이름을 조선이라고 했다. 나라를 연 시기는 중국의 고대 국가가 열린 시기와 동시대이다.

魏書云, 乃往二千載有檀君王儉, 立都阿斯達開國號朝鮮, 與高同時

― 『삼국유사』 권1, 고조선 조

---

[134] 이기백(1984), 앞의 책, pp.11-13.

고대 한민족과 관련된 기록은 고려시대 『삼국유사』를 저술하여 한민족 고대사에 대한 기록을 남긴 일연의 저서에 나타나 있다.[135]

중국 사람이 기록한 역사 사료에 전하는 고조선에 대한 기록을 인용하여 일연이 이를 전하고 있다. 일연이 민족주의적 감정을 앞세워 황당무계한 사실을 날조한 것이 아니라, 다른 나라 사람이 객관적 시각에서 기록한 내용을 그대로 인용하고 있는 점으로 보아서, 이는 사료적 근거를 갖는 역사적 사실이라고 볼 수 있다. 한반도 일대에 오래 전부터 국가가 형성되었으며 나라의 이름이 조선이라는 것은 틀림없는 사실이다. '높고 숲이 무성한 산이 많고+동해 바다에서 해가 떠오르면 가장 먼저 밝아지고 따뜻해지는 땅+물이 푸르고 수량이 풍부한 강이 많은 곳'을 표현하는 말을 나라를 상징하는 국호로 사용하여 '조선', '고려'라고 한 것을 보면, 자연과 하나 되는 삶을 지향한 선조들의 높은 지혜를 읽을 수 있다.

신용하 선생은 이것을 아사달 문양으로 해석하기도 한다. 아사달이란 '아사(아침을 뜻하는 고조선어)'와 '달(햇빛이 먼저 비추고 따뜻한 양지의 산)'이 결합한 것이다. 이를 정리하면 '아침 햇빛이 가장 먼저 비추는 곳으로서 따뜻한 산'을 의미한다. 산의 모양과 바다의 일출 장면이 결합되어, 아침에 해가 뜨면 가장 먼저 밝아오고 따뜻해지는 곳(산과 땅)이라는 의미의 고조선 일대를 나타내는 문양[136]이 아사달을 의미하는 고유의 문양이다. 이것은 고조선 문화권에서만 출토되는 팽이형 토기에 나타나고 있다고 한다. 유물과 역사 자료에 나타나고 있는 조선, 아사달이라는 말과 무늬가 의미하듯이, 해·밝음·따뜻함·산·강·

---

[135] 신용하, 『한국 원민족 형성과 역사적 전통』, (서울 : 나남출판, 2005), p.19.
[136] 위의 책, pp.66-67.

수렵과 관련된 동물, 활 등이 고대 한민족의 생활과 밀접하게 연관되어 있으며, 이와 관련한 고대 문화가 발달했을 것[137]으로 짐작할 수 있다.

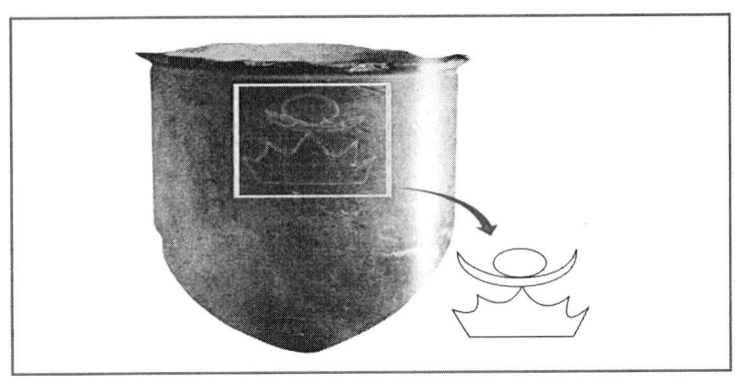

〈아사달 문양 : 아사달, 조선을 나타내는 무늬 : 산 + 태양이 떠오르는 모습〉[138]

이 같은 맥락에서 보면 한민족은 유라시아 대륙의 북쪽 시베리아 지역으로부터 이동하여 백두산, 발해만(고대의 발해만은 호수) 일대와 만주 지역에 정착한 것으로 보인다. 신석기 시대의 삶은 주로 야생 동식물 채취나 고기잡이, 사냥에 의존했으며 농경은 그 후에 시작되었다. 효과적인 사냥을 위해서는 도구가 중요했는데, 칼과 화살이 가장 첨단 도구였다. 특히 몸집이 크고 빠른 야생동물을 사냥하기 위해서는 활과 화살이 중요했다. 고대 중국인들은 동쪽에 사는 민족을 동이족(東夷族)이라고 불렀다. 이는 활을 잘 다루는 민족이라는 의미로서 고대 한민족의 삶이 수렵과 깊은 관련이 있다는 것을 나타내준다. 백두산, 발해만 일대는 수원(水源)이 풍부하고 산림이 무성하여 자연 생태계가 잘 형성된 지역

---

137) 몽골족·거란족의 언어에서도 넓은 들판이나 장소를 '아사탈래(Asa-tala)'라고 하는데, 고조선의 아사달과 맥락을 같이하는 말이다.
138) 만주의 여진, 청나라도 자칭 Jusen, Jusin이라고 호칭했다고 한다. 이는 아사달이라는 말과 조선이라는 말이 문화적 기원을 함께한다는 것을 보여주고 있다.

으로서, 다양한 동물이 서식하고 사냥감이 풍부했음은 상식적으로도 판단할 수 있다. 따라서 백두산 일대는 신성시되었고, 수렵을 효과적으로 하기 위해서는 개인이 활을 잘 다루어야 할 뿐만 아니라 고도의 협동과 단결이 요구되었음은 충분히 짐작할 수 있다.

신석기 시대-청동기 시대-철기 시대로 이어지는 동안 고대 한민족은 당시의 첨단 무기체계인 성능 좋은 큰 활과 화살로 동이 문화권의 중심 세력으로서의 역할을 한 것으로 보인다. 수렵으로부터 농경으로 발달하면서 이러한 전통은 계승되고 더욱 발전되었을 것으로 보인다. 또한 한반도는 봄, 여름, 가을, 겨울 등 4계절이 뚜렷하고 대륙과 해양이 교차하는 지역이다. 한반도에는 다양한 생물의 종들이 풍부하게 존재하고, 계절 변화에 따라 유연하게 적응하면서 끈질긴 생명력을 발한다. 이 땅에 사는 사람도 이와 같은 자연의 일부이며, 자연을 닮아가는 것은 자연의 이치가 아니겠는가. 따라서 고대 한민족의 선조들은 태양과 하늘을 숭상하고, 숲이 무성하고 고도가 높아서 햇빛이 가장 먼저 비치고 따뜻해지는 곳을 신성하게 여겼으며, 지도자와 공동체 구성원을 존중하고 귀히 여겼다. 이 같은 맥락에서 하늘과 땅, 사람을 중시하는 삼신사상(三神思想)이 태동[139]했다.

한민족의 고대 문화는 아래 그림에서 제시된 바와 같이 유목+수렵+농경을 모두 아우르는 종합적, 융합적 문화이다. 자연 친화적인 삶, 다양성에 대한 포용과 관용, 공동체 구성원 개인의 진취적인 정신의 건전성과 육체적 기량, 공동체 전체의 협력과 단결이 중시되는 문화가 발현된 것은 자연스러운 것이었다. 이는 21세기 전 지구적으로 요구되는 인류의 바람직한 삶의 새로운 패러다임으로서 그 중요성이 새롭게 부각, 재조명되고 있다.

---

[139] 신용하(2005), 앞의 책, p.60.(삼신은 천신, 지신, 조상신을 말한다.)

한민족 삶의 뿌리와 문화적 유전자

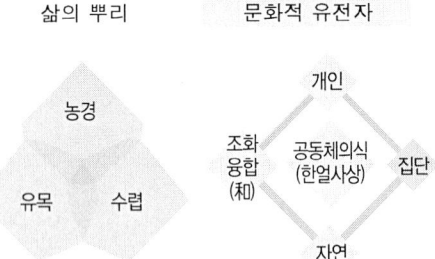

[고대한민족 활동 영역]

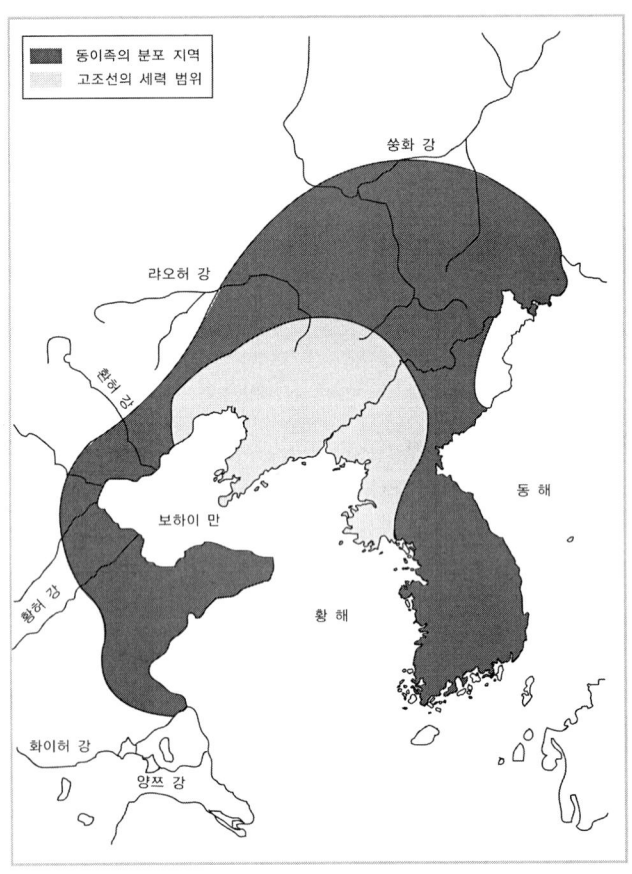

2. 한민족의 리더십과 정신문화의 근원

가. 풍류도 사상과 원광법사의 세속오계

오늘날 우리의 정신세계를 지배하는 사상은 크게 동양 사상과 서구의 기독교 사상으로 나뉠 수 있다. 서구의 기독교 사상은 고대 유태인들이 정립한 유일신 사상에서 유래한다. 이것은 구약성서와 신약성서에 모든 사상과 종교의 기원을 두고 있다. 동양 사상은 인도 사상과 중국의 제자백가 사상의 영향 아래 발전해왔다. 한민족에도 고유한 정신문화가 있었는가, 있다면 고유의 정신문화와 사상은 무엇인가, 어디에 기록되어 있으며 과학적으로 신뢰할 수 있는가?

결론부터 언급하자면 한민족은 고대부터 고유한 사상이 있었으며, 역사적·과학적으로 신뢰할 수 있는 기록이 전해지고 있다. 한국의 역사를 기록한 공식 문서는 고려 시대에 국가사업으로 편찬한, 김부식이 지은 『삼국사기』이다. 『삼국사기』 신라본기에는 '최치원의 난랑비 서문'이 기록되어 있다.

[최치원의 난랑비 서문]

원문	해석
國有玄妙之道, 曰 風流	나라에 현묘한 도가 있으니 이를 풍류라고 한다.
設敎之源, 備詳仙史	풍류도를 만든 근원은 선사에 상세히 기록되어 있다.
實乃包含三敎, 接化群生	유교, 불교, 도교 등 삼교와 다르지만 삼교의 사상과 이념이 포함되어 있으며, 여러 생명을 접하여 교화하는 것이다.
且如入則孝於家, 出則忠於國, 魯司寇之旨也	이를테면 집에 들어와서는 부모에게 효도하고, 밖에 나가서는 국가에 충성하는 것은 공자의 가르침과 같다.
處無爲之事, 行不言之敎, 周柱史之宗也	매사를 자연의 이치에 따라 일이 저절로 이루어지게 하고, 말이 없이 행동으로 가르침이 행해지는 것은 노자의 가르침과 같다.
諸惡莫作, 諸善奉行, 竺乾太子之化也	모든 악한 업을 만들지 않고 모든 선을 봉행함은 석가의 가르침과 같다.

이를 요약하면, 먼저 중국으로부터 유교사상, 도가사상, 불교사상이 전래되기 이전에 한민족 고유의 이른바 '풍류도' 라고140) 하는 가르침이 행해지고 있었으며, 이러한 가르침을 정립한 근원에 대해서는 선사(仙史)141)에 자세히 기록되어 있다. 가르침의 내용은 유가, 불가, 도가 등 이른바 삼교의 가르침이 포함되어 있고, 모든 생명을 접하여 교화하는 것이 주된 가르침이라고 할 수 있다.

이것은 한민족 고유의 토착사상이 있었으며, 중국으로부터 유·불·선 등 이른바 삼교도 전래되어 고유 사상에 영향을 주었음을 뜻한다. 선사가 온전히 전해지고 있지 않아서 구체적으로 어떤 내용인지는 자세히 알 수 없으나, 고대부터 인재 양성, 공동체 구성원의 바람직한 사회적 행동과 관련하여 풍류도라고 불리는 체계적으로 정립된 이념과 가치체계가 있었다는 것은 분명한 사실이다. 최치원은 통일신라 후대의 사람으로서 당나라에 유학하여 과거 급제도 하고 문장이 뛰어난 학자였다. 난랑이라는 화랑의 비석 서문을 최치원이 기록한 것이 『삼국사기』에 실려 있는 것을 보면 신라 시대 때 화랑도가 활성화되어 있었다고 볼 수 있다. 또한 신라 시대의 화랑도는 풍류도와 관련 있다는 의미이기도 하다.

신라 시대 화랑제도는 관련 기록이 『삼국사기』와 『삼국유사』에 공히 전해지고 있으며, 이는 역사적 사실로 인정되고 있다. 신라의 화랑제도는 24대 진흥왕 시기에 진작되었다고 전해지는데, 『삼국사기』 진흥왕 본기에 다음과 같은 기록이 남아 있다.

---

140) 단재 신채호 선생의 『조선상고사』에서 '풍류' 라는 말은 이두 표기로 '밝달, 배달' 을 의미한다고 했다. 즉 풍류도란 배달민족의 가르침, 배달겨레의 종교라는 의미로 해석할 수 있다.
141) 선사란 풍류도를 기록한 역사라는 뜻으로 선사(仙史), 화랑세기(花郞世紀), 선랑고사(仙郞古事) 등을 말한다.
142) 신채호 저, 박기봉 옮김, 『조선상고사』 (서울 : 비봉사, 2006), p.344.
143) 위의 책, pp.346-347.

> "진흥왕 37년 봄에 처음으로 원화(源花)를 받들었다. 처음에 임금과 신하들이 인재를 알아낼 방법이 없음을 걱정하여, 같은 부류들끼리 모아서 여럿이 함께 놀도록 하고 그들의 행동거지를 살펴본 후에 그 중에 우수한 자를 골라서 인재로 등용하기로 했다. 그래서 예쁜 여자 둘을 골랐는데, 그 이름이 하나는 남모라 했고 또 하나는 준정이라 했다. 그리고 그를 따르는 무리를 300명 모았다. 그러나 남모와 준정이 서로 미모를 다투어 질투하다가, 준정이 남모를 자기 집으로 유인하여 억지로 술을 먹여 취하게 한 후, 그를 강으로 끌고 가서 강물에 던져서 죽여 버렸다. 그 일로 준정은 사형을 당하고 무리들은 서로 화합하지 못하여 해산하고 말았다. 그 후 다시 미모가 수려한 남자를 뽑아서 이를 화랑이라 하고 이를 받들었다. 그러자 따르는 무리들이 구름처럼 몰려들어 도의로 서로 연마하고[相磨以道義] 음악과 춤으로 서로 즐기며[相悅以歌樂] 산수를 찾아다니며 놀고 즐기고 수련했는데, 아무리 먼 곳이라도 가지 않는 곳이 없었다[遊娛山水無遠不至]. 이러한 과정을 통하여 어떤 사람이 올바른 사람인지를 구분할 수 있었으며, 그 중에서 선량한 자를 골라 조정에 추천했다."142)

『삼국사기』는 국가에서 공식적으로 발간한 정사(正史)인 만큼 위의 기록은 신빙성을 갖고 있다. 또한 일연의 『삼국유사』에도 이와 유사하게 화랑의 기록이 전해진다.

> "진흥왕이 즉위하여 신선을 많이 숭상했다. 민간의 여염집 처녀로서 아름답고 예쁜 여자를 골라 받들어 원화로 삼고, 무리를 모으고 인물을 뽑아서 그들에게 부모에게 효도하고, 형제간에 우애하고 나라에 충성하고 친구 간에 신의를 지켜야 하는 도리를 가르치니, 이것은 또한 나라를 다스림에 있어 대요(大要)가 되는 것이었다. 이에 남모랑, 교정랑 두 원화를 뽑고 그들을 따르는 무리 3,4백 명을 모았다. 교정랑이 남모랑을 질투하여 술자리를 베풀어 남모랑에게 술을 많이 먹여 취하게 한 후, 남몰래 끌어다가 북쪽 개천에 버리고 돌로 묻어 죽였다. 남모랑을 따르던 무리들은 그가 간 곳을 몰라 슬피 울면서 헤어졌다. 이 사실의 내막을 아는 자가 있어 노래를 지어서 동리 아이들로 하여금 거리에서 부르도록 했다. 남모랑의 무리들이 이 노래를 듣고 그의 시체를 북쪽 개천에서 찾아냈다. 그리고는 교정랑을 죽였다. 이에 대왕은 명을 내려 원화제도를 폐지했다. 몇 년이 지난 후 왕은 나라를 흥하게 하기 위해서는 풍월도를 먼저 진작해야겠다고 생각했다. 그래서 다시 명을 내려 양가 출신 남자로서 덕행이 있는 자를 선정하여 그 이름을 고쳐서 화랑이라고 했다. 처음에는 설원랑을 받들어 국선으로 삼았는데, 이것이 국선화랑의 시초이다."143)

『동국통감』에는 "법흥왕 27년(진흥왕 원년)…, 진흥왕이 7세의 어린 나이로 즉위하자 태후가 섭정을 했다. 신라에서는 얼굴과 풍채가 단정한 남자를 뽑아 풍월주(風月主)라 부르며, 착한 선비를 구하여 무리를 만들어 효도, 어른 공경, 충성, 신의를 장려했다."144)라고 전해진다. 『해동고승전』에도 "원랑으로부터 신라 말에 이르기까지 무릇 200명이요, 그 중에서도 사선(四仙)이 가장 어질었다."라는 기록이 있다. 이러한 사료들을 통해 신라의 화랑제도는 국선화랑, 화랑, 풍월주 등 다양하게 불리고 있으며, 그 뿌리는 풍류도, 선도와 관련이 있다는 것을 알 수 있다.

나. 풍류도의 사상적 뿌리

한민족에게는 고대부터 풍류도라고 불리는 리더십 사상이 있었다는 것이 기록에 남아 있다. 그러면 이와 같은 가르침의 사상적 근원은 무엇이며 언제부터 시작되었을까? 『화랑세기』 머리말에 "花郎者仙道也, 我國奉神宮, 行大祭于天"145)이라고 전해지고 있다. 화랑은 선도를 신봉하는 무리로서 신궁과 하늘에 제사를 지내고 제천의식을 행하는 데 관여했음을 알게 하는 부분이다. 신라는 제천의식을 위해 신궁을 설치하고 정기적으로 의식을 치렀으며, 화랑도는 선도, 선교를 신봉하는 집단이었다. 또한 『화랑세기』 머리말에 "古者仙徒以奉神爲主, 後仙徒以道義相磨"라고 전해지고 있다. 이는 선도 무리들이 초기에는 신궁에서 제사를 지내는 사제적 기능을 주로 담당하다가 후에 도의를 연마하는 군사적 기능을 수행했다는 것146)을 말해준다.

---

144) 이종학, 『신라 화랑 군사사 연구』 (경주 : 서라벌 군사연구소, 1995), p.23.
145) 위의 책, p.15.
146) 위의 책, p.21.

화랑도가 한민족 고유의 무속신앙을 기반으로 태동된 토착사상이라는 견해는 대부분의 학자들의 연구 결과에서 일치를 보이고 있다. 먼저 이종학(1995)은 『신라 화랑 군사사 연구』에서 "신라인의 고유 종교는 샤머니즘을 바탕으로 천신, 지신, 조상신을 숭배하는 삼신사상을 대상으로 하며, 이를 한역하면 선교라 하는데, 화랑도가 선교에 연원을 두고 창시된 것"이라고 주장한다. 이병도(1987)는 『한국 유교사』에서 "화랑도의 도의 사상은 우리 고유의 도덕 중시 사상에서 기원한 것이며, 신라시대에 무사도적 정신이 강조된 것은 시대적 요청에 따른 것"이라고 했다. 그리고 충효사상은 유교사상으로부터 더 자극을 받은 면도 있으나, 한민족 고유의 도 사상이 유교와 상호 작용한 것으로 보았다. 김범부(1960)도 그의 논문 '풍류정신과 신라문화'에서 "실내포함삼교라는 의미는 유·불·선 등 삼교를 모방해서 이를 포함했다는 것이 아니라, 풍류도는 고유 토착 사상으로서 유·불·선 등 삼교에서 가르치는 내용이 이미 포함되어 있는 독창성이 있는 것"이라고 했다. 신일철(1964)도 『한국을 탐구한다』를 통해 "삼국사기에 있는 최치원의 '국유현묘지도'에서 국유(國有)라는 의미는 유·불교가 아니라 전통적 민간신앙인 샤머니즘적 요소를 지닌 한민족 고유의 사상이 체계화된 것"이라고 주장했다. 또한 이선근(1974)도 '화랑도와 삼국통일'에서 진흥왕이 "우리나라를 중흥하기 위해서는 반드시 풍월도를 중흥해야 한다."라고 한 것은 진흥왕 이전에 유·불·선 삼교의 장점을 다 지니고 있는 한민족 고유의 풍류도 사상이 있었다는 것을 의미한다[147]고 했다.

신라의 화랑도는 동이 문화권의 전통적인 풍류도 사상을 기반으로 하고 있으며, 신라가 고대국가의 면모를 갖추기 시작하면서 함께 형성된

---

147) 위의 책, pp.18-21.

조직이라고 할 수 있다. 국가의 부국강병을 도모하기 위해 신라의 시대적 상황에 적합하게 진흥왕 때부터 본격적으로 화랑도, 국선도의 형태로 활성화된 것으로 볼 수 있다. 즉 풍류도란 한민족 고유의 토착사상이며, 그 사상적 뿌리는 원시 무속신앙인 것이다.

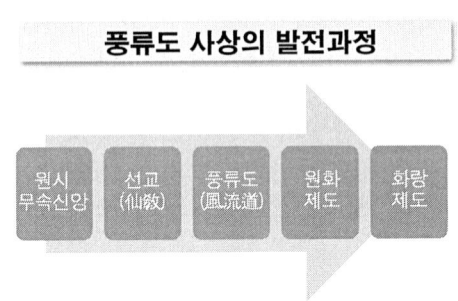

진흥왕이 화랑도를 본격적으로 진작하기 전 신라 초기에 풍류도와 유사한 사상이 전해지고 있었다는 기록 또한 여러 가지 사료를 통해 확인할 수 있다.148)

> "왜인들이 군사를 끌고 와서 변경을 침범하려다가 시조(始祖)에게 뛰어난 덕이 있음을 듣고 돌아갔다." (『삼국사기』 1, 혁거세, B.C. 50년)
>
> "낙랑 사람들이 군사를 동원하여 침범하려다가 변방 사람들이 밤에도 문을 잠그지 않고 바깥에 곡식더미를 쌓아둔 모습을 보고 서로 일러 말했다. '이곳 백성들은 서로 도둑질하지 않으니, 도덕이 있는 나라고 할 수 있겠소, 그런데 우리가 몰래 군사를 이끌고 와서 그들을 습격함은 도둑과 다름이 없으니 어찌 부끄럽지 않으리오.' 하고 군사를 이끌고 돌아갔다." (『삼국사기』 1, 혁거세 30년, B.C. 28년)

---

148) 위의 책, p.63.

> "내해왕(奈解王)이 즉위한 지 17년(A.D. 212년), 물계자의 무공이 가장 뛰어났다. 그러나 태자의 미움을 받아 그에 합당한 상을 받지 못했다. 어느 사람이 물계자에게 말했다. '이번 싸움의 무공은 오직 당신뿐인데 상은 당신에게 미치지 않았으니 태자가 당신을 미워함을 당신은 원망하시오?' 물계자가 말했다. '임금께서 위에 계신데 태자를 어찌 원망하겠소. 그렇다면 이 사실을 왕에게 아뢰는 것이 좋지 않겠소?' 물계자가 말했다. '공을 자랑하고 이름을 다투며 자기를 나타내고 남을 가리우는 것은 지조 있는 선비가 할 일이 아니니 그저 힘써 때만 기다릴 뿐이요.' 라고 했다."(『삼국유사』 5, 물계자)
>
> 옛날에 물계자는 "하늘은 사람의 마음을 알고 땅은 사람의 행실을 알며, 해와 달은 사람의 뜻을 비추고 귀신은 사람이 하는 것을 본다."고 했다.(『계원사화』 서)149)

신라 초기로부터 지도자가 덕이 있었다는 것과 사회 구성원들의 도덕과 윤리의식이 높았다는 것을 잘 보여주고 있다. 또한 논공행상과 관련하여 공을 세우고도 이를 자랑으로 여기거나 공명심을 탐하지 않는, 최치원의 난랑비 서문에 제시된 바와 같이 "處無爲之事行不言之敎"의 행동이 나타나고 있음을 알 수 있다. 무엇이 이와 같은 높은 도덕 수준을 가능하게 했을까? 구체적으로 어떠한 가르침이 신라 사회에 존재했는지는 원광법사의 세속오계를 통해 짐작해 볼 수 있다.

『삼국사기』와 『삼국유사』에는 신라 22대 지증왕 시절 원광법사의 세속오계가 전해지고 있다. 귀산과 추항이라는 청년이 당시 중국에 유학하여 불교를 공부하고 돌아와 당대 최고의 지식인 및 학자로 숭상 받고 있던 원광법사를 찾아가서 평생 동안 좌우명으로 삼고 실천할 가르침을 내려 달라고 했다. 그러자 원광은 "불교에 보살 십계가 있으나 한 아

---

149) 위의 책, pp.63-64.

버지의 아들 및 임금의 신하 된 자로서 이를 실행하기는 어렵다. 세속에서 행해지고 있는 다섯 가지의 가르침이 있으니, 이를 실행하면 될 것이다. 사군이충(事君以忠), 사친이효(事親以孝), 교우이신(交友以信), 임전무퇴(臨戰無退), 살생유택(殺生有擇)이 그것이다."라고 했다. 두 청년은 "국가에 대한 충성, 부모에 대한 효도, 친구간의 믿음에 대해서는 잘 알아들었습니다만, 살생유택에 대해서는 잘 이해가 되지 않습니다."라고 했다. 이에 원광법사는 "봄철과 여름철에는 죽이지 않으니 이는 시기를 가려야 한다는 의미이며, 어린 것과 소, 말, 닭 등 가축은 죽이지 않으니 이는 종류를 가려야 한다는 의미이며, 또한 반드시 소용되는 것만 취하고 불필요한 것은 죽이지 않으니 이는 양(量)을 의미하는 것이다."라고 했다.[150]

앞서 언급한 바와 같이 신라 초기부터 풍류도와 유사한 가르침이 있었고, 진흥왕이 신라 24대 임금임을 고려할 때 2대 앞선 지증왕 때 원광법사가 "세속에 다섯 가지의 계가 있으니…"라고 한 것은 신라의 화랑제도가 본격적으로 시행되기 이전부터 최치원의 난랑비 서문에 제시된 풍류도의 가르침과 행동 지표가 세속에서도 널리 행해지고 있었다는 것을 의미한다. 안호상(1992)은 『민족사상의 정통과 역사』에서 5가지 계율의 기원을 단군조선 시대부터 행해지고 있던 도덕과 윤리 원칙이라고 제시[151]했다. 즉 신라 화랑도 이전에 단군 시대로부터 전래된 한민족 고유의 가르침의 이름은 '풍류도'이며, 도의 구현 목표는 '접화 군생'이다. 가르침의 구현 방법은 서로 절차탁마하며 도의를 연마하고, 음악과 춤을 서로 즐기며 화합을 도모하고, 아무리 먼 곳의 산천도 두루 다니면서 심신을 단련하고 나라 사랑하는 마음을 갖추고, 이를 통해 구

---

150) 이종학(1995), 앞의 책, pp.59-60.
151) 안호상, 『민족사상의 정통과 역사』, (서울 : 한뿌리, 1992), p.103.

비된 인격과 역량을 국가와 사회를 위해 봉사하는 구체적 행위규범과 실천지침이 바로 '세속오계'라고 볼 수 있다. 이러한 전통이 신라 시대에 활짝 꽃 피우게 되었다고 볼 수 있다.

인류는 집단을 이루어 생활하면서 자연환경과의 다양한 상호작용 과정을 경험하고 경험이 축적되면서 사상과 지식이 생겨났다. 삶과 죽음, 지진, 화산활동, 홍수, 폭설, 혹한, 혹서, 천둥과 번개 등 인간의 생존을 위협하는 자연현상에 대해 경이와 두려움을 갖고, 어떻게 하면 이를 극복할 수 있을까 하는 고민을 하게 되었다. 두려운 대상에 대해 기도하고 제물을 바치는 행위를 통해 위안을 찾고자 하는(제재초복 : 除災招福) 가운데 원시종교가 탄생하게 되었으며, 인간이 스스로 노력에 의해 도구를 만들고 시설이나 건축물을 축조하는 과정에서 과학이 탄생하게 되었다. 고대에는 현대적 의미의 과학적 경험이 일천하여 기도와 제사 의식이 더욱 중요시되었는데, 이러한 원시종교가 무속신앙(巫俗信仰, shamanism)이다. 따라서 정결한 희생제물+신성한 제사의례+공경스러운 기도가 중시되었음은 충분히 짐작할 수 있다. 이를 무교(巫敎)라고도 한다. 무교란 '노래와 춤으로서 신령(신)을 섬기되, 신과 인간이 하나로 융합되어(접신 : ecstasy) 신령의 힘을 빌려 재액을 없애고 복을 가져오게 하는 원시종교'를 말한다.

고대에는 종교와 정치가 분리되지 않았다. 제사의식을 주관하는 자를 한민족 역사에서는 단군왕검(檀君王儉)[152]이라고 했다. 제사장의 기능이 매우 중요했음을 시사해주는 부분이다. 후에 제사 기능과 정치 기능이 분리되면서 정치를 담당하는 사람을 왕(王)이라고 하고, 제사를 전담하는 사람을 천군(天君)이라고 했다. 후대에 들어와서 더욱 분화되어,

---

[152] 단군, 천군, 환웅, 차차웅 등 다양하게 불렸으며, 단군왕검은 제사장 기능과 정치 지도자 기능이 통합된 명칭으로 보인다.

여자는 무당(巫堂 : 당에서 춤을 추면서 하늘과 땅, 사람을 연결하는 사람 : 한자로 무(巫)는 사람이 춤을 추면서 하늘과 땅을 연결하는 모양을 뜻한다.), 남자는 박수(博數) 또는 박사(博士), 복사(卜師)라고 했다.

고대 무속신앙 관련 기록은 다양한 역사자료에 기록되어 현재까지도 전해지고 있다. 고구려 건국시조인 주몽의 사당을 지어 국가적 어려움이 있을 때 제사를 지내고 적을 물리치게 했다는 고구려의 기록과, 백제 말기에 민심이 흉흉하고 유언비어가 많아지자 무당으로 하여금 이를 해석하게 하고, 해석이 불길하자 무당을 죽였다는 내용, 그리고 신라 초기에 왕의 호칭을 무당, 제사장을 뜻하는 차차웅으로 했다는 기록이 『삼국사기』에 전해오고 있다. 왕실을 비롯한 국가 관련 중대한 일에 무속신앙이 관계하고 있음을 알 수 있다. 이러한 무속신앙 전통은 삼국의 공통된 현상으로서 고려와 조선을 거쳐 현재까지도 민간의 토착신앙으로 전승되고 있다.

일제 강점기의 민족정신의 뿌리를 연구한 이능화는 그의 저서 『조선무속고』에서 한민족의 정신 사상적 뿌리를 무속신앙에서 찾고 있다.

〈무당이 주몽 사당에 제사 지내다〉

고구려 보장왕 4년(645년) 5월에 당나라 장군 이세적이 12일 동안 밤낮으로 쉬지 않고 요동성을 공격해왔다. 당태종도 정병을 이끌고 와서 그 성을 포위하고 북소리와 고함소리가 천지를 진동했다. 성에는 주몽의 사당이 있고 지나간 시대에 하늘에서 내려왔다고 전해지는 갑옷과 날카로운 창이 있었다. 당나라 군대로부터 포위되어 상황이 급박해지자 주몽사당에 제사 지내고 미녀를 잘 단장시켜 부인으로 삼게 했다. 신무(神巫)가 말하기를 "주몽이 기뻐하며, 성은 반드시 온전하리라"고 했노라고 했다.

— 『삼국사기』 고구려 편

〈무당이 귀참(龜讖)을 풀다〉

백제 의자왕 20년(660년) 2월에 한 귀신이 궁중에 들어와서 "백제는 망한다. 백제는 망한다"라고 크게 외치고는 땅 속으로 들어가 버렸다. 왕이 괴이하게 여겨 여러 사람을 시켜 석 자 가량 땅을 파보았더니 거북 한 마리가 있었는데, 거북의 등에 "백제는 보름달과 같고 신라는 초승달과 같다"는 글이 있었다. 왕이 무당에게 그 의미를 물으니 "백제는 보름달과 같다는 의미는, 보름달은 이미 가득 찬 상태이기 때문에 기운다는 의미이며, 초승달은 점점 차면서 융성한다는 뜻입니다."라고 하자 왕이 노하여 그를 죽여 버렸다.
다른 사람이 말했다. 보름달은 크다는 의미이고 초승달은 작다는 의미이니, 백제는 강국이고 신라는 약소국이란 의미입니다, 라고 하자 왕이 기뻐했다.

– 『삼국사기』 백제 편

〈무당이 존장의 칭호이므로 국왕 무로 호를 삼다〉

신라 제2대 임금을 남해차차웅(南解次次雄)이라고 했다. 차차웅은 자충(慈充)이라고도 하는데, 김대문이 말하기를, 차차웅은 "방언으로 무당을 말하며 세상 사람들은 무당은 귀신을 섬기고 제사를 숭상하므로 그를 경외하여 존장자(尊長者)를 일컬어 자충이라 했다."

– 『삼국사기』 신라 편153)

고대 중국에도 공자와 노자 사상 출현 이전에 오래 전부터 무속신앙이 있었다154)고 전해진다. 중국의 제정일치 시대의 훌륭한 황제들은 모두 왕으로서의 자질과 제사장으로서의 신령함을 겸비하여 백성들로부

---

153) 이능화 저, 이재곤 역, 「조선무속고」 (서울: 동문선, 2002), pp.25-33.
154) Chao-Chaun Chen and Yueh-Ting Lee, op. cit., p.1.(Over 8000 years ago, the fundamental religious belief in China was a form of shamanism. shamanism is the spiritual belief or practice of shaman who can connect the inner world with the outer world, the body with the soul, and the living with the dead.)

터 존중과 숭배를 받았던 것으로 알려져 있다. 이때의 원시 무속사상을 바탕으로 하여 유가를 비롯한 제자백가 사상이 태동하게 되었고 중국 문명사에 영향을 준 것[155]으로 알려지고 있다. 『노자』 도덕경 60장 거위(居位) 편에 "큰 나라를 다스리는 것은 작은 생선을 굽는 일과 같다. 도(道)로써 나라를 다스리면 귀신(鬼神)도 신묘한 힘으로 사람을 해치지 못한다. 신묘한 힘을 지닌 귀신만이 사람을 해치지 않는 것이 아니라, 성인(聖人)도 사람을 해치지 않는다. 귀신이나 성인이 모두 사람을 해치지 않기 때문에 모두가 완전한 덕으로 귀착된다"고 했다.[156] 정치 지도자가 도에 입각해서 바른 정치를 하면 주술적 원시신앙에서의 귀신이 사람을 해치지 않게 되며, 정치적 기능과 종교적 기능이 조화를 이루어 덕에 합치된 사회가 이룩된다는 것을 보여주는 말이다.

　이것은 『논어』에도 나타나고 있다. 공자는 상고 시대부터 무속신앙의 영향으로 가족이 아닌 다른 귀신들에게 제재초복의 목적으로 제사 지내는 것을 도리에 어긋나는 것으로 보고 금지시켰다. 또한 제자 자하에게 유학을 제대로 공부하여 진정한 군자다운 학자가 되어야 하며, 원시 무속신앙에 의존하는 소인 같은 학자가 되어서는 안 된다고 당부했다. 번지가 지에 대해 질문하자, "참다운 지식과 지혜는 백성들이 귀신을 두려워하며 이에 의존하는 것으로부터 벗어나 백성들이 합리적이고 의로운 일을 열심히 하게 하는 것"이라고 가르쳤다. 예로부터 점을 치는 무당의 일과 사람의 병을 치료하는 의사의 일은 꾸준히 숙달하여 전문성을 갖추지 않으면 할 수 없는 일이라는 것 또한 밝히고 있다.

---

[155] 리쩌허우 저(2006), 앞의 책, pp.14-15.
[156] 김학주 역해(2002), 앞의 책, pp.155-156.

> ⟨『논어』에 나타난 무속신앙 관련 내용⟩
>
> 공자가 말했다. "자기 가족의 귀신이 아닌 다른 귀신에게 제사 지내는 것은 잘못된 것이다. 정의로운 것을 보고도 행하지 않는 것은 용기가 없는 것이다."
> [非其鬼而祭之, 諂 也, 見義不爲, 無勇也]
> － 『논어』 위정 편
>
> 공자가 자하에게 말했다. "너는 진정으로 군자다운 유학자가 되기 위해 노력하라. 백성들에게 무당 노릇이나 하는 소인과 같은 유학자가 되지 않도록 하라."
> [女爲君子儒, 無爲小人儒]
>
> 번지가 공자에게 지(知)에 대해 질문하자 공자가 말했다. "백성들에게 적절하고 합리적인 일을 힘써 행하게 하고, 귀신을 공경하면서도 멀리하게 하는 것을 지혜라고 할 수 있다."
> [務民之義, 敬鬼神而遠之, 可謂知矣]
> － 『논어』 옹야 편
>
> 공자가 말했다. "남방의 사람들이 말하기를, 사람이 꾸준하게 정진하여 전문성을 구비하지 못하면 점을 치거나 의술을 행할 수는 없다. 참으로 좋은 말이다."
> [子曰, 南人有言曰 : 人而無恒, 不可以作巫醫, 善夫]
> － 『논어』 자로 편

　　유학을 집대성한 순자도 홍수, 지진과 같은 자연 재해나 천둥, 번개, 혜성 출현 등의 기이한 현상에 대해 지도자의 부덕을 탓하거나 개인의 잘못에 대한 징벌 등으로 연관시켜 원시 무속을 맹신하는 태도는 자연 현상을 올바르게 이해하지 못한 데서 야기되는 무지의 소치라고 주장하고 있다. 이는 현대에도 크게 다르지 않다. 성직자가 되기 위해서는 오랜 기간의 교육과 수련 기간을 거쳐야 하고, 의사가 되기 위해서는 대학 교육을 비롯하여 수련 과정을 거치고 국가고시에 합격해야 한다. 사람의 길흉화복, 정신적·육체적 건강과 관련하여 고대부터 무속신앙이 중요시되고 있었으며, 인간의 지식이 축적되고 지혜가 열리면서 무분별하고 비합리적인 무속행위를 없애고 보다 합리적인 방향으로 발전시키기 위해 노력해왔음을 알 수 있다.

  무속신앙은 한민족뿐만 아니라 구약성서에도 나타나고 있으며, 시베리아를 비롯한 동북아시아 일대에도 광범위하게 나타나고 있다. 몽골에 가면 지금도 무속신앙의 흔적을 자주 볼 수 있다. 몽골 무속신앙의 대상은 하늘(텡게르 : Tenggeri), 산, 물, 불, 땅, 길 등 다양한데, 대표적인 것이 텡게르이다. 북방 유목민들도 지도자를 '하늘의 아들(Tenggeri Gotu)', '단간(Targu, 單干)'이라고 한다. 몽골의 텡게르 호칭에 대한 경배 의식은 몽골, 만주, 흉노, 돌궐족 등 북방 유목민족에게 공통적으로 나타나고 있는 현상[157]이다. 유목민들은 초원에서나 겔(집) 안에서 술을 마시기 전에 오른손 가운데 손가락에 소량의 술을 찍어서 위를 향해 튕기는 풍습이 있다. 이는 마치 한국의 '고수레'[158]와 같은 행위로서 '먼저 하늘(텡게르)에게' 라는 의미를 지닌다.[159] 고대 한민족을 비롯한 북방 민족은 하늘, 땅, 그리고 하늘과 땅 사이에 있는 사람을 비롯한 삼라만상을 모두 소중히 여기고 경배했다. 또한 산에 대한 경외심도 깊어서 산의 이름을 함부로 부르지 않았으며, 특히 몽골은 아주 귀하게 여기는 물을 떠서 산을 향해 경배하는 풍습이 있었다. 불에 대해서도 각별히 정성을 다해 관리하며, 화로에 먼지가 쌓이지 않도록 신경을 쓴다. "물과 불씨가 있는 재에 오줌을 누면 사형에 처한다"라는 법률 조항이 있을 정도로 물과 불을 귀하게 여긴다.

---

[157] 국립민속박물관, 『북방민족의 샤머니즘과 제사 습속』 (서울 : 국립민속박물관, 1998), pp.14-16.
[158] 음식이나 술 등을 먹기 전에 먼저 소량을 신에 대한 감사의 표시로 산이나 들에 던지면서 "고수레" 하고 외치는데, 이는 한민족의 무속신앙 전통에서 유래한 것으로 추정된다.
[159] 김종래, 『유목민 이야기』 (서울 : 자우출판, 2002), pp.192-193.

〈몽골 초원에 설치된 오보〉

 또한 길가에는 사람들이 오고가는 가까운 곳에 '오보'라고 불리는 돌무덤과 깃발을 세워놓고 경배한다. 오고 가는 사람들이 돌을 하나씩 쌓으면서 자신이 원하는 것을 기원하기도 한다. 오보 주변에서는 활쏘기, 씨름, 말 타기 등 소위 '나담 축제'를 개최하여 신에게 감사를 했다.160) 초원지대에서 유목생활을 주로 하는 몽골족에게도 무속신앙의 영향력이 크다는 것을 알 수 있다.

 이러한 무속신앙은 동양에만 나타나는 것이 아니었다. 서구 기독교 신앙의 경전으로 사용되는 구약성서에도 무당과 접촉을 하지 못하게 하고 이를 위반할 때는 처벌하는 규정이 있다. 구약성서 레위기에 언급된 것처럼 죽은 사람의 영혼과 관련하여 무당에게 충고를 듣거나 상의를 하는 행위는 관습적으로 불순한 것으로 보아 이를 금기시했다. 위반

---

160) 위의 책, p.193.

하는 사람은 그 책임을 본인이 지며 돌로 쳐서 죽임을 당해야 할 정도로 큰 죄목이었다. 모세도 자신이 이끄는 사람들에게 새로운 정착지에 가서 무속행위를 하는 현지 사람들의 충고나 조언을 받지 않기를 당부하고 있다. 그것이 성서에 남아 기록으로 전해질 정도로 명문화된 것을 보면 서구에서도 유일신 사상이 출현하기 이전에 고대 무속신앙이 존재했음을 알 수 있다.

〈구약성경에 나타난 무속신앙 관련 내용〉

죽은 사람의 영혼에 대하여 상담하는 사람(무당, 무속인)의 충고나 조언을 구하지 않도록 하라, 만약에 그렇게 하게 되면 관습적으로 부정하게 된다.
Do not go for advice to people who consults the spirits of the dead. If you do you will be ritually unclean.
— 레위기 20장

무당에게 조언을 받거나 상담하는 사람은 돌로 쳐 죽임을 당하는 벌을 받게 될 것이다. 그리고 이로 인한 죽음의 책임은 전적으로 너 자신에게 있다.
Any man or woman who consults the spirits of dead shall be stoned to death, any of you that do this are responsible for your own death.
— 레위기 21장

모세가 말하기를 새롭게 점령하게 되어 있는 땅에 도착하게 되면 현지의 무속신앙을 숭배하거나 따르지 말라, 이는 신이 금하는 일이다.
Then Moses said, "In the land you are about to occupy, people follow the advice of those who practice divination and look for omens, but the Lord your God does not allow you to do this."
— 신명기 19장

무속신앙은 인류 문명이 시작되면서부터 원시종교의 형태로 출현하여 사람들의 신앙과 사상에 영향을 준 인류 최초의 종교라고 볼 수 있

다. 한민족이 고조선의 지도자를 단군왕검이라고 한 것과 신라 초기에 지도자를 호칭하는 이름이 제사장, 천군을 의미하는 거서간, 차차웅, 이사금, 마립간 등 다양하게 나타나고 있는 것, 서구에서도 승려 왕(Priest-King), 신왕(God-King)이 존재했다는 사실 등은 제정일치 시대에 무속신앙을 기반으로 하여 제천의식을 주관하는 제사장의 기능이 중시되었음을 말해주는 것이다.

원시 무속신앙은 인류 정신문명의 시작이었으며, 오늘날까지도 다양한 형태로 남아 사람들의 삶에 영향을 주고 있다. 한국의 마을 어귀나 사람이 다니는 언덕에 서낭당이 설치되어 마을의 안녕을 기원하는 동신제, 산신제, 풍어제, 풍년 기원제 등 다양한 기도와 제사 행위가 공동으로 이루어졌다. 공동체 구성원들이 신성한 장소에 모여서 기도와 제물을 바치고 개인과 공동체의 안녕과 재물의 풍성함을 기원하는 모습은 무속신앙의 다양한 형태로서, 현대적으로 교회나 성당, 사찰에서 수행하는 정기적 종교집회와 같은 맥락에서 이해할 수 있다.

〈서낭당 모습.〉

〈강화도 마니산 참성단 : 고조선 시대 천단이 있던 곳으로 알려져 있다.
전국 체육대회 성화를 이곳에서 채화하여 풍류도의 맥을 이어가고 있다.〉

무속신앙은 동양과 서양을 막론하고 유목, 농경, 수렵 문화권 등에서 공통적으로 나타나고 있으며, 고대 인류의 공통적인 신앙체계로서 현재까지 영향을 미치고 다양한 형태로 계승되고 있다. 현대 모든 종교와 사상도 그 뿌리는 원시 무속신앙에서부터 유래했다고 해도 과언이 아니다.[161] 고대 무속신앙은 현대적 의미에서 비과학적이고 미신[162]이라고 폄하할 것이 아니라, 오랜 기간 동안 인간과 자연의 상호작용을 통해 정립한 고대인들의 종교로서, 불안과 두려움으로부터 벗어나 보다 안

---

[161] 원시 무속신앙으로부터 (범신론, 다신론) 유일신 사상이 태동했으며, 각 민족별, 지역별로 다양한 종교와 철학사상이 나타났다.
[162] 한민족 전통의 무속신앙을 미신이라고 폄하하기 시작한 것은 일제 강점기로서, 민족혼 말살정책의 일환으로 일제 식민 당국에 의해 교육되고 전파된 것으로 알려지고 있다.

정된 삶을 영위하고자 했던 고대인들의 기원과 열망을 담은 것으로 이해해야 한다. 원시 무속신앙은 고대인들의 정신활동과 사상에 많은 영향을 미친 근본적 신앙 체계였다.

인류의 고대 문명에서 공통적으로 나타나고 있는 제사의식과 희생제물은 인간의 불확실성을 극복하고 공포와 두려움을 벗어나기 위한 일종의 종교적 방법[163]이었다. 이러한 사상으로부터 출발하여 자연현상에 대한 인간의 과학적이고 합리적인 지식과 경험이 축적되고 체계화되면서 문명이 진보하게 되었다. 모든 종교나 사상은 그것이 태동한 시간적·공간적 배경이 있으며 각각의 의미가 있다. 인류가 지구에 흩어져서 각각의 생존 방식을 통해 삶을 영위하면서 태동시킨 다양한 사상과 가치 체계는 서로 존중되어야 하며, 공유하려는 자세가 필요하다. 특히 내 것은 진리이고 우월하며, 상대방 것은 미신이고 열등하다는 문화 우월주의(ethnocentrism)적인 자세는 21세기 글로벌 환경에서 지양되어야 한다.

고대 한민족이 정립한 풍류도를 올바로 이해하기 위해서는 원시 신앙인 무속신앙과 연계하여 이해하는 안목이 필요하다. 한민족 풍류도의 사상적 근원은 원시 인류 공통의 종교라 할 수 있는 무속신앙으로부터 유래되었다. 무속신앙을 원시적인 상태에서 맹목적으로 신봉하는 것이 아니라, 하늘[天神], 땅[地神], 조상신[祖神]을 중시하고[三神思想] 이와 관련하여 사회 질서와 도덕적 교화를 위한 종교 및 행위 규범으로 정립했다. 또한 다양한 형태의 기원제나 추모제 등의 의식을 치르기 위하여

---

[163] 제사의식에 바치는 희생제물은 살아 있는 동물을 잡거나 사람을 제물로 바치기도 했다. 문명이 발전하면서 사람을 제물로 바치는 행위는 동물로 대체된 것으로 보인다.

도의와 무예, 노래와 춤 등의 형태로 발전시켰다. 오늘날 전하고 있는 전통적 산신제, 동신제, 풍어제와 같은 제사의식과 무예, 음악, 춤의 기원을 거슬러 올라가보면 고대 원시종교와 만나게 된다.

또한 원광법사의 세속오계에서 보듯이 생명이 있는 것은 함부로 죽이지 않았으며, 특히 가축을 가족처럼 대하는 등 시기와 종류, 그리고 양에 이르기까지 세심한 배려가 있었음을 알 수 있다. 이러한 자연 친화적 사상은 오랜 기간의 농경과 수렵생활, 유목생활을 거치는 동안 사람과 자연이 하나라는 자각과, 모든 존재는 전일적 차원의 상호 의존적 관계임을 인식한 결과라고 할 수 있다. 자연과 인간이 하나임을 바탕으로 하여 고대 한민족은 원시 인류사회에 공통적으로 나타났던 무속신앙을 정신적 뿌리로 삼았다. 대륙과 해양, 유목, 수렵, 농경 등 다양성이 공존하면서, 존중과 수용, 융합과 조화가 중시되는 한반도의 환경과 삶의 형태에 맞게 정치·사회·종교 등으로 체계화하여 풍류도를 정립한 것으로 보인다. 이는 오늘날 전 지구적으로 이루어지는 다양성에 대한 존중과 조화, 공존 및 상생이 중시되는 자연 친화적 삶의 패러다임 정립과 관련하여, 새로운 인류 문명이 지향하는 방향과 맥락을 같이하는 것으로서, 한민족의 고대 사상이 세계적 보편성을 지닌 위대한 사상임을 보여준다. 즉 한민족은 고대 동아시아 일대 원시 무속신앙을 체계화시킨 정신문화 선진국이었으며, 이를 기반으로 고대 동이 문화권을 형성한 동아시아 문명의 원류였다. 오늘날 녹색 이념, 환경보호, 지구 온난화 및 기후 문제 등 모든 자연 친화적 패러다임을 정립하기 위한 새로운 사상은 그 기원과 정신을 원시 인류의 삶의 방식과 사상체계에서 온고지신해야 할 것으로 본다.

다. 화랑도의 수련 내용과 실천 윤리

화랑도는 구체적으로 어떠한 내용을 수련했으며, 그 실천 윤리는 무엇인가? 화랑(花郎)이라는 말의 사전적 의미는 '신라 시대 청소년의 민간수양 단체, 또는 그 중심 인물'이라고 기술되어 있다. 또 화랑도(花郎道)란 "삼덕·삼교·오계를 신조로 하는 화랑의 도리"[164]라고 기술되어 있다. 또한 국립국어연구원의 『표준국어대사전』에는 화랑도(花郎徒)란 "신라 때에 둔 화랑의 무리", 화랑도(花郎道)란 "신라 때에 화랑들이 지켜야 했던 도리이며, 유·불·선 삼교와 삼덕, 오계를 신조로 했다. 그리고 화랑도란 국선도, 낭도, 원화도, 풍류도, 풍월도와 같은 의미로 사용된다"[165]고 기술되어 있다.

이를 종합해 보면 화랑이란 청소년 수련단체의 구성원 또는 단체의 지도자이며, 화랑도란 화랑들이 추구하는 도리라는 의미로 볼 수 있다. 또 용어의 기원은 신라 시대와 관련이 있으며, 특정 종교나 사상을 신봉하는 무리가 아니라 유·불·선 등 이른바 삼교에 사상적 기반을 두고 지·인·용 등 삼덕을 구비하며 세속오계를 실천하는 의미가 내포되어 있다고 볼 수 있다. 또한 화랑도라는 용어가 국선도, 낭도, 원화도, 풍월도, 풍류도 등으로 다양하게 사용되어왔다는 것도 알 수 있다. 이를 통해 화랑과 화랑도에는 현대적 의미의 리더와 리더십 사상이 담겨 있음을 알 수 있고, 이러한 정신과 사상은 고대부터 전래되어 현대에까지 계승되고 있음을 확인할 수 있다.

화랑도의 수련 내용과 실천 윤리에 대해서는 『삼국사기』와 『삼국유사』에 전해지고 있는 내용과 원광법사의 세속오계를 통해 살펴볼 수 있

---

164) 이희승, 『민중 에센스 국어사전』, (서울 : 민중서림, 1984), p.1721.
165) 국립국어연구원, 『표준국어대사전』, (서울 : 두산동아, 1997), p.6976.

다. 먼저 수련 내용과 관련된 것으로 『삼국사기』 진흥왕 본기에 전해지는 내용을 보면, "진흥왕 37년 봄에 처음으로 원화(源花)를 받들었다. 그 후 다시 미모가 수려한 남자를 뽑아서 이를 화랑(花郎)이라 하고 받들었다. 그러자 따르는 무리들이 구름처럼 몰려들어 도의로 서로 연마하고[相磨以道義] 음악과 춤으로 서로 즐기며[相悅以歌樂] 산수를 찾아다니며 놀고 즐기고 수련했는데, 아무리 먼 곳이라도 가지 않는 곳이 없었다[遊娛山水無遠不至]. 이러한 과정을 통하여 어떤 사람이 올바른 사람인지를 구분할 수 있었으며, 그 중에서 선량한 자를 골라 조정에 추천했다."[166] 이를 통해 화랑도의 수련 방법과 내용을 짐작할 수 있다. 즉 단체생활을 하면서 서로 절차탁마하여 도의를 연마하고, 음악과 춤을 즐기며 단결을 도모하며, 산과 강 등 국토의 곳곳을 찾아다니며 심신을 단련하고 애국심을 함양한 것이다. 또한 『삼국유사』에서 "무리를 모으고 인물을 뽑아서 그들에게 부모에게 효도하고 형제간에 우애하며, 나라에 충성하고 친구 간에 신의를 지켜야 하는 도리를 가르치니, 이것은 또한 나라를 다스림에 있어 대요(大要)가 되는 것이었다."라고 언급하고 있는 내용에 의해 효(孝), 제(悌), 충(忠), 신(信)의 덕목이 교육되고 중시되었음을 짐작할 수 있다.

임신서기석(壬申誓記石)에도 화랑도의 수련 모습을 기록한 내용이 전해지고 있다. "임신년 6월 16일에 두 사람이 함께 맹세하여 기록한다. 하나님 앞에 맹세한다. 지금으로부터 3년 후에 충도(忠道)를 집지(執持)하고 과실이 없기를 맹세한다. 만약에 서약을 어기면 하나님에게 큰 죄를 얻을 것이라고 맹세한다. 만일 나라가 편안치 않고 세상이 크게 어지

---

166) 신채호 저(2006), 앞의 책, p.344.

러우면 가히 모름지기 충도(忠道)를 행할 것을 맹세한다. 또 따로 앞서 신미년 7월 22일에 크게 맹세했다. 시(詩), 상서(上書), 예기(禮記), 춘추전(春秋傳)을 읽고 해독하기를 맹세하되 3년으로 했다."[167] 이는 임신년에 서약한 화랑도의 수련에 관한 비문 내용으로서 시, 상서, 춘추, 예기 등 당시의 다양한 학문을 골고루 닦고 반드시 충도(忠道)를 달성하여 나라가 위태로우면 이를 행한다는 내용이다. 신라 시대의 화랑들이 수련 목표를 달성하고 뜻을 이루기 위해 서로 굳은 맹세를 하면서 학문과 도의를 연마했음을 알 수 있다.

또한 일연의 『삼국유사』에 "진흥왕 시대에 화랑제도를 시행하여 오상, 육예, 삼사, 육정이 널리 행하여졌다."[168]라는 내용이 있는데, 이는 화랑도의 수련 과목을 말해주는 부분이다. 특히 육예(六藝)란 예(禮)·악(樂)·사(射)·어(御)·서(書)·수(數)를 말하는데, 이는 도의와 무예가 망라된 현대적 의미의 전인교육을 달성하기 위한 다양한 수련 과목이라고 볼 수 있다. 효(孝), 제(弟), 충(忠), 신(信)의 덕목과 임신서기석에 나타난 시(詩), 상서(上書), 예기(禮記), 춘추전(春秋傳)을 읽고 해독한다는 내용과 맥락을 같이하고 있다.

이러한 내용을 종합해 보면 화랑도의 수련 과목은 무예에만 치중한 것이 아니라, 문·무·예·음악 등 도의 및 무예와 관련하여 전인적 인격과 역량을 구비하기 위한 광범위하고 다양한 과목에 대한 내용이 수련되었음을 짐작할 수 있다.

다음으로 화랑도의 실천 윤리는 『삼국사기』와 『삼국유사』에 전해지고 있는 신라 22대 지증왕 시절 원광법사의 세속오계에 잘 나타나 있

---

167) 모연호 외 2인 공저, 『화랑도와 화랑열전』, (서울 : 학문사, 1978), p.143.(임신서기석은 1940년 5월 경북 월성군 견곡면 금장리 석장사지에서 발견되었다. 현재 경주박물관에 소장되어 있으며, 신라 시대 화랑들이 도의와 무예를 연마하기 위해 서로 맹세하고 절차탁마하면서 수련한 모습을 비석으로 전하고 있다.)
168) 일연 저, 이병도 역, 『한국의 민속, 종교사상』, (서울 : 삼성출판사, 1978), pp.173-174.

다. 신라 지증왕 시절 귀산과 추항이라는 두 청년이 당시 중국에 유학하여 불교를 공부하고 돌아와서 당대 최고의 지식인 및 학자로 숭상 받던 원광법사를 찾아가, 평생 동안 좌우명으로 삼고 실천할 가르침을 내려 달라고 요청했다. 이에 원광법사가 "불교에 보살 십계가 있으나, 한 아버지의 아들 및 임금의 신하된 자로서 이를 실행하기는 어렵다. 세속에서 행해지고 있는 다섯 가지의 가르침이 있으니, 이를 실행하면 될 것이다. 사군이충(事君以忠), 사친이효(事親以孝), 교우이신(交友以信), 임전무퇴(臨戰無退), 살생유택(殺生有擇)이 그것이다."라고 했다. 그러자 귀산과 추항이 "국가에 대한 충성, 부모에 대한 효도, 친구간의 믿음에 대해서는 잘 알아들었습니다만, 살생유택에 대해서는 잘 이해가 되지 않는다."라고 했다. 이에 원광법사는 "봄철과 여름철에는 죽이지 않으니 이는 시기를 가려야 한다는 의미이며, 어린 것과 소, 말, 닭 등 가축은 죽이지 않으니 이는 종류를 가려야 한다는 의미이며, 또한 반드시 소용되는 것만 취하고 불필요한 것은 죽이지 않으니 이는 양(量)을 의미하는 것이다."라고 했다.[169]

[화랑도의 수련 내용과 실천 윤리]

사상적 기반	목표	과목	수련 방법	실천 윤리
원시 무속 신앙 유가 불가 도가	지(知), 인(仁), 용(勇), 문무겸전(文武兼全)의 전인적 역량 구비	예(禮) 악(樂) 사(射) 어(御) 서(書) 수(數)	상마이도의(相磨以道義) 상열이가락(相悅以歌樂) 유오산수무원부지(遊娛山水無遠不至)	사군이충(事君以忠) 사친이효(事親以孝) 교우이신(交友以信) 임전무퇴(臨戰無退) 살생유택(殺生有擇)

---

[169] 이종학(1995), 앞의 책, pp.59-60.

이를 분석해 보면 충성과 효도, 사회적 인간관계에서의 신의, 그리고 자연에 대한 불필요한 남획과 무분별한 살상 행위를 금하는 내용이 실천 윤리로 제시되고 있음을 알 수 있다. 화랑도는 특정 종교나 사상을 신봉하는 무리가 아니라 지·인·용 등 삼덕을 갖춘 문무겸전의 전인적 역량을 구비하기 위해 다양한 학문을 골고루 익히고 서로 절차탁마하면서 도의를 연마하고, 음악과 춤을 서로 즐기며 화합을 도모했던 단체이다. 또한 아무리 먼 곳이라도 산천을 두루 다니며 심신을 단련하고, 나라를 사랑하는 마음을 갖추었으며, 이를 통해 구비된 인격과 역량을 바탕으로 국가와 사회를 위해 봉사하며 행위 규범을 수행했다. 이는 현대적 의미에서 전인적 역량의 리더십 함양과 실천적 리더 개발 체계와 맥락을 같이하는 것으로 볼 수 있다.

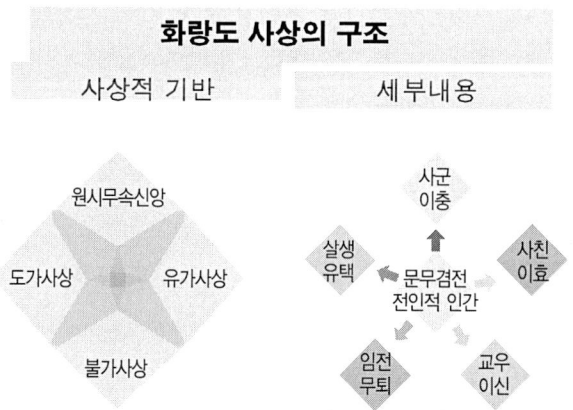

3. 고조선의 풍류도

한반도와 백두산 일대, 그리고 북쪽의 송화강 지역에서는 B.C. 7-8세기 무렵부터 청동기 시대가 시작되었다. 인구가 증가하고 각 지역별로 형성된 성읍 국가 형태의 정치적 사회가 출현했다. 북쪽 송화강 유역에 부여, 압록강 중류 지역에 예맥, 요하와 대동강 유역의 고조선, 동해안 함흥평야 일대에 임둔, 황해도 지방에 진번, 그리고 한강 이남에 진국 등이 그것이다. 그 중에서도 대동강과 요하 일대의 고조선이 가장 선진적인 국가[170]였다. 고조선은 수렵과 농경, 유목 등 다양한 삶의 형태가 결합된 하나의 연맹 왕국 형태로서 중국 대륙의 진, 연과 대립하고 있었다.

단군왕검(檀君王儉)이라는 말이 의미하듯이 고대 고조선은 제정일치 사회였다. 단군왕검에게는 제사장으로서의 종교적 자질과 능력, 정치 지도자로서 정치, 사회적 도덕과 인격, 역량이 동시에 요구되었다. 진화론적 관점에서 리더십을 연구한 학자들의 보고에 의하면, 제정일치 시대의 지도자에게 공통적으로 나타나는 요소가 관용과 포용성(generosity), 주도적이고 적극적인 행동(initiative taking), 특정한 과업을 수행할 수 있는 역량과 지적 능력(intelligence, specific task competencies)이라는 것이 일반적이다.

고대에도 지도자가 되려면 수련을 통해서 득도하여 선인의 경지에 이르고 많은 사람을 교화하여 이끌 수 있어야 했다. 이와 관련하여 『삼성기』에는 "단군이 단정히 손을 마주잡고 좌정하여 하염없는 경지에 이르러 현묘지도를 얻어, 모든 사람을 교화했다(檀君端拱無爲坐定世界 玄

---

[170] 이기백(1984), 앞의 책, p.26.

妙得道接化羣生).”171)라고 전해지고 있다. 또한 고조선 사회의 특성이 부족 연맹체적 성격을 지니고 있고, 수렵과 농경을 통하여 생존을 유지하며 중국과 대립하면서 경쟁 관계에 있기 때문에, 공동체가 유지되고 단합된 힘을 발휘하기 위해서는 고도의 공동체 의식과 개인적 기량이 요구되었음을 짐작할 수 있다. 우리는 하나라는 정치적 연대 의식을 위해서는 공통의 신앙이 필요했을 것이며, 사냥을 잘하기 위해서는 활쏘기가 기본 기량으로 요구되었을 것이다. 또한 사냥은 혼자서 하는 것이 아니라 여러 사람이 협력하여 하기 때문에 협력과 협동, 공존공영의 가치가 중요시되었을 것이다.

오늘날 세시풍속의 하나로 윷놀이가 전해지고 있다. 단재 신채호 선생은 『조선상고사』에서 윷놀이의 기원을 고조선의 5대 부족연맹체와 전쟁 시의 5방 진법에서 찾고 있다. 즉 도, 개, 걸, 윷, 모는 5개 부족과 동, 서, 남, 북, 중앙 등 5방위를 나타내며, 이는 정치·군사적 의미를 모두 나타내는 하나의 민속놀이로서 형성되었다는 것이다. 고대의 부족 명칭은 소, 말, 개, 닭, 돼지 등 집에서 기르는 가축과도 관련이 있고, 벼슬의 명칭 또한 가축의 이름에서 본따 정하기도 했다. 구성원 모두의 단합과 협력을 유도하고, 놀이를 통해 자연스럽게 부족 간의 협력을 도모하며, 사냥과 전쟁 방법을 숙달시키고 전수하는 수단으로서 윷놀이가 전해지는 것은 고조선의 정치·사회·군사적 성격을 짐작하게 한다. 또한 윷놀이는 참여하는 인원의 수나 장소에 큰 제약이 없는 융통성 있는 놀이로서, 고대 선조들의 정신과 지혜가 담겨 있다.

---

171) 고동영, 『한국상고군사사』, (서울 : 한뿌리, 1994), p.120.

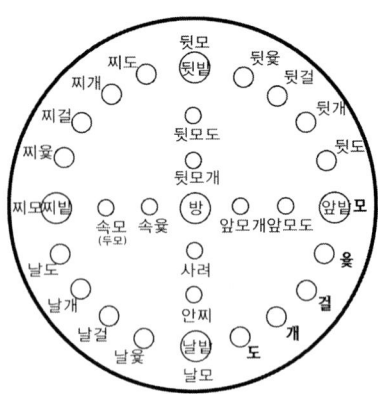

[조선시대 윷놀이 말판]

    농경, 수렵, 유목과 관련하여 제천의식을 치러야 할 때 모든 사람이 한자리에 모이기 위해서는 충분한 공간이 필요하고, 자연스럽게 음식이 마련되며, 춤·노래 등이 행해졌을 것이다. 이러한 시대적 상황과 문화적 맥락에서 고조선 사회는 원시 무속신앙이 체계화되어 풍류도의 형태로 발전하고, 이를 기반으로 하여 고도의 도덕과 윤리의식, 인간과 자연이 존중되는 사회가 발전되었을 것으로 짐작된다. 제정일치의 사회에서 정치, 사회, 문화, 군사 활동과 기풍제, 추수감사제와 관련된 각종 제천의식, 전쟁과 관련된 승리 기원 및 행사와 제례의식이 행해지는 곳은 소도(蘇塗)였다. 중앙에 위치한 곳을 신수두(臣蘇塗), 각 부족별로 지방에 위치한 곳을 소도(蘇塗)라고 했다.172) 소도에서는 정기적으로 제천행사가 열렸다.173) 제천행사는 제례의식, 무예 및 사냥시합, 집단 춤 및 노래, 음주 및 가무 등 다양한 내용으로 진행되었다.

---

172) 이는 성서에 나타나는 고대 유태인들의 중앙에 위치한 대성전, 지방에 위치한 예배소와 같은 맥락에서 이해할 수 있다.
173) 신수두에서 이루어지는 제천행사를 부여에서는 영고, 고구려에서는 동맹, 동예에서는 무천, 삼한에서는 시월제라고 했다.

소도란 하나의 신성한 장소로서 원시 무속신앙의 종교 센터(본부)와 같은 기능을 수행하는 곳이었다. 또한 소도가 설치된 곳에는 경당(扃堂)을 설치하여 미혼 자녀들의 무예교육을 실시했는데, 『한단고기』에 다음과 같이 언급되고 있다.

> "소도가 서는 곳에는 모두 계율이 있었는데 충, 효, 신, 인, 용 등 오상지도가 그것이다. 소도 옆에는 반드시 경당을 세워 미혼 자제들에게 사물을 강습하게 했는데 독서, 습사, 기마, 예절, 음악, 주먹치기, 검도 등 육예(六藝)이다."174)
>
> "소도를 많이 설치하여 천지화(天指花 : 무궁화 꽃)를 심고 아직 결혼하지 않은 자제들에게 독서와 활쏘기를 익히게 했다. 이것을 국자랑(國子郎)이라고 했다. 국자랑들이 외부에 다닐 때 머리에 천지화를 꽂았기 때문에 그 당시 사람들이 천지화랑이라고 불렀다."175)

고대부터 구성원들의 도덕과 윤리의식, 전인적 능력을 함양하기 위하여 종교적 기능을 담당하는 소도가 설치되고, 교육적 기능을 위해 경당이 운영되었다. 또한 충, 효, 신, 인, 용 등 5가지 계율은 원광법사의 세속오계가 고조선 시대에 유래된 효제충신(孝悌忠信)의 덕목과 관련이 있으며, 고조선 시대부터 구성원들의 건전한 정신과 개인적 역량 함양을 위해 학문과 무예 등 이른바 문과 무가 겸비된 전인적 교육이 이루어지고 있었다.176)

---

174) 고동영(1994), 앞의 책, p.128.
175) 위의 책, p.138.
176) 오늘날 태권도, 유도, 검도, 궁도, 마상경기 등 다양한 동양 무예는 고대 풍류도에 그 기원을 두고 있다.

〈솟대〉

  또한 청소년들에게 국가를 상징하는 무궁화를 존중하게 하여 애국심을 고취시키고, 사람들 눈에 잘 보일 수 있도록 머리에 장식하게 함으로써 자긍심을 고양시켰다. 이는 풍류도가 단순히 원시 무속신앙을 맹신하는 주술적 차원의 재제초복 사상 체계가 아니라, 자연 친화적 도를 기반으로 하여 정신적·육체적 연마를 추구하고, 인간 완성을 지향하며, 충, 효, 신, 인, 용을 실천하는 건전하고 합리적인 사상체계라고 볼 수 있다.

  또한 경당에서의 연마 내용은 신수두에서 정기적으로 개최되는 제천행사에 참여하여 실력을 발휘할 수 있도록 동기부여를 한 것으로, 자연스럽게 국민도의 함양과 인재양성이 되도록 만든 체계적이고 제도적인 장치였다. 오늘날 국가 단위에서 이루어지는 전국 체육대회나 세계적으로 이루어지는 올림픽 경기도 이러한 맥락에서 기원을 찾아볼 수 있다.[177] 실제로 고조선 시대는 8가지 정도의 법률만으로도 사회 질서 유

---

[177] 고대 그리스인들은 신에게 감사하고 민족의 정체성 유지를 위해 제우스 신전에서 매 4년마다 종교적 축제, 체육 및 문화행사를 개최했다. 달리기 투창, 경주, 레슬링, 원반던지기 등 5개 종목을 중심으로 경기를 하고 우승자에게는 월계수로 만든 관을 수여했다. 고대 올림픽 행사가 근대 올림픽 운동으로 부활했으며, 동양과 서양의 고대와 현대의 각종 무예가 세계적 차원에서 집대성되어 현대 인류의 가장 큰 문화 체육 행사로 계승 발전되고 있다.

지가 가능할 정도로 고도의 도덕과 윤리의식을 기반으로 유지되는 사회였다. 이러한 도덕적 사회가 한나라의 사군이 설치되면서 중국의 영향에 의해 전통적인 미풍양속이 퇴색되고 8조의 법금이 60여 조목으로 늘어났다고 한다.178) 현재 3가지의 법률이 전해지고 있는데 살인죄, 상해죄, 절도죄, 성 관련 범죄에 관한 내용이다. 앞에서 언급한 세속오계와 8조의 법률이 고조선 사회를 지탱하는 기둥이었으며, 풍류도와 세속오계가 도덕적 사회 유지를 위한 중요한 기능을 담당했다.

도덕과 윤리의식이 높았던 고조선 사회에 대해 고대 중국인들도 여러 문헌에서 호의적으로 평가하고 있다. 『산해경』에는, "동이(東夷)는 군자국으로서 의관을 하고 칼을 차고 사람들이 겸손하며 서로 양보하는 것을 좋아하고 다투지 아니한다."라고 했다. 『논어』에도 공자가 "중국에서 도가 행해지지 못함을 한탄하여, 뗏목을 타고 바다로 가서 군자들이 살고 있는 구이(九夷 : 조선을 말함)에 가서 살고 싶다' 고 하자 제자들이 '구이족이 사는 곳은 누추한 곳인데 괜찮겠습니까?' 라고 되물었고, 공자는 '군자들이 살고 있는데 무슨 누추함이 있겠는가?' 라고 답했다" 179)고 한다. 조선을 도의 군자국으로 평가하고 있음을 알 수 있다.

고조선 사회는 원시 무속신앙을 체계화하여 강과 산, 생명을 중시하는 자연 친화적인 도덕과 윤리의식을 바탕으로 문과 무, 정신과 육체를 함께 중요시했으며, 공동체 의식과 협력, 조화를 강조하는 인간존중 문화를 발전시켰다. 즉 고대 한민족은 풍류도를 정치와 종교 이념으로 정립했으며, 고대 원시 무속신앙을 종교적으로 체계화한 정신문화 선진국이었다. 이는 오늘날 서구 기독교 사상의 기원이 되는 고대 유태인들이 정립한 유태교와 비교해 볼 때 보다 자연 친화적이며 인간존중 의식

---

178) 이기백(1984), 앞의 책, pp.33-34.
179) 이기동 역해(2009), 앞의 책, p.326.(子欲居九夷, 或曰陋如之何, 子曰君子居之 何陋之有)

이 높았음을 알 수 있다.

서구의 유태교는 신과 인간과의 특별한 관계를 규정하고 자연에 대한 인간의 우월적 지위를 부여하고 있다. 신이 먼저 자연을 창조한 후 인간을 가장 늦게 창조했는데, 인간은 신의 모습을 닮았으며 신과 비슷한 존재이다. 따라서 모든 동물과 식물은 인간의 지배 아래 있고, 이를 식량으로도 활용할 수 있다. 자연에 대한 지배·통제 권한은 신이 인간에게 부여한 특별 권리라는 인식이 서구식의 사고방식이다. 인간이 자연을 지배하고 통제하며 인간의 편의대로 개발·활용할 수 있다는 서구의 자연 개발 의식과 물질숭배 사상은 고대부터 유래한다고 볼 수 있다. 이러한 사상이 근대 과학기술 발전과 연계되어 무분별한 자연 개발로 이어졌고, 오늘날 자연 훼손과 환경오염, 기후 변화의 원인을 초래한 것임을 자각한 서구인들이 고대 동양사상에 주목하고 있는 것은 이 때문이다.

〈구약성서에 제시된 신과 인간의 특별한 관계〉

그리고 하나님이 말했다. 이제 우리와 같은 신을 닮은 사람을 만들어야겠다. 우리가 만든 사람들에게는 물고기와 새들과, 그리고 가축과 야생의 모든 크고 작은 동물을 다스리고 지배할 수 있는 권한을 준다.

Then God said "and now we will make human beings ; they will be like us and resemble us. they will have power over the fish, the birds, and all animals, domestic and wild, large and small.

- 창세기 2장 26절

> 하나님이 노아와 그의 아들들을 축복하면서 말했다. 많은 자손들이 번성하고 지구상 모든 곳에 살게 되리라. 모든 동물과 새, 물고기들이 너희들에게 두려움을 갖고 살게 되리라. 그들은 모두 너희들의 지배와 통제 하게 있게 되리라. 그리고 야채를 식량으로 하듯이 이들 동물들도 너희의 식량으로 하리라.
>
> God blessed Noah and his sons and said, "have many children, so that your descendants will live all over the earth. all the animals, birds, and fish will live in fear of you. They are all placed under your power. Now you can eat them as well as green plants ; I give them all to you for food.
>
> - 창세기 9장

우리의 선조들이 정립한 풍류도는 한민족 정신문화의 기원이 되었으며, 반만 년 역사에 면면히 이어져 내려온 역사적, 민족적 생명력이다. 오늘날 현대적으로 재조명하여 계승, 발전시켜야 할 핵심 사상은 '홍익인간 재세이화'로 요약된다. 모든 사람을 널리 이롭게 하고, 단결과 협력 및 통합을 중요시하며, 자연과 인간의 조화 및 공존을 추구하는 것이라고 볼 수 있다. 이는 일시적으로 정치적 목적을 달성하기 위해 정립된 사상이 아니라 고대부터 이어져 내려온 것으로, 오랫동안의 삶의 경험과 지혜가 축적된 사상 체계이다. 오늘날 지구촌이 하나의 공동체로 통합되고 인간과 자연이 조화를 이루어야 한다는 현대의 자연 친화적 성장 전략의 기원이기도 하다. 한민족의 고대 선조들이 정립한 풍류도에는 현대인들이 직면한 시대적 문제들을 풀어낼 해답이 담겨 있으며, 우리는 이를 자랑스럽게 여기고 새롭게 계승, 발전시켜야 한다.

[한민족의 풍류도와 유태인의 유태교]

구분	명칭	이념 및 구현 목표	계율과 행동 지표
고대 한민족	풍류도	홍익인간 재세이화, 포용, 조화, 융합, 자연의 일부로서의 인간, 인간과 자연의 조화, 전인적 인간 완성	세속오계 8조 법금
고대 유태인	유태교	유일신 숭배, 배타적 선민의식 유태 민족 번성/구원, 자연에 대한 우월적 인간 지위, 자연에 대한 지배, 통제, 점령	토라(모세 5경) 모세 10계명

제정일치 시대의 원시 무속신앙은 사회가 발전하고 분화되면서 정치 기능과 제사 기능이 분리되기 시작했고, 한반도와 동북아 일대에 다양한 정치 공동체가 출현하면서 더욱 확대되고 발전한 것으로 보인다. 이와 관련하여 김득황의 『한국종교사』(1963)에는 다음과 같이 언급되어 있다.

"원시 부족국가이던 단군조선에서 기자조선을 거쳐 삼국시대에 접어들면서 정치권력의 신장으로 제정이 분리되어 과거에 사제 계급이었던 무사(巫師)들은 정치에는 관여하지 못하고 다만 종교적 역할로서 국가나 부락(蘇塗)의 신사(神事)만을 담당하게 되었다. 무사(巫師)가 거느리던 집단에 소속된 사람은 불로장생의 방술을 단련하는 특수 종교단체를 형성하게 되었다. 『신이경(神異經)』에 의하면, '동방에 사람이 사는데, 남자는 모두 곤대(관대)를 하고 여자는 모두 채의를 입으며, 항상 공손히 앉아서 서로 범하지 않으며, 서로 높이되 헐지 않으며, 다른 사람의 우환을 보면 죽음으로써 구하는데, 이들을 선인이라고 한다.' 라고 언급되어 있는데, 여기서 말하는 선인(善人)은 물론 선인(仙人), 신인(神人)을 말하며, 신선도를 수련하는 무예를 연마하고 정신을 수련하는 특수 수련단체로서 신라의 화랑이며, 고구려의 조의선인이라는 계급이다."[180]

또한 『삼국지』 동이전 부여 편에 "부여에서는 활과 창과 칼을 무기로 삼고 집집마다 갑옷과 무기가 있으며, 만일 적군이 쳐들어오면 모든 가

---

180) 고동영(1994), 앞의 책, pp.127-128.

(加)의 벼슬아치들이 나아가서 싸우며, 일반 백성들은 모두 양식을 운반하여 군사들을 먹인다."181)라고 전하고 있다. 이들 자료를 통해 정치 기능과 제사 기능이 분리되면서 풍류도는 신선도, 선도, 풍월도 등 다양한 이름으로 불리기 시작했고, 소도를 관리하는 제사장 및 구성원들의 전문적 수련을 위한 수도의 방법으로 변화·발전되고 있음을 알 수 있다.

요약해 보면 남자와 여자가 함께 수련을 했으며(남녀 차별이 없음), 도의적, 윤리적인 정신적 가치와 무예 등의 육체적, 기능적 숙달이 동시에 강조되었다(전인교육 지향). 또 벼슬아치들부터 솔선수범하여 사회적 실천(지행합일)이 강조되었다. 특히 전쟁과 같은 국가 위기 시에는 벼슬아치들부터 나가서 싸우는 한국적 노블레스 오블리제(Noblesse Oblige) 정신182)이 고대부터 정립되어 있었다. 고조선의 풍류도는 고대 종교의 형태로 동이 문화권 전체로 전파된 것으로 보인다.

---

181) 위의 책, p.159.
182) 노블레스 오블리제(Noblesse Oblige) 정신은 서구에서 유래한 것으로, 신분이 고귀한 사람일수록 그에 상응하는 의무가 수반된다는 의미이다. 귀족층, 사회 지도층, 고위직, 부자부터 솔선수범해야 한다는 광범위한 의미로 사용되고 있다. 이 정신은 서구 사회를 유지시켜주는 중요한 도덕규범으로 작용하고 있다. 영국과 아르헨티나의 포클랜드 전쟁 시 영국의 황태자가 직접 전투에 참가한 것도 이 정신에 의한 것이다.

4. 고구려의 풍류도와 선배 제도

선비라는 용어는 학식과 인품을 갖춘 사람을 가리키는 호칭이다. 어원적으로 보면 우리말에서 '선비'는 어질고 지식이 있는 사람을 뜻하는 말이라고 한다. '선비'의 선은 몽골어의 '어질다'는 말인 'sait'의 변형인 'sain'과 연관되고, '비'는 몽골어와 만주에서 '지식이 있는 사람'을 뜻하는 '박시'의 변형인 '비'에서 온 말이라고 분석하기도 한다.[183] 조선 시대에는 사대부 계층에 대한 호칭으로 사용되었으며, 특히 유교 전통에서는 유교적 이념을 구현하는 인격체를 지칭하며, 사회적으로 독서를 기본 임무로 삼고 관직을 담당하는 신분적 계급[184]을 지칭한다. 또한 조선 시대 선비는 문민 통치의 사회 원동력으로서 오직 문(文)만 존중하고 무(武)를 등한시했던 것으로 생각하기 쉽지만, 진정한 선비는 문과 무를 함께 숭상했다. 진정한 선비들은 쉴 새 없이 학문을 연마하고 심신을 수련하며 인간의 마땅한 도리를 체득하여 실천하는 사람들이었다. 이와 같은 문무겸전의 진정한 선비 모습은 고대로부터 비롯되었다.

고조선의 풍류도는 고구려에서는 선배 제도로 나타났다. 단재 신채호 선생은 『조선상고사』에서 "고구려의 강성함은 '선배' 제도의 창설로 시작되었는데, 창설한 연대는 옛 사서에 전하지 않으나 조의(皁衣: 검은 옷)라는 명칭이 태조본기에 처음 나타나므로 그 창설은 태조 대왕 때부터로 본다. 선배는 이두문자로 선인(先人, 仙人)이라고 표기했는데, 선배는 원래 신수두(臣蘇塗) 교도의 보통 명칭이었다.'"[185]라고 말한다. 태조 때에 와서 매년 3월과 10월 신수두 대제에 모든 군중을 모아놓고

---

183) 위의 책, p.3.
184) 금장태, 『한국의 선비와 선비정신』, (서울 : 서울대학교 출판부, 2001), p.3.
185) 조의(皁衣)·선인(仙人)이란 검은 옷을 입은 선비라는 의미이다. 조의·선인-선배-선비로 발전한 것으로 보인다.

칼춤을 추고, 활을 쏘며, 깨금질(한쪽 발은 들고 한 발로 뛰어가는 것)과 태껸, 강의 얼음을 깨고 들어가 물싸움을 하거나 가무를 연주하여 실력을 겨루는데, 여기서 승리하는 자를 선배라 불렀다. 일단 선배가 되고 나면 국가에서 녹을 주어 가족을 부양할 수 있게 했고, 선배들은 한 곳에 모여 집단생활을 하면서 옛 역사에 대하여 이야기를 하고 학문이나 무예를 익히기도 했으며, 산수를 탐험하거나 성곽을 쌓기도 했다. 도로를 닦기도 하고 군중을 위하여 강습도 하는 등 사회와 국가를 위해 봉사하고 희생하는 것을 자랑으로 삼았다.

선배들 중에서 성품이나 행동, 학문과 기술이 가장 뛰어난 자를 뽑아 스승으로 섬기고 검은 천으로 옷을 만들어 입었다. 일반 선배들은 머리를 깎고 검은 천을 허리에 둘렀다. 그 스승 중에 제일 우두머리를 신크마리-두 대형, 태대형이라고 부르고, 그 다음은 대형이라 부르며, 가장 아래는 소형이라고 불렀다.[186] 전쟁이 일어나면 신크마리가 선배들을 모두 모아서 부대를 조직하여 전쟁터로 나갔다. 그들은 전쟁에서 승리하거나 전사하고 돌아오는 것을 가장 영광스럽게 여기고 전쟁에서 패하거나 물러나는 것을 치욕으로 여겼으며, 전쟁에서 불명예스럽게 돌아오면 백성들도 침을 뱉으면서 격멸했다. 그리하여 전장에서 가장 용감하게 싸우는 사람은 선배들이었다. 당시 고구려는 신분제 사회로서 골품에 의해 고위직 진출이 제한되어 있었으나, 선배 단체의 경우 신분의 귀천에 상관없이 능력 본위의 인사가 이루어져서 선배 출신 중에서 많은 인물이 배출되었다.[187]

또한 구당서 동이열전에도 "고구려 사람들은 모두 배우기를 좋아하

---

[186] 고구려의 관등 체계는 대대로, 태대형, 울절, 태대사자, 조의두대형, 대사자, 대형, 수위사자, 소사자, 소형, 제형, 선인 등 12개 관등으로 구분되었다.
[187] 신채호 저(2006), 앞의 책, pp.229~231.

여 아무리 없이 사는 집이라도 모두 부지런히 배운다. 길가에 큰 집을 지어 경당이라고 하는데, 거기에서는 아직 결혼하지 않은 자녀들이 모여 경서를 읽고 활쏘기도 연습했다."188)라고 전해지고 있다. 언급한 내용처럼 고구려에서는 경당제도, 선배제도 등 고조선의 풍류도를 계승 발전시켜 이를 강한 나라 건설, 구성원들의 상무정신 고양에 제도적으로 활용하고 있음을 알 수 있다.

요약해보면 풍류도 집단이 사회적으로 제도화되어 조의선인, 선배의 형태로 체계적인 모습을 갖추었고, 경당에서의 교육이 강조되었으며, 고조선 시대와 비슷하게 도덕과 윤리의식, 공동체 의식과 사회적 봉사 의식, 문과 무의 겸비, 행동과 실천 등이 강조되었음을 알 수 있다. 또한 고대의 신분제 사회에서 왕족이나 왕비족 위주의 지배층 형성 구조가 일반적이었으나, 선배제도는 신분에 관계없이 모든 구성원들에게 문호가 개방되어 있었다는 것이 특징이다. 즉 능력 위주의 인재선발과 관리 제도가 시행되었다는 것은 모든 구성원들에게 국가, 사회적으로 일체감을 갖게 하고 신분 상승에 대한 동기 부여가 되었음을 짐작할 수 있다.

고구려는 식량 획득 및 농경지 확보와 관련하여 수렵이 중시되는 자연 환경적 요인을 가지고 있는 나라였다. 고구려의 지정학적 여건에 대해 중국의 역사서 『삼국지』 동이전 고구려 편에는 다음과 같이 전하고 있다. "고구려는 요동 동쪽 천 리 밖에 있다. 남쪽은 조선, 예맥과 인접하고 있고, 동쪽은 옥저와 연결되어 있으며, 북쪽은 부여와 접해 있다. 환도 아래 도읍을 했는데, 면적은 사방 2천 리가 되고 호수는 3만이었다. 이곳은 큰 산과 깊은 골짜기가 많고 넓은 못은 없다. 사람들은 산골짜기를 따라 살고 있다. 시냇물은 마시지만 좋은 밭은 없다. 아무리 힘

---

188) 고동영(1994), 앞의 책, p.115.

써 농사를 지어도 식량이 충분하지 못하다. 이곳의 말들은 몸이 작아서 산에 오르기에 편리하다. 사람들은 힘이 세고 전투에 익숙하여 옥저, 동예 등이 모두 부속되었다."189)

고구려는 지정학적, 환경적 요인과 관련하여 수세적, 현상 유지 전략을 채택해서는 살아갈 수가 없었다. 따라서 고구려는 고조선의 옛 전통을 이어 받고 이를 더욱 발전시키고자 하는 취지에서 다물사상190), 공세정신과 실사구시적 자세, 상무정신이 중시되었다. 고구려의 건국이념과 상무정신은 이러한 배경에서 태동했으며, 이를 뒷받침해주는 제도적 장치로 선배제도, 경당제도 등이 존재했다. 이들은 국가의 인재양성과 리더십 함양을 위한 능력 본위의 개방된 인사관리 제도였다. 이를 토대로 하여 광개토 대왕의 북진정책이 성공적으로 추진될 수 있었고, 북방 유목민족과 중국 대륙의 통일왕조와의 지역 패권 경쟁에서도 밀리지 않을 수 있었다.

〈광개토대왕비〉

---

189) 이종학(1995), 앞의 책, p.168.
190) 다물사상, 다물정신은 우리말 "물리다, 다물리다"에서 유래한 것으로, 고대 동이족 삶의 터전을 모두 회복한다는 의미를 갖고 있다.

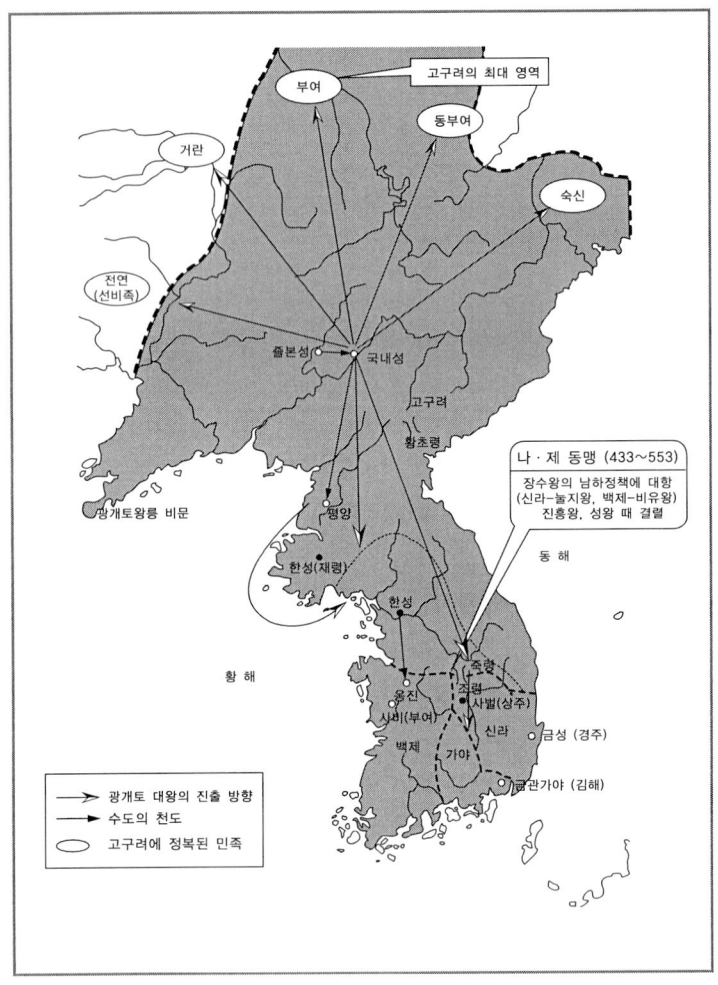

[고구려의 영역]

　6세기 후반에 이르러 한반도와 중국 대륙을 비롯하여 국제 정세에 많은 변화가 있었다. 589년에 중국은 남북조 시대의 분열을 끝내고 수나라를 건립했다. 중국 대륙의 통일 왕조 수립은 한반도에 큰 위협이 되었다. 고구려는 위협이 더 커지기 전에 선제적 공세행동을 취했다. 영양왕

9년(598년)에 고구려는 요하를 넘어서 요서지방으로 공격을 했다. 수나라 문제가 고구려에 대항했으나 실패하고 중도에 철수했다. 뒤이어 수나라 양제는 100만이 넘는 대군으로 요동성을 공격하면서 고구려에 전면적 공세를 취해왔다. 요동성이 결사의 항전으로 공략되지 않자, 30만의 별동부대를 편성하여 압록강을 넘어서 고구려의 수도 평양성을 직접 치게 했다. 그러나 을지문덕 장군의 유도 작전에 말려서 살수에서 대패하고, 30만 명 중에서 겨우 2700여 명만 살아 돌아갔다.

- 신책구천문(神策究天文) : 그대의 신비스러운 책략은 하늘에 다다르고
- 묘산궁지리(妙算窮地理) : 기묘한 전략은 땅에 통달했도다
- 전승공기고(戰勝功旣高) : 이미 세운 전공이 높고 높으니
- 지족원운지(知足願云止) : 이제 그만 만족하고 돌아가라

— 을지문덕 장군이 수나라 장수 우중문에게 보낸 시

수나라 양제는 전의를 상실하고 철수했고, 수나라는 이로 인해 멸망했다. 수나라가 망하고 당나라가 들어서자 고구려는 곧 침략이 있을 것으로 판단하고 국경에 천 리에 걸친 장성을 쌓아 국방을 튼튼히 했다. 고구려의 예상대로 당 태종은 보장왕 4년(645년)에 요하를 건너 요동성을 공격했다. 요동 일대 몇 개의 성을 함락했으나 안시성 전투에서 크게 패하고 철수했다.[191] 그 후에도 몇 차례 공격이 있었으나 고구려의 완강한 저항으로 모두 실패하고 말았다.[192]

---

[191] 단재 신채호 선생은 『조선상고사』에서 당태종은 안시성 전투를 직접 지휘하다가 고구려 조의선인 출신 저격수가 쏜 화살에 맞아 눈을 다쳤다고 했다. 후에 당태종은 눈에 입은 상처가 악화되어 죽음을 맞게 된다. 수나라와 당나라와의 전투에서 핵심적인 역할을 한 사람은 조의선인들로 알려져 있다.
[192] 이기백(1984), 앞의 책, pp.63-64.

고구려의 승리의 배경에는 풍류도 사상이 자리하고 있었다. 풍류도 사상으로 무장된 고구려의 정치, 사회, 군사적 역량이 광개토 대왕의 북진정책을 실질적으로 가능케 했으며, 고구려가 수나라에 이은 당나라와의 전쟁에서도 이를 물리칠 수 있게 한 근본적인 힘이 되었던 것이다. 풍류도 정신은 공세적이며, 도전 정신을 지향하고, 적극성이 요구되며, 문과 무, 지와 행이 함께 요구되는 실천의 사상이다. 고구려가 몇 차례의 큰 전쟁을 치르면서도 동이 문화권의 자주성과 정체성을 유지할 수 있는 방파제 역할을 한 것은 풍류도 사상 때문이라고 할 수 있다.

〈고구려 고분 벽화 : 조의선인으로 보이는 사람이 말을 타고 활을 쏘면서 야생동물을 사냥하는 모습〉

고구려의 선배(조의선인)는 문약에 치우친 문사가 아니었으며, 문과 무를 겸비한 실천가이며 행동가였다. 이러한 선배가 중국으로부터 유교가 유입되면서 후세에 와서는 문에 치우친 반쪽의 선비로 변질되고 말았다. 원래 선비라는 말은 고조선의 국자랑, 고구려의 선배(조의선인), 신라의 화랑, 국선에서 유래된 말이다.

조선 후기 유명한 실학자였던 유형원은 그의 저서 『반계수록』에서 문·무에 대해 아래와 같이 언급하고 있다. "본래 문과 무는 다른 것이 아니다. 고대로부터 선비를 교육할 때 예, 악, 사, 어, 서, 수 등 이른바 육예(六藝)193)를 골고루 교육하여 전인적 역량을 구비한 사람을 선발하여 직무를 맡겼다. 그러므로 평상시에 각 고을에서 살 때는 백성을 다스리는 목민관이 되고, 전시에는 고을의 백성들을 군사로 이끌고 외적을 맞아 싸우는 장수가 되었다."194)라고 언급하고 있다. 그리고 그는 이와 같은 바람직한 전통이 약화되어 지금의 무사는 염치가 없고 백성들에게 사납게만 굴며, 문사들은 적진에 이르면 어린아이나 아녀자처럼 약한 모습을 보이니 안타까울 따름이라고 했다. 또한 이수광의 『지봉유설』에도 "우리나라 선비들은 활쏘기, 말 달리기는 익히면서도 병서는 읽지 않으므로 훌륭한 장수가 나오지 못한다."라고 언급하고 있다. 도의와 무예를 구비한 문무겸전의 참다운 한국의 선비 전통이 시간이 흐르면서 문과 무 한 쪽으로 치우치는 잘못된 경향을 지적하고 있다.

따라서 한민족 고유의 바람직한 리더 상과 리더십 정신은 고조선의 국자랑으로부터 고구려의 조의선인, 신라의 화랑, 조선의 선비로 이어지는, 문과 무를 겸비한 전인적 인격자, 행동가를 의미하는 선비와 선비정신이라고 할 수 있다. 현대적 의미로 해석해 보면, 이론과 실제를 겸비한 전문가, 문과 무를 겸비한 전인적 인간, 지행합일의 행동하는 지식인 등, 오늘날 리더십 함양과 리더 개발에서 추구하는 전인적 역량을 구

---

193) 육예(六藝)란 예(禮), 악(樂), 사(射), 어(御), 서(書), 수(數)를 말하며 당시의 주요 교과목을 말한다.
194) 이종학, 『한국 군사사 서설』 (경주 : 서라벌 연구소 출판부, 1991), p.158.

비한 바람직한 인재 상과 맥락을 같이한다고 볼 수 있다. 이는 오늘날 같은 글로벌 환경에서 한민족 고유의 정체성을 지니고 있으면서도 보편성을 지니는, 세계에서 가장 오래된 리더십과 관련된 정신문화라고 해도 손색이 없는 생명력을 지닌 사상이다.

5. 삼국 통일에 반영된 풍류도 사상

신라는 한반도 남동쪽에서 12개의 성읍 국가 중 하나였던 사로(斯盧)를 모체로 출발했다. 신라는 반도 동남부에 위치하고 있어서 고립되었고 고구려나 백제에 비해 중앙 집권적 지배체제 정립이 늦었다. 법흥왕 때 불교를 받아들이고 진흥왕 때 화랑도를 진작하면서 내부적 단합과 국력을 키우고 대외적으로 공세적인 정책을 펴기 시작했다. 신라는 뒤늦게 출발했지만 결과적으로는 삼국을 통일했고, 한민족의 자주성을 바탕으로 한 정치·문화 공동체로서 역사 발전의 주체가 되었다.

신라의 부흥을 위하여 진흥왕이 내세운 것은 풍류도의 진작과 국가적 차원에서의 화랑도 제도의 도입이었다. 사회적으로 화랑도가 중시되었고, 신라의 청소년들은 화랑도를 연마하여 나라에 충성했다. 관련 기록은 임신서기석과 신라 가요인 향가에서도 찾아볼 수 있다. 신라의 향가 '모죽지랑가(慕竹旨郞歌)', '찬기파랑가(讚耆婆郞歌)'는 화랑인 죽지랑을 사모하고 기파랑을 찬양하는 내용으로서, 오늘날의 대중가요와 유사한 신라의 향가에 화랑에 대한 흠모와 예찬을 드러내는 가사가 애창되고 있었음을 보여준다.[195]

---

[195] 모연호 외 2인 공저(1978), 앞의 책, pp.22-26.

〈임신서기석(壬申誓記石)〉

임신년 6월 16일에 두 사람이 함께 맹세하여 기록한다. 하나님 앞에 맹세한다. 지금으로부터 3년 후에 충도(忠道)를 집지(執持)하고 과실이 없기를 맹세한다. 만약에 서약을 어기면 하나님에게 큰 죄를 얻을 것이라고 맹세한다. 만일 나라가 편안치 않고 세상이 크게 어지러우면 가히 모름지기 충도를 행할 것을 맹세한다. 또 따로 앞서 신미년 7월 22일에 크게 맹세했다. 시, 상서, 예기, 춘추전을 읽고 해독하기를 맹세하되 3년으로 했다.[196]

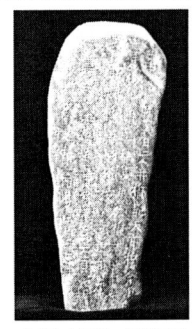

〈보물 1411호 임신서기석 : 신라 화랑도의 존재와 수련 모습을 기록한 비석〉

신라는 화랑도를 진작하여 국력을 배양하고 고구려, 백제와 대등한 국가로서의 모습을 갖추어 나갔다. 신라가 국력이 신장되어 한강 일대를 점령하고 고구려, 백제와 대등한 위치에 이르자 고구려와 백제의 견제가 심해지기 시작했다. 특히 6세기 후반 고구려가 수나라와 전쟁에 집중하는 동안 백제는 신라를 자주 침범하며 신라가 빼앗은 백제의 옛 땅을 수복하기 위해 공세를 늦추지 않았다. 안보에 위협을 느낀 신라는 고구려에 구원을 요청하려 김춘추를 파견했다. 당시 고구려는 연개소문이 실권을 장악하고 있었다. 연개소문은 고구려의 출병 조건으로 한강 지역의 고구려 옛 땅을 반환할 것을 요구했다. 그러자 고구려와의 외교적 교섭에 실패한 신라는 당나라에 동맹을 요청했다. 아래 내용은 『삼국사기』에 전하고 있는 648년 김춘추와 당 태종과의 대화 내용이다.

---

[196] 위의 책, p.143.(임신서기석은 1940년 5월 경북 월성군 견곡면 금장리 석장사지에서 발견되었다. 현재 경주 박물관에 소장되어 있으며, 신라 시대 화랑들이 도의와 무예를 연마하기 위해 서로 맹세하고 절차탁마하면서 수련한 모습을 비석으로 전하고 있다.)

> ### ⟨신라와 당나라의 동맹 결성과 당 태종의 약속⟩
>
> 신라의 동맹 요청에 대해 당 태종은 "짐이 이제 고구려를 치려는 이유는 다른 목적이 있는 것이 아니라, 그대 신라가 고구려, 백제 두 나라에 핍박되어 매양 침략과 업신여김을 당하며 편안할 때가 없음을 가엽게 생각하기 때문이오. 그러므로 산천과 토지는 내가 탐하는 바가 아니며, 두 나라가 평정되면 평양 이남과 백제의 땅은 모두 신라에게 주어서 길이 편안하게 하겠소."
>
> – 『삼국사기』 7, 문무왕 11년 조[197]

당나라는 수차례의 고구려 공격에 실패했다. 그러자 전략을 수정하여 고구려를 정면으로 공격할 것이 아니라 백제나 신라를 통해 우회적으로 공격하여 고구려를 멸하고 한반도 전체를 당나라의 지배하에 두겠다는 속셈을 갖고 있었다. 이러한 차제에 신라가 동맹을 요청한 것이다. 당 태종은 신라 사신 김춘추에게 내심을 감추고, 신라가 당나라와 동맹하여 백제와 고구려를 평정하게 되면 한반도의 평양 이남은 신라의 영토로 인정하고 자치권을 주겠다는 뜻을 피력했다. 신라의 입장에서는 자력으로 백제와 고구려의 위협에 대처할 수 없는 형편이라 당나라의 제의를 수락할 수밖에 다른 방법이 없었다. 신라가 처한 안보상의 위협과 당나라의 반도 지배 전략의 이해관계가 일치하는 접점에서 동맹이 이루어졌다. 신라와 당나라는 나당 연합군을 편성하여 먼저 백제를 쳐서 평정하고, 후에 고구려를 남과 북에서 협공하여 멸망시키기로 했다.

---

197) 이종학(1991), 앞의 책, p.124.

당 태종 이후 뒤를 이은 당 고종은 13만 명 정도의 군대를 편성하고 소정방을 원정군 지휘관으로 임명하여 의자왕 20년(660년)에 백제를 치게 했다. 나당 연합군은 백제의 수도 사비성을 최종 목표로 삼고, 당나라 군대는 백강(금강 입구)으로 상륙하고, 신라는 김유신을 지휘관으로 한 5만여 명의 군대를 편성하여 탄현(대전 동쪽) 방향으로 공격했다. 백제의 의자왕은 계백 장군을 지휘관으로 한 5천여 명의 결사대를 편성하여 황산에서 신라군에 대항케 했다. 백제의 계백 장군은 이 전투가 국가의 운명을 결정짓는 마지막 전투가 될 것이며, 전투 결과에 따라 자신의 가족이 노예가 되거나 치욕을 당할 것을 예상하고 출전하기 전에 가족들을 자신의 손으로 모두 죽이고 비장한 마음으로 전투에 임했다.

신라군 5만 명 대 백제군 5천 명이 황산벌에서 대치했다. 몇 차례의 전투가 있었지만 계백 장군의 결사대는 쉽게 무너지지 않았다. 백제 군대는 군대의 규모나 병력 수는 적었으나, 국가의 운명과 직결되는 마지막 전투에 임하는 계백 장군과 휘하 장병들의 임전 태세는 죽음을 두려워하지 않는 비장함으로 가득했다. 신라군의 입장에서는 황산벌 전투를 조기에 마무리하고 당나라와 약속한 대로 수도 사비성 전투를 위해 신속히 전진해야 할 입장이었다. 전투 현장에서는 대치하고 있는 피아간에 힘의 균형을 깨뜨리고 전세를 유리하게 역전시키기 위해 어떤 계기가 필요했다. 김유신 장군 휘하에서 전투를 직접 지휘하던 김흠순은 함께 출전한 아들 반굴에게 말했다. "충성과 효도를 동시에 달성할 수 있는 것이 바로 지금이 아니냐?" 반굴은 출전하여 용감히 싸우다가 전사했다.[198]

---

[198] 모연호 외 2인 공저(1978), 앞의 책, p.111.

그러나 이번 전투에서도 신라군이 패했다. 이번에는 품일 장군이 함께 출전하여 전투 중인 10대 후반의 자기 아들 관창에게 말했다. "어릴 적부터 용맹하다고 한 네가 재주를 살려 공을 세우고 충과 효를 실천할 때가 지금이 아니냐?" 관창은 혼자 말을 달려 백제군 속으로 달려가서 몇 차례 싸우다가 포로가 되었다. 포로가 된 관창이 계백 장군 앞으로 나아갔다. 너무나 어리고 앳된 모습에 계백 장군이 놀라서 나이를 물었다. 그러자 관창은 "나는 신라의 화랑일 뿐이요, 어서 죽여주시오."라고 대답했다. 계백 장군은 "신라군에는 이렇게 어린 군사도 있구나." 하면서 관창을 신라 진영으로 되돌려 보냈다. 임전무퇴의 계율을 어기게 된 채 아버지 앞으로 돌아온 관창은 면목이 없었다. 결국 그는 또다시 출전했다. 이번에는 계백 장군도 어린 관창의 목을 베어 말꼬리에 매어 신라군 진영으로 돌려보냈다. 아들의 목을 받아든 품일 장군은 자신의 옷소매로 아직도 흐르고 있는 피를 닦으면서, "내 아들의 면목이 살아 있는 것 같다. 나라 일을 위해 죽었으니 여한이 없을 것이다."라고 했다. 이것을 계기로 신라군 진영 전체에 정신적 변화가 일어났다. 나이 어린 화랑들의 숭고한 희생이 5만 명 신라군의 전의를 고양하고 백제군을 상대로 승리를 거둘 수 있는 기폭제가 된 것이다.[199]

단재 신채호 선생은 『조선상고사』에서 화랑들의 정신적 전통에 대해, "사람이 전쟁터에서 전사하면 죽은 뒤에 하늘나라에서 첫째 자리를 차지하고, 노인으로 죽으면 죽은 후의 혼도 노인이 되며, 소년으로 죽으면 죽은 후의 혼이 소년으로 된다고 하여, 화랑들이 소년으로 전쟁터에서 전사하는 것을 영광스럽게 생각했다고 한다."[200] 고대의 풍류도 사상이

---

[199] 지승, 『삼신과 한국사상』, (서울 : 학민사, 2004), pp.53-55.
[200] 신채호 저(2006), 앞의 책, pp.348-349.

신라에서는 화랑제도로 진작되어 삼국 통일의 추진 동력으로 발현되었던 것이다. 임전무퇴 정신, 직위가 높은 사람부터 솔선하여 자신의 아들을 기꺼이 전투에 임하게 하는 한국적 노블레스 오블리제 정신, 삶과 죽음이 교차하는 전쟁터라는 극한 상황에서도 상대방의 입장을 이성적으로 배려하고 이해하려는 인간존중 사상 등, 신라 화랑들의 가치관과 행동에 전수된 풍류도 정신이 삼국 통일 과정의 근간이 됨을 말해준다. 또한 이것은 백제의 계백 장군이 전장에 임하는 자세와[201] 지휘관으로서의 행동에도 전수되고 있음을 확인할 수 있다.

백제는 계백 장군이 지휘하는 5천 명의 결사대가 신라에 패하자 나당 연합군을 당할 수가 없었다. 결국 의자왕 20년(660년)에 수도 사비성이 함락되면서 백제는 멸망했다. 백제 멸망 이후 소정방은 660년 9월 귀국하면서 황제에게 경과를 보고하고 백제왕을 비롯하여 중신 93명과 군사 2만 명을 포로로 잡아 바쳤다. 황제는 소정방을 위로하면서 "백제에 이어 왜 곧바로 신라를 치지 않았는가?"라고 물었다. 이에 소정방은 "신라는 왕이 어질고 백성을 사랑하며, 신하들은 충성으로 나라를 섬기고, 아랫사람들이 윗사람 섬기기를 부모형제와 같이 하니, 비록 나라는 작지만 함부로 도모할 수가 없었습니다."라고 했다.[202] 이는 당 태종과 김춘추의 약속과는 달리 당나라가 내심으로는 신라와 동맹을 하는 척하면서 반도 전체를 지배하여 당나라의 속국으로 하려는 의도가 있었다는 것을 보여준다. 또한 신라가 화랑도 정신으로 무장하여 왕부터 백성들까지 모두 단결되어 있었기 때문에, 당나라가 대국이었어도 신라

---

[201] 계백 장군의 군 지휘관으로서의 행동은 백제에도 풍류도 사상이 전해지고 있었음을 시사한다. 한영우(2010)는 『한국선비지성사』에서 확실한 근거는 없으나 백제에도 무절(武節), 수사(修士)라고 불리는 무사 집단이 있었으며, 고대 백제의 유민들이 세운 일본 고대 국가의 무사도는 이것과 관련이 있다고 제시하고 있다. 즉 일본의 무사도 정신(사무라이 정신)은 그 뿌리가 백제로부터 유래되었다고 볼 수 있다.
[202] 이종학, 『한 군사학도의 연구 발자취』 (대전 : 충남대학교 출판부, 2006), pp.160-161.

를 함부로 할 수 없었음을 보여주는 사례이다. 그 후 나당 연합군은 계속 고구려를 공격했고, 고구려는 보장왕 27년(668년)에 멸망했다.

당나라는 백제와 고구려를 신라와 연합하여 평정한 후 노골적으로 속마음을 나타내기 시작했다. 옛 백제 땅에는 웅진 도독부를 설치하여 의자왕의 아들을 도독으로 임명하고, 신라에는 계림 도독부를 설치하여 문무왕을 도독으로 임명했다. 그리고 고구려 지역에는 안동 도호부를 두어 한반도 전체를 관할케 했다.203) 중국의 통일 왕조가 소망해왔던 한반도 전체 지배 욕망이 현실화되는 순간이었다.

[신라와 당나라 전투지도]

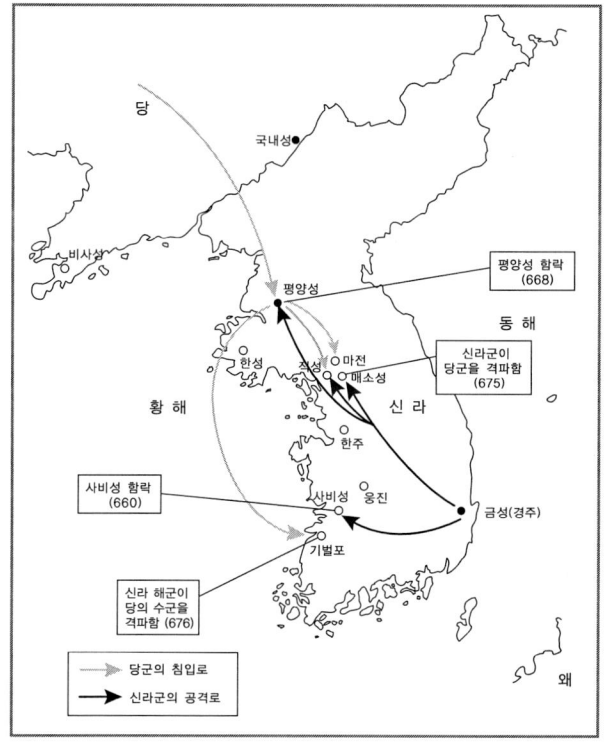

---

203) 이기백(1984), 앞의 책, pp.86-87.

신라는 김춘추와 당 태종 사이의 약속과는 전혀 달리 연합군이 피를 흘려 싸운 결과가 당나라의 식민지 형태로 전락하는 현실을 인정할 수가 없었다. 신라가 당나라에게 백제와 고구려를 평정하는 데 이용만 당하고 토사구팽(兎死狗烹)[204] 당하는 상황에 처하게 된 것이다. 신라는 스스로의 힘으로 당나라를 물리치기 위해, 연합군으로 함께했던 당나라를 적으로 하여 다시 싸우기 시작했다. 당나라는 신라가 당에게 정면으로 대항하자, 당나라에 있던 무열왕의 아들 김인문을 신라왕으로 일방적으로 임명하고 신라를 공격해왔다. 당나라는 신라와의 한강 유역 일대의 매소성 전투와 서해안의 기벌포 전투 등 육지와 바다 모두에서 패하고, 평양에 있던 안동 도호부를 요동성으로 철수했다. 신라는 당나라 군대를 맞아 치열한 전투 끝에 승리를 쟁취했다. 신라는 문무왕 16년(676년), 고구려가 멸망한 지 8년 후에 백제 부흥 세력과 당나라를 물리치고 스스로의 힘으로 승리를 쟁취할 수 있었다.

신라가 자력으로 당나라를 물리치고 통일신라를 건국했다는 것은 한민족 역사에서 커다란 의미를 지닌다. 당나라가 백제와 고구려를 멸망시키고 신라까지 정복하여 만주 일대와 한반도 전역을 그들의 지배하에 두려는 것은 한나라가 한사군을 설치하는 것에 못지않은 민족적 위기였다. 당나라의 정치적 지배 하에서 민족 고유의 문화와 사회 발전은 기대할 수 없기 때문이다. 신라의 통일이 비록 고구려의 옛 영토를 완전히 회복하지 못하고 원산만 이남의 지역에 국한하는 불완전한 통일이었지만, 한민족은 통일신라를 기반으로 하여 비로소 독자적 민족문화를 형성하고 이를 후대에 전할 수 있는 계기를 마련[205]할 수 있었다.

---

204) 한나라 고조 유방이 천하를 통일한 후 통일과업 달성에 일등 공신이었던 한신을 죽이려 하자, 한신이 "토끼 사냥이 끝나면 사냥개를 삶아 먹고, 새를 잡고 나면 활을 치워버리는구나."라고 탄식한 데서 나온 말.
205) 이기백(1984), 앞의 책, pp.87-89.

〈경주 통일전 삼국통일 3 주역 기념비: 태종 무열왕, 문무왕, 김유신 장군〉

　고구려, 백제, 신라가 3국을 형성하고 동맹과 협력, 때로는 적국으로 대립과 반목을 했지만 배달겨레의 풍류도 정신은 면면히 공유하고 있었다. 위에서 본 것처럼 중국이 한민족의 정체성을 훼손하려 하자 민족적 정체성과 자주성을 유지하기 위한 풍류도 정신이 빛을 발했다. 신라는 안보 위협에 직면하여 먼저 고구려와 동맹을 유지하고자 했으나, 고구려의 한강 일대 영토 반환이라는 무리한 요구를 수용할 수가 없어서 당나라와 동맹을 추진했다. 신라는 스스로의 힘으로 공동체의 정체성을 유지하고 통일을 달성하는 것이 얼마나 소중한가를 당나라와의 싸움에서 절감했다. 식민지 상태로 전락하여 고대 한사군 시절과 같이 중국의 지배하에 자주성을 상실한 채 노예 상태로 살아갈 것인가, 아니면 희생이 따르더라도 끝까지 싸워서 주체성을 확보할 것인가의 기로에서 신라는 당당하게 싸우는 방안을 채택했다. 이것이 풍류도 사상의 핵심이다. 개인이든 국가든 주체성과 정체성을 상실하면 더 이상 성장과 발전을 기대할 수 없다. 또한 스스로의 힘으로 서지 못하고 남에게 의존하면 의존하는 것만큼 자주성과 주체성은 상실되고 독자적 사고와 행동의 폭도 줄어든다.
　이것은 오늘날과 같은 글로벌 환경에서 국가 간 관계나 기업 활동에도 똑같이 적용된다. 독자적 자원과 기술이 없으면 다른 나라의 신세를 지게 되고 비싼 사용료를 지불해야 한다. 의존적 관계가 형성되면 될수록 내가 차지하는 몫은 적어지고, 열심히 노력한 대가로 다른 사람만 살찌운다. 내가 스스로 독립할 수 있는 능력과 자세가 결여되어 있으면서, 왜 나를 의존적으로 만드느냐고 상대방 탓으로 돌리는 자세는 풍류도 정신이 아니다. 스스로 실력을 구비하고 자신의 고유성과 독창성이 있어야 국제 사회에서 인정받을 수 있다. 현대를 살아가는 우리는 선조들이 삼국통일 과정에서 보여준 풍류도 정신을 올바르게 이해하고 현대적으로 계승, 발전시켜야 한다.

6. 통일신라의 풍류도 사상의 전개와 쇠퇴

삼국 통일 후 한반도는 평양과 원산만 이남에는 신라, 옛 고조선과 고구려 지역에는 발해가 건국되어 남북으로 분단되는 형국을 맞게 되었다. 신라는 신문왕 5년(685년)에 9주 5소경으로 행정구역을 개편하고, 중앙 집권적 통치 체제를 정비하는 등 본격적인 통일 국가로서의 면모를 갖춰나가기 시작했다.

당나라를 물리치고 삼국 통일의 위업을 달성했지만 신라에는 해결해야 할 과제들이 산적해 있었다. 17년간 계속된 전쟁으로 피폐해진 백성들의 삶을 회복시켜야 했고, 전쟁에서 공을 세운 이들에게 논공행상을 해야 했다. 통일 국가로서의 중앙 집권적 지배 체제 구축과 율령 체제 정비, 골품 제도의 정비 등[206] 행정적인 문제의 해결 또한 시급했다. 현 체제를 전면 개혁하여 국가의 면모를 일신할 것인지, 현행 골품 체제를 기반으로 부분적인 보완을 할 것인지가 체제 구축의 주요 골자였다.

통일 후 신라는 한때 서라벌 지역에 위치한 통일신라의 수도를 달구벌(대구) 지역으로 옮기고 국가의 면모를 일신시키고자 했다. 그러나 전통적 토착 세력의 본거지에 집착하여 현실에 안주하려는 기득권 세력 때문에 수도 이전을 하지 못했다. 인구 증가와 함께 정치·경제적 제반 환경이 변화하여 전반적인 구조 조정이 필요했다. 그러나 국가의 수도가 변방에 자리한 상태로 현상 유지와 수세적 패러다임이 지배하면서 풍류도 정신 또한 서서히 쇠퇴하게 되었다.

삼국통일 주역의 한 사람이었던 문무왕은 다음과 같은 유언을 남겼다. "무기를 녹여 농기구를 만들고, 백성들을 편안하고 장수할 수 있도

---

206) 이종학, 『신라화랑 군사사 연구』, (경주 : 서라벌 군사연구소, 1995), p.109 참조.

록 하고, 각종 세금과 부역을 가볍게 하여 각 가정이 넉넉해지고 사람마다 풍족해지고, 인구가 증가하여 민간의 생활이 안정되게 하라.(『삼국사기』 7, 문무왕 21년)"207) 나는 죽어서 나라를 지키는 대룡(大龍)이 되어 불법을 받들어서 나라를 지키려 한다."라고 지의법사에게 말했다.208) 문무왕 사후 유언에 따라 화장을 하여 동해 대왕암에 모시게 되었다. 그 후 전통적인 화랑도 상무 정신은 퇴조하고, 불교가 전면으로 부상하기 시작했다. 풍류도 사상이 지배하던 국가 운영의 중심 자리에 불교가 대안의 사상으로 등장하면서, 이른바 불교 사상에 의지하여 통합을 달성하겠다는 기풍이 일어났다.

당시 신라에서는 법흥왕 때 불교를 수용한 이래 원광법사가 최초로 중국에 유학을 다녀온 뒤 불교에 대한 관심이 증대되고 있었다. 이러한 사상적 조류는 통일 후 화랑도 정신(풍류도 사상, 낭가 사상)이 퇴조하면서 풍류도가 불교에 자리를 내어주는 형국209)이 되었다. 원광법사가 중국에 유학하던 당시 전통 사상과 학문에 대비되는 중국의 학문을 서학이라고 했는데, 중국에 유학하여 서학을 하려는 풍조가 유행이었다. 당나라는 유교와 불교가 쌍벽을 이루고 있었다. 특히 불교는 인도에서 전래된 이래 교와 선을 중심으로 중국식으로 정착하면서 다양한 종파가 형성되어 있었다. 따라서 신라에서 중국에 유학하는 승려가 많아질수록 신라에도 다양한 종파가 형성되었고, 이른바 열반종, 계율종, 법성종, 화엄종, 법상종 등 5교가 성립되었다.210)

불교는 인도에서 중국을 경유하여 한반도에 전래된 종교이다. 신라에

---

207) 위의 책, p.111.
208) 위의 책, p.111.
209) 낭가 사상(郎家思想)이란 고조선의 국자랑, 신라의 화랑에서 나타나듯 랑(郎)과 관련된 것으로, 단재 신채호 선생은 한민족 고유의 정신을 낭가 사상으로 표현했다.
210) 이기백(1984), 앞의 책, p.100.

는 고구려와 백제에 비해 늦게 전래되었다. 신라는 고립적인 지역성 탓에 보수적이고 전통 지향적인 성향이 강한 나라였던 것이다. 때문에 불교가 조기에 정식으로 수용되기는 어려웠다. 그러나 불교 교리의 선근 공덕(善根功德) 사상과 윤회전생(輪廻轉生) 사상이 신라 사회를 유지하고 있는 골품 제도를 옹호하고 백성들을 교화시키며 사상을 통일하는 데에도 도움이 될 수 있다는 왕족과 귀족층의 공감대가 형성되었다. 그리고 이차돈의 순교 후 정식으로 수용되었다. 문무왕의 유언처럼 통일 후 백성들의 사상을 한 곳으로 결집시켜 안정적 중앙집권 체제를 유지하기 위해서는 민중들을 교화하여 불교 문화에 익숙하게 해야 했다. 그러나 글자를 모르는 민중들은 한자와 이두로 된 불서를 읽을 수 없었고 불교 교리 또한 이해하기 어려웠다. 따라서 여전히 전통적 무속신앙이 민중들의 정신세계를 지배했다. 불교는 지배층의 사상으로, 민중은 전통 사상(무속신앙, 풍류도 사상)으로 국론이 분열되는 조짐을 보이자, 원효대사는 종파 불교의 통일과 불교의 대중화를 위해 화쟁 사상, 정토 사상을 정립했다. 원효는 『십문화쟁론』을 저술하여, 불교의 모든 가르침은 궁극적으로 하나로 귀일하니 종파 별 지엽적인 사고에 치우쳐서 분열과 갈등을 조장하지 말 것을 주장하고 파편화되는 풍조를 경계했다. 그리고 민중들에게는 '나무아미타불, 관세음보살(아마타불과 관세음보살에게 귀의한다는 의미)' 이라는 주문만 외우면 누구나 극락에 갈 수 있다는 정토 사상을 전파하여 민중들이 쉽게 불교를 이해하고 생활화할 수 있도록 했다. 원효는 당나라에 유학한 승려가 아니라 풍류도의 토양에서 성장하면서 불교를 깊이 연구한 학자이자 승려였다. 그의 사상은 모든 것은 서로 통하고 막힘이 없다는 원융무애(圓融無碍) 사상[211]

---

[211] 원효의 원융무애 사상은 한국 불교가 통합과 융합을 중시하게 되는 역사적 전통의 기반이 되었다.

을 특징으로 한다. 문무왕이 죽어서 대룡이 되어 불법을 받들어 나라를 보호하려 했다면, 원효는 승려 학자로서 불교의 대중화를 통해 사상적으로 하나가 되기 위해서 일생을 바쳐 노력했다.[212]

원효의 이러한 노력은 상당한 효과가 있어서 신라 백성의 90% 정도가 불교를 신봉하게 되었다[213]고 한다. 통일 후 약 100년간 신라는 불교문화를 꽃 피웠다. 오늘날 세계적 불교 문화유산으로 평가받는 불국사와 석굴암은 이 같은 시대적 맥락에서 탄생했다.

〈불국사와 석굴암 본존불〉

불교문화가 융성하면서 현세적이고 관료적인 필요에 의해 유교도 도입되었다. 신문왕 2년(682)에 국학을 설립하고 제자백가 사상을 교육하기 시작하여 원성왕 4년(788)에는 관리 채용을 위한 과거시험 제도로 독서삼품과가 설치되었다. 신라 중기 이후 불교 사상과 함께 유교 사상

---

[212] 원효는 요석 공주와의 사이에 아들을 두었는데 이가 설총이다. 원효는 파계 후 소성거사라 칭하면서 민중과 소외 계층에게 불교를 전파하기 위해 전국 방방곡곡을 다니면서, '나무아미타불, 관세음보살'을 전파하고 춤도 추고 노래도 하며 대중들과 함께 어울렸다고 한다.
[213] 이기백(1984), 앞의 책, p.101.

이 사회적 관심을 받기 시작했다. 불교가 왕족과 귀족 중심이었다면, 유교는 6두품 계층이 중심이었다. 6두품 계층은 전통적 골품제도의 신분적 사슬에 구속되어 사회적 진출이 제한되는 문제를 비판하면서, 유교의 제자백가 사상을 익히고 실천하는 수기치인의 도가 불교 사상의 문제점을 극복할 수 있는 대안이라고 주장했다. 유교가 활성화되자 왕권이 전제화되는 경향이 나타났다. 왕권이 전제화되면서 귀족들의 생활도 향락과 사치에 물들기 시작했다. 신라의 수도 금성에 임해전, 포석정 등을 설치하고, 연회가 자주 열렸으며, 초가지붕은 모두 기와집으로 바뀌고, 노래 소리가 길가에 가득하여 밤낮으로 그치지 않을 정도였다[214] 고 한다. 골품제도에 바탕을 두고 지배층을 형성하고 있던 귀족들 사이에서 왕권과 정치권력 독점을 위한 권력 투쟁이 본격적으로 대두되자, 신라의 삼국통일을 가능하게 했던 풍류도 정신은 사라지고 집권층 내부에도 균열이 생기기 시작했다. 왕위는 혈통에 의해 계승되는 것이 아니라, 정치적 실력과 무력의 우위로 결정되었다. 신라의 하대 약 150년 사이에 20명의 왕이 교체되었는데, 그 중 상당수가 내란에 의해 희생되었다.[215]

사군이충이라는 화랑도 세속오계의 첫 번째 계율이 유명무실하게 되었다. 지배층의 리더십에 문제가 발생하자, 지방 권력에 의한 수탈이 심해지고 민중들의 생활도 악화되기 시작했다. "흐르는 물은 썩지 않으나, 고인 물은 빨리 썩는다. 초심을 잃지 않아야 영원할 수 있다."라는 경구는 동서고금을 막론하고 개인이나 국가에게 동일하게 적용되는 교훈이다. 신라의 화랑도 정신의 쇠퇴에 관하여 이종학(1995)은 『신라화랑 군사사 연구』에서 이렇게 밝히고 있다.

---

[214] 위의 책, pp.96-97.
[215] 위의 책, p.114.

첫째, 신라는 삼국통일 후 외부의 위협이 없어짐에 따라 정신적으로 이완되고 향락생활을 즐기게 되었다.

둘째, 신라인들은 전통 신앙인 화랑도보다 중국에서 전래된 유교, 불교, 도교에 더욱 관심을 두고 인재와 자원을 투입했다.

셋째, 원성왕 4년(788년)에 독서삼품과를 설치하고 중국의 유가 사상을 관리 채용에 중요 과목으로 채택[216]했다.

이러한 분석을 토대로 했을 때, 전통 사상과 정신이 쇠퇴하고 사대주의적 사고가 만연하며, 문무겸전의 주체적 전인적, 실천적 인물보다 문약에 치우친 숭문천무의 안일한 사고가 신라를 쇠퇴하게 했다고 볼 수 있다.

분열된 유목민족을 하나로 통일하고 몽골 제국을 건설한 징기스칸은 후손들에게 유목민으로서 정체성 유지의 중요성과 관련하여, "성을 쌓고 벽돌집을 지어 편안한 농경생활에 안주하는 날이 몽골 민족이 망하는 날이다."라고 경고했다. 이를 받들어 쿠빌라이 칸은 중국을 지배하면서도 중국 대륙의 농경민족이 건설한 화려하고 웅장한 궁전에서 생활하기보다, 궁전 앞에 몽골의 전통가옥인 겔(천막 형의 집)을 설치하고 주기적으로 기거하면서 몽골 민족의 정신을 유지하기 위해 노력했다고 한다.

또한 고대 유태인들은 그들의 신앙을 보존하기 위해 '토라'라고 불리는 모세 5경을 기본으로 하여 후손들을 교육해왔다. 성서에서 전달하려는 핵심 사상은 선조들이 신과 약속한 계율과 정신을 망각하지 않고 영원히 지키고 생활해야 유태 민족의 정체성을 지키고 신으로부터 축복받을 수 있다는 구세사적 관점의 내용으로 요약할 수 있다. '토라와 탈

---

[216] 이종학(1995), 앞의 책, p.21.

무드'²¹⁷는 유태인의 정신문화를 상징하는 용어라고 해도 과언이 아니다. 유태인들은 고대부터 오늘날까지 배우는 것을 중시하고, 성서의 가르침을 읽고 쓰고 해석할 줄 알아야 성인식을 통과할 수 있으며 어른으로 인정받는다. 따라서 고대부터 유태인에게는 문맹이 없었는데, 히브리어를 모르면 어른이 될 수 없고 공동체의 일원으로 살아갈 수 없기 때문이다.

유태인들은 A.D. 70년 경 로마에 의해 멸망한 후 약 2000년 동안 세계 각지를 떠도는 민족적 이산(디아스포라) 상태 하에서도 결코 토라와 탈무드를 잊지 않았다. 이러한 정신문화 덕분에 2000년 동안 흩어져 있던 민족이 1948년 선조들이 살았던 옛 땅에 이스라엘이라는 이름으로 국가를 건설하고 새롭게 출발할 수 있었다. 이는 인류 역사상 전무후무한 일인 것이다. 사상과 종교가 민족의 정체성 유지에 얼마나 많은 영향을 미치는가를 유태 민족이 잘 보여주고 있다.

불교나 유교 어느 것도 민중과 지배층을 하나로 만들지 못하고, 민중이 지배층의 안락한 생활을 보장하기 위한 착취와 수탈의 대상으로만 인식되자, 민중은 새로운 사상을 갈망하기 시작했다. 신라 하대의 풍수지리설, 선불교 사상은 이러한 배경 속에서 등장한 것이다. 이른바 말세적 풍조가 나타나기 시작하고 민심이 흉흉해지면서 지방 토착세력을 중심으로 삼국통일 이전의 상태처럼 분열되는 조짐이 나타났다. 견훤은 옛 백제 지역을 중심으로 하여 후백제라 칭하면서 백제 복원을 비전으로 제시하고, 옛 고구려 지역에는 궁예가 나타나 후고구려라 칭하면서 고구려 수복을 비전으로 제시했다. 또다시 분열의 시대가 도래한 것이다. 난랑비 서문을 지은 최치원은 기울어져가는 신라를 구하기 위해

---

217) 토라는 모세 5경을 말하며(성서) 탈무드는 이러한 가르침을 해설하고 정리한 책(성전)들을 말한다. 토라와 탈무드에 유태인의 종교와 정신문화가 모두 깃들어 있다고 볼 수 있다.

당나라 식 과거제도 채택을 비롯한 시무책(국가 구조조정 및 혁신 방안)을 진성여왕에게 건의했으나, 신라 조정은 이를 수용할 의지도 역량도 없었다. 최치원은 자신의 뜻을 펴지 못하는 세상을 한탄하고 "계림황엽(鷄林黃葉), 송악청송(松岳靑松)"218)이라는 묘한 말을 남기고 가야산 해인사로 은둔해 버렸다. 최치원이 예언한 대로 신라는 56대 경순왕을 마지막으로 멸망하고, 송악을 새로운 도읍지로 하여 왕건이 고려를 건국하게 되었다.

신라의 삼국통일 과정, 신라의 융성과 쇠퇴 과정에서 보았듯이 전통적인 풍류도 정신은 건국기로부터 통일까지는 주도적인 영향력을 발휘하며 삼국통일의 위업 달성에 중심 역할을 했다. 그러나 통일 후에는 쇠퇴의 길을 걷게 되고, 말기에는 더욱 세력이 약화되면서 결국 신라는 패망에 이른다. 이처럼 민족의 전통사상은 국가의 흥망성쇠와 깊은 관련이 있다.

역사에 가정법이 있을 수 없지만, "역사는 현재와 과거와의 끊임없는 대화"라는 역사 철학자 E. H. Carr의 말처럼 우리는 역사와 대화를 계속해야 한다. 역사의 시계바늘을 통일 직후로 뒤돌려서 새롭게 시작해 보자. 먼저 통일신라의 국호를 조선이라 고치고 수도를 대구(달구벌)로 옮긴 다음, 평양성을 제2의 수도로 한다. 그리고 원산만 이남으로 축소된 배달겨레의 영토를 백두산과 옛 고구려 땅까지 회복하는 것을 목표로 제2단계 통일과업을 국가 정책으로 정립한다. 시대의 흐름에 뒤지는 신라의 골품제도는 과감하게 폐기하고 출신 별, 지역 별, 신분 별 차별의 굴레를 헐어버린다. 그리하여 신라, 백제, 고구려 등 모든 한민족을

---

218) "계림(서라벌을 말함)에는 누런 낙엽이 들었고, 송악(개성을 말함)에는 푸른 솔이 깃들었다"는 의미는, 신라는 망국의 풍조가 만연하고 송악 지역에는 새로운 왕조가 탄생할 푸른 기운이 만연하다는 뜻으로서 신라 멸망을 예언한 것으로 보임.

하나로 결집하여 풍류도 사상과 다물 정신으로 재무장한다. 그리고 중국과 세계의 정세 변화에 맞추어가면서 동이 문화권을 형성하고, 이를 바탕으로 세계 속의 조선으로 발전시켜나간다.

원대한 목표와 비전이 없이는 동기부여가 되지 않는다. 국내 챔피언을 목표로 하는 선수는 결코 아시아 챔피언이 될 수 없으며, 아시아 챔피언을 목표로 삼은 선수는 결코 세계 챔피언이 될 수 없다. 그러나 통일신라 지배층의 리더십과 역사적 안목은 고구려의 다물 정신을 망각한 채 현실에 안주하는 한계에 머물렀다. 물론 그 이면에는 삼국통일 후 한반도의 평양성 이남을 경계로 한 중국과 신라 사이의 경계선 설정과 지배권 인정의 문제, 신라 기득권 세력의 소아적 이기주의, 고구려나 고조선에 비해 신라가 북방 지역의 전략적 인식의 정도가 미약하다는 점 등이 있었음을 간과할 수는 없다.

전쟁에 지친 백성들을 위로하는 방법으로 무기를 녹여 농기구를 만들고, 조세와 부역의 부담을 줄여 안락한 생활을 보장해주는 것만이 최선은 아니다. 통일 전쟁의 당사자로서 문무왕은 현실적으로 지치고 힘든 백성들의 입장을 고려하지 않을 수 없었을 것이다. 때문에 왕은 백성들의 부담을 최소화하기 위해 통상 해오던 대규모 왕릉 구축이 필요 없는 화장을 유언했으며, 자신은 동해를 지키는 대룡이 되어 불교를 통해 국가를 보호하겠다고 국민들을 위로했을 수 있다. 당시 상황을 고려하면 문무왕의 리더십은 백성들을 감동시키고 불교를 통해 국론 통합을 추구하는 것에서 나온 최선의 선택일 수 있다. 그러나 꿈과 비전이 없는 국민은 눈앞의 작은 이익에 집착하게 되며 도리보다는 이익에 따라 행동하게 된다. 또한 미래 지향적 성장 발전을 추구하기보다는 현실에 안주함으로써 지속적 성장 동력을 상실하고 결국에는 쇠퇴하고 만다.

[발해 강역도]

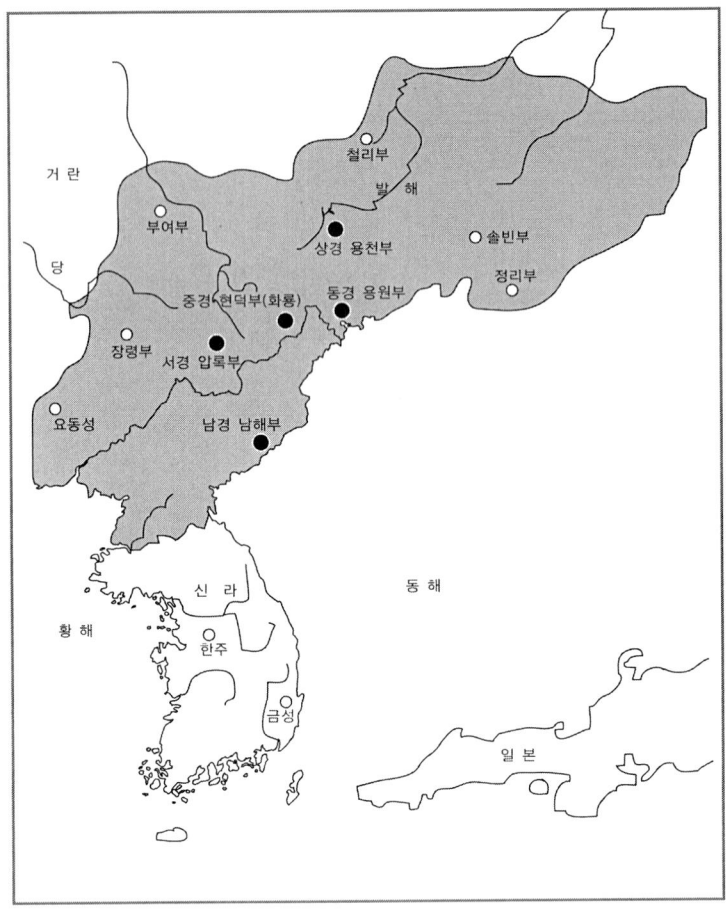

 신라의 한계를 극복하기라도 하듯 대조영은 고구려 유민과 유목민의 후예들인 말갈족을 통합하여 발해를 건국했다. 그러나 본질적으로 동이 문화권 민족인 고구려 유민과 유목 문화권 민족인 말갈족은 이질적인 요소가 많았다. 발해는 내부적으로 취약한 사회 구조로 출발했고 끝내 신라와 통합되지 못했다. 동이 문화권이 하나로 통합되지 못하는 틈

을 노려 거란족은 동이 문화를 통해 배운 경험을 축적시켜 세력을 팽창시켰다. 말갈족이 피지배층에서 지배층으로 도약하면서 926년에 발해를 멸망시키고, 한반도 북쪽의 옛 동이 문화권에는 유목민들이 들어서서 주도권을 행사하게 되었다.

한번 놓친 주도권은 되찾기 어렵다. 왕건이 고려를 건국하고 북진정책을 수립하여 고구려 옛 땅을 회복하기 위해 노력했으나, 유목민들은 고대의 미개한 유목민이 아니었다. 동이 문화권, 그리고 중국과 접촉하면서 그들 나름대로 성장과 발전 전략을 수립하고 분열된 종족을 통합하여 강력한 정치, 군사적 공동체를 건설했으며 나중에는 고려를 침략해오는 수준까지 발전했다.

리더는 역사적 안목을 갖고 멀리 보면서 구성원들에게 꿈과 비전을 제시해야 하는 이유가 여기에 있다. 개인, 회사, 국가를 막론하고 꿈과 비전이 없이는 더 이상 성장과 발전이 있을 수 없다. 모험과 도전, 고통이 수반되는 개혁보다는 현실 안주가 우선은 편안하고 안락한 생활을 보장할지 모른다. 하지만 민족의 역사는 당대에 끝나는 것이 아니라 영원히 계속된다. 이 같은 원칙은 한 민족이나 국가에게만 해당되는 것이 아니라 개인, 가정, 기업, 정부, 국가 등 모든 조직에 해당된다. 현대 경영학, 리더십 이론에서 제시하는 변화와 대응, 비전과 혁신의 중요성, 도전과 모험, 시행착오에 대한 관용, 창조적 경영, 고정관념 타파, 패러다임 전환 등 여러 가지 개념과 이론도 이 같은 맥락에서 보면 하나로 귀결되며, 풍류도 사상과 추구하는 목표가 같다고 볼 수 있다. 국가원수부터 기업의 CEO, 정부의 공직자, 회사의 사원, 나아가서 모든 국민들이 개인의 일시적 안일의 차원이 아니라 영원한 삶의 차원에서 사고, 행동해야 한다는 것이 고대 풍류도 정신이 현대의 우리에게 시사해주는 교훈이다.

이것이 가능하려면 '나', '개인'이라는 존재는 시간적, 공간적으로 영원히 존재하며, 현재 당장 나에게 이익이 된다고 생각되는 모든 것은 영원한 것이 아니라 일시적인 것에 불과함을 알아야 한다. 이러한 이치를 깨닫고 안목을 갖춘 사람을 선인(仙人), 신인(神人)이라고 한다. 풍류도의 모든 수행은 이와 같은 전인적 인간완성과 연관되어 있다. 나 혼자 잘 먹고 잘사는 것, 우리 회사만 이익을 많이 남기고 번창하는 길, 이웃 나라를 짓누르고라도 자기 나라만 번영하면 된다는 사고방식, 백인은 유색 인종보다 우월하며 유색 인종을 지배할 수 있다는 생각, 인간은 자연보다 우월한 지위에 있으며 만물은 인간을 위해 존재한다는 사고방식. 이러한 것들은 일시적으로 번창하는 것처럼 보일지는 몰라도 영원할 수는 없다. 또한 이러한 관점에서 추진되는 정책과 전략은 오늘의 해결책으로 보일지 몰라도 결국 내일의 문제점과 장애 요인으로 등장하게 된다.

우리의 선조들이 국가를 열면서 가장 먼저 제시한 '홍익인간 이화세계'라는 이념은 이 모든 것을 초월하고 포용하며 '실내포함제교(實乃包含諸敎), 현묘지도(玄妙之道)'인 것이다. 이러한 사상은 어느 날 갑자기 급조된 것이 아니라, 역사 이전의 선조들이 이 땅에 터전을 잡고 자연과 상호 작용하는 가운데 삶의 경험이 축적되면서 체득한 생생한 경험의 소산인 것이다. 현대 과학문명을 절대적으로 신봉하는 사람들은 과학이라는 잣대로 이를 황당무계한 미신이요 신화라고 치부하기도 하지만, 이는 부분은 알되 전체를 못 보는 무지의 소치이다. 유엔이 정한 지속 가능한 성장, 환경이 지탱 가능한 성장이라는 말은 오늘날 인류가 공통적으로 직면하고 있는 환경 문제를 반증하는 말이다. 과학기술 선진국 정상들이 모여 기회 있을 때마다 논의하는 저탄소 녹색성장, 자연 친화적 삶의 뿌리는 우리의 '홍익인간 이화세계'에서 찾을 수 있다. '살생유택' 이라는 계명에는 생명존중 사상을 비롯하여 자연을 인간과의 공존 대상으로 여기는 자연 친화적 사상이 깃들어 있다. 21세기를 살아가는 우리는 저탄소 녹색성장과 관련된 리더십의 모든 아이디어를 풍류도에서 찾아야 한다.

7. 고려의 훈요십조와 풍류도 정신

신라가 당나라 군대를 축출하고 삼국을 통일한 676년으로부터 250년이 지난 후 왕건은 후삼국을 통일하면서 한민족 국가 혁신 및 구조조정 정책을 펼쳤다. 왕건은 자신의 세력 근거지인 송악에 수도를 정하고 국호를 고려, 연호를 천수라고 했다. 나라 이름에서 보듯이 고구려의 옛 땅을 수복하겠다는 의지를 담고 북진정책을 국가 정책의 기본 방향으로 제시했다. 고구려가 건국하면서 추진했던 고대 동이 문화권 회복 사상인 다물 정신이 1000년이 지나서 다시 살아나기 시작한 것이다.

신라 말기에 중앙 정부의 리더십에 문제가 생기자 지방 호족세력을 중심으로 새로운 힘의 구심점이 생기기 시작했다. 왕건은 송악 지방에서 해상무역을 통해 부를 축적한 송악을 대표하는 호족이었다. 궁예의 휘하에 있는 장군으로서 나주 정벌을 비롯해 많은 공을 세우고 궁예의 신뢰를 얻은 뒤, 궁예의 리더십에 문제가 생기자 신료들의 추대를 받아 고려의 태조로 등극했다.

왕건의 고려 건국은 신라가 통일을 유지한 상태에서 온전히 넘겨받은 것이 아니라, 후삼국으로 분열된 상태에서 서로 전쟁을 통해 얻어진 결과였다. 그렇기 때문에 통일 왕조 수립을 위해 정리해야 할 것이 많았다. 구성원의 통합 및 융합, 지방 호족세력에 대한 견제와 협력, 새로운 목표와 비전 제시가 시급한 과제로 등장했다. 왕건은 새로운 국가 수립의 가장 큰 명분을 통일신라가 간과했던 고대 동이 문화권 회복에 두고 북진정책을 천명했다. 이는 고구려, 백제, 신라의 백성들을 하나로 묶을 수 있는 뚜렷한 명분이었다.

〈경기도 연천 소재 숭의전 : 왕건의 영정과 위패가 모셔져 있다.〉

또한 지방 호족들을 견제하고 협력을 유도하기 위해 혼인 정책을 추진했다. 왕실과의 혼인을 통해 가족관계를 형성함으로써 유대감을 높이고 지방 호족세력이 비대해져서 왕권을 위협하는 것을 방지했다. 또한 불교를 비롯하여 전통적 풍류도 사상을 진작시켰다. 불교는 신라 왕조의 국교로서 어느 정도 공감대가 형성된 상태이고, 풍류도 사상은 신라가 삼국통일을 이룬 이후 쇠락의 길을 걷고 있던 사상이었다. 풍류도 사상은 고대 동이 문화권의 공통적 정서로서 북진정책과 맥락을 같이 하는 것이었다. 왕건은 정책의 요지를 아래와 같이 '훈요십조' 형태로 후세에 전하고 이를 계승하도록 했다.

〈왕건의 훈요십조〉

제1조, 우리나라의 대업은 부처님의 호위하는 힘을 입은 바 크다. 따라서 교종과 선종의 절을 창건하고 주지를 임명하여 각각 그 업을 다스리도록 하라. 훗날 간특한 신하가 정권을 잡아 중의 부탁에 따라 다투어 절을 서로 바꾸고 빼앗으려고 하면 반드시 이를 금지시키도록 하라.

제2조, 모든 사찰은 모두 도선대사가 산수의 순하고 배역한 것을 보고 검토한 후 개창한 것이다. 도선이 말하기를 "내가 정한 지역 외에 함부로 더 창건하면 지덕을 손상시켜 왕업이 장구하지 못할 것이다." 했으니 후일에 무분별하게 절을 더 짓거나 함부로 훼손시키는 일이 없도록 하라.

제3조, 적자와 적손에게 나라를 전하고 집안을 전하는 것이 가장 바람직하지만, 중국의 요 임금이 아들 단주가 임금 재목이 못 되는 것을 보고 순에게 왕위를 계승하게 했듯이, 실로 사적인 감정을 초월한 공을 중시한 사례이다. 무릇 장자가 임금 재목이 되지 못하면 형제들 중에서 여러 신하가 훌륭하다고 추천하는 자를 택하여 대통을 잇도록 하라.

제4조, 우리 동방은 예로부터 당나라의 풍속을 본받아 문물과 예악이 모두 당나라 제도를 준수해왔으나, 나라가 다르니 사람의 성품도 다르니 구차스럽게 반드시 동일하게 하려고 하지 말라. 특히 거란은 짐승의 나라이므로 풍속도 같지 않고 언어도 다르니 그들의 의관 제도를 본받지 말라.

제5조, 짐은 삼한산천 지리의 도움을 받아 대업을 성취했다. 서경은 지덕이 순하여 우리나라 지맥의 근본이 되는 곳이니, 마땅히 사계절의 가운데 달에 행차하여 100일이 넘도록 머물러 나라의 안녕을 이루도록 하라.

제6조, 연등회는 부처님을 섬기는 일이요, 팔관회는 천령과 오악, 명산대천과 용신을 섬기는 일이다. 후일 간특한 신하가 추가 또는 감소를 건의하는 자가 있으면 반드시 이를 금지하도록 하라.

제7조, 왕이 신하와 백성의 마음을 얻기는 매우 어려운 일이다. 마음을 얻는 요점은 충성스럽게 간하는 말을 따르고 참소를 멀리하는 데 있다. 충간을 따르면 성스럽게 되고 참소하는 말은 꿀과 같으나, 이를 경계하면 참소가 사라질 것이다. 백성을 부리되 시기를 고려하여야 하며 납세와 부역을 가볍게 하여 생업에 종사하는 것을 보장해주면 스스로 민심을 얻고 나라가 부강해지고 백성은 편안해질 것이다. 그리고 항상 인덕을 베풀고 신상필벌을 정확히 하면 음양이 조화를 이루듯 순조롭게 다스려질 것이다.

제8조, 차령산맥 이남은 산세와 지세가 모두 배역했으니 인심도 역시 그러할 것이다. 인재 등용 시 각별히 유의하여 국가가 변란에 빠지는 일이 발생하지 않도록 하라.

제9조, 모든 제후와 관료의 녹은 직급에 따라 정해져 있으니 함부로 늘이거나 줄이면 안 된다. 개인적 사적 이유로 국록을 낭비하면 백성들의 원망을 사게 될 것이다. 또한 강하고 악한 거란을 이웃으로 하고 있으니 평화로울 때도 위태로움을 잊지 말 것이며, 병졸들을 보호 및 구휼하고 부역을 참작하고 면제해 주어야 한다. 매년 가을에는 부대를 사열하여 전투력을 점검하고, 우수한 자는 적절한 포상을 하여 동기부여를 하라.

> 제10조. 나라를 다스리고 집을 가진 이는 항상 근심이 없을 때에 경계를 하여야 한다. 경서와 사서를 널리 참조하고 옛 일을 거울삼아 오늘의 일을 경계해야 한다.[219]

　1조와 2조는 불교를 국교로 한다는 내용으로서, 당시에 교종과 선종의 양대 산맥으로 성장한 불교를 제도적으로 정착시켜 국가 운영의 사상적 중심으로 하겠다는 내용이다. 특히 사찰의 증, 개축, 교종과 선종의 조화와 균형을 깨뜨리지 않아야 함을 강조하고 있다.
　3조는 왕위 계승의 원칙을 정한 것으로서, 장자 상속을 원칙으로 하되 장자가 왕으로서 자질에 문제가 많으면 왕자들 중에서 여러 사람이 모두 동의하는 가운데 추천된 능력 있는 사람을 왕으로 하라는 내용이다.
　4조는 나라의 주체성과 정체성 유지에 관한 것으로서, 중국을 모방하지 말고 우리 실정에 적합한 풍속과 문화를 발전시키고, 특히 거란족 문화는 이질적인 요소가 많으니 받아들여서는 안 된다는 것을 강조하는 내용이다.
　5조는 북진정책과 관련된 내용으로서, 평양(서경)을 중시하여 제2수도로 선정하고 봄, 여름, 가을, 겨울에 주기적으로 왕이 행차하여 1년에 100일 이상을 거주케 하는 내용이다. 이는 옛 고구려 지역 주민을 안정시키고 옛 땅을 복원하기 위한 고려의 국시와 관련되는 내용이다.
　6조는 국교로 삼은 불교와 전통 사상인 풍류도를 모두 중시하는 내용이다. 연등회는 연초에, 팔관회는 가을에 개최되었는데, 연등회는 불교 행사이며 팔관회는 옛날 신수두 대제와 같이 가을에 추수 감사제의 형태로 개최된 행사이다. 고대의 동맹, 영고, 무천, 시월제와 같은 다양한

---
[219] 지승(2004), 앞의 책, pp.62-64.

제천의식이 고려조에 와서 팔관회의 형태로 나타난 것으로 볼 수 있다. 신라가 화랑제도를 진작한 것과 같이 고려는 팔관회를 통해 풍류도의 문화적 전통을 계승하려고 했으며, 훈요십조에 명문화하여 강조했다.

7조는 왕의 리더십에 관한 내용으로서, 충성스러운 신하가 간하는 말을 귀담아 듣고 시행할 것이며, 간신이 아첨과 참소로 하는 말은 꿀처럼 달콤하게 들릴지 모르지만 멀리하고 경계해야 한다는 것을 강조하고, 덕치를 근간으로 엄정한 신상필벌을 통해 리더십의 조화를 이룰 것을 강조하는 내용이다.

8조는 옛 백제 지역에 대한 인재 등용의 신중함을 강조한 내용이다. 이는 통일 과정에서 신라에 비해 후백제와의 전쟁이 치열했고 후백제가 끝까지 항복하지 않고 저항한 것에 대한 경계심이 작용하고 있는 것으로 보인다. 즉 잘못된 인재 등용이 백제 복원운동으로 이어져 또다시 분열의 시대가 될 수도 있다는 경계의 내용이다.

9조는 관료들의 급여와 대우에 관한 내용이다. 공적으로 정해져 있는 것을 임의적, 자의적, 사적으로 변경하면 국가 운영에 나쁜 영향을 미치니 이를 경계하라는 내용이다. 특히 북방에 거란족을 비롯한 안보의 위협이 상존하는 상황에서 군인들의 예우에 각별한 배려가 있어야 한다는 것과, 군대의 전투력 유지를 위한 정기적인 점검과 사열을 하고 결과에 따라 포상하여 동기부여를 해야 한다는 내용이다.

마지막 10조는 평화롭다고 해서 안일에 빠지지 말고 경서와 사서 등 고전을 가까이하여, 이를 참조로 현실 문제를 해결하고 항상 경계할 것을 강조하는 내용이다.

태조 왕건은 신라 후대에 쇠퇴했던 풍류도 정신을 부활하는 것이 중요함을 인식하고, 불교 사상과 함께 한민족 전통 사상인 풍류도를 활성화하기 위해 팔관회를 정기적으로 개최할 것을 유언으로 남겼다. 민족의 유구한 전통과 문화를 중시하고 이를 면면히 계승하는 것이 중요하다는 것을 후손들에게 교훈으로 남기고 있다. 풍류도 사상에 뿌리를 둔 왕건의 리더십은 오늘날 남북이 분단된 가운데 통일을 지향하는 현대의 한국인들에게 많은 교훈을 남기고 있으며, 분열되고 이질적인 요소를 하나로 통합하기 위해서는 포용과 융합의 리더십이 중요함을 시사해주고 있다.

8. 유교, 불교, 풍류도 사상의 병립

고려왕조는 지방 호족세력과의 연합체 형식으로 출발했다. 왕건은 군 지휘관과 정치 지도자로서의 탁월한 리더십을 발휘해 혼란을 평정하고 새로운 왕조를 출범시켰으나, 왕건 사후에 왕권이 불안정해지고 혼란이 일어났다. 왕을 중심으로 한 강력한 중앙집권 체제가 정착되기 위해서는 불교와 풍류도만으로는 한계가 있다고 판단한 4대 임금 광종은 유교를 부각시키기 시작했다. 중국에서 귀화한 쌍기의 건의를 받아들여 과거제도를 시행하고, 귀족과 호족들이 보유하고 있던 사병과 노비를 혁파하면서 강력한 왕권을 확립했다. 중앙 집권적 지배 체제 확립과 왕권 강화라는 정치적 필요에 의해 유교 이념이 부상된 것이다. 불교, 풍류도, 유교가 공동으로 고려의 사상과 정신을 지배하는 형태를 취하게 되었다. 또 신라에서 1000년 가까이 전통으로 내려오던 골품제도를 헐어버리자 새로운 지배층이 형성되었는데, 그것은 왕족을 중심으로 한 지방 호족세력과 수도인 개경 지역의 중앙 귀족들이었다.

불교는 왕건의 훈요십조 제1조에 있듯이, 국가의 공식 종교로서 제도화되고 세속화하기 시작했다. 과거제도에 교종과 선종을 두고 승려들이 과거시험을 통해 단계를 거쳐 고위직으로 진출하는 불교 관료제도가 시행되었으며, 이와 관련하여 불교는 교와 선으로 양분되어 파벌이 형성되기 시작했다. 신라 시대 종파 위주의 불교 파편화 현상과 분열 조짐에 대해 원효가 『십문화쟁론』을 저술하여 모든 불교의 가르침은 하나로 귀일한다는 원융 불교 사상을 제시하며 이를 경계했지만, 고려에 와서는 교와 선이 대립되었다. 신라 시대에는 중국 종파 불교의 영향으로 5가지의 교종 계통, 9가지의 선종 계통(5교 9산이라고 함)이 유행하다가, 고려로 넘어오면서 교종과 선종으로 가닥이 잡혔다. 교(敎)는 경전을 중시하고 학문적 수행을 중시하는 경향이 있으며, 선(禪)은 정신의 안정과 마음의 청정을 중시한다. 교는 중앙의 학자 승려를 중심으로, 선은 지방의 신흥 호족세력을 중심으로 성장했다.

출가한 승려가 세속의 모든 것으로부터 벗어나 초연한 상태에서 구도에 전념하는 것은 불교의 본래 모습이었다. 그러나 고려에 이르러서는 선종과 교종으로 구분하여 승려 관료 충원을 위한 과거제도가 국가 정책으로 시행되고, 이로 인해 불교를 사회적 출세와 개인의 부귀영화를 위한 수단으로 여기거나 파벌 의식 조성에 이용하는 부작용이 나타나기 시작했다.

고려 태조가 훈요십조 제1조에서 제시한 바와 같이, 고려 조정은 불교를 국교로 숭상하기 위해 과거제도 시행과 더불어 승과 제도도 창설했다. 교종 과와 선종 과로 구분하여 시험을 치르고, 급제한 사람에게는 법계(승려 직급)를 주었다. 대선으로부터 시작하는 법계는 교종의 경우 승통을 거쳐서 최고위직인 왕사를 두었으며, 선종의 경우 대선사를 거쳐 국사를 최고위직으로 부여했다. 왕사나 국사가 되면 국왕을 보좌하고 자문하는 역할을 수행하여 사실상 임금의 종교적 스승과 자문 역을 담당하기 때문에 최고의 영예로 생각했다. 또한 승려들은 국가로부터 토지를 급여로 받고 부역의 의무에서 면제되었으며, 사원에서 관리하는 토지는 면세의 혜택이 주어졌다.

승려의 경제적 부와 명예가 보장되고 각종 부역에서 면제되는 특혜가 주어지자, 승려의 숫자가 점점 증가하여 왕자들까지도 승려가 되는 경우가 많아졌다. 이러한 상황에서 사원은 왕실과 귀족의 기부, 농민들의 투자 목적의 신탁, 토지의 겸병, 고리대금, 이자 수입, 목축, 상업, 주조 등 각종 수익 사업을 통해 사원 경제를 확대하고 부를 증대시켜 나갔다. 증대된 부를 유지하고 보호하기 위해 승병을 창설하여 무력까지 보유하게 되었다. 사원이 보유한 승병은 국가 위기 시에 군사력으로 이용되기도 했지만, 귀족들의 세력 경쟁에도 관계하고 정치에까지 영향을 미치게 되었다.[220]

불교는 점점 세속화의 길을 걷기 시작했다. 고려의 왕자로 태어난 의천은 이 같은 국론 분열을 우려해 교와 선을 통합하기 위한 노력을 하기 시작했다. 즉 그는 이른바 천태종을 창설하여 교와 선이 다르지 않음을 강조했다. 통일신라 시대에 원효대사가 노력했던 원융 불교 운동이 고려의 대각국사 의천에게 계승된 것이다. 의천은 천태종을 중심으로 교와 선을 통합하기 위해 노력했으나 미흡한 점이 많았다. 태생이 왕자 출신이고 왕실과 귀족을 옹호하는 경향이 은연중에 있었기 때문이다.

뒤를 이어 보조국사 지눌이 등장했다. 그는 승과 시험에 합격하여 관료 승려로서 출세의 길을 보장받았으나, 부처님의 정법은 이 같은 세속적인 방법으로 달성되는 것이 아니라 순수한 구도정신과 정진을 통해 가능하다고 보고 입산수도 정진의 길을 택했다. 그는 해동 조계종을 창설하면서 분열되고 세속화된 고려 불교를 정화하고 통합시킬 수 있는 대안으로 '돈오점수, 정혜쌍수'를 제시[221]했다. 그리고 중생을 교화하고 자비를 실천해야 할 불교가 중생을 대상으로 경제적 이득을 취하는 모순, 그리고 왕실과 귀족 중심으로 세속화의 길을 걷고 있는 세태를 비판했다. 보조국사 지눌이 창건한 해동 조계종은 오늘날 대한 불교 조계종으로 계승되어 그 사상과 정신의 맥을 잇고 있다.

한편 유교는 새로운 과거제도의 주요 과목으로 제자백가 사상을 공부한 귀족들의 출세를 위한 발판으로서 중요시되었다. 특히 신라 시대 골

---

220) 이기백(1984), 앞의 책, p.162.
221) 위의 책, p.185.

품제도 하에서 사회 진출이 제한되던 6두품 학자 출신들은 유교 사상을 중심으로 국가 구조조정과 혁신이 필요하다는 주장을 적극적으로 폈다. 광종이 왕권 강화와 중앙 집권적 지배체제 정착을 위해 과거제도를 도입하면서 유교는 부상하기 시작했다. 유교의 정치이념은 불교의 공덕사상을 배격하고, 현실적이고 도덕적인 합리주의에 입각한 귀족 중심의 중앙 집권적 정치를 지향하는 것이었다. 이러한 정치 이념은 고려 사회의 귀족과 유생들의 광범위한 지지를 받으면서 확산되기 시작했다. 그 결과 신라 후대에 불교에 비해 보잘것없던 유교 세력이 불교에 대응할 정도로 급격히 성장했다.

유교는 춘추전국 시대 중국의 공자가 제창한 사상이다. 고대 중국 사회는 인구 증가와 함께 농업 생산성 및 기술이 발전하면서 약 800년 동안 안정적으로 지속되던 주나라 봉건 지배체제가 위기를 맞았다. 사회가 불안해지자 여러 가지 사상이 대두되고 다양한 처방이 제시되었는데, 이른바 제자백가 사상이 출현했다. 제자백가(諸子百家, one hundred schools of thought) 사상은 중국 5천 년사의 학문과 사상의 원류로서, 고대 중국의 춘추전국 시대에 나타난 유가, 도가, 법가, 묵가, 음양가, 병가, 명가, 종횡가, 농가, 잡가, 소설가 등 다양한 사상과 학설을 말한다.[222]

중국의 춘추 시대(B.C. 770 – B.C. 476)는 주나라 평왕이 수도를 호경에서 낙읍으로 동천하면서 시작되었다. 고대 중국은 인류 4대 문명의 발생지 중 농경문화와 동양 문화를 대표하는 이른바 황하 문명이 시작된 곳이다. 동아시아 문명의 발상지로서 농경을 기반으로 한 고도의 정

---

[222] 장기홍 저, 중국문화연구소 역, 『중국사상의 근원』 (서울 : 문조사, 1986), p.37.

치, 사회 공동체를 이룩하여 하, 상, 주로 이어지는 통일 왕조를 이어왔다. 특히 주나라는 약 800년 동안 통일된 상태를 유지하면서 태평성대를 누려왔다. 그러나 인구가 증가하고 사회가 분화되면서 정치, 경제, 사회 제반 분야에서 급격한 변화가 일어나고, 농경문화와 다른 유목민의 침입이 많아지면서 주나라 황실 중심의 정치, 사회 질서가 쇠퇴하게 되었다. 뿐만 아니라 정치, 사회적으로 불안감이 증폭되고 불확실하면서도 역동적인 변화가 시작되자 분열, 전쟁, 약육강식이 일상화되었다. 결국 주나라 황실 지배 하의 통일된 공동체와 태평성대는 백승지국(百乘之國), 천승지국(千乘之國), 만승지국(萬乘之國)으로 불리는 100여 개 군소 국가로 분열되어, 끊임없이 분열과 전쟁을 반복하는 혼란의 시대에 이르게 되었다.223)

이러한 시대 상황에서 기존의 인간관계, 사회질서, 정치 및 군사 전반에 걸쳐 변화와 혁신이 요구되었다. 이와 관련해 정치, 경제, 사회의 제반 문제를 해결하고 주나라 시대의 태평성대를 회복하기 위한 다양한 처방과 주의, 주장들이 나타났다. 춘추 시대 말기 공자가 일개인의 자격으로 민간에 학술(私學)을 일으키고 민치(民治)를 중심으로 하는 교육사상을 유포하자, 학문 활동이 귀족 전유물에서 평민으로 전이되는 현상이 일어났다.224) 교육을 받은 평민이 증가하고 뛰어난 인재도 나타나면서 평민 출신 인재에게도 사(士) 또는 군자(君子)라는 명칭이 주어졌다. 이는 사상사에 있어서 큰 변화였다. 자유로운 학문 활동 분위기가 조성되자 유가를 필두로 다양한 학파가 나타났다.

---

223) 이병호 편역, 『손자, 군사사상과 병법이론』, (울산 : 울산대학교 출판부, 1999), p.21.
224) 장기홍 저(1986), 앞의 책, p.37.

[제자백가 사상의 주요 학파와 사상]

학파	주요 학자	핵심 사상	주요 내용
유가	공자, 맹자, 순자	윤리도덕 기반의 위계적 사회질서[仁政, 人治]	인, 의, 예, 지, 신, 효 수기치인(修己治人)
도가	노자, 장자, 열자	무위자연, 자연법칙을 기반으로 한 사회질서[天道]	도, 덕, 위, 무, 위 물아일체(物我一體)
법가	한비자, 상앙, 이사	법, 제도 기반의 사회질서[法治]	법(法), 세(勢), 술(術) 신상필벌
묵가	묵자	겸애사상을 기반으로 한 사회질서[平等, 大同團結]	겸상애, 교상리, 비전, 비공, 검소, 검약, 실용, 실천
음양가	추연	일원적 우주론 9대주설(九大洲說)	음양오행 (지, 수, 화, 목, 토)
명가	혜시, 공손룡	논리학파, 자연법칙 발견	명실, 주객, 백마론, 지물론
종횡가	귀곡자, 소진, 장의	외교와 책략	합종, 연횡
병가	손무, 손빈	부전승 사상	도, 천, 지, 장, 법

① 유가(儒家)

유가는 공자(B.C. 551-479)를 중심으로 하여 맹자, 순자가 뒤를 이으면서 제자백가 사상의 주류를 형성한 학파로 중국 문화에 많은 영향을 미쳤다. 유가의 핵심 사상은 정치, 사회적 이상향으로서 주나라 시대의 인정(仁政), 인치(人治)를 기반으로 한 태평성대를 삼으며, 현재의 도덕적 타락과 사회적 혼란을 극복하기 위해서는 도덕 재무장 운동을 실시하여 주나라 시대의 질서로 복귀해야 한다는 것으로 요약된다.225)

이를 위해 개인과 사회도덕 질서의 기본이 되는 인, 의, 예, 지, 신, 효를 중시하고 가정으로부터 이를 실천하여 사회, 국가 수준으로 확대하면 인과 예를 기반으로 하는 위계적, 도덕적, 이상적인 사회질서가 확립

---

225) 주희 집주(2004), 앞의 책, p.108.(周監於二代, 郁郁乎文哉, 吾從周)

된다는 것이다. 또한 각자 제 위치에서 제 본분을 다함으로써[正名 : 君君臣臣, 父父子子] 분열과 전쟁을 종식시키고 평화로운 천하[平天下]를 건설할 수 있다는 것이 유가의 주장226)이다.

인을 바탕으로 자신을 완성하고 예를 실천하는[修己治人, 殺身成仁, 克己復禮] 천인합일(天人合一)의 사람을 유가의 이상적 인간상인 '성인군자(聖人君子)'로 선정하고, 교육과 노력에 의해 그에 도달할 수 있으며(博學, 愼思, 明辯, 篤行), 먼저 나 자신부터 수양하고 가정과 사회로 확대할 것을 강조227)하고 있다.

② 도가(道家)

도가는 노자를 창시자로 하여 장자, 열자로 이어지면서 유가와 함께 중국 사상에 많은 영향을 미친 학파이다. 노자는 그의 저서 『도덕경』 제1장 체도 편에 "도라고 알 수 있는 도라면 그것은 절대 불변하는 도가 아니며, 명칭으로 표현될 수 있는 명칭이라면 절대 불변하는 것을 표현하는 명칭이 아니다. 천지가 생길 때의 모습은 명칭이 없으며, 명칭이 있는 것은 만물의 모체이다."228)라는 구절을 통해 도가 사상을 함축적으로 표현하고 있다. 이는 인간의 인식 작용에 의해 생겨난 모든 개념이나 사상, 명칭은 '절대 불변하는 도'를 표현할 수가 없으며 또한 표현될 수도 없다는 의미이다.

즉 도가의 핵심 사상은 유가가 주장하는 인위적 도덕질서[人道]로는 한계가 있으니 근원적인 자연 질서[天道]를 확립해야 정치, 사회적 이상

---

226) http://www.poori.net/ethics/421.htm, (검색일 : 2007.2.27)
227) Chao-Chaun Chen and Yueh-ting Lee(2008), op. cit., p.43.(修己治人, 內聖外王: 格物, 致知, 誠意, 正心, 修身, 齊家, 治國, 平天下)
228) 김학주 편역(2002), 앞의 책, p.69.(道可道,非常道, 名可名,非常名, 無名天地之始, 有名萬物之母)

향을 건설할 수 있다는 주장이다. 노자는 유가 학자들이 인(仁), 의(義), 예(禮), 악(樂) 등을 강조하면서 사회 혼란상을 수습할 수 있다고 주장하는 데 대해 부정적 태도를 견지하면서[大道廢有仁義]229) 인, 의는 대도(大道)가 아니라고 했다. 그는 유가 학자들을 부분적인 앎을 전부 다 알고 있는 것처럼 행세하는 일곡지사(一曲之士)이자 세상을 현혹시키는 자들이라고 비판했다.230)

도(道, Tao)라는 것은 인간이 개념을 부여하거나[人爲, 有名] 어떠한 실체로 명명 할 수 있는 것이 아니라, 우주 만물의 생성과 변화와 관련된 근원적인 것으로서 '스스로 그러함[自然]'의 상태이다. 도에 의해서 모든 만물이 생겨나며, 도에 근원을 둔 우주 만물의 생성과 변화가 일어난다. 이러한 자연적 질서가 인위적 질서보다 앞서는 자연법칙[天道]이라고 하고, 천도에 합치하는 이상적 인격자를 천인(天人), 신인(神人), 지인(至人), 성인(聖人)이라고 했다.231) 또한 도(道)는 인위적 학문[僞學]에 의해서 완성되는 것이 아니라, 인위적인 것을 최소화하고[無爲道] 망인의(忘仁義), 망예악(忘禮樂)하여 가장 자연과 가까울 때 달성[得道, 體道, 坐忘]되는 것으로 보았다.232) 그리고 인간은 자연과 분리되고 자연보다 우위의 특권을 누리는 존재가 아니라, 자연의 일부이며 자연과 조화를 이루는 것이 천도를 구현하는 것이라고 주장했다.233)

도가 사상을 현대적 의미로 해석할 때, 특히 21세기 글로벌 환경의 차원에서 기후 변화를 비롯한 환경 문제와 관련하여 인간과 자연은 분리될 수 없다는 노장 사상이 시사해주는 바는 크다. 동양의 노장 사상이

---

229) http://www.poori.net/ethics/421.htm, (검색일 : 2007.2.27)
230) 이강수, 『노장철학의 이해』 (서울 : 예문서원, 2005), p.22.
231) 위의 책, p.21.(道常無名, 有物混成先天地生, 道一生, 一生二, 二生三, 三生萬物道生之, 德畜之, 物形之, 勢成之)
232) 노자, 『도덕경』, 48장, www.quanxue.cn/CT_BingFa/SunZiIndex.html, (검색일 :, 2007.11.14)
233) Chao-Chaun Chen and Yueh-ting Lee(2008), op. cit., p.87.(天地與我竝生, 萬物與我僞一)

서구 문명의 한계를 극복하고 지속 가능한 성장을 위한 사상적 기반으로서 그 중요성이 부각되고 있다.[234]

③ 법가(法家)

유가는 인, 예를 중시하는 사회 질서를, 도가는 천도에 입각한 자연 법칙을 주장한 데 반해, 법가는 인간은 선천적으로 이기적이고 악한 본성이 있으므로 현재의 분열과 투쟁에 대한 혼란이 인간의 이기심의 발로와 관련이 있다고 본다. 따라서 엄격한 형벌과 법을 철저히 시행해야 질서를 회복할 수 있다고 주장한다. 법가의 대표적 인물로는 한비자, 신불해, 이사, 상앙을 들 수 있다.

특히 한비자는 법(法), 술(術), 세(勢)를 법치의 3대 요소로 선정하고 신상필벌이 군주의 양대 최고 권한이라고 표방하며 법가 이론을 체계화했다.[235] 한비자는 군주 중심의 중앙 집권적 법치 체계가 부국강병의 지름길이며, 유가에서 주장하는 인정(仁政), 왕도 사상(王道思想)은 비현실적이고 실용적이지 않은 탁상공론에 불과하다고 반박했다.[236] 또한 법가 사상은 절대 법치를 중시하고 악법도 법이라고 인정했다. 법가 사상은 상앙이 진나라 재상으로 발탁되면서 진나라에 의해 전면적으로 채택되었다[變法]. 이로 인해 전국 시대의 분열을 종식시키고 천하 통일을 이루어 중국 역사상 유가 사상과 더불어 국가 통치의 중요한 사상[法治]으로 영향을 미치게 된다. 법가 사상을 현대적 의미로 해석하면 법학, 행정학, 정책학 등 국가 통치체계, 법체계와 관련이 있다.

---

[234] Ibid., p.103.
[235] 장기홍 저(1986), 앞의 책, p.332.
[236] 위의 책, p.361.

④ 음양가(陰陽家)

음양가는 추연을 주요 인물로 하는 자연적 우주론, 변화와 생성에 관한 사상이다. 우주 만물은 음과 양의 화합과 조화에 의해 끊임없이 생성 변화하며[變化無常], 일음일양을 도[一陰一陽道]라 한다. 또한 하늘의 도[天道]를 세우는 것은 음과 양이요 땅의 도리[地道]를 세우는 것은 유와 강이다. 자연계는 수, 목, 화, 토, 금 5행을 기본 요소로 하여 오행상생상승(五行相生相勝)하는 질서로 운행된다. 상호대립 속의 조화와 상생이 음양가의 핵심 사상이며 동양적 변증법적 사고의 출발점이기도 하다. 음양과 오행은 상보상성(相輔相成)하며 서로 순환한다.[237]

음양가는 도가 사상과 맥락을 같이하는 면이 있으나 실제 경험, 현지답보 등 오늘날의 자연과학적 방법론을 시도했다는 독창적 의미를 갖는다. 또한 변증법적 사고 및 일원론적 우주관과 관련이 있다.

⑤ 묵가(墨家)

묵가는 묵자를 창시자로 하는 평등과 대동단결 사회를 주장하는 사상이다. 유가의 사회적 신분에 따른 인과 예의 차별성[別愛], 위계적 사회질서 구축과는 달리, 묵가는 '정상에 있는 것을 깎아서 내리고 밑바닥에 있는 것을 개방하여 천하를 평정해야 한다.'[238]는 겸애(兼愛)를 통한 평등하고 대동단결된 사회를 구현하는 것이 목표였다. 이를 위해 비공(非攻), 비전(非戰), 절용절장(節用節葬) 등 전쟁을 삼가고 서로 공격하지 않으며 예를 명분으로 불필요한 낭비와 사치스러운 장례를 지양하고 근검절약을 생활화해야 한다고 주장했다. 또한 천하의 모든 이익을

---

237) 위의 책, p.444.
238) 위의 책, p.8.

흥하게 하고 천하의 모든 해를 제거시켜 모든 백성들이 다같이 이익을 얻고[交相利] 최대의 행복을 누려야 한다고 했다.239) 묵가 사상을 현대적으로 해석하면 실용주의, 평등주의적 정치 사회 사상과 관련이 있다고 볼 수 있다.

⑥ 기타 사상

앞에서 언급한 유가, 도가, 법가, 음양가, 묵가 외에도 귀곡자, 소진, 장의를 주요 인물로 하는, 외교와 책략을 주장했던 합종 및 연횡가, 현대의 논리학적 접근과 실험적 측정을 중요시하며 대자연 속의 참된 진리를 추구했던 혜시의 명가, 농업정책을 중시했던 농가, 이 같은 제 학파의 사상을 종합하여 '유가와 묵가를 아울러 갖추고 명가와 법가를 더하면서 나쁜 점은 버리고 좋은 점을 따오면 만능의 책략을 깨칠 수 있다.'240)는 여불위의 잡가(雜家), 문학 작품을 통해 경천애인, 충효 사상을 창의적으로 표현했던 굴원을 위시로 한 소설가 등 다양한 학문 활동과 탐구 활동, 창작 활동이 춘추전국 시대에 있었다.241)

중국의 춘추전국 시대는 사회적으로 전쟁과 분열이 거듭되면서 혼란한 시기였지만, 자연과학으로부터 인문학에 이르기까지 전 영역의 학문적 활동이 활발하게 이루어진, 학문적·사상적 다양성과 역동성이 함께했던 시대라고 볼 수 있다. 그 중에서도 유가 사상과 도가 사상이 주를 이루었으며, 이러한 중국의 제자백가 사상은 한반도에도 전래되어 전통 사상과 상호 영향을 주고받으며 한민족 정신문화 형성에 많은 영향을 미쳤다.

---

239) 위의 책, p.222.
240) 위의 책, p.60.(兼儒墨, 合名法, 舍短取長, 則可以通萬方之略)
241) 위의 책, p.62.

불교 사상을 "위로는 진리를 구하고[上求菩提], 아래로는 중생을 교화한다[下化衆生]"로 요약한다면, 유교 사상은 "자신을 수양하고[修己], 사람을 다스린다[治人]"로 요약할 수 있다. 불교가 구도적, 철학적 성격이 강하다면, 유교는 현실적, 사회 도덕적 성격이 강하다고 볼 수 있다. 유교 사상은 고려 왕실의 왕권강화 정책과 귀족 중심의 중앙 집권적 지배체제 확립을 통한 귀족들의 권익 확보라는 이해관계가 일치되면서 고려 사회에 급속히 세력을 확장하게 되었다.

고려 사회에서 유교의 성장 및 발전은 현세적이고 합리적인 사고를 낳게 했으며, 또한 불교를 배타적으로 배척하는 자세가 아니라 안심입명의 가르침이라고 생각하여 병존할 수 있는 것으로 여겼다. 그래서 이 양자를 공부하는 사람이 많았다. 고려 사회는 국교로 제시된 불교 사상, 신흥 정치이념으로 등장한 유교 사상, 그리고 전통적 풍류도 사상이 병립, 경쟁하는 형태를 지닌 사회였다.

9. 사상적 충돌과 풍류도 사상의 쇠퇴

유교 사상은 이 같은 시대적 상황에서 고려 사회에 새로운 사상으로 인식되기 시작했다. 귀족들의 권익 보호, 지적 호기심 충족과 학문적 독점욕을 만족시키면서 점점 세력을 확장해 나갔다. 귀족들의 세력이 확장되면서 왕권과 문벌귀족들 사이의 권력 균형과 정치적 안정이 깨지기 시작했다. 권력과 부를 독점하려는 귀족들 간의 경쟁은 왕권 약화와 함께 귀족들 상호간 권력투쟁 양상으로 발전했다.

인종 시대 귀족 세력의 주도권은 인주 이씨 가문인 이자겸이 장악했다. 그는 두 딸을 왕실과 혼인케 하여 외척으로서 권력을 전횡했다. 권력이 비대해지자 왕위까지 넘보며 인종을 해치려다가 실패하고 귀양을 가게 되었다. 당시는 북방의 여진이 금나라를 건국하고 고려에 압력을 가해오는 등 국방과 안보 문제의 위기가 고조되는 시기였다. 왕권 강화와 국정 개혁의 필요성을 절감한 인종은 5년(1127년)에 개혁령을 내리고 쇄신책을 펴기 시작했다.

이러한 대내외적 정치 상황을 이용하여 귀족들 간에 권력의 주도권을 잡기 위한 경쟁이 심화되었다. 이자겸의 난 진압 과정에서 궁성이 불타고 민심이 어수선하고 흉흉해진 것을 기회로 묘청, 백수한, 정지상 등 이른바 서경파 귀족들이 불에 탄 개경을 버리고 지덕이 왕성한 서경으로 천도할 것을 건의했다. 이들의 논리는 훈요십조에 명시된 바와 같이 서경을 중시해야 북진정책이 성공할 수 있다는 것, 그리고 풍수지리설에 의하면 지덕은 시간이 지나면 쇠퇴하게 되는데, 개경은 이미 지덕이 다하여 수도로서의 수명이 다했으니 서경으로 옮겨야 한다는 것이었다. 그리고 국가의 자주성을 공고히 하여 왕의 호칭도 황제로 고쳐 부르고 북방의 금나라, 중국 대륙 송나라와 대등한 관계에서 국가 간의 관계를 재정립할 것을 주장했다. 또한 금나라가 세력이 더 커지기 전에 금나라를 정벌하여 고구려의 옛 땅을 회복해야 한다고 했다. 한마디로 적극적 북진 팽창 정책을 주장한 것이다. 당시 귀족들 간의 세력 분포는 김부식을 대표로 하는 개경파, 유교파, 사대주의 파와 묘청을 비롯한 서경파, 불교·풍류도파, 민족 자주파로 양대 산맥을 이루고 있었다. 처음에는 인종도 서경 천도 문제를 고려했으나, 김부식을 비롯한 개경 귀족들의 설득과 반대로 서경파의 제안은 받아들여지지 않았다. 개경파의 반대로 뜻을 관철할 수 없게 되자 서경파는 무력으로 이를 해결하려 했다. 묘청은 서경에서 군사를 일으켰으나 김부식이 지휘하는 관군에게 패하고 난이 진압되었다.242) 이른바 서경파, 풍수지리학파, 불교·풍류도파, 민족 자주파가 제압되고 개경파, 유교파, 사대주의 파가 국정의 주도권을 잡았다. 민족 자주성에 입각한 적극적 북진정책 패러다임에 제동이 걸리고 유학 숭상, 이소사대(以小事大), 현실 안주주의 패러다임이 대세를 장악하게 되었다.

고려왕조의 국시로 북진정책이 제시되었으나, 유교가 부상하고 과거 제도에 의거해 유학을 숭상하는 귀족들이 확대, 성장하면서 전통 풍류도 사상은 점점 약화되고, 그 대신 유교 사상이 흥기하기 시작했다. 단재 신채호 선생은 한민족 역사에서 가장 비극적인 사건이 고려 시대 김부식이 묘청의 반란을 진압한 것으로 규정하고, 고려가 서경천도의 기회를 상실함으로써 민족 자주성에 입각한 적극적 북진정책 패러다임이 한민족 역사에서 사라지게 되었다고 한탄했다. 묘청의 난을 무력으로 진압한 후 유교 학자들은 문관 우위의 현실안주 정책을 추진했다. 고려 건국 초기의 북진정책과 다물 정신은 쇠퇴하고 내부적 권력 투쟁과 이

---

242) 이기백(1984), 앞의 책, pp.167-168.

권 다툼에 혈안이 되었다.

유교의 정치 이념은 태생적으로 인, 의를 기반으로 하는 현상 유지와 복고적 경향이 강하다. 공자는 유가학파를 창시하면서 유가의 사상적 전통이 요, 순, 문, 무 왕으로부터 전래된 중국 고대의 전통에서 비롯된 것으로[周監於二代, 郁郁乎文哉, 吾從周] 제자들에게 전하고 있다. 중국 고대 문명은 농경 정착문화의 원형으로서 급격한 변화보다는 현상 유지와 안정을 중시하며 신분에 따른 차별을 인정한다[正名 : 君君臣臣, 父父子子].

태조 왕건이 훈요십조에서 중국 풍속을 그대로 받아들이지 말고 주체성을 유지하라고 했으나, 사상적으로 사대주의에 빠진 유학자들은 유교의 가르침을 하나의 신앙처럼 간주하고, 중국의 것은 무조건 숭상하는 행태를 벗어나지 못했다.

김부식은 유학자의 대표로서 왕명을 받아 삼국의 역사를 편찬하게 되었는데, 철저히 유교적 관점에서 한국 역사를 편찬하여 『삼국사기』라는 이름으로 전하고 있다. 특히 고대부터 유구한 역사적 전통이 있는 풍류도 사상은 거의 의도적으로 삭제하고 축소했으며, 참고하고 근거로 삼은 사료도 중국 사람이 저술한 서적을 위주로 했다.

민족과 국가의 역사 기록은 그것을 기록하는 역사가가 아무리 객관적 자세를 견지하여 중립적으로 기록한다고 해도, 당시의 역사적, 사회적, 문화적 맥락에서 볼 때 가치 지향적인 것이 택해지기 때문에 주관적 요소를 완전해 배제하기 어렵다. 중국의 역사가는 중국에 불리한 사료를 가능하면 삭제하려 할 것이고, 한국 역사가도 마찬가지일 것이다. 그렇다면 양측의 사료를 모두 참조하여 공통적이고 일치되는 것은 취하고 상이한 입장은 다른 자료를 더 참조하여 비교·분석하는 자세가 필요하다. 또한 근거 자료도 부록으로 똑같이 전해야 하는 것이 역사 편찬가의 기본적 임무이다. 그러나 현재 전하고 있는 『삼국사기』는 이러한 관점에서 보면 유교적 사대주의 입장이 강하다. 상대적으로 풍류도 전통은 신화나 미신의 수준으로 폄하되고, 축소 왜곡되기도 했다고 신채호 선생은 비판하고 있다.

김부식과 동시대에 중국으로부터 귀화하여 고려에서 출세한 호종단(胡宗旦) 사람이 있었는데, 그는 전국을 돌아다니면서 고려의 전통적 제사의식이나 풍속을 멸시하고 정신유산과 관련된 서적, 제단, 기념비를 파괴하고 다녔다고 한다. 『고려사』에는 풍류도 전통의 4대 성인을 '영랑, 안랑, 남랑, 술랑'으로 높이 기리고 있는데, 이들은 고대부터 풍류도를 실천한 위대한 성인으로 추앙되던 인물이었다. 호종단은 이들의 기념비를 다 없애버렸다고 한다.243) 민족정신을 말살하여 중국 의존적 사고 체계를 정립하려는, 중국의 민족정신 말살 정책이라고 볼 수 있다.

〈김부식과 삼국사기〉

---

243) 지승(2004), 앞의 책, p.77.

고려 중기 거란족의 침입과 함께 국가 안보의 위협이 증대되자 16대 예종은 "사선(四仙)의 국풍(國風)을 진작하라"는 조서를 내리고, 나날이 쇠퇴해가는 전통적 풍류도 정신을 새롭게 하여 국가를 새롭게 할 것을 지시했다244)고 『고려사』에 전하고 있다. 영랑, 안랑, 남랑, 술랑으로 불리는 풍류도 4성이 실제로 전하고 있음을 알 수 있다. 사선의 국풍이란 다름 아닌 풍류도를 말하는 것으로서, 오늘날 강원도 고성 지역에 위치한 '영랑호' 호수는 사선 중에 영랑과 관련이 있음을 보여주는 예이다. 동해를 바라보는 곳에 위치한 이 호수는 영랑 정신을 본받아 현재 화랑도 체험 관광지로 개발되어 풍류도 정신을 잇고 있다.

〈민족정신 말살을 위한 역사 자료 10대 수난사〉

1) 고구려 동천왕 20년(서기 246) 위나라 장수 관구검이 고구려 수도 환도성을 공략하여 많은 사서가 소각되었다.
2) 백제 의자왕 20년(660) 사비성(부여) 함락으로 사고가 소각되었다.
3) 고구려 보장왕 20년(668) 평양성 함락으로 당나라 장수 이적이 역사 전적을 모두 탈취해 갔다.
4) 신라 경순왕 1년(927) 후백제의 견훤이 경애왕을 치고 경순왕을 세우면서 신라의 사서들을 전주로 옮겼다가 고려 태조 왕건에게 토멸당하여 방화, 소각되었다.
5) 고려 인종 4년(1126) 사대주의자 김부식 등이 금나라에 신하를 칭하는 표를 올린 후, 주체적인 사서들을 금나라가 거두어 가지고 갔다.
6) 고려 고종 20년(1233) 몽고의 난으로 홀필열에 의해 삼한고기, 해동고기 등 많은 사서들이 소각되었다.

---

244) 김운태 외 공저, 『한국정치론』, (서울 : 박영사, 1986), p.118.

> 7) 조선 태종 11년(1411) 오부학당을 송나라 유교 제도로 설치하면서 비 유교 서적을 모두 소각해버렸다.
> 8) 선조 25년(1592) 일본의 풍신수길이 일으킨 임진왜란으로 무수한 우리나라 책들이 방화되고 일본이 수탈해 갔다.
> 9) 인조 14년(1636) 병자호란으로 많은 사서들이 소각되었다.
> 10) 순종 4년(1910) 일본 제국주의 강점 이후 한꺼번에 민족사서 20만 권을 불사르는 등 많은 사서를 소각, 수탈, 개찬했고, 조선 총독부가 조선사편수회를 통하여 단군조선 2000여 년 사를 빼버리고, 한국사를 일본사 2600여 년보다 짧게 하려고 2000년으로 줄였다. 또 역사적 실재인 단군왕검을 부정하기 위하여 단군 신화론을 조작하여 널리 전파했다.
>
> — 문정창, 『조선사 연구』245)

서책과 비석은 없앨 수 있으나 호수는 매몰시킬 수도 없고 사람들의 입을 통해 구전되는 명칭이나 노래는 인위적으로 없어지지가 않는다. 이러한 것이 민족의 정신이며 역사적 생명력인 것이다. 이러한 역사왜곡 현상은 일제 강점기를 거치면서 민족정신과 문화를 말살하기 위한 일제의 간교한 책략에 의해 더욱 타격을 받게 되었다. 그러나 오래된 민족정신과 문화는 잠시 훼손될 수는 있으나 인위적으로 완전히 소멸시킬 수는 없다. 다행히도 풍류도 정신과 불교 사상으로 맥을 이어오던 일연 스님이 『삼국사기』에 누락되고 소홀히 취급된 민족정신을 정리하여 『삼국유사』로 남겨서 오늘날 후손들이 고대 민족정신의 일면이라도 볼 수 있게 된 것은 다행스러운 일이다.

---

245) http://cafe.daum.net/hanbaedal/5lKd/4 (검색일 : 2009.9.11.)

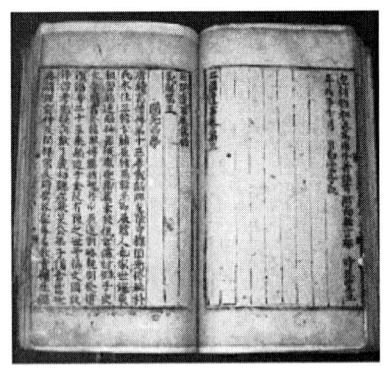

〈보각국사 일연을 모신 경북 군위 인각사〉 〈일연의 저서 『삼국유사』〉

    유학자들은 고구려 고토 회복이라는 북진정책의 국시는 다 망각하고 무신들을 천대하며 권력 독점, 사치와 향락에 젖어들기 시작했다. 태조 왕건이 훈요십조에서, 편안할 때 위기를 대비하여 항상 경계하라는 것과 군인들을 예우하고 주기적으로 전투력 수준을 점검하라 했으나, 유학자들은 훈요십조를 염두에 두지 않았다. 당시에 왕이 주관하는 연회석상에서 직급이 낮은 문관이 장군의 직위에 있는 무신의 수염을 불로 태우고 놀리며, 사소한 과오에도 뺨을 때릴 정도로 무신들을 홀대했다. 급기야 군인들의 인내심이 한계를 넘어 무신들의 감정이 폭발하기에 이르렀다.

    선비라는 말의 의미는 도의와 무예를 골고루 갖춘 전인격적 인간을 말한다. 도의만 아는 사람과 무예에만 출중한 사람은 온전한 선비가 아니라 반쪽 선비이다. 특히 문에만 치중하고 말로만 하는 사람은 선비가 아니다. 선비가 아닌 사람이 선비 노릇을 하고 있으니 풍류도로 단련된 옛 선조들이 보면 한탄할 노릇 아닌가? 무신들은 그간의 홀대를 모두 복수하겠다는 자세로 문신들을 도륙했다.

    한 나라의 조정이 아니라 시정의 폭력 집단과 같은 일이 고려 조정에서 일어나고 있었다. 세속오계는 망각한 지 오래되었으며, 북진정책은 고사하고 당장 사느냐 죽느냐가 고려 조정에 몸담고 있는 사람들의 관심사였다. 이때 몽골에서는 징기스칸이 일어나 대몽골 제국을 건설하고 유라시아 대륙을 모두 점령한 뒤 동아시아 지역에 남은 마지막 땅 한반도까지 지배하기 위해 군대를 파견했다. 고려는 몽골의 지배를 받게 되었고, 고려의 왕자는 어릴 적부터 몽골에 볼모로 잡힌 상태에서 몽골식 교육을 받고, 몽골 제국의 공주와 의무적인 결혼을 해야 했다.

고려라는 나라는 몽골의 부마국으로 전락하고, 왕이라는 호칭은 대몽골 제국의 칸에게 충성하는 고려 군주라는 의미의 '충~왕'이라고 불러야 했다. 고려왕조 25대 충렬왕부터 30대 충정왕까지는 사실상 몽골 제국의 식민지 상태나 다름없었다. 이와 같은 모든 역사 진행은 풍류도 정신을 망각하고 현실에 안주하려는 사고방식이 가져온 부정적 결과라고 볼 수 있다.

역사적으로 중국 대륙에 강력한 통일 왕조가 들어서면 한반도 안보는 위협을 받곤 했다. 한나라의 고조선 침략 및 한사군 설치, 수나라와 당나라의 고구려 침략이 이를 잘 말해준다. 반대로 중국 대륙과 북방 유목민들이 분열되었을 때는 동이 문화권이 팽창할 수 있는 기회였다. 고조선의 옛 영토, 고구려 광개토 대왕의 영토 확장, 대조영의 발해 건국 등이 좋은 사례이다. 또 고려왕조가 창건될 당시 중국 대륙은 통일 왕조였던 당나라가 쇠퇴하고 이른바 5호 16국으로 분열이 시작되었다는 것도 상기할 만하다.

왕건의 북진정책은 시기적으로 절묘한 기회였다. 중국 대륙은 분열되고 뒤이어 들어선 북송과 남송도 통일된 상태가 아니었으며, 특히 송나라는 문치 위주의 현상유지 정책을 국시로 하여 정복 전쟁이나 대외적 팽창에는 관심이 없었다. 그리고 고려는 자력으로 반도를 통일했기 때문에, 신라 시대 김춘추와 당 태종과의 외교 교섭 같은 중국과의 암묵적 약속으로 인해 중국의 눈치를 볼 필요도 없었다. 국호도 고구려 옛 땅을 회복한다는 의미의 고려라고 했고, 북방 영토에 대해서는 어느 누구와도 공식적으로 협상하여 경계가 확정된 바도 없었다.

고려가 북진정책을 국시로 하여 건국되자 고구려 유민들이 대거 고려로 유입되었다. 고구려 옛 땅에는 유목민들이 종족 별로 분산되어 거주하는 형태였다. 고려가 강력한 북진정책을 추진하면 중국 대륙에서는 고려를 견제하거나 견제할 여력도 없는 상태였다. 북방의 여진족, 거란족과 마찰을 예상할 수 있으나, 고대부터 이들은 동이 문화권의 적수가 되지 못했다. 유목 지역은 생존 환경이 열악하고 물자가 부족하여 농경 지역인 고려로부터 식량과 필수품, 부족한 물자를 지원받거나 교역을 통해 얻어야 했다. 그 때문에 항상 고려를 부모의 나라로 생각해왔다.

그러나 고려와 중국 대륙이 주춤하면서 현실에 안주하고 있는 틈을 노려 거란족과 여진족이 차례로 흥기하여, 중국 송나라와의 관계를 역사상 최초로 주종 관계에서 형제 관계로 변경했다. 나중에는 중국 대륙의 송나라가 신하의 나라가 되고, 오랑캐라고 비하하던 유목 민족이 세운 금나라가 상국이 되는 주종관계 변경의 치욕을 초래하게 되었다. 송나라가 취한 문치주의, 수비 위주, 현실안주 정책이 빚은 비극이었다. 고려도 북진정책의 적기를 상실하여, 거란과 여진이 성장하여 각각 요나라와 금나라를 건립할 수 있는 시간을 부여했고, 그 화가 고려에까지 미치는 전략적 과오를 범하고 말았다.

단재 신채호 선생이 묘청과 김부식 사이의 노선 투쟁에서 묘청이 패함으로써 서경 천도와 금국 정벌의 기회를 상실한 사건을 한민족 역사에서 가장 불행한 사건이라고 평가하는 것도 이 같은 맥락에서 이해해야 한다. 고려는 풍류도 사상이 약화되고 북방 유목 민족인 몽골의 지배를 받게 되면서 국력이 쇠퇴해갔다.

10. 고려의 몰락과 풍류도 사상의 위축

몽골은 고려를 지배하면서 영흥 일대에 쌍성총관부, 서경 일대에 동녕부, 제주도 지역에 탐라총관부를 설치하여 직접 관할했다. 쌍성총관부는 철령 이북의 땅을, 동녕부는 자비령 이북 지역을 관할했고, 탐라총관부는 제주도에 말 기르는 목장을 관리할 목적으로 설치했다.[246]

원나라 세력이 퇴조하면서 중국 대륙과 북방에서도 국제 정치적 역학 관계가 변화하기 시작했다. 중국 대륙의 한족들이 몽골의 통치에서 벗어나기 위해 저항하기 시작했으며, 몽골은 세력이 약화되어 북쪽으로 물러났다. 중국 대륙의 저항 세력 중에 대표적인 사람이 주원장이었다. 그는 17세 때 부모가 역병으로 세상을 떠나 고아가 된 후 사회 진출이 어려워지자 한때 탁발승이 되기도 했으나, 나중에는 홍건적의 무리에 가담하면서 두각을 나타내기 시작했다. 가난에 찌든 고아 출신이 군대에서 전투로 실력을 인정받고 병사 신분에서 장군을 거쳐 명나라 태조로 등극한 사람이 주원장이었다. 그는 중국 각지에서 원나라에 대항하여 일어난 반란 세력을 하나하나 제압하고, 1398년 남경에서 국호를 대명, 연호를 홍무라 하며 명나라 태조로 등극했다.[247]

고려에서도 공민왕이 즉위와 함께 자주적 개혁정책을 추진했다. 공민왕은 동녕부와 탐라총관부의 반환을 요구하여 몽골로부터 반납 받았다. 쌍성총관부 지역은 돌려받지 못한 채 남아 있었다. 명나라는 자신들이 쌍성총관부 지역을 인수하여 철령위[248]를 설치하고 직접 관리하겠

---

[246] 이기백(1984), 앞의 책, p.189.
[247] 야마구치 오사무 저, 남혜림 역, 『중국사』, (서울 : 행담출판, 2006), p.163.
[248] 철령위 : 철령 지역의 군 사령부를 의미함. 현재 원산 일대로 알려져 있으나, 최근 역사학자들의 연구 결과 명나라가 설치했던 철령위의 위치는 요동 반도 이북의 번시 시, 테링 시 일대로 알려지고 있음.

다는 뜻을 고려에 통보해왔다. 외교적으로 해결될 기미가 없자 고려 조정에서는 이번 기회에 철령위 문제는 물론 요동 일대의 옛 땅에 대해서도 근본적으로 해결할 목적으로 요동 정벌을 추진하게 되었다.

당시 고려 조정은 32대 우왕이 재위 14년을 맞고 있었으며, 최영 장군과 이성계 장군, 정몽주 등이 조정의 실권을 장악하고 있었다. 서경 천도 및 금국 정벌 문제와 관련하여 민족자주파와 사대주의파가 대립했던 것과 유사하게, 요동 정벌과 관련해서 최영 장군 측 세력과 이성계 장군 측 세력 사이에 외교 및 국가 전략에 대한 입장 차이가 있었다. 최영 장군을 비롯한 풍류도 사상적 관점의 인사들은 명나라가 건립되었다고는 하나 아직 기틀이 잡히지 않은 취약한 상태이며, 북방 유목민은 몽골이 물러나면서 약화되고 있으니 지금이 북진정책을 추진할 수 있는 절호의 기회라고 판단했다.

반면에 이성계를 대표로 하는 정도전, 조준 등 신흥 유학자를 중심으로 하는 일파는 이미 명나라가 몽골을 몰아내고 통일 왕조를 구축했으며, 시기적으로 군사 행동을 할 적기가 아니니 요동 정벌이라는 군사적 해결책보다 외교적 해결을 모색해야 한다는 이른바 4불가론을 내세워 요동 지역에 대한 군사 행동을 반대했다.(철령위의 정확한 위치에 대한 내용은 〈동아일보〉, 2010.4.15 기사를 참조)

그러나 대세는 요동 정벌로 굳어졌다. 우왕 14년(1388) 최영 장군을 최고 지휘관으로 하고 이성계 장군을 우군 도통사, 조민수 장군을 좌군 도통사로 하여 요동 정벌의 장도에 오르게 되었다.[249] 고구려가 선배 정신과 다물 사상으로 무장하고, 중국 대륙의 강력한 통일 왕조였던 수

---

249) 이기백(1984), 앞의 책, p.197.

[철령위 위치의 변천]

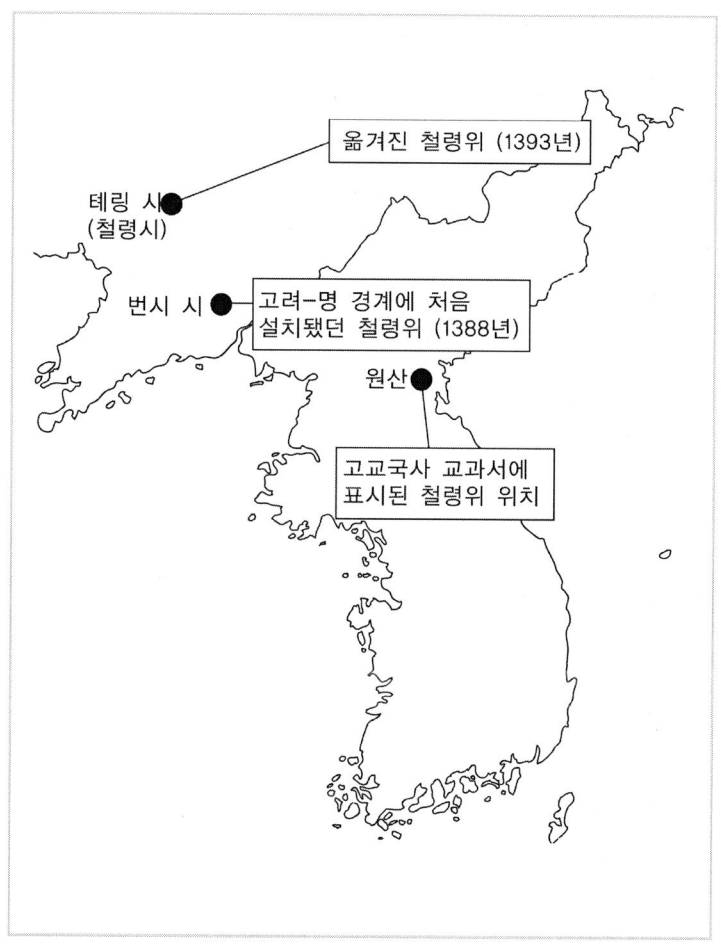

나라와 당나라와의 일전을 주저함 없이, 당당하게 수행했던 민족적 기상이 살아나는 순간이었다. 최영 장군은 최고 지휘관으로서 현장에 출동하지 않고 왕을 보필하면서 정벌을 지휘했다. 요동을 눈앞에 둔 압록강 하구 위화도에 도착한 요동 정벌 군대는 더 이상 전진하지 않고, 사

불가론을 다시 거론하며 임금과 최고 지휘관인 최영 장군의 승인도 없이 군대를 돌려 개경으로 돌아왔다. 역사는 이 사건을 위화도 회군이라고 기록하고 있다. 출전한 군대가 임금의 승인 없이 임의적으로 철수하면 왕명을 어긴 것이 되어 처벌을 면할 수 없다.

한민족 역사상 적을 토벌하려 출전한 군대가 적과 전투를 해보지도 않은 채, 철수해야 할 긴급한 국가적 사태가 발생한 것도 아닌 상황에서 승인권자의 승인 없이 회군한 것은 요동 정벌군이 처음이다. 공동체 구성원 모두의 안녕과 자손 만대의 생존을 위해 사용되어야 할 군사력이 일개 정파의 정권 획득을 위한 사적 목적으로 변질되어 사용되었다. 사군이충(事君以忠), 임전무퇴(臨戰無退)의 화랑도 계율은 이들의 머릿속에 존재하지 않았다.

〈이성계 일파가 주장한 4불가론〉

- 以小逆大一不可 : 작은 나라가 큰 나라를 치는 것은 순리에 역행하는 것임.
- 夏月發兵二不可 : 여름 농사철에 군사를 일으키는 것은 백성들의 삶을 어렵게 함.
- 擧國遠征 倭乘其虛三不可 : 거국적 군사 행동으로 멀리 원정하게 되면, 이를 틈타서 왜구가 기승을 부려 안보가 위험해질 수 있음.
- 時方暑雨, 弩弓解膠, 大軍疾疫四不可 : 현재 계절이 무덥고 비가 많이 오는 여름철이라 활을 결합하는 아교가 녹기 쉬워 무기의 성능 발휘가 곤란하고 많은 군사가 질병에 걸릴 수도 있는 취약한 시기임.

주자학이라는 새로운 학문을 공부하여 백성을 위한다고 하면서도 신진 유학자들은 고대 중국의 역성혁명 사상을 원용하여 이를 명분으로 삼고 군사력을 이용하여 왕조 전복을 도모하는 역성혁명을 추진했다.

[위화도의 위치]

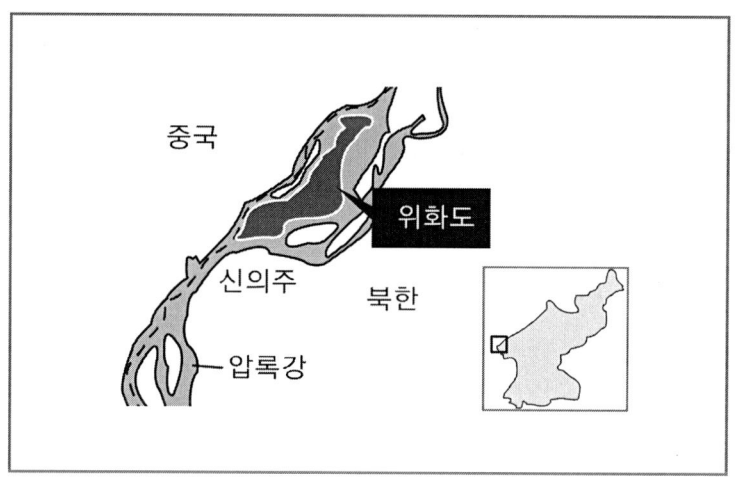

고대부터 중국에서는 "백성을 어루만져주는 사람은 백성의 진정한 임금이며, 백성을 학대하는 자는 백성의 원수이다."라는 사상이 전래되어 왔다. 당연히 원수는 타도의 대상이다. 고대 씨족사회에서 부족사회로, 부족사회가 발전하면서 부족 연맹체가 형성되고 정치적 대표 기능이 출현하게 되었는데, 이는 원만한 인격과 포용력을 구비한 사람을 선출하는 것에서 출발했다. 지도자로 선출되는 사람을 천자(天子)라고 했다. 이는 하늘에서 우주 질서를 관장하는 상제(上帝)의 뜻을 가장 잘 받들고 구현할 수 있는 능력을 구비한 사람을 뜻한다. 천자는 천도(天道)에 따라 공동체를 이끌어야 하고, 공동체 구성원들의 합의가 없이는 지

도자로 선출될 수가 없으며, 천도에 어긋나거나 잘못이 있으면 언제든지 물러나야 하고 때로는 죽임을 당하기도 했다. 이러한 현상은 고대 중국뿐만 아니라 한국에서도 마찬가지였다. 신라의 화백제도는 부족 연맹체의 합의제도가 정착된 모습이었다. 현대적 의미에서 국민 저항권, 정치적 혁명 사상은 인류가 공동체를 이루면서부터 존재했던 사상이라고 볼 수 있다.

"군사 행동은 국가의 존망과 직결된 중대 사안이기 때문에 신중하게 검토해야 한다."라고 『손자병법』의 서두에서 이 말이 강조되는 것은 동서고금을 막론하고 전쟁은 공동체 전체의 존망과 관계되기 때문이다. 정치적, 군사적, 사회적, 경제적, 외교적, 기타 모든 문제를 신중하게 검토하고 의사결정을 해야 한다. 충분한 토의가 있어야 하며, 토의 과정에서 자유로운 의사 개진과 반대 의견도 있을 수 있다. 토의 과정에서 도출된 문제는 충분히 보완되어야 하고, 이러한 의사결정 과정을 거쳐서 결정된 정책은 모두가 합심해서 일사불란하게 시행해야 한다. 군사 전문가로서 군사작전 측면의 문제를 들어 반대할 수도 있으나, 이는 부분적인 문제이다. 거시적으로 보면 고구려 건국 이래 통일신라를 거치면서 고려 말에 이르기까지 1000년이라는 긴 시간 동안 미해결 상태에 있던 문제를 해결하려는 것보다 더 중요한 민족적 과제는 없는 것이다. 이는 정권적 차원의 문제가 아니라 고대부터 고려 시대, 나아가서 미래 후손들의 삶과도 관련된 동이 민족의 근본적 문제였다. 이는 소아적 이기주의를 포기해야 보이는 지혜이며, 풍류도를 통달하여 선인의 위치에 도달해야 바라볼 수 있는 안목이다.

그러나 풍류도 정신은 묘청의 난이 실패로 끝남과 함께 쇠퇴 일로에 있었다. 주자학을 새로운 학문으로 신봉하는 일부 신진 유학자들의 눈에 불교 사상은 세속화되고 부패해 청산하고 억제해야 할 대상으로 보였으며, 전통 사상인 풍류도는 미신 정도로 취급되고 있었다. 전통 사상과 민족정신이 지배세력 내의 정파 이기주의와 상황 논리에 밀려서 실종되는 순간이었다. 유학자 중에서도 고려왕조를 유지하면서 개혁을 실시하자는 정몽주 같은 학자도 있었다. 고려왕조를 유지하면서 체제 개혁을 하자는 세력과 역성혁명을 통해 새로운 왕조를 건설하여 개혁하자는 세력 간에 갈등이 나타났다. 특히 정몽주는 성리학자로서 고려왕조를 지키면서 개혁하자는 입장의 대표적 인물이었다. 이성계의 아들 이방원이 정몽주에게 새로운 왕조 건설에 동참해줄 것을 당부했다.

이런들 어떠하리, 저런들 어떠하리
만수산 드렁 칡이 얽혀진들 어떠하리
우리도 이같이 얽혀서 백년까지 누려보세

― 이방원, 『하여가』

이 몸이 죽고 죽어 일백 번 고쳐 죽어
백골이 진토 되어 넋이라도 있고 없고
임 향한 일편단심이야 변할 수야 있으랴

― 정몽주, 『단심가』

정몽주는 고려 말 최영 장군과 함께 고려 왕실의 대표적인 충신이었다. 그는 충성스러운 신하는 두 임금을 섬기지 않는다[忠臣不事二君]는 원칙을 고수하고 이방원의 회유에 거부 의사를 분명히 했다. 정몽주를 제거하지 않고서는 역성혁명이 성공할 수 없었다. 이방원은 개성의 선죽교에서 정몽주를 살해함으로써 새로운 왕조 건설의 장애 요인을 모

두 제거했다. 정몽주는 당시 성리학을 공부한 유학자였지만, 세속오계에 제시된 사군이충 계율을 충실히 지킨 풍류 사상의 후예였다. 사람의 생명은 유한하고 태어나면 죽는 것이 자연의 법칙이다. 사람이 자연계의 다른 동물과 다른 점은 삶의 흔적이 남는다는 것이다. 정몽주의 정신은 오늘날까지도 개성 시의 선죽교, 계룡산 동학사와 함께 영원히 후손들에게 전해지고 있다.

〈개성 선죽교와 계룡산 동학사 정몽주 사당〉

고려 군대가 위화도까지 출동했다가 명나라와 싸우지 않고 회군하게 되자, 명나라 입장에서도 한반도에 친명사대 정권 수립에 대해 적극 찬성하고, 자연적 경계가 뚜렷한 백두산과 압록강 이남 지역에 대한 지배권을 명시적으로 인정하게 되었다.

> **〈조선왕조 건국과 통치 영역에 관한 명나라 조정의 입장〉**
>
> 高麗(朝鮮)限山隔海 : 고려(조선)는 험한 산과 바다로 격리되어 있는 땅으로서,
> 天造東夷 : 하늘이 땅을 창조할 때부터(고대부터) 동이라고 불리던 곳이다.
> 非我中國所治 : 중국이 다스릴 바가 아니다.
> 聖教自由 : 성교는 어디까지나 그들의 자유이다.
>
> — 조선왕조실록, 태조실록, 태조 원년(1392년 11월) 명나라 예부 문서

'험한 산과 바다로 격리되어 있는 고려(조선)라는 곳은, 천조로부터 동이라고 불리던 지역이니 중국에서 다스릴 바가 아니다. 그 땅에 대한 성교(통치)는 자유롭게 알아서 할 문제이지 중국이 관여할 바가 아니다'라는 의미로 중국 명나라 조정 예부에서 작성한 문서이다. 문서상에 지명을 구체적으로 명시하지는 않고 있으나, 험한 산과 바다로 격리되어 있는 땅이라는 의미는 오늘날의 백두산과 압록강, 두만강 등 자연 지리적 경계가 뚜렷한 곳을, 연하는 한반도 남쪽 지역을 의미한다고 볼 수 있다. 즉 고려(조선)는 요동 지역에 대한 영토 문제를 더 이상 거론하지 말고, 한반도 내에서 스스로 통치해도 좋다는 뜻을 피력한 것으로 볼 수 있다.

고려 입장에서는 철령위 문제로 요동 땅을 치러 갔다가 싸우지도 않고 철수함으로써 요동 지역을 회복할 기회를 상실하게 된 것이고, 명나라 입장에서는 피 한 방울 흘리지 않고 한반도 지역에 친명정권을 수립케 하여 변방을 안정적으로 관리할 수 있게 되면서 철령위 문제를 해결한 셈이 되었다. 이는 앞서 언급한 철령위 지역과 요동, 만주 일대를 포함하는 고조선과 고구려 시대의 동이 문화권 개념과는 거리가 있는 내용이다. 이러한 문서로 인해 고대 요동 지방과 오늘날 동북삼성 일대의

동이 문화권 지역은 중국 문화권에 편입되고 말았다.

　이와 같은 역사적 맥락에서 수립된 조선왕조는 '숭유억불(崇儒抑佛)'을 사상적 국시로 하고, '이소사대교린(以小事大交隣)'을 외교 전략으로 채택했다. 조선에서는 1년에 정기적으로 명나라에 사신을 파견하고 왕위 계승, 왕비 책봉 등 왕실의 중요 업무에 대하여 명나라의 승인 절차와 협의를 거쳐야 했으며, 명나라 황제와 황태자의 생일에는 축하 사절을 보내야 했다. 또한 정초와 12월 동지에는 정치적 문안 성격의 사절을 보냈다. 사절 파견 시에는 물자교류도 이루어졌다. 이른바 큰 나라와 작은 나라 사이의 책봉조공에 의한 위계적 국가 간 외교질서가 확립되었다.

　전통 사상인 풍류도와 북진정책, 다물 사상은 쇠퇴하고 현상 유지와 안정을 지향하는 패러다임이 정착되기 시작했다. 신라 이래 융성하던 불교는 산 속으로 숨어드는 형국이 되었다. 그러나 풍류도는 오래된 사상이고 백성들의 삶에 너무나 깊게 뿌리 내리고 있어서 산 속으로 숨어든 불교 사찰에서 변형된 모습으로 나타나기 시작했다. 한국 사찰에만 특유하게 나타나는 삼성각, 칠성각이라는 사찰 건물이 있다. 이는 고유의 불교 사찰 건물과는 관련이 없는 것으로 삼신각 또는 삼성각, 칠성각은 무속신앙, 단군신앙과 같이 불교 전래 이전부터 내려오던 전통을 사찰 건립과 함께 한국적으로 수용한 것이다.

　고려 태조 왕건의 훈요십조에 제시되었듯이, 고려는 불교와 풍류도 사상을 병행해서 진작시키고 계승하기 위해 팔관회와 연등회를 문화 행사로 제도화시켰다. 이와 관련하여 사찰에도 전통신앙인 단군전을 모시는 전각이 있었으나, 묘청의 난 진압과 관련하여 단군 사상을 탄압하고 억제하게 되자 삼신각 또는 삼성각으로 이름을 변경하게 되었다고 한다. 또한 한국 사찰에는 상단, 중단, 하단 등 삼단(三檀)을 설치한다. 상단은 부처와 보살을 모시는 가장 높은 단이고, 중단은 호법선신을 상징적으로 모시는 단이다. 마지막으로 하단은 죽은 사람들의 영가영혼을 모시는 곳으로서 영단이라고 한다. 불교에서는 단에 올리는 것을 육법공양이라고 하는데 향, 등, 꽃, 차, 과일, 음식물 등을 올린다. 단의 성격에 따라 올리는 공양물의 종류도 달라져서 상단에는 향을 주로 올리고, 요리한 음식물은 중단과 하단에만 올린다.250)

〈삼성각과 칠성각 : 통상 사찰의 대웅전 뒤에 위치하고 있다.〉

한국에서는 무당들이 갖고 있는 부채에 아마타불, 관세음보살, 대세지보살 등 3불이 그려져 있고, 단을 차릴 때도 초단, 이단, 삼단 등 불교의 삼단과 유사한 모습을 보인다.251) 이는 불교가 오랫동안 한민족의 전통과 함께하면서 토속신앙과 유교적 전통, 불교적 전통이 결합되어 나타난 것으로 보인다. 시골 할머니가 절을 방문하면 부처를 모신 대웅전 시주함에는 간단한 성의 표시만 하고, 삼성각이나 칠성각에서 자신이 기원하는 모든 것을 염원하며 자신이 할 수 있는 최대의 시주를 한다는

---

250) 서종범, 『불교를 알기 쉽게』 (서울 : 도서출판 밀알, 1984), pp.146-150.
251) 이능화 저, 이재곤 역, 『조선무속고』 (서울 : 동문선, 2002), pp.166-169.

이야기가 전해진다. 이는 전통 사상의 뿌리가 얼마나 깊은가를 잘 말해주는 것으로 보인다. 또한 오늘날 연평도, 황해도 장산곶 일대를 무대로 하여 전해오는 『심청전』은 전통 사상인 무속신앙의 재제초복 사상, 유교 사상의 효도, 불교 사상의 공양미 등이 종합적으로 결합된 조선 민중의 대표적 이야기이다. 눈먼 아버지를 위하여 부처님께 공양미 삼백 석을 바쳐서 그 공덕으로 아버지 눈을 뜨게 하겠다는 딸의 효심과 불교의 공덕 사상, 인당수 일대에 고기를 잡는 어부들이 풍어와 안녕을 기원하기 위해 처녀를 희생 제물로 바치는 무속 신앙적 제례의식 등이 복합적으로 녹아 있는 전설이다. 이와 같이 전통 사상은 불교와 결합된 형태로 전수되다가 유교가 조선의 국교로 전면에 부상하면서 쇠퇴의 길로 접어들게 되었다.

11. 한글 창제와 풍류도 정신의 계승

숭유억불을 국가 통치이념으로 하고, 사대교린을 국가 외교 전략으로 출범한 조선왕조는 중국 대륙의 통일 왕조인 명나라와 원만한 관계를 유지하면서 한반도를 민족의 명실상부한 삶의 터전으로 가꾸기 위해 노력했다.

특히 조선 4대 임금인 세종대왕의 업적이 뛰어났다. 단군조선 이래 한민족은 고유의 말이 있고 삶의 방식이 있고 풍류도 정신이 있었으나 고유의 문자가 없었다. 하나의 민족이 주체성과 정체성을 유지하면서 성장·발전하는 데 꼭 필요한 언어, 종교 및 사상, 문자 가운데 문자가 없는 상태로 약 3000년의 역사가 이어져온 것이다. 고유 문자가 없어서 중국의 한자를 빌어 이두 형태로 기록하거나 한문으로 기록하면서 민족문화를 면면히 계승해왔다.

그러나 말과 글이 일치하지 않으면 민족문화 발전에 한계가 있을 수밖에 없다. 사람과 사람 간의 소통은 말과 글로 이루어지는데, 글자로 하는 소통이 한자를 쓰고 이해하는 지배층에 국한되기 때문에, 일반 백성들은 문화적 정체성 유지에 한계와 괴리감이 존재할 수밖에 없는 구조적 문제를 지니고 있었다. 이러한 문제를 근본적으로 해결하기 위해 세종대왕은 한글을 창제했다. 실로 민족 문화의 만년대계를 바라보는 높은 안목을 가진 왕이었다.

> 우리나라의 말이 중국과 달라서 말과 글이 서로 통하지 않아, 일반 백성들이 글로써 효과적으로 의사소통을 하고 싶어도 마침내 그 뜻을 펴지 못하는 경우가 많다. 내가 이를 안타깝게 여겨 새롭게 스물여덟 글자를 만들어 배포하여 모든 사람이 쉽게 익혀서 편리하게 사용하고자 할 따름이다.
> ― 훈민정음 반포문 서문

일반 백성들을 위한 지도자의 고뇌와 진정한 사랑을 읽을 수 있는 내용이다. 그러나 일부 숭유억불, 사대모화 사상에 젖은 신하들은 반대를 했다. 천자의 나라에서 만든 한자를 사용해야지 독자적인 문자를 만들어 사용하는 것은 숭유억불, 사대교린이라는 조선의 건국 국시에 위배된다는 것이다. 풍류도 정신이 실종되고 숭유억불, 사대모화 패러다임에 젖은 신하들의 안목과 사고력이 왕의 높은 안목과 백성을 진정으로 사랑하는 그것에 미치지 못해서 발생한 안타까운 일이었다.

세종은 생각이 짧은 신하들과 논쟁하며 시간을 허비할 여유가 없는 시급한 민족적 과제라는 것을 인식하고 추진하여 마침내 세종 28년(1446)에 이를 공식적으로 반포했다. 세종은 한글 반포 후 새로운 문자를 조기에 전파하고 사용을 활성화하기 위해 전담 관청인 정음청을 설치했다. 그리고 조선왕조 창조와 조상의 덕, 불교와 관련하여 이를 칭송하는 '용비어천가', '월인천강지곡', '석보상절' 등을 편찬했다. 또한 농민들이 가장 많이 읽고 활용할 수 있도록 농사와 관련된 서적을 한글로 편찬케 하고, 기밀을 유지하는 군사 서적도 한글로 편찬케 했다.[252] 그러나 유교 숭상과 한문 사용의 배타적이고 독점적인 이득을 유지하기 위한 지배층에서는 이를 환영하지 않고 한문 사용을 고집했다. 한글은 주로 궁녀 또는 아녀자들이 사용했다.

---

[252] 이기백(1984), 앞의 책, p.232.

〈세종대왕 상〉

문자 사용은 문화의 발전뿐만 아니라 정치, 경제, 사회적으로 지대한 영향을 주는 요소이다. 서양의 민주주의는 알파벳 사용이 일반화되면서부터 시작되었다고 한다. 고대부터 문자를 해독하고 이를 사용할 수 있는 층은 아주 제한적이었다. 따라서 정보, 지식 생산 및 유통의 독점과 편중이 일어날 수밖에 없었고, 이는 권력 편중으로 이어졌다. 문자를 모르는 일반 대중은 문자를 아는 특수층에게 의지하는 종속적 관계에서 사회생활을 할 수밖에 없었다. 그러다가 알파벳이 진화하고 발전하면서 일반 민중도 익히기 쉽게 되고, 일상에서 사용하는 말과 글이 일치하면서 수직적·계층적 인간관계가 수평적·평등적 인간관계로 발전하기 시작했다. 이러한 문자의 진화가 인쇄 기술의 발전, 서적 발간과 연계되면서 민주주의와 문화가 빠른 속도로 발전하기 시작했다. 인간과 인간 간의 소통을 위한 수단과 방법을 모든 사람이 동일하게 보유하는 것이 민주주의의 기초임을 알 수 있다.

세종대왕의 한글 창제도 이러한 맥락에서 추진되었는데, 일부 기득권 계층에서는 이를 반대하고 적극적으로 사용하지 않았다. 한문에 대한 문자 학습의 독점욕과 이를 통한 지배적 신분 유지, 나아가 소아적 기득권 보호와 연계되기 때문이었다. 세종대왕의 뒤를 이은 세조는 불교가 전래되어 전통 사상으로 동화된 것을 고려하여 불경언해 사업을 적극적으로 펼쳤다. 한문으로 된 어려운 불경을 이해하지 못하는 백성들에게는 불교를 한글로 접근할 수 있는 길이 열린 셈이다. 고유의 말, 고유의 글, 고유의 사상을 구비하고 민족문화가 영속할 수 있는 기반을 갖추게 되었다.

이와 관련하여 조선 시대 말기 임오군란과 청일전쟁 발생 시 조선에 출병했던 위안스카이는 한글이 한자에 비해 배우기 쉽고 쓰기가 간편하다는 것을 이해하고, 중국인에게도 익히기 어려운 한자 대신에 한글을 보급하여 중국의 높은 문맹률을 낮추는 방안을 검토했다고 한다. 오늘날 한글은 세계에서 독창적이며 익히기 쉬운 문자 체계로서 널리 인정되고 있으며, 세계 속의 한국으로 발전하면서 더욱 사용 인구가 늘어나고 있다.[253]

"가장 한국적인 것이 가장 세계적이다."라는 말은 특정 분야에만 국한된 것이 아니다. 모든 면에서 세계에서 유일한 무엇이(The Only) 되어야 인정받을 수 있는 것이다. 이 같은 맥락에서 보면 세종대왕은 위대한 군주이며, 민족문화가 영원히 지속될 수 있는 기반을 구축한 풍류도 사상의 새로운 창조적 계승자였다.

---

[253] 21세기 한국의 경제 성장과 국제적 위상 제고에 따라 대학에 한국어과를 신설하는 나라가 늘어나고 있다. 특히 인도네시아 소수 민족 중의 하나인 "찌아찌아 족"은 말은 있고 문자가 없는 현실을 고려하여 한글을 공식 문자로 채택했다.

12. 사상적 정체(停滯)와 임진왜란과 병자호란의 발생

숭유억불을 국가 통치이념으로 설정하고 사대교린을 외교안보 전략으로 하여 출범한 조선왕조는 4대 임금 세종대왕의 탁월한 리더십 덕분에 정치, 경제, 사회적 안정을 조기에 정착시키고 나라의 기틀을 세웠다. 특히 고려 말부터 남쪽 백성들을 괴롭히던 왜구의 노략질에 대해 이종무 장군을 보내어 대응하게 했다. 왜구의 본거지인 대마도를 정벌하고, 대마도 주로부터 근본 대책을 강구토록 했다. 또한 북방 유목민과의 관계에 있어서도, 최윤덕 장군을 압록강 일대에 보내 4군을 설치하게 하고 김종서 장군을 두만강 일대에 보내 6진을 개척하게 하는 등, 군사 안보적 위협 요인을 제거하고 국경선을 확정하여 국방을 튼튼히 했다. 한반도가 유사 이래 드물게 중국 대륙과 북방 유목민, 그리고 남쪽의 왜구로부터 안보상의 위협이 제거된 가운데 태평성대의 시대를 구가하게 되었다. 농업기술도 향상되고 생산량이 증대되면서 인구도 증가하고 안정적으로 성장했다. 태평성대가 지속되면서 숭유억불, 사대교린의 패러다임은 점점 더 고착되어갔다.

고려 태조 왕건은 훈요십조에 "제10조, 나라를 다스리고 집을 가진 이는 항상 근심이 없을 때에 경계를 하여야 한다. 경서와 사서를 널리 참조하고 옛 일을 거울삼아 오늘의 일을 경계해야 한다."라고 후손들에게 전하고 있다. 그러나 조선왕조의 출발은 한반도 내에서의 현상 유지와 안정을 목표로 했기 때문에 대외적 팽창이나 전쟁에는 관심이 없었고, 있는 것을 지키고 나누는 것에 관심을 갖는 수세적, 안정 지향적 사고가 대세를 이루었다.

국가의 정책 지향점이 이와 같기 때문에 문반과 무반을 두 축으로 하여 형성된 양반 관료조직도 문반이 주도적 역할을 수행할 수 있도록 제도화되었다. 무관의 최고위직은 정3품 절충장군이었으며, 종2품 이상의 무관직은 문관이 겸직하도록 했다. 국가 제도적으로 '숭문천무(崇文賤武 : 문신을 우대하고 무신을 천대)'의 인사정책이 추진되었다. 자연히 우수한 인재는 문반 계통으로 진출하기를 희망하여 경쟁이 치열해졌다. 벼슬자리는 제한되어 있는데 양반 숫자는 증가하니, 양반 신분 내부에서도 치열한 생존경쟁이 일어났다. 양반 세력 간의 이해관계에 따라 파벌이 형성되고 권력투쟁이 일어났다. 조선 중기에 발생한 무오사화, 갑자사화, 기묘사화, 을사사화는 이러한 배경에서 발생한 것이다.

문신을 선발하는 문과 과거시험의 내용이 유학의 경서가 주를 이루게 되자, 유교는 양반들의 사회 진출과 출세를 위한 필수 학문으로서 그 위상을 확고히 다지게 되었다. 고대부터 선비라는 말은 도의와 무예를 겸비한 사람을 일컫는 말이었다. 그러나 조선 시대에 이르러서는 유학 경전을 읽는 양반층을 부르는 말로 변질되었다. 게다가 왕조가 창업된 지 200년이 경과하는 동안 대외적으로 이렇다 할 전쟁이나 심각한 안보상의 위협이 없었으니 안일에 젖어드는 일이 지나친 것도 아니었다.

조선왕조 초기에 대마도의 왜구들만 소탕하면 남쪽으로부터의 위협은 없을 것으로 판단했으며, 고대부터 이어진 중국 대륙에서의 잦은 침략과는 달리 역사적으로도 일본 본토로부터의 대규모 군사적 위협은 없었다.[254] 율곡 이이 선생은 1583년 두만강 일대에서 니탕개의 난이 발생하자 당시 병조판서로 재직하면서 국방상의 허점을 발견했다. 이같은 상황을 극복하고 대비하기 위해 10만의 정예 군사력을 건설하여

---

[254] 일본이 주장하는 고대 한반도에 대한 임나일본부설은 일본 제국주의 시절에 광개토 대왕 비문을 변조하고 왜곡, 훼손하면서 일본의 우월성과 대외팽창 정책을 옹호하기 위한 국수주의적 사관에서 비롯된 것이지 객관적 사실이 아니다.

외부의 침략에 대비해야 한다고 주장했으나 현실안주, 무사안일에 젖은 신하들은 백성들을 불안하게 하고 예산만 낭비하는 부질없는 짓이라고 비판했다.

그러나 정치, 군사적 상황은 항상 유동적이다. 모든 것은 머물러 있는 것이 아니라 변화하는 것이 세상 이치이다. 1500년대의 일본 열도는 분열의 시대였다. 전국이 하나로 통일된 상태가 아니라 지방 단위로 군웅할거하면서 힘의 논리에 따라 통치 영역을 확대하기 위한 전쟁이 그치지 않았다. 이른바 전국 시대가 약 100년간 계속된 것이다. 전국 시대의 주도권을 장악하기 시작한 사람은 오다노부 나가에 이어서 토요토미 히데요시였다. 그는 1590년대 일본 열도를 통일하고 전국 시대를 종식시키면서 천하통일을 완성했다. 100년 동안의 전쟁은 일본의 군사기술과 무기체계, 전쟁수행 방법의 획기적인 발전을 가져오게 되었고, 분산된 군사력이 하나로 통일되면서 힘이 넘쳐나게 되었다. 토요토미 히데요시는 통일전쟁에 기여한 제장들의 논공행상과 불만 해소, 무력의 효과적인 관리, 대외 정복 및 교역 확대를 이루고자 애썼다. 조기에 정치적 안정을 달성하기 위하여 한 곳에 쏠린 백성들의 관심을 대외로 돌릴 필요가 생겼다. 그때 그가 선택한 방법은 대외 침략전쟁을 추진하는 일이었다.[255] 한 마디로 요약하면, 통일된 일본을 지배하는 자신의 정치적 권력을 더욱 공고히 하고, 공을 세운 장군들에게 일본 열도 내에서는 나누어줄 땅도 부족하니, 한반도와 중국 대륙을 정복하여 영토도 넓히고 차지해야 할 영지도 키우자는 것이었다.

조선 조정에서는 이웃 나라의 사정을 알아보기 위해 사신을 보내어

---

255) 이기백(1984), 앞의 책, p.250 참조.

상황 파악을 시도했으나, 국가의 안위와 관련된 중대 사안을 자신이 속한 정파의 이해관계에 따라 임의적으로 판단, 해석할 정도로 풍류도 정신이 실종되어 있었다. 사신으로 파견된 황윤길은 곧 전쟁이 임박했다고 보고했고, 김성일은 그렇지 않다고 했다. 조선 조정의 신하가 같은 상황을 보고 판단하고 건의하는 의견이 일치되지 않았다.

일본 열도는 적극적 대외팽창 전략을 추진하고 한반도는 수세적 현상 유지 정책을 추진하고 있는 상황에서, 100년 동안의 전쟁을 통해 숙달되고 조총으로 무장된 군대와 200년 동안 평화 시대 속에서 무사안일에 젖은, 활과 화살로 무장된 군대와의 전쟁이 개시되었다. 선조 25년(1592년), 일본은 대규모 원정군을 편성하여 조선을 침략해왔다. 부산에 상륙한 일본군은 '정명가도(征明假道 : 명나라를 치러 가려고 하니 조선은 길을 빌려 달라)'를 선전포고 문구로 제시했다. 조선은 '전즉이가도난(戰則易假道難 : 싸우기는 쉬우나 길을 비켜줄 수는 없다)'이라 화답했다.

부산 첨사 정발과 동래부사 송상현의 장렬한 전사에도 불구하고 부산성과 동래성이 함락되고 일본군은 서울로 진격했다. 현대식 무기인 조총으로 무장한 군대와 전통적 무기인 활과 칼로써 대항하는 군대와의 전투 결과는 충분히 예상할 수 있는 것이었다. 새로운 무기 체계를 갖추고 100년 동안의 전국 시대를 거치면서 전투에 숙달된 군대와의 싸움은 객관적으로도 상대하기 어려운 전력이었다. 임금이 서울을 떠나 피난을 가야 했고, 백성들의 삶은 일본군의 약탈과 노략질에 시달려야 했다. 그럼에도 불구하고 백성들을 안전하게 보호해줄 수 있는 든든한 군대가 없는 나라가 되고 말았다. 200년 동안의 무사안일과 현상유지 이념이 초래한 결과였다.

불행 중 다행으로 육상 전투에서의 일방적 열세와는 달리 해상 전투에서 이순신 장군의 활약이 돋보였다. 고구려 선비정신, 전통적 풍류도 사상이 단절되지 않고 이순신 장군에게로 면면히 이어지고 있었던 것이다. 충무공 이순신 장군은 무사안일, 숭문천무의 시류에 편승하는 반쪽의 선비가 아니라 고구려의 선배, 신라의 화랑도 정신을 계승한 한민족 고유의 온전한 선비였다. 이순신은 인종 1년(1545) 3월 8일 서울 건천동(오늘날 중구 인현동 부근)에서 태어났다. 그의 가계는 고려왕조부터 문신과 무신을 고루 배출한 덕수 이 씨 집안으로서 덕행과 문필을 중시하는 가풍이 전해오고 있었다. 그는 어릴 적부터 학문에 전념하여 유학을 대부분 통달했으나, 당시의 학문 풍토가 경전에 담겨 있는 깊은 뜻을 새기고 실천하는 것보다 문자만 새기고 형식에 치우치는 경향이 강했기 때문에 이를 바람직하지 않게 여겼다. 22세 무렵 성년이 되면서 그는 병서와 무예를 연마하며 무에 관심을 두기 시작했다. 그의 나이 28세 때(선조 1년, 1572년) 무과시험에 응시했으나 실기시험인 말 타기 도중에 낙마하여 낙방했다. 그로부터 4년 후 32세 때(선조 9년, 1576년) 식년무과 시험에 급제하고 함경도의 동구비보의 권관에 임명되면서 무관으로 국가에 봉사하는 공직의 길을 걷게 되었다.256)

> 빈궁과 영달은 오직 하늘에 달렸으니, 모든 일은 모름지기 자연에 맡기리라. 부귀함은 때가 있으나 홀로 차지하기 어려운 법. 공명이란 임자가 없어 번갈아 서로 전하는 것이네. 마침내 멀리 갈 때는 천천히 걷고, 처음에 먼저 오를 때는 넘어질 것을 염려하라. 도성의 누런 티끌 속을 헤쳐 나아갈 길에, 남의 뒤를 따라가되 채찍질하지 말라.
> - 일심(一心) 이순신(李舜臣)

〈충무공 이순신 장군 영정〉

---

256) 김영숙, "충무공 이순신 연구" (경희대 박사학위논문, 1993), pp.8-10.

이순신 장군은 당시의 숭문천무의 학문적 풍토와는 달리 유학 경전, 병법, 무예 등에 골고루 통달한 한민족 고유의 전통적 선비 모습인 문무겸전의 전인적 재능과 실천력을 구비한 인물이었다. 또한 그는 풍류도 사상의 세속오계를 신념화하고 이를 행동으로 실천하는 진정한 선비였다. 그는 32세에 무과에 급제하여 남들보다 출세가 늦었지만, 당시의 이조판서라는 요직에 있던 같은 덕수 이 씨 집안의 율곡 이이를 찾아가서 인사 청탁을 하지도 않았다. 율곡 이이가 한 번 보자고 해도 이조판서 직책이 변경되면 개인적으로 친척의 입장에서 만나겠다고 했다. 그는 직급이 낮은 훈련원 봉사 시절에 그의 상관이 사사로이 부당한 인사를 하려 하자 이를 반대하여 미움을 사기도 했으며, 그가 지닌 화살 통이 좋아 보여 정승이 달라고 하자 거절하기도 했다. 또한 일선에 부임해서도 상관이 관사에 있는 오동나무를 베어다가 사적으로 쓰려는 것을 거절하여 인사상의 불이익을 당했지만, 시류에 편승하지 않고 강직한 성품의 일관성을 항상 유지했다. 그의 진면목을 모르는 반쪽 선비들은 그를 모함하고 불이익을 주기도 했다. 그러나 충무공 이순신 장군은 유학의 경전만 앵무새처럼 읽고 문자놀음에 빠져 있는 당시의 선비와는 다른 인물이었다. 그래서 승진도 늦고 출세도 늦었던 것이다.

32세에 무관직에 나와서 47세에 종6품 벼슬인 현감에 머무르고 있었다. 평시에는 그 사람이 지닌 역량이나 재능이 제대로 나타나지 않지만, 전쟁이나 위기, 실제 상황이 발생하면 진면목이 나타난다. 다행히 이순신 장군을 어릴 적부터 알고 지낸 서애 유성룡이 조선 조정의 중앙에 있으면서 임진왜란 발발 직전에 그를 천거하여 종6품에서 정3품 직위인 전라 좌수사로 7단계 승진 인사를 했다. 그 덕분에 그의 능력이 빛을 발하기 시작했다. 전쟁이 임박해오자 조선 조정에서 불가피하게 단행한 국가 위기 시의 변칙적 인사가 나라를 구하게 된 것이다.

육지에서 일본군의 일방적 승리가 이어지다가 이순신 장군의 활약으로 해상 전투에서 발목이 잡히자 일본의 한반도 점령 계획에 차질이 생겼다. 또한 명나라 지원군이 합류하면서 전쟁은 소강상태에 접어들었다. 일본군은 이순신 장군을 제거하지 않고서는 전쟁을 효과적으로 치를 수 없다는 것을 인식하고 간첩을 이용한 이간책을 사용했다. 일본 군대 이동에 관한 허위 첩보를 조선 조정에 흘리고 이순신 장군으로 하여금 군대를 움직여 출전케 했으나, 신중한 그는 조정의 지시라 하더라도 현지 사정을 고려하고 군사 작전의 측면을 우선시했다. 이 같은 그의 행동에 대해 전쟁의 원칙을 모르는 반쪽 선비들은 그것을 조정에 대한 항명으로 몰아붙여 그를 죄인 취급했다. 그러나 그는 누구도 원망하지 않고 백의종군 자세로 전쟁에 가담했다. 이순신 장군이 수행하던 3도 수군통제사 직을 원균이 이어받았으나 칠천량 해전에서 대패하고 말았다. 전인적 역량을 구비한 온전한 선비와 단편적 역량만 구비한 반쪽 선비의 리더십 차이가 실제 전쟁터에서 어떻게 나타나느냐를 극명하게 보여준 사례였다.

조선 조정은 뒤늦게 이순신 장군의 진가를 알아보기 시작했다. 그를 다시 해상 전투의 최고 책임자로 임명했으나, 그는 12척밖에 남지 않은 함대 전력으로 130척이 넘는 일본 함대를 상대해야 했다. 그는 함대 숫자의 적음을 탓하지 않고 어떻게 하면 승리할 수 있을까 생각했다. 그는 "살려고 하면 죽을 것이요, 죽으려고 하면 살 것이다. 즉 삶과 죽음은 다른 것이 아니다(必生卽死, 必死卽生)"라는 풍류도 정신의 최상의 경지에서 무도(武道)의 진수를 보여주었다. 명량해전에서 13척의 함대로 일본의 133척을 상대하여 승리한 후 그는 정유재란의 마지막 전투인 노량해전에서 적탄을 맞고 운명했다. 그는 운명하면서도 "지금 전투가 한창 진행 중이니 내가 죽었다는 말을 하지 말라."라고 유언하고 나라를 구한 후 전사했다. 한민족의 전통적 풍류도 사상이 누란의 민족적 위기를 맞이하여 충무공 이순신 장군을 통해 빛을 발한 역사적 순간이었다. 후세 사람들은 그를 '충무공 이순신 장군, 성웅 이순신'이라고 불렀고, 21세기에도 한민족 역사상 가장 위대한 인물 중 한 사람으로 존경받고 있다. 그의 '필생즉사, 필사즉생' 정신은 이순신이라는 이름을 한민족 역사와 함께 영원히 살아 있게 만들었다.

일본이 일으킨 임진왜란은 일본, 조선, 명나라 모두가 피해만 입고 소득은 없는 결과를 초래했다. 일본은 토요토미 히데요시 정권이 몰락하고 토쿠가와 이에야스 정권으로 교체되었으며, 명나라도 조선을 지원하기 위한 출병으로 국력이 쇠퇴하고 약화되기 시작했다. 조선이 입은 피해는 말할 것도 없었다.

〈거북선의 모습〉

열악해진 동아시아의 국제 정세를 틈타 북쪽 유목민들이 흥기하기 시작했다. 명나라 중심의 국제 질서에 변화가 일어나기 시작할 무렵, 조선에서도 선조의 뒤를 이어 광해군이 즉위했다. 그는 세자 시절부터 임진왜란을 경험하면서 외교와 국방의 중요성을 통감하고, 내정과 외교에 있어서 비범한 정치적 역량과 리더십을 발휘하기 시작했다. 특히 그는 북방의 여진족이 만주 지방에서 후금을 건국하고 새롭게 흥기하려는 움직임에 대하여 현명하게 대처하기 위해 조선의 국익을 우선시하는 외교정책을 구사했다. 후금이 세력을 팽창하자 명나라가 후금을 치기 위해 만주로 출병할 때 조선도 지원군을 보낼 것을 요청했다. 조선은 친명정책을 왕조 초기부터 천명해왔고, 또한 임진왜란 당시 명나라로부터 지원군을 받은 입장이라 거절할 수 없는 상황이었다. 광해군은 강홍립 장군에게 1만여 명의 군대를 편성하여 명나라를 지원케 했다. 그러면서 광해군은 강홍립에게 밀지를 내려, 현장에서 상황을 보아 현명하게 대처하라고 했다. 명분상 명나라를 지원하기 위해 출병했지만, 불필요한 행동으로 후금을 자극하여 조선이 화를 자초하지 않도록 하라는 고도의 외교적 중립 정책을 지시한 셈이다. 명나라 군대가 불리해지자 강홍립 장군도 후금에게 항복하고 불필요한 마찰 없이 전쟁이 종료되었다. 후금은 조선보다는 명나라와의 관계에 치중했고 조선에 대한 보복 행동은 없었다.

광해군의 이러한 중립적 행동은 숭유억불, 사대교린의 패러다임에 젖은 신하들에게 좋게 보일 리가 없었다. 세종대왕이 한글을 창제할 때 임금의 안목을 이해하지 못한 신하들이 한글 창제를 반대하던 것과 같은 맥락이었다. 특히 광해군 재임 시 정치적 소외층이었던 서인을 중심으로 일부 신하들은 정파 이익과 국내 정치적 이유를 들어서 광해군을 몰아내고 인조를 새롭게 등극시키는 인조반정(1623)을 단행했다. 인조를 등극시킨 서인 집권세력은 광해군의 중립적 외교정책을 지양하고 친명배금 노선을 뚜렷이 했다. 고려 말 조선 초기의 친명배원 정책이 친명배금 정책으로 부활하는 순간이었다. 이러한 외교정책은 후금의 신경을 날카롭게 했다.

　명나라도 요동 일대의 지배권을 둘러싸고 후금과 계속 대립하고 있었다. 명나라는 장수 모문룡을 철산 일대에 주둔시키면서 요동 회복을 추진했다. 명나라와 조선의 배후에 군사적 위협을 느낀 후금은 명나라 본토를 공격하기 전에 후방을 평정해야 할 필요성을 느꼈다. 이러한 상황에서 조선을 칠 수 있는 명분을 조선 측이 제공했다. 반정이라는 말은 오늘날 군사 쿠데타와 비슷한 개념이다. 군사력을 동원하여 왕을 교체하고 새로운 정권을 수립하는 것이다. 이괄은 인조반정 시에 공을 세웠으나 반정이 성공한 후에 이루어진 논공행상 과정에서 2등 공신으로 푸대접을 받자 불만을 품고 반란을 일으켰다. 그러나 관군에 패하고 일당과 함께 후금에 투항하여 인조반정의 부당함과 광해군 폐위, 인조 즉위의 문제점을 알리며 후금의 조선 침입을 종용했다. 후금은 이괄이 명분을 제공하는 기회를 이용하여 조선을 침공했다. 인조 5년(1627) 후금은 군대를 동원하여 일부는 명나라 장수 모문룡의 군대를 치고, 일부는 조선의 평산 일대로 공격해왔다.

　조선 조정에서는 강화를 청하여 후금과 형제 관계를 맺겠다고 하여 후금을 물러가게 했다. 당시 국가와 국가 간의 관계는 대등관계, 주종관계로 구분되었다. 중국을 중심으로 소위 중화 질서가 구축되어, 대국과 소국 간의 위계적 국제질서가 구축되어 있었다. 중국은 상국, 기타는 신하의 나라로 취급하여 상하 위계적 질서 하에 책봉과 조공관계에 따라 정치 및 경제적 교류를 이어갔다.

　조선과 북방 유목민과의 관계는, 전통적으로 유목민들이 필요로 하는 생활 물품들을 조선으로부터 지원받아야 했기 때문에 조선을 부모의 나라로 받들어왔다. 유목 지역은 생활환경이 열악하고 목축과 수렵을 통해 삶을 영위하기 때문에 농경민족이 생산하는 식량과 생활 용품을 지원받아야 생존이 가능했다. 이러한 상호 관계가 순탄치 않으면 침략과 약탈을 해서라도 삶을 지속해가야 하는 것이 유목민의 운명이었다. 전통적 상하 개념의 부모의 나라에서 수평적 형제 관계로 국가 간의 관계가 재정립되었다. 북방 유목민 세력이 급속도로 성장하고 있음을 보여주는 사례였다.

그 후 후금의 세력이 점점 커지면서 국호를 청나라로 개명하고 스스로 천자라고 칭하면서 명나라를 전복하고 중원을 장악하기 시작했다. 청 태종은 사신을 조선에 보내 종전에 맺은 형제 관계를 상하 관계로 변경하여 조선이 신하의 나라로서 청나라에 도리를 다할 것을 요구해왔다. 조선 조정에서는 크게 반발하여 청나라 사신을 왕이 접견도 하지 않고 국서도 받지 않았다. 청 태종은 이를 빌미로 자신이 직접 군대를 거느리고 인조 14년(1636)에 조선을 공격해왔다. 유목민들이 해상 전투에 취약한 점을 고려하여 강화로 피난하여 저항하려 했으나, 인조는 시간이 촉박해 강화로 피난하지 못하고 남한산성으로 들어갔다. 장기전을 준비한 것이 아니었기 때문에 식량도 부족했다. 민족정신을 내세워 끝까지 싸우자는 척화파와 현실을 고려해 항복, 화해하자는 주화파로 의견이 엇갈렸다. 조선은 명나라와 외교관계 단절, 왕자를 인질로 보낼 것, 청나라에 대한 신하로서의 예, 청나라가 명을 칠 때 조선 군사력 파견 등 일방적 요구 조건을 수락하고 항복하고 말았다. 청 태종은 나아가서 삼전도 일대에 수항단을 만들고 인조에게 치욕적인 항복 예를 강요했다. 이른바 '삼궤구고두(세 번 무릎을 꿇고 아홉 번 머리를 땅에 조아리는 예절)'의 예를 갖추고 항복을 수락할 것을 강요한 것이다. 그리고 이것을 영원히 기록으로 남길 수 있도록 비석을 세우게 했다.

〈서울 송파에 위치한 삼전도 비 :
인조대왕의 항복 장면과 청 태종을 칭송하는 내용으로 기록되어 있다.〉

그리고 끝까지 싸울 것을 주장한 홍익한, 윤집, 오달제를 포로로 잡아가 죽이고 소현세자와 봉림대군을 인질로 잡아갔다.257) 조선의 저항 의지를 말살하여 후환을 없애기 위한 고도의 심리전이었다. 물론 일반 백성들과 여인들도 수없이 잡혀가서 치욕을 당했다. '환향녀(還鄕女)'라는 말은 병자호란 당시 청나라에 잡혀갔다가 귀국한 여인을 부르는 말이다. 여인들의 정조 관념이 엄격하던 조선 시대 양가집 여인들은 치욕을 당하기 전에 자살하는 경우가 수없이 많았으나, 어쩔 수 없이 잡혀갔다가 돌아오는 사람도 많았다. 돌아온 여인들을 모두 죽음으로 내몰 수는 없어서, 궁여지책으로 서울 도성으로 진입하기 전에 개울가에서 몸을 씻고 들어오도록 하고, 몸을 씻는 순간에 죄를 면하게 했다. 전쟁이 가져온 또 다른 비극이었다.

나라를 책임진 왕의 가장 큰 임무는 백성들의 안위를 보장하고 백성들을 먹여 살리는 것이다. 국가 통치이념과 국가 간의 외교관계 전략도 백성들의 안위와 경제 문제를 해결하기 위해 필요한 것이지, 백성들이

---

257) 이기백(1984), 앞의 책, pp.256-257.

국가 통치이념과 외교관계를 위한 수단으로 존재하는 것이 아니다. 그러나 유교의 명분주의에 빠진 반쪽 선비들의 안목에는 이와 같은 풍류도 정신이 남아 있지 않았다. 주인의식과 주체성, 민족정신의 정체성을 상실하면 판단 기준이 흔들리고, 그 결과는 백성들의 피해로 돌아온다.

　국가와 국가와의 관계는 영원한 동지도 영원한 적도 없다. 미합중국의 초대 대통령을 지낸 조지 워싱턴 장군은 임기를 마치고 고향으로 돌아가면서 마지막으로 고별연설을 하고 미국 판 훈요십조를 남겼다. 그는 "어떤 나라와도 영원한 동맹 관계를 맺지 말 것, 국민들 간의 갈등을 조장하지 말고 화합할 것, 군사력을 이용하여 다른 나라 문제에 개입하지 말 것, 경제 문제 등 국민들의 삶을 풍요롭게 하는 문제에 관심을 둘 것"을 강조했다. 워싱턴의 뒤를 이은 미국 대통령은 이를 계승하고 충실히 지켜나갔다. 이른바 먼로주의라고 불리는 고립주의, 불간섭주의, 실용주의 외교를 근간으로 하는 미국의 외교안보 정책은 이러한 역사적 맥락에서 태동되었다.

〈미국 판 훈요십조 : 초대 대통령 조지 워싱턴 이임 연설문〉

George Washington 'sFarewell Address
To the People of the United States
Published in The Independent Chronicle - September 26, 1796

미국의 초대 대통령 조지 워싱턴 장군은 영국으로부터 독립하기 위해 연방군 총사령관으로서 독립전쟁을 성공적으로 이끌어 미국의 독립을 이루었다. 그는 왕으로 취임하라는 주위의 권고도 물리치고, 헌법에 기초한 민주 공화정을 수립했다. 당시 미국 헌법에는 대통령의 중임 제한 규정이

> 명시되어 있지 않았다. 그는 4년 1회 임기를 마치고 고향으로 돌아가려 했으나, 주위의 권유와 추대로 다시 4년 임기의 2차 대통령직을 수행했다. 임기를 마치면서 그는 국민과 동료 및 후배들에게 귀감이 되는 이임 연설문을 남긴 후 고향 농장으로 귀향하여 노후를 보내고 영원한 미국 건국의 아버지로서 남게 되었다.

조선왕조가 국시로 정한 친명배금 정책은 명나라가 영원한 강대국으로 존재한다는 것을 전제로 한다면 실효성이 있을 수도 있으나, 고대 중국과 세계 역사를 보듯이 영원한 강대국은 존재하지 않는다. 변화에 대해 효과적으로 대응할 수 있는 유연성이 결여되면 그 피해는 백성들에게 돌아온다. 경직된 숭유억불, 사대교린 정책을 고정 관념화하고 유연성을 상실한 채 무사안일과 현상유지 정책이 고착화되자, 남쪽 해양 세력과 북쪽 대륙 세력으로부터 한반도를 유린하는 침략이 일어났고 백성들은 치욕을 당하게 되었다.

오늘날 개인이나 기업, 국가를 막론하고 경직된 사고체계나 이념으로는 변화하는 상황에 효과적으로 대응할 수가 없다. 그리고 현재의 안정과 무사안일에 만족하면서 안주하고 있으면 머지않아 위기가 닥쳐온다. 개인의 인생관리, 기업경영, 국가통치도 정도의 차이가 있을 뿐 같은 맥락에서 이해해야 한다.

오늘날 리더십과 관련된 거의 모든 참고서적에서 언급하는 혁신, 창조경영, 변화 관리, 패러다임 전환 등 제반 개념과 이론도 모두 이와 같은 의미에서 비롯된다고 볼 수 있다. 개인, 기업, 국가의 역사는 당대에서 끝나는 것이 아니라 후손들에게 이어지면서 영원히 지속되기 때문에, 변화를 예측하고 올바르게 대응하는 문제는 이 같은 차원과 안목에서 바라보아야 한다. 진정한 리더와 바람직한 리더십이란 조직 구성원들을 잘 이끌어서 목표를 달성하고 이윤을 극대화시키는 것뿐만 아니라, 큰 안목으로 더 넓고 더 장기적인 관점에서 변화를 인식, 예측하며 대응할 수 있는 역량을 갖춘 사람이라고 할 수 있다.

앞서 살펴본 것처럼 신생 독립국가 미국의 초대 대통령 조지 워싱턴 장군의 리더십이 오늘날 미국을 세계 초강대국으로 성장, 발전하게 한 출발점이었다. 그는 개인적으로 권력을 탐하지 않았고, 소아적 관점에서 당대의 부귀영화를 추구하기보다 대승적 차원에서 구성원과 후손들의 내일을 생각했다. 또 역사적 관점에서 영원히 생명력을 발하는 모범을 보였다. 동서고금의 세계 역사를 보아도 세속적 최고 권력과 부귀영화를 누릴 것이라고 여겨지는 왕이나 대통령직에 있으면서 개인적 욕심을 버리고 초연할 수 있는 것은 쉬운 일이 아니다.

한 집안이 일어나는 일이나 기업이 성장, 발전하는 문제, 그리고 국가와 민족이 발전하고 성장하는 문제도 리더의 리더십과 깊은 연관이 있다. 21세기 글로벌 경쟁 환경에서 개인, 가계, 기업, 국가를 이끌어가는 모든 리더는 이 같은 역사적 교훈을 올바르게 이해해야 한다.

13. 사상적 전환기의 풍류도 사상의 부활

임진왜란과 병자호란을 경험하면서 백성들은 지도층에 대한 신뢰 상실, 유교 이념의 실효성 의심, 미래에 대한 불안감 등으로 새로운 변화와 혁신을 기대하게 되었다. 유교 통치이념은 국제정세 변화, 국내 정치, 경제, 사회 변화에 효과적으로 대응하지 못하고 양반 기득권층의 배타적 이익을 보장하기 위한 보수 이념으로서 한계를 노출하기 시작했다. 인구는 늘어나고 양반의 숫자도 늘어나는데 벼슬자리는 고정되어 있으니 양반층 내에서도 생존경쟁이 치열해졌고 민생은 우선순위에서 밀려났다. 당파 싸움의 피해를 줄이기 위해 영조, 정조 시대에 탕평책을 써서 일시적으로 공평인사를 실시했으나 구조적 해결책은 되지 못했다.

백성들에게 부담을 지우는 기본 세수체계(전정, 군정, 환곡)가 문란해지면서 백성들의 부담이 점점 늘어나고 불만도 누적되어갔다. 늘어나는 양반들의 생활수준을 종전대로 보장하기 위해서는 백성들의 몫이 줄어들 수밖에 없었다. 양반이 증가하자 생존 경쟁에서 밀려난 양반층이 잔반으로 몰락하거나 평민으로 전락하기도 했다. 신분질서가 동요되고 민란이 발생하기 시작했다.

사회 불안기를 맞아 일부 학자들은 실사구시, 경세치용, 이용후생을 지향하는 실학사상을 제시하기도 하고, 소외된 민중 계층 일부에서는 이 씨 왕조가 망하고 정 씨 왕조가 새롭게 들어선다는 유언비어 성격이 짙은 정감록 사상이 나타나기도 했다. 모두가 숭유억불, 사대교린의 패러다임이 지닌 한계가 노출되면서 대안으로 나타난 사상이었다.

또한 서구의 새로운 사상도 전래되기 시작했다. 영국을 필두로 시작된 산업혁명은 서구의 과학기술 기반을 급속도로 확장시키고 물질적 부를 축적하게 했으며, 넘쳐나는 힘을 해외 식민지 개척에 몰두하게 했다. 서구 근대문명을 요약하면 기독교 사상과 과학기술이라고 할 수 있다. 서구 열강은 경쟁적으로 해외 식민지 개척에 나서면서 기독교의 전파도 동시에 추진했다. 기독교 사상과 과학기술이 지배하는 새로운 삶의 패러다임이 세계로 확산되기 시작했다.

유교 사상, 불교 사상, 도가 사상 등 동양 사상을 포용하면서 태동, 성장한 풍류도 정신은 서구 문명을 대표하는 기독교 사상을 필두로 한 서학의 도전에 직면하면서 새롭게 부활하기 시작했다.

통상적으로 인류 문명의 4대 발상지로 나일 강 일대의 이집트 문명, 티그리스 유프라테스 강 일대의 메소포타미아 문명, 인더스 갠지스 강 일대의 인더스 문명, 그리고 황하 강, 압록강 일대의 동아시아 문명을 들고 있다. 각 문명의 발상지마다 고대 종교 사상이 함께 나타났는데, 인도에서는 브라만교와 불교 사상, 동아시아에서는 유가와 도가 사상, 메소포타미아 일대에서는 유일신 사상이 출현했다. 이는 고대 원시 무속신앙을 모체로 하여 진화된 것으로 보인다.

고대 유태인들은 다신 사상을 발전시켜 유일신 사상을 정립했다. 오래 전부터 신과 유태인들의 선조인 아브라함 사이에 약속이 있었는데, '야훼(여호와)'라고 불리는 신을 섬기면 목축과 유목에 용이하고 살기 좋은 땅을 주겠으며, 자손을 번창하게 하고 자손 대대로 영광을 누리게 하겠다는 내용이다. 이러한 신앙체계가 모세 시대에 이르러 십계명을 비롯한 각종 율법으로 구체화되어 이른바 모세 5경(토라)으로 집대성되면서 유태교로 발전하게 되었다.

유태교 신앙의 핵심 교리는 야훼라고 부르는 전지전능한 신이 있고, 신이 우주 만물을 창조하고 자연의 질서를 모두 관할하고 있다는 데 있다. 신이 유태 민족을 선택하여 신을 섬기고 영광을 누리는 계약 관계를 맺었으며, 시기가 되면 구세주를 보내 유태 민족을 구원해준다는 것이다. 유일신 사상, 선민사상, 구세주 강림사상이 그것이다. 유태 민족은 모세 5경을 절대적인 신앙 체계로 정립하여 오랫동안 그 정체성을 유지해왔다.

로마의 지배를 받게 되었을 때 이민족 통치 하의 유태인들은 구세주 강림을 더욱 기대했고, 구세주가 강림하여 하루 속히 로마 강점으로부터 자신들을 해방시키고 영광을 누리는 날이 오기를 기원했다. 이러한 시기에 예수가 탄생했다. 그는 고대 유태교의 편협한 신앙 체계를 혁신하고, 신 앞에서는 누구든지 평등하며, 신의 말씀을 올바르게 믿고 실천하면 유태인뿐만 아니라 사마리아인도 구원에 이를 수 있다고 가르쳤다. 그리고 유태교 성전에서 상행위를 통해 수익사업을 하는 종교 지도자들을 비판하고 그들의 위선을 나무랐다. 이러한 예수의 행동은 유태교 종교 지도자들과 기득권층의 이해와 상충되었다. 따라서 예수는 신성모독, 혹세무민의 죄를 뒤집어쓰고 십자가형을 당하게 되었다. 예수의 가르침은 그 후 제자들에 의해 점점 세력이 확장되고 로마 제국으로 전파되면서 세계적인 종교로 발전하기 시작했다. 특히 A.D. 313년 로마 황제 콘스탄티누스에 의해 기독교가 로마 제국의 국교로 공인되면서 서구 세계 전체로 확산되었다. 기독교가 서구로 전파되면서 중세 유럽 정신문화의 중심 역할을 하게 되었고, 종교개혁과 지역적·문화적 배경에 따라 로마 가톨릭, 그리스 정교, 영국 성공회, 프로테스탄트 등 다양한 형태로 분화되어 나갔다. 그리고 아랍 지역의 이슬람교 태동에도 영향을 미쳤다.

이러한 기독교가 조선왕조 후기에 중국을 경유하여 조선에도 전래되었다. 조선에는 로마 가톨릭(천주교)이 먼저 전래되었는데, 신 앞에 만인이 평등하다는 사상은 여인들, 서자 출신, 정권으로부터 소외된 사람, 가난한 사람을 중심으로 널리 퍼져갔고 서울 등 대도시를 중심으로 신자가 급격히 늘어났다. 양반과 상인의 구분, 남자와 여자의 구분, 적자와 서자의 구분 등 조선사회를 지배해오던 경직된 신분 체제에 관계없이 누구나 신자가 될 수 있고 서로 평등한 상태에서 예배를 드릴 수 있다는 것이 신선한 매력으로 작용했다. 또한 현실에서 소외되고 좌절하는 층에게 내세의 천국 사상은 새로운 희망으로 부각되었다.[258]

기독교 사상이 전파되면서 이 같은 새로운 가르침을 서학이라고 부르기 시작했다. 도시에 사는 사람들이 기독교를 신봉하기 시작하면서, 농촌을 중심으로 하는 민중 계층에게도 사상적 공허함과 불안한 미래에 대한 위안으로서 새로운 신앙이 태동하기 시작했다. 그것은 수운 최제우 선생이 정립한 동학이었다.

동학은 유·불·선 등 동양 3교의 장점을 취하여 서학인 천주교에 대항한다는 명분으로 태동했다. 서학에 대항한다는 명분으로 이름도 동학이라고 했다. 동학사상은 '인내천(人乃天)'을 중심 사상으로 한다. 최제우는 인심이 곧 천심이요, 사람을 섬기는 것이 하늘[神, 天]을 섬기는 것이라고 가르쳤다. 이는 천주교 교리 체계로부터 영향을 받은 결과이기도 하며, 전통 무속신앙에서 취한 요소도 있었다. 그의 사상은『동경대전』과『용담유사』에 잘 나타나 있다. 이러한 사상은 사회적 평등을 지향하기 때문에 정권으로부터 소외된 몰락한 양반층과 농민층을 중심으로 확산되기 시작했다. 특히 주문을 외우고 제사의식도 행하기 때문에 민중들의 전통 신앙인 무속과도 통하는 바가 많아 농민층이 쉽게 이해하고 소화하기도 쉬웠다.[259] 최치원이 남긴 현묘지도가 동학이라는 이름으로 다시 부활하는 상황이었다. 최치원은 고대 풍류도가 유·불·

---

[258] 이기백(1984), 앞의 책, p.306.
[259] 위의 책, p.309.

선 3교를 포함한다고 했는데, 기독교가 전래되면서 전통적 유·불·선 3교의 교리에 기독교 사상이 추가되는 모습이었다.

도시에서는 천주교, 농촌에서는 동학사상이 소외층과 농민층을 대상으로 확산되면서 조정에서도 유교 이념에 입각한 체제 유지와 관련하여 심각한 고민을 하게 되었다. 사회적 평등사상이 확산되면 유교 이념에 의한 신분제, 위계적 사회질서는 붕괴되고, 나아가 왕실의 존립 문제까지도 위협받을 수 있었기 때문이다. 곧 천주교 사상에 탄압이 가해졌다. 몇 차례의 옥사가 있었으나 새로운 종교에 대한 호기심과 사회 불안 요소가 가중되면서 신자들은 계속 늘어났고, 탄압을 피해 지하로 잠적하면서 암암리에 신앙 활동이 확산되어나갔다.

〈서울 마포 절두산 천주교 순교자 기념탑〉

한편 동학은 농촌의 민중 계층을 중심으로 확산되면서 순수한 종교로서의 성격을 넘어 사회혁명 사상으로 발전하기 시작했다. 동학은 보국안민(輔國安民)을 내세우며 정치개혁을 요구하기에 이르렀다. 최제우는 철종 14년(1863) 혹세무민의 사상을 퍼뜨리고 있다는 죄목으로 체포되어 이듬해 사형 당했다.[260] 그러나 동학운동은 멈추지 않고 계속되어 2대 최시형과 3대 손병희에 이르면서 동학에서 천도교로 개명하고 전국적으로 확산되어갔다.

이러한 새로운 종교운동이 당시 사회적 모순, 불안 요인과 상승작용을 일으키면서 혁명사상으로 발전했다. 지배층으로부터 수탈당하는 입장에 있던 민중이 사회적 병폐에 대해 적극적으로 시정을 요구하고 자신들의 의사를 집단적으로 표명하기 시작했다. 또한 당시 점증하던 일본을 비롯한 서양 세력의 출현에 대해 불안을 느끼면서, 정부에 대한 병폐 시정과 일본 및 서양 세력에 대한 배척을 통해 민족의 정체성을 수호하고 국가를 보호하며 백성들의 안위를 보장해야 한다는 주장이 있었다. 이른바 '보국안민(輔國安民)', '척왜양창의(斥倭洋倡義)'를 명분으로 내세우면서 사회혁명 운동으로 발전하자 조정에서는 이를 진압하기에 이르렀다. 그리하여 동학 농민군과 정부군 사이에 충돌이 발생했다. 조선 조정의 동학 혁명군 진압의 힘이 부족하자 조정에서는 청나라에 지원을 요청했다. 청나라가 조선에 출병하자 일본도 군대를 파견했다. 청나라와 일본이 개입하면서 국제적 분쟁으로 발전하는 상황으로 치달았다.

청나라와 일본은 한반도에 대한 영향력 확보의 주도권을 두고 날카로운 신경전을 벌였다. 조선왕조 초기부터 국시로 이어온 사대교린, 친명정책은 북방 유목민인 청나라가 명나라를 전복하고 중국 대륙에 새로운 통일왕조를 수립하자 사대의 대상이 명나라에서 청나라로 변경되었다.

---

[260] 위의 책, p.309.

〈동학운동 기념탑〉

 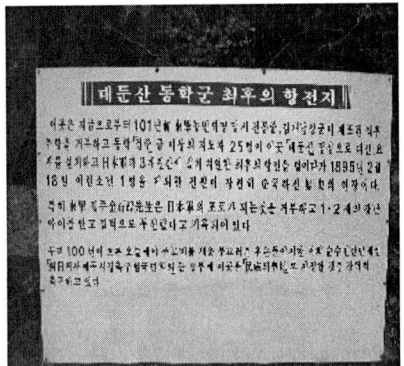

〈대둔산 최후항쟁 기록〉

　민중이 사회적 병폐와 외국 세력의 간섭에 맞서서 집단적으로 의사 표시를 하고 이를 시정하기 위해 요구한 정당한 행위를 정부군뿐만 아니라 외국 군대까지 끌어들여 무력으로 진압하자, 유교는 통치 및 지배 이념으로서 더 이상 생명력을 발휘할 수 없게 되었다. 조선 조정과 백성들이 힘을 합쳐서 난국을 타개할 생각은 하지 못하고 외세에 의존하는 것을 우선으로 하자 백성들은 기존의 유교 사상과 지배층을 더 이상 신뢰할 수 없다고 판단하고, 기독교와 동학사상에 의존하면서 우리 것, 새로운 것에 대한 기대와 신뢰를 점점 키워나갔다.

조선왕조의 숭유억불 정책은 농경문화에 적합한 왕조 통치이념으로서 사회적으로 사, 농, 공, 상의 위계 신분을 기초로 하고 있었다. 국가를 유지하는 핵심 생산 담당 층은 농민이었다. 공업과 상업은 농업 생산력을 증대시키고 유통에 필요한 보조 역할에 지나지 않았다. 그래서 '농자천하지대본(農者天下之大本)'이라는 말이 생겨났다.

양반층은 사, 농, 공, 상의 위계적 사회질서를 유지하고 자신들이 누리고 있는 정치, 사회, 경제적 위상을 보호하기 위해 농민이 생산한 생산물을 어떻게 효과적으로 분배할 것인지에만 관심을 집중시켰다. 양반층은 유학을 공부하여 국가 관리가 되거나 아니면 실업 상태에서 무위도식하는 신세였다. 농민층이 열심히 노동하여 양반층을 부양하고 사회를 유지해가는 핵심 기능을 담당하고, 나머지 층은 이를 분배하는 일에 종사한 셈이다.

조선왕조 초기에는 조선의 총 인구의 수나 양반의 수, 농업 생산력 등의 면에서 볼 때 정치, 경제, 사회적 환경이 괜찮은 편이었다. 그러나 인구가 증가하는 데 비해 토지는 크게 늘어나지 않고, 양반 수가 늘어나는 데 비해 공직 숫자는 고정되어 있어서 식량생산 및 공급 문제가 생기기 시작했다. 또 양반들 내에서도 공직에 진출하기 위해 치열한 경쟁이 나타나게 되었다. 국가와 사회가 건강한 상태에서 건전한 문화를 꽃 피우는 일은 공동체 구성원들이 국가와 사회를 유지하기 위해 자신이 담당한 역할을 공평하게 분담하고 상호 신뢰와 존중, 배려가 있을 때만 가능하다. 부담만 많고 자신의 노력에 비해 차지하는 몫이 적다면 억울하고 부당하게 느껴지고, 그럴 때 공동체는 더 이상 유지되기 어렵다.

이는 오늘날 가정, 기업, 국가 공동체에서도 마찬가지이다. 유교를 국시로 한 조선왕조는 이러한 근본적 변화를 적시에 읽지 못했으며 효과적으로 대응하지도 못했다. 그 결과 국가 혁신의 기회를 상실하고 은둔의 왕국으로 안주하고 말았다. 이러한 시대 상황 속에서 전통적 사상을 재정립한 동학사상과 서구의 새로운 전래 사상인 기독교가 새롭게 등장한 것이다. 동학과 기독교 사상이 유교 이념의 대안으로 민중에게 급속히 확산되기 시작했다.

14. 3·1운동에 나타난 풍류도 사상

　동학 농민운동이 진압되고 나자 일본과 청나라 사이에 한반도 지배를 위한 주도권 쟁탈 성격의 청일전쟁이 발발하면서 한반도는 일본과 청나라의 전쟁터로 바뀌었다. 청나라보다 한 발 앞서 서구화에 발을 들여놓은 일본이 청나라 군대를 물리치고 일본의 의도에 따라 조선에 대한 영향력을 행사할 수 있는 발판을 마련했다. 조선의 입장에서는 사대의 대상이 청나라에서 일본으로 변경되는 상황을 맞이하게 된 것이다. 일본은 임진왜란 당시에 제시했던 '정명가도(征明假道 : 명나라를 치려고 하니 길을 빌려 달라)'에서 이제는 '선 정한, 후 만주(先征韓, 後滿洲 : 먼저 한반도를 점령하고 다음에는 만주를 점령하겠다)' 전략을 펼쳐나가기 시작했다.

　일본이 노골적으로 대륙 진출 정책을 추진하자 러시아와 미국이 이를 견제하기 시작했다. 당시 강대국인 영국과는 이미 영일동맹(1902년)을 맺은 상태였기 때문에 일본은 먼저 미국과 비밀 외교교섭을 통해 미국을 설득했다. 일본이 한반도를 지배하는 것을 묵인해주면 일본도 미국이 필리핀을 식민지로 점령하는 것을 인정해주겠다고 했다. 외교협상이 타결되고 1905년 가쓰라-태프트 비밀조약이 체결되었다.[261] 그 후 일본은 조선의 외교권을 박탈하기 위한 을사조약을 체결하고(1905년 11월) 통감을 두어 실질적으로 조선을 지배했다. 1905년 독도를 일본 영토로 강탈하고, 1909년에는 청나라와 간도협약을 체결한 뒤 안봉선 철도 개축과 교환 조건으로 조선의 영토인 간도 지역을 청나라에 넘겨주었다.

---

[261] 미국과 일본 사이에 체결된 비밀조약. 일본은 당시 영국과 함께 세계 초강대국이던 미국으로부터 한반도 지배에 대한 공식적 지배권을 양해 받음으로써 한반도 식민지화에 더욱 박차를 가하게 되었다.

[간도 지역도]

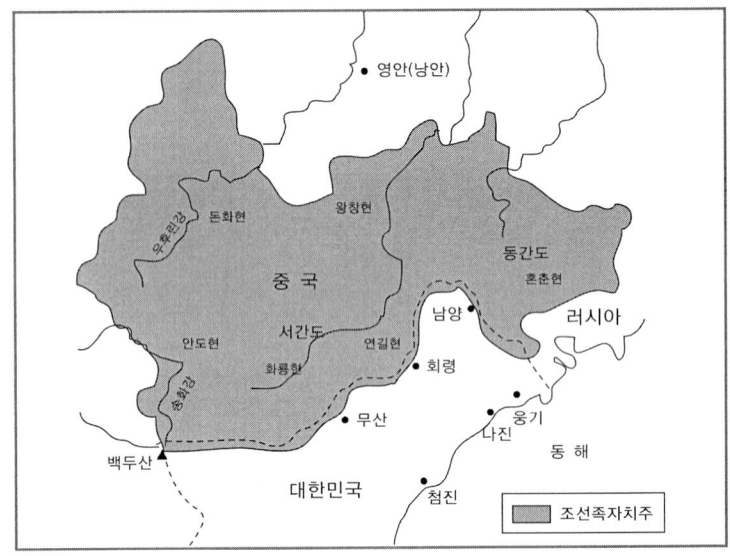

　러시아와는 외교 교섭이 여의치 않아 전쟁으로 승부를 가렸다. 청나라와는 청일전쟁으로, 미국과는 외교 교섭으로, 그리고 마지막 장애물인 러시아와는 러일전쟁으로 장애물을 제거하고 일본이 동아시아 패권국가로 부상하기 시작했다.
　반만년을 이어온 한민족의 운명이 풍전등화와 같은 상황을 맞이했다. 지배층은 속수무책이었다. 기득권 중에서 일부 친일세력은 일본의 한반도 지배에 적극적으로 협력하기도 했다. 일본에 협력한 지배층은 일본으로부터 귀족 대접을 받으면서 호의호식하는 부귀영화를 누렸다. 나라와 민족을 팔아서 개인의 영달을 구하는 형국이 되었다. 1910년 8월 29일 한일합병 조약이 강제로 체결되고, 조선이라는 나라는 소멸되었다. 일본은 한민족 정신을 말살하고 식민 지배를 강화하기 위해 역사를 날조하기 시작했다.

> ### 〈제국주의 일본의 한민족 역사 왜곡〉
>
> 단군 부정을 위한 첫 기록은 일본인 사학자 나가통세(那珂通世)가 A.D. 1897년 『사학 잡지』 5·6집에 발표한 '조선고사(朝鮮古史)'라는 논문에서 "단군왕검은 불교 승도의 망설이요 날조된 신화"라고 주장했고, 한·일 합방 이후 단군신화 조작을 본격화했다.
> 1922년 우리 민족 고유 사서 20만 권을 분서한 후 사이토 조선총독이 조선인을 반(半) 일본인으로 만들기 위하여 민족정신 말살정책을 추진했다.
> "먼저 조선 사람들이 자신의 일, 역사, 전통을 알지 못하게 하라. 그럼으로써 민족혼, 민족문화를 상실하게 하고, 그들의 조상의 무위, 무능, 악행을 들추어 내, 과장하여 조선인 후손들에게 가르쳐라. 조선인 청소년들이 그들의 부조(父祖)들을 경시하고 멸시하는 감정을 일으키게 하여, 하나의 기풍으로 만들어라. 그러면 조선인 청소년들이 자국의 인물과 사적에 대하여 부정적인 지식을 얻게 될 것이며, 반드시 실망과 허무감에 빠지게 될 것이다. 그때 일본의 사적문화, 위인들을 소개하면 동화의 효과가 지대할 것이다. 이것이 제국 일본이 조선인을 반(半) 일본인으로 만드는 요결인 것이다."[262]

숭유억불, 숭문천무, 사대교린이라는 조선왕조의 통치 이념과 외교 노선은 이렇게 결말이 났다. 믿고 따를 지도자도 없어졌고, 의지할 이념도 상실되었으며, 전통 신앙도 서구에서 전래된 새로운 종교사상에 도전을 받는 상황이 발생했다. 나라가 없어지자 일부는 중국으로, 만주로, 미국으로 삶의 터전을 옮기기도 했다. 옮겨갈 능력이 없는 민중들은 고스란히 일본 제국주의 당국의 가혹한 통치를 받으면서 하루하루 어렵게 삶을 꾸려나가야 했다.

나라가 없어진 지 10년이 지났을 무렵, 민족적 위기에 대항하고자 극복 의지를 내세운 이들은 유교 이념에 찌든 양반층이 아니라 민족정신과 풍류도 사상을 면면히 지켜온 민중들이었다. 국왕도 없고 정부도 없

---

[262] http://cafe.daum.net/hanbaedal/5lKd/4 (검색일 : 2009.9.11.)

는 상태에서 민족대표 33인이 잃어버린 민족혼과 나라를 되찾기 위해 맨손으로 분연히 일어났다. 민족대표 33인 구성은 동학 사상 계통 15명, 기독교 사상 계통 16명, 불교 사상 계통 2명으로 구성되었다. 유교 계통은 1명도 없었다. 이들은 모두가 조선 시대에 상대적으로 소외층에 속했던 중인, 서자 출신, 농민 등이 대부분이었다. 앞에서 언급한 유교 이념에 대한 대안으로 태동된 동학 계통, 기독교 계통의 인사들이 새로운 리더십을 발휘하여 민족의 정체성과 정신을 이어가기 시작했다. 이른바 1919년 3월 1일 대한독립 만세운동을 시작으로 일본 식민 지배에 대한 대대적인 저항 운동이 전개되었다. 나라와 민족이 위기에 처했을 때 누가 진정으로 주인 정신을 갖고 목숨을 버릴 수 있는가를 잘 보여주는 사례이다.

3·1 독립선언문은 민족대표 33인이 중심이 되어 작성한 것이다. 임금이 왕명으로 교지를 내린 것도 아니고 걸출한 영웅이 지도자로 나타나 강력한 리더십을 발휘한 것도 아니다. 조선왕조 시대에 주도적 위치에 있던 사람이 아닌 평범한 백성들이 주도하여, 아래로부터 자발적으로 형성된 민족적 양심과 도덕의식에 근거하여 작성한 생명력 넘치는 문장이다. "민족 자주성을 견지하자, 도의와 질서를 준수하고 감정이나 폭력에 흐르지 말자, 자유와 정의, 평등 등 세계 보편적 가치를 구현하기 위해 당당히 주장하자." 등 한민족의 5천년 정신 유산이 고스란히 응결된 민족정신의 정수이며 풍류도 사상이 새롭게 부활한 모습이었다.

불교가 지배층의 통치 이념을 대신한 적도 있었고, 유교가 지배층의 통치 이념을 담당하기도 했으나, 고대 이후로 한민족의 정신적 유전자에 면면히 전래되어온 풍류도와 세속오계 정신은 민족이 누란의 위기에 놓였을 때 비로소 찬란하게 빛을 발했다. 이것이 풍류도라고 하는 한국 민족정신이라 할 수 있다. 사람의 지문이 없어지지 않듯 오래된 민족

정신은 시대에 따라 성쇠를 거듭하기도 하지만 민족정신 자체가 소멸되지는 않는다. 현대를 살아가는 우리는 이러한 사실을 깊이 재인식해야 한다.

민족대표 33인은 상기와 같은 독립선언문을 낭독하고 도망가거나 지하로 숨어들지 않고, 스스로 일본 당국에 자신들이 한 행동에 대하여 알리고 체포당했다. 독립운동의 도덕적 정당성과 민족적 당당함을 지키기 위해서였다. 민족대표 33인이 체포되었으나, 민중을 중심으로 거국적 저항운동이 전개되었다. 시위에 참가한 민중은 전국 218개 군 중에서 211개 군에 있는 200만 명이 넘는 인원이었으며, 1500여 회 참가했다. 3·1 운동을 계기로 민족정신이 되살아나기 시작했다. 국내외에서 독립운동이 활발하게 전개되고 백성들의 민족의식도 깨어나 독립을 이루겠다는 일념으로 모두 하나가 되었다.

일본은 비무장, 비폭력, 평화적인 시위 군중을 대상으로 무장된 헌병과 군대, 경찰력으로 무자비한 유혈 진압을 개시했다. 시위 도중 일본 당국에 체포된 자가 46948명, 피살된 자가 7509명, 부상자가 15961명이나 되었고, 불에 탄 민가가 715, 교회당이 47, 학교가 2곳이나 되었다. 이는 일본 측에서 공식 발표한 자료이므로 실제 피해는 이보다 훨씬 심각했음을 짐작할 수 있다.[263]

한반도의 3·1 독립운동은 서세동점의 식민지 시대에 피식민 상태에 있던 중국과 인도에서 한민족의 저력과 용기에 박수를 보내고 이들을 각성시키는 계기가 되었다. 중국도 5·4 운동을 일으키고, 인도에서도 비폭력 복종운동이 일기 시작했으며, 이집트에서도 대중적 반항운동이 일어났다. 인도의 노벨 문학상 수상 시인 타고르는 한국의 식민지 상태

---

[263] 이기백(1984), 앞의 책, p.403.

에서의 3·1운동과 관련하여 아래와 같이 예찬했다.

〈동방의 등불〉

일찍이 아시아의 황금 시기에, 빛나던 등불의 하나인 코리아
그 등불 다시 한번 켜지는 날에, 너는 동방의 밝은 빛이 되리라
마음에 두려움이 없고, 머리는 높이 쳐들린 곳
지식은 자유롭고, 좁다란 담벽으로 세계가 조각조각 갈라지지 않은 곳
진실의 깊은 속에서 말씀이 솟아나는 곳
끊임없는 노력이 완성을 향해 팔을 벌리는 곳
지성의 맑은 흐름이 굳어진 습관의 모래벌판에 길 잃지 않은 곳
무한히 퍼져 나가는 생각과 행동으로 우리들의 마음이 인도되는 곳
그러한 자유의 천국으로 나의 마음의 조국 코리아여 깨어나소서.
- 타고르

그러나 고대의 풍류도와 선비정신이 도의와 무예를 겸비한 것인 데 비해, 일제 강점기에는 도의는 있었으나 무예는 부족했다. 임진왜란 시와 같이 일본의 군사력에 정면으로 대응하여 당당하게 싸울 수 있는 물리적 수단은 없었다. 나라가 없으니 군대도 없었고, 임금과 조정이 없으니 조직적으로 대항할 수도 없었다. 울분을 참지 못하고 의병을 일으키기도 하고, 일본의 요인을 상대로 위해를 가하기도 하며, 만주 일대에서 무장 독립군이 편성되어 활동하기도 했으나 부분적인 성과를 달성할 뿐이었다.

진정한 독립은 신라가 삼국을 통일할 때 당나라에 군사력으로 당당히 맞서 싸워 스스로의 힘으로 달성했던 것과 같이 도덕적 명분과 물리적 수단이 병행되어야 하는데, 일제 강점기 하의 한국은 사정이 여의치 못했다. 약 500년 동안의 숭유억불, 숭문천무 패러다임이 지닌 한계였고, 그로 인한 부정적 결과였다.

15. 해방과 한국전쟁에서 나타난 풍류도 사상

일본은 한반도를 강점하고 만주를 지배한 다음 중국 본토까지 식민지화하려고 중국과의 전쟁을 개시했다. 고대부터 5000년 이상 문화를 전수해주고 이웃 국가로서 교류와 협력을 해오던 전통이 일본의 서구화와 함께 무참히 짓밟혔고, 일본은 자신만의 안일을 위해 오래된 이웃 국가를 희생시키는 일을 주저 없이 감행했다.

중국 본토는 만주와는 달리 영토가 광활하고 인구가 많은 지역이라 쉽게 점령되지 않았다. 전쟁이 장기화되고 전쟁 수행과 관련하여 물자가 부족해지자 일본은 전쟁 물자와 자원 확보에 용이한 동남아시아 일대에 눈독을 들였다. 동남아시아 일대는 미국이 이미 필리핀에 진출해 있는 상태였고, 1905년 가쓰라-태프트 비밀협정과 1908년 루트-다카히라 협정(Root-Takahira Agreement)[264]에 의해 미국이 주도적으로 영향력을 발휘하는 지역으로 약속된 상태였다. 그러나 일본 제국주의 지도부에서는 욕심이 지나쳐 조약에 의한 약속 따위는 눈에 보이지 않았다. 그리하여 '대동아 공영권'이라는 황당한 논리가 나타났다. 일본이 아시아 패권국이 되어 전 아시아 인민을 잘살게 해주겠으니, 일본의 지배하에 들어오라는 것이었다.

일본의 전략적 이익과 미국의 전략적 이익이 충돌하기 시작했다. 일본은 반칙을 해서라도 미국을 아시아에서 몰아내고 아시아 지역의 이익을 독차지하고자 무리수를 두기 시작했다. 미국은 태평양에서 미국의 이익을 수호하기 위해 하와이 섬에 태평양 함대를 주둔시키고 있었다. 일본은 하와이 섬의 진주만에 있는 미국 해군 기지에 대해 선전포고

---

[264] 일본이 만주사변을 일으켜 만주 일대에 진출하자 미국은 만주에 대한 일본의 이해관계를 양해해주고, 대신 일본은 태평양에서 미국의 안보와 이해관계를 보장해준다는 협정.

도 없이 기습 공격을 했다. 하와이에 주둔하고 있던 미국 해군 주 전력이 피해를 입고 일시적으로 공황 상태에 빠졌다. 그러나 미국인들은 '진주만을 기억하라(Remember Pearl Harbour.)'라는 구호 아래 하나로 뭉치면서 미국이 지닌 무궁한 잠재력을 발휘하기 시작했다.

일본은 중국과의 전쟁, 미국과의 전쟁을 동시에 치르면서 힘에 부치기 시작했다. 한국인들을 군인으로, 징용으로 강제 동원하기도 하고, 전쟁에 나가 있는 일본군을 위로한다는 명목 하에 한국의 젊은 여인들을 정신대로 동원하여 성적 위안부로 삼기도 했다. 나라를 잃은 피해가 고스란히 백성들에게 돌아오고 있었다.

전쟁이 지속됨에 따라 미국의 과학기술 수준과 산업 생산력이 일본을 능가하면서, 개전 초기 반칙으로 잠시 우세에 있던 일본이 미국에 열세를 보이기 시작했다. 일본은 극단적인 방법으로 마지막 발악을 하기 시작했다. 옥쇄전술, 가미가제 특공대 전술 등 전쟁 역사상 전무후무한 방법을 동원했다. 미국군과의 전투에서 항복하거나 포로가 되는 것은 용납하지 않았다. 포로가 되기보다 자살로 생을 마감하는 것을 찬양했다. 전투기를 몰고 출격하는 젊은 조종사에게 기지로 돌아올 수 있는 연료는 주지 않은 채 미국군 함대까지 접근할 수 있는 연료만 주고 자살로써 공격하게 했다. 비록 전쟁 상황이라 할지라도 상식적으로 이해할 수 없는 극단적이고 비합리적 일이 일본군 내에서 일어나고 있었다.

태평양 상의 섬들이 하나하나 미국군에게 점령당하기 시작했다. 그럼에도 불구하고 일본 본토에 남아 있는 모든 사람들이 전원 옥쇄할 때까지 저항하겠다는 군부 강경노선이 추진되었는데, 이에 대하여 합리적으로 상황을 판단하고 최고 통수권자에게 직언을 하는 사람이 없었다. 메이지 유신 이후 모든 국민과 군대를 황국 신민화하여 절대 복종을 미덕으로 하는 교육이 철저하게 이루어진 부정적 결과였다.

> ⟨백범 김구 선생의 걱정!⟩
>
> "아! 왜적이 항복!"
> 이것은 내게 기쁜 소식이라기보다는 하늘이 무너지는 듯한 일이었다.
> 천신만고 끝에 수년간 애를 써서 참전할 준비를 한 것도 다 허사다.
> 서안과 부양에서 훈련을 받은 우리 청년들에게 각종 비밀무기를 주어서 산동에서 미국 잠수함을 태워 본국으로 들여보내, 국내의 중요 지점을 파괴하거나 점령한 후에 미국 비행기를 이용하여 무기를 운반하기로 미국 육군성과 약속이 되어 있었는데, 이를 실행하지 못하고 왜적이 항복했으니 전공을 세우지 못한 것도 애석하지만, 진정 걱정스러운 것은 우리가 이번 전쟁에 별로 기여한 것이 없기 때문에 장차 국제간에 발언권이 약해질 것이라는 점이다.
>
> – 김구, 『백범일지』 중에서

　　미국은 군과 미국 시민의 대량 피해 없이 전쟁을 조기에 종결시키기 위해 비밀 무기 개발을 진행했다. 결국 원자폭탄이라는 새로운 무기가 사용되었고, 일본의 히로시마와 나가사키 등 2개 도시가 폐허로 변해 흔적을 알아볼 수 없을 만큼 사라졌다. 이로 인해 일본은 무조건 항복을 했고, 그로써 2차 세계대전이 종료될 수 있었다. 전승국인 미국과 소련이 한반도를 3·8선 상을 기준으로 남북으로 분할하고 각각 친미정권, 친소정권을 수립했다. 일부 풍류도 정신으로 무장한 민족주의 계열의 인사들이 남북한 단일정부를 수립하기 위해 노력했으나, 백범 김구 선생께서 우려한 바와 같이 강대국의 힘에 의존하여 이룩한 독립이었기 때문에 한민족이 스스로 주인 노릇을 하지 못하고 분단된 상태로 강대국의 처분에 의존할 수밖에 없었다.

　　한민족은 기미 독립선언문을 발표할 만큼 고도의 정신문화를 지녔고 도의와 무예를 겸비하는 전통적 풍류도 정신을 유산으로 가졌으나, 도의만 계승되고 무예는 뒷받침되지 않는 반쪽 상태에 머무르고 있었다.

민족의 생존권을 지킬 수 있는 충분한 군사력이 뒷받침되지 않은 독립운동은 우리의 발언권을 제한했으며, 진정한 자주독립으로 연결될 수 없었다. 독립 후 새로운 민족의 삶의 터전이 제대로 정립되기도 전에, 북쪽에서는 외세를 동원하여 친소정권을 수립한 공산주의 세력이 우수한 전쟁 무기를 갖추고 민족통일 전쟁, 민족해방 전쟁이라는 명분으로 1950년 6월 25일 남쪽을 상대로 전쟁을 도발했다. 3년간의 전쟁은 민족의 삶의 터전을 파괴시키고 힘없는 국민들의 목숨만 대량으로 빼앗는 피해를 남긴 채 휴전되었다. 전쟁 중에 발생한 고아, 피난민, 이산가족의 수는 엄청났다. 또한 군인과 민간인의 피해 등 60년이 지난 현재까지도 상처가 다 아물지 않은 채 휴전 상태가 지속되고 있다. '우리는 하나'라는 풍류도 정신이 실종되고, 고대 선조들이 물려준 삶의 터전과 삶의 방식을 망각한 채 소아적, 분파주의적으로 눈앞의 이익만 좇은 것에 대한 일종의 역사적 심판일지도 모른다.

역사적 교훈을 망각하면 또다시 비극적 역사는 되풀이된다. 인간이 가장 싫어하고 스트레스를 받는 마찰 소음은 유리에다 대고 강하고 뾰족한 도구로 긁거나 유리끼리 서로 마찰을 시킬 때 발생하는 높은 주파수의 파열음이라고 한다. 이 파열음은 공룡 시대에 육식 공룡이 먹이를 사냥할 때 내는 울음소리와 같은 주파수라고 알려져 있다. 공룡 시대 자연계에서 인간이 가장 두려워하던 천적은 육식 공룡이었다고 알려져 있다. 생존과 직결되는 공룡의 움직임에 대해 인간이 민감하게 반응하게 되는 것은 자연스러운 일이다. 따라서 인간은 육식 공룡의 울음소리에 가장 우선적으로 반응해야 살아남을 수 있었다. 인간의 뇌에 있는 기억장치 안에서 가장 오래, 그리고 가장 깊이 기억되는 것은 생명의 유지와 생존에 관한 것이라고 알려져 있다. 이것은 당대에 그치지 않고 유전자에 기억되어 생물학적으로 대대손손 전해지도록 되어 있다고 한다.

한민족 정신 체계의 기억장치에 가장 깊이 그리고 가장 오래도록 기억하고 대대로 물려주면서 간직해야 할 경험 요소는 무엇일까? 자연법칙을 준용한다면, 민족의 생존 및 영속성과 관련된 역사적 사건일 것이다. 수많은 내우외환이 있었지만 필자는 그 중에서도 1910년 8월 29일의 한일합병과 1950년 6월 25일에 발발한 한국전쟁을 대표적으로 기억해야 할 사건이라고 본다. 경사스러운 날은 국경일로 제정해 기념식도 하고 축하 행사도 하면서, 정작 기억해야 할 수치스럽고 위험한 날을 기억하지 않는다면 육식 공룡의 울음소리에 대해 즉각 반응하지 못해 잡아먹히고 마는 인간의 운명과 같을 것이다.

한일합병은 풍류도 사상을 망각한 일부 위선적인 반쪽짜리 선비들이 자신의 일시적 영달과 부귀영화를 위해 민족을 팔아버린 한민족 역사상 가장 부끄럽고 치욕적인 사건이다. 우리는 일본이 왜 힘으로 한국을 병합했느냐를 따지고 탓하기 전에, 왜 우리는 이웃나라에게 병합당할 정도로 허약했고 무사안일에 젖어 있었던가를 탓해야 한다. 또한 왜 우리는 국가가 위기에 봉착했을 때, 위로는 국왕으로부터 아래로 일반 백성들에 이르기까지 하나로 뭉쳐 끝까지 대항할 생각은 하지 못하고, 외세에 의존하며 강한 자에게 비굴한 아첨이나 하면서 빌붙어 민족의 고혈을 빨아먹는 사람이 있게 했는가를 반성해야 한다. 1910년 일제 강점이 있기 500년 전에 조총으로 무장한 토요토미 히데요시 군대로부터 전 국토를 유린당하고도 역사적 사건에 대한 기억장치가 제대로 작동되지 않아 똑같은 과오를 되풀이한 지도층의 무능과 백성들의 안일한 태도도 반성할 필요가 있다.

고대부터 일본 열도는 중국 대륙과 한반도로부터 대륙 문화를 전래받아 문화를 형성하고 발전시켰다. 종교와 학문과 사상, 도자기 기술 등 모두가 한반도로부터 전래된 것을 배워서 정착시킨 것이다. 조선 통신

사가 내왕하기를 손꼽아 기다릴 정도로 일본은 한반도로부터 선진 문물을 배우고 전수 받았다. 그러다가 임진왜란 이후 일본은 조선의 기술자들을 강제로 끌고 가서 기술을 발전시키고 서구와 무역도 활발하게 하면서 대외교역에 관심을 기울였다. 도쿠가와 이에야스 막부는 정권의 안정을 위해 기본적으로는 쇄국정책을 유지했다. 하지만 동양에서는 중국 및 조선과 관계를 유지하고 대륙 문화를 수용할 수 있는 채널을 유지하고, 서구 문명에도 관심을 기울이고 있었다. 일본은 당시 세계적 무역 강국이던 네덜란드와의 교역을 위해 나가사키에 상관과 외국인 거주 지역을 설치하고 제한적으로 개방 체제를 허용해주었다. 일본은 동양의 전통 사상과 문화, 그리고 서구의 기독교 사상과 과학기술 문화를 동시에 접할 수 있는 채널을 확보하고 있었다.[265]

    서구에서 산업혁명이 본격화되고 해상무역이 활발하게 이루어지면서, 일본은 서구의 선진화된 과학기술과 군사력에 두려움과 호기심을 갖고 서구를 배우기 위해 노력했다. 특히 일본이 1000년 이상 배우고 따랐던 중국이 유럽의 강대국 영국에게 아편전쟁에서 패하는 것을 보고는, 일본의 전통적인 막부 체제로는 서구를 따라갈 수 없다는 것을 자각하고 국가 발전을 위한 혁신적인 계기를 마련했다. 이른바 1868년 단행한 메이지 유신이다. 일본 국왕은 전통적으로 국가의 상징으로 존재하고, 막부를 편성하여 쇼군이라고 하는 사람이 실권을 갖고 통치했다. 그러나 일본은 국가 통치의 효율성을 고려해볼 때 대외적으로 점증하는 서구 세력의 위협에 대응하기 위해서 국왕 친정체제로 복귀했다. 그리고 지금까지 중국 대륙과 한반도를 통해 선진 문화를 습득해오던 방향을 일대 전환하여, 서구를 통해 새로운 문명을 배우겠다는 과감한 발

---

[265] 일본은 동양의 전통적 제자백가 사상 외에 "난학(네덜란드 학, 광범위한 의미의 서구 과학기술 사상과 학문)" 연구도 활발하게 이루어지고 있었다.

상의 전환을 추구했다. 이른바 '탈아입구(脫亞入區 : 아시아를 벗어나서 유럽의 일원이 된다)' 정책이다.

발전된 서구를 제대로 알기 위해서는 현장을 직접 경험해야 한다고 판단한 뒤 고위 관료들, 학자, 경제인들로 구성된 대규모 시찰단을 편성하여 2년 가까이 미주 대륙과 유럽 등 서구 주요 선진국들을 돌아보고 자세히 분석했다. 일본과 서구의 격차를 눈으로 직접 확인한 시찰단은 근대 국가로 탈바꿈하기 위해 교육제도, 군대 편성 및 훈련, 기타 생산 및 무역제도 등 국가 전반의 개혁을 강력하게 추진했다.

조선이 전통적 농경사회에 치중한 생산수단을 벗어나지 못하고 당파싸움과 세도정치로 내부적인 권력투쟁에 시간을 허비하고 있을 때, 일본은 과학기술, 공업 생산력에 의한 근대 산업국가로 탈바꿈하고 있었다. 그로부터 약 50년 후 조선은 일본에게 강제로 병합되어 식민지로 전락하게 되었다.

〈일본의 야망 : 아시아를 넘어서 유럽으로〉

"1만 리 파도를 개척하여 국가의 위엄을 사방에 알려야 한다. 국력을 기르기 위해 조선과 만주, 중국을 취해야 한다."　　　　　　　　　　　－ 요시다 쇼인

"우리 일본 국토가 아시아의 동쪽에 있기는 하지만, 국민정신은 이미 고루한 아시아적 정신을 벗어나 서양문명과 가까워졌다. 중국과 조선이 일본처럼 개혁을 실시하지 않는다면 몇 년 지나지 않아 멸망하고 말 것이다. 또한 그 국토는 선진국들이 서로 나누어 가질 것이 분명하다. 우리는 주변 아시아 국가를 개화함으로써 아시아 공동 번영의 날을 기다릴 것이 아니라, 아시아의 대열에서 벗어나 서양의 문명국가들과 발걸음을 함께해야 한다. 중국과 조선이 이웃나라라고 해서 특별 대우해선 안 되며 서양인들이 그들을 대하는 방식으로 대해야만 한다."266)　　　　　　　　　　　　　　　　　－ 후쿠자와 유키치

---

266) 중국 CCTV 제(2007a), 앞의 책, pp.194-196.

일본이 조선보다 먼저 세계정세의 변화를 읽고 효과적으로 대응한 결과였다. 임진왜란 후 조선 지도층의 자각이 보다 빠르게 이루어졌다면 대륙과 해양의 정세변화에 민감하게 대응하면서 국가의 정치, 경제, 외교, 안보 전략을 효과적으로 수립할 수 있었을 것이다. 그러나 조선의 지도층은 임진왜란과 병자호란을 겪고 나서도 국가 혁신의 패러다임을 정립하지 못했을 뿐 아니라, 어려운 사회적, 경제적 현실을 극복하기 위한 노력보다는 무사안일에 젖어 현실에 안주했을 뿐이다. 물론 실사구시, 경세치용, 이용후생을 지향하는 실학사상이 대두하고, 정조 임금이 개혁을 시도하기도 했으나, 유교 이념과 농경 패러다임을 고수하면서 부분적 개혁 시도에 그치고 말았다. 대원군 집권 시기에는 강력한 쇄국 정책을 지향하고 유교 이념을 더욱 공고히 하며 왕권을 강화하는 복고 정책으로 일관했다. 일본이 서구 열강의 반열에 올라 조선을 침탈하려 하자 백성과 함께 힘을 합쳐 일본에 대항하고 저항하기보다는 일본에 협력함으로써 자신들의 부귀영화를 보장받는 불의의 길을 택했다.

19세기 중반의 국가 지도층의 리더십의 차이가 일본과 조선의 운명을 갈랐다고 해도 과언이 아니다. 일본은 전통적 동양 문화를 기반으로 하면서도 새로운 서구 문물에 대해 배척하지 않고 수용하며 배우려는 자세를 견지했다. 이에 비해 조선은 유교 이념을 고수하고 중국을 사대의 대상으로 여기면서 외국을 배척하는 전통적, 복고적 패러다임을 유지했다.

8·15 광복절을 국경일로 정해 공식적으로 기념행사를 하면서도 8·29 국치일에 대해서는 공식적인 행사가 없다. 일제의 만행을 상기하고 후손들에게 실상을 교육하는 것은 중요한 일이다. 그러나 감정적 반일 패러다임만으로는 일본을 극복하고 제2의 임진왜란, 제2의 8·29 국치일을 예방할 수 없다. 스스로 반성해야 할 것이 무엇이며, 왜 식민 상태

로 전락하게 되었는가를 진지하게 반성해야 한다. 병자호란 시 발생한 환향녀의 비극을 망각하지 않아야 일제 강점기에 정신대의 비극을 반복하지 않을 수 있다. 역사 전개에 비약은 있어도 극적인 반전은 없다. 원인이 있기에 결과가 있는 것이다. 육식 공룡의 울음소리에 민감하게 대응하지 못하면 곧바로 잡아먹히기 때문에, 인간의 생물학적 기억장치에 그것이 가장 강력하게, 영구적으로 기억되도록 진화했을 것이다.

1950년 6월 25일 발생한 북한군의 남한 침략은 풍류도 정신을 망각하고 서구에서 태동한 공산주의 이념을 맹신한 채 소련과 중국이라는 대륙 세력의 힘을 빌어서 한민족 전체의 이익보다는 공산당이라는 특권층의 이익을 보장하기 위해 일으킨 전쟁이었다. 외세를 이용하여 동포를 대상으로 죄 없는 양민을 학살하고, 민족통일 전쟁이라는 명분하에 풍류도 사상을 자본주의 대 공산주의라는 이분법으로 분열시킨 사건이었다.

자본주의와 공산주의에 대해서 잠시 언급하고자 한다. 자본주의 생산방식은 영국에서 산업혁명이 진전되면서 비롯되었다. 아담 스미스는 인간은 합리적 이성을 지닌 존재이기 때문에 각자의 경제활동을 간섭하거나 통제하지 말고 자유방임의 상태로 두면 보이지 않는 손(invisible hand)에 의해 자연스럽게 경제 질서가 확립되고 국가의 부가 극대화된다고 하는, 이른바 고전적 자유주의 경제이론을 정립시키면서 경제 분야에서 획기적인 힘을 발휘하기 시작했다. 돈을 벌고 자본이 축적되면서 자본가가 양산되고 생산력이 증대되었다. 그러면서 자본가와 노동자층도 증대되기 시작했다. 노동자와 자본가 사이에 빈부격차가 발생하고 삶의 질에 차이가 나는 등 자본주의 생산방식에 부정적 현상이 나타나기 시작했다. 이에 대하여 칼 마르크스는 노동자가 가져가야 할 몫을 자본가가 착취해 가기 때문에 빈부격차가 발생한다고 보고, 자본주의 생산방식을 비판하며 그 대안으로 공산주의 이론을 제시했다. 자유방임이 아니라 국가에서 강력한 통제를 하여 생산수단을 공유화하고 생산량을 계획하여 빈부격차가 근원적으로 발생하지 않게 하는 공산주의 체제가 인류가 도달해야 할 마지막 이상 사회라고 주장했다.

영국을 비롯한 서구에서는 자본주의를 유지하면서 산업혁명을 더욱 가속화시켜 나갔다. 반면에 러시아는 서구의 자본주의 방식을 답습하지 않고 공산주의 혁명을 시도했다. 서구의 힘이 커지면서 아시아 지역에 식민지를 확대하기 위한 움직임이 나타났고, 영국과 프랑스는 힘을 합쳐 중국을 침략했다. 때문에 중국 역시 서구의 자본주의에 대하여 부정적으로 인식하고, 대신 러시아의 공산주의 방식을 도입하여 중국을 통일했다. 한반도 북쪽의 대륙 국가가 모두 공산주의 체제로 새롭게 출발하고 있었다.

세계는 자본주의와 공산주의라는 두 개의 상이한 이념으로 분열되어 미국과 소련 간에 치열한 대결이 시작되고 있었다. 일제 강점기에 소련군에 몸 담았던 김일성은 공산주의 체제로 단독 정부를 수립하려 했고, 미국에서 공부하고 독립운동을 전개했던 이승만은 자유 민주체제로 단독 정부를 수립하려 했다. 이에 백범 김구 선생이 "한국이 있어야 한국 사람이 있고, 한국 사람이 있고서야 민주주의도 공산주의도 있을 수 있다. 나는 통일된 조국을 건설하다가 3·8선을 베고 쓰러질지언정 일신의 구차한 안일을 취하여 단독 정부를 세우는 데는 협력하지 않겠다."[267]라고 설득과 협상을 시도했다. 그리고 좌우로 대립되어 서로가 비방하면서 애국자니 반역자니 하고 분열 양상을 보이자, "과연 무엇을 가리켜 좌파, 우파라고 하며, 누구를 지칭하여 애국자, 매국노라고 하는

---

[267] 강만길 외 공저, 『해방 전후사의 인식 2』 (서울 : 한길사, 1985), p.50.(재인용)

가? 나의 가슴속에는 좌우라는 개념조차 없다. 새로운 나라를 건설하려는 강령에는 좌우가 문제될 수 없다. 오로지 조국의 완전한 독립과 동포의 진정한 자유를 위하여 삼천만 민족이 단결하여 일로 매진할 뿐이다."268)라고 역설하면서 민족의 대동단결을 호소했다.

결국 김구 선생은 암살당하고, 남과 북에는 각각 자유 민주주의 체제와 공산주의 체제를 지향하는 단독 정부가 수립되었다. 서로 상이한 입장을 조율하고 양보하면서 민족 공동체를 하나로 유지하고 정체성을 재정립해야 할 중대한 역사적 고비에서 풍류도 정신이 망각되고 분파주의적 세력에 의해 민족이 둘로 나뉘었다. 고려 말기에 고려왕조를 유지하면서 체제개혁을 주장하는 정몽주 측 노선과 새로운 정치세력을 중심으로 역성혁명을 주장하던 이방원 측 노선이 충돌하여 정몽주가 살해된 것과 유사한 일이 발생한 것이다.

소련의 공산체제를 답습하여 한반도의 3·8선 북쪽에 공산주의 정부를 수립한 김일성은 한반도 전체를 공산화하기 위해 무력 침략을 감행했다. 3·8선 이남에 새로운 정부가 자리 잡기도 전에, 공산당의 배타적 이익을 지키고 확대하기 위하여 소련과 중국 등 공산권 국가의 지원을 받아 이루어진 무력 침공이었다. 남쪽보다 군사적으로 우위에 있다는 점을 이용하여 동포를 무자비하게 살해하고 전 국토를 폐허로 만든 전쟁이었다. 그러나 유엔을 비롯한 국제사회가 이를 방관하지 않고 제동을 걸기 시작했다. 김일성 군대는 유엔군의 인천 상륙작전 성공으로 전세가 역전되어 3·8선 이북으로 후퇴하기 시작했다. 파죽지세로 밀리면서 중국과 국경 지대까지 밀려나자 다급해진 김일성은 중국에 구원을 요청했다. 미국 주도의 서구 세력이 한반도와 중국 국경 지대까지

---

268) 위의 책, p.50.(재인용)

진출하는 것을 탐탁하지 않게 여긴 모택동이 지원을 약속했다. 대규모의 중공군이 한국전쟁에 참여하게 되자 전쟁의 양상이 미국을 위주로 하는 유엔군 측과 중공군 및 김일성 군대와의 전쟁으로 확대되었다. 중공군은 병력 숫자에 의존하는 인해전술로 유엔군을 괴롭혔다. 미국은 원자폭탄 사용도 고려했으나 영국과 프랑스 등 서구 우방국의 반대로 이를 관철시키지 못했다.269)

전쟁이 일진일퇴의 교착 상태에 빠지고 사상자만 증가하자 소련 측에서 휴전을 제의했다. 전쟁 발발 이전의 3·8선을 기준하여 싸움을 잠시 멈추고 차후 정치적으로 한반도 문제를 해결해보자고 했다. 1950년 6월 25일 발발한 전쟁은 한반도 전역을 잿더미로 만든 채 1953년 7월 27일에야 휴전 상태로 마무리되었다.270) 정전 상태는 2010년 현재까지 계속되고 있다. 엄연히 말하면 한반도는 전쟁을 하다가 잠시 멈춘 상태이다. 그러나 세월이 흐름에 따라 정치, 사회, 경제적으로 많은 변화를 겪고 전쟁을 경험한 세대가 사라지면서 휴전 중이라는 우리나라의 현실이 점차 잊혀져가고 있는 게 사실이다.

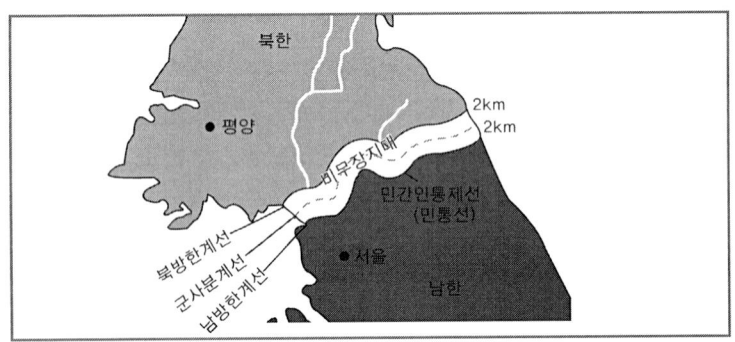

---

269) 김운태 외 공저(1986), 앞의 책, p.707.
270) 휴전협정 전문과 제6조에서 "정전협정에 의한 군사적 해결은 장차에 있게 될 정치적 해결로 대체된다." 라고 명시하고 있으나, 60년 세월이 지났어도 정전체제와 평화협정 등 이른바 정치적 해결을 보지 못하고 있는 상태다. 또한 한국은 정전협정 당사자로서 정전협정 문서 서명에 가담하지 않았고, 법적·행정적 당사국은 북한과 중국, 유엔군 사이에 서명이 이루어졌다. 북한은 이를 빌미로 한국을 배제시키고 적화통일을 완성하기 위해 집요하게 노력을 계속해오고 있다.

정전협정 전문

국제련합군 총사령관을 일방으로 하고 조선인민군 최고사령관 및
중국인민지원군 사령원을 다른 일방으로 하는 한국 군사정전에 관한 협정

서 언

국제련합군 총사령관을 일방으로 하고 조선인민군 최고사령관 및 중국인민지원군 사령원을 다른 일방으로 하는 하기의 서명자들은 쌍방에 막대한 고통과 유혈을 초래한 한국 충돌을 정지시키기 위하여서와 최후적인 평화적 해결이 달성될 때까지 한국에서의 적대행위와 일체 무장행동의 완전한 정지를 보장하는 정전을 확립할 목적으로 하기 조항에 기재된 정전 조건과 규정을 접수하며 또 그 제약과 통제를 받는 데 각자 공동 호상 동의한다.
이 조건과 규정들의 의도는 순전히 군사적 성질에 속하는 것이며 이는 오직 한국에서의 교전 쌍방에만 적용한다.

제1조
군사분계선과 비무장지대

1. 한 개의 군사분계선을 확정하고 쌍방이 이 선으로부터 각기 이(2)키로메터씩 후퇴함으로써 적대군대 간에 한 개의 비무장지대를 설정한다. 한 개의 비무장지대를 설정하여 이를 완충지대로 함으로써 적대행위의 재발을 초래할 수 있는 사건의 발생을 방지한다.
2. 군사분계선의 위치는 첨부한 지도에 표시한 바와 같다.
3. 비무장지대는 첨부한 지도에 표시한 북경계선 및 남경계선으로써 이를 확정한다.

부 칙

61. 본 정전협정에 대한 수정과 증보는 반드시 적대쌍방 사령관들의 호상 합의를 거쳐야 한다.
62. 본 정전협정의 각 조항은 쌍방이 공동으로 접수하는 수정 및 증보 또는 쌍방의 정치적 수준에서의 평화적 해결을 위한 적당한 협정 중의 규정에 의하여 명확히 교체될 때까지는 계속 효력을 가진다.

> 63. 제12항을 제외한 본 정전협정의 일체 규정은 1953년 7월 27일 2200시부터 효력을 발생한다.
> 1953년 7월 27일 1000시에 한국 판문점에서 영문, 한국문 및 중국문으로써 작성한다. 이 세 가지 글의 각 협정문 본은 동등한 효력을 가진다.
>
> 조선인민군 최고사령관 중국인민지원군 국제련합군 총사령관
> 조선민주주의인민공화국 원수 사령원   미국 륙군 대장
> 김 일 성   팽 덕 회   마크 더불유. 클라크

　3·8선이 소멸되고 휴전선이 남북의 경계선으로 새롭게 등장했다. 3년 동안의 전쟁은 한민족에게 씻을 수 없는 상처와 피해를 남겼다. 반면에 2차 세계대전의 패전국으로 어려움을 겪고 있던 일본은 전쟁 관련 군수물자 생산기지의 역할을 하여 23억 7천만 달러의 매상을 올림으로써 경제 발전의 기반을 마련하는 계기가 되었다.[271] 결과적으로 보면 김일성의 경솔한 판단과 무모한 행동이 한민족 전체를 희생시키고, 이 같은 희생의 대가로 일본이 2차 세계대전 패전의 어려움을 조기에 극복하고 일어나게 하는 계기를 만들어주었다. 민족해방 전쟁이 아니라 민족말살과 희생을 통해 일본만 살찌우는 우를 범하게 된 셈이다.

　이후 공산주의 이론을 절대적 진리로 인식했던 소련과 중국에서는 공산주의 체제의 모순과 한계에 맞닥뜨리면서 노선 수정의 필요성을 절실히 느끼게 되었다. 소련의 해체와 중국의 개혁개방 노선 채택이 그것이다. 칼 마르크스의 공산주의 이론은 소련의 해체로 실효성이 없는 이론임이 밝혀졌다.

　아담 스미스의 고전적 자유주의 경제이론도 자본주의가 고도화되면서 한계를 노출하기 시작했다. 자본의 독점, 빈부격차 심화 등 자본주의

---

[271] 김희영, 「이야기 일본사」 (서울 : 청아 출판사, 1994), p.494.

가 지닌 문제점이 심화되자 케인즈는 수정 자본주의 이론을 제시했다. 보이지 않는 손에만 의존하지 말고 국가라고 하는 보이는 손도 적절한 역할을 해야 자본주의가 더욱 발전할 수 있다는 것이다. 개인에 대한 자율성 보장과 국가에 의한 적절한 통제 및 계획이 조화를 이루어야 한다는 이론이다. 고전적 자유주의 경제이론을 신봉하면서 서구 자본주의의 선두를 질주하던 미국이 공황에 봉착하면서, 그 타개책으로 케인즈의 수정 자본주의 이론을 적용하여 난국을 극복했다. 순수 자본주의가 수정 자본주의라는 새로운 패러다임으로 진화하게 되었다.

평화적으로 한반도 문제를 해결해보자는 약속은 지켜지지 않았고 분단은 고착되었다. 한국전쟁이 휴전으로 잠시 멈추자 김일성은 무력 적화통일을 달성하지 못한 것과 관련하여 차후에 미국에 대항하고 미국군의 개입을 억제할 수 있도록 군사력 건설에 매진했다. '전인민의 무장화, 전국토의 요새화, 전군의 간부화, 군사 무기 및 장비의 현대화' 등 이른바 4대 군사노선을 국가 정책의 최우선으로 추진했다. 특히 2차 세계대전 말기에 미국이 일본을 상대로 사용해서 무조건 항복을 이끌어낸 원자무기에 지대한 관심을 갖고, 이를 개발하고 보유하기 위해 많은 노력을 경주했다. 북한은 정치적으로는 공산주의 이론과 왕조세습 이론을 결합시켜 이른바 주체사상이라는 북한식 정치 이념을 정립하여, 이를 기반으로 한 변칙적 공산 독재체제를 구축했다. 김일성 사후 그의 아들 김정일에게로 권력과 정책이 승계되어 오늘날에 이르고 있다.

한민족 전체의 이익에 반하고 홍익인간 이화세계의 이념에 반하면서, 특정 집단이나 일부 특권 계층의 부분적, 소아적 이익을 극대화하려는 어떤 논리나 명분도 전통적 풍류도 사상과는 거리가 멀다. 뒤집어보면 풍류도 정신을 온전히 이해하지 못했거나 왜곡시킨 것으로 볼 수 있다.

이러한 소아적 사고와 행동은 항상 민족 전체 이익에 반하는 결과로 나타난다. 이것이 역사의 법칙이며 5천년 역사가 우리에게 던지는 교훈이다. 현재의 남북분단 상황도 이와 같은 맥락에서 성찰되어야 한다. 민족 분단의 책임을 강대국들의 이해관계 탓으로만 돌리지 말고, 스스로의 책임은 없었는지, 민족의 통일 문제를 강대국의 처분에 맡기고 기다릴 것인지, 그리고 한국전쟁에서 중요한 역할을 담당한 유엔이나 참전 16개국에 대하여 우리의 할 도리를 다하고 있는지 등을 되짚어봐야 할 것이다. 하루 빨리 정전 상태를 종결시키고 민족이 재통일되어 온전한 공동체를 이루면서 세계 인류 문명사 발전의 주역이 되기 위해서는 깊은 성찰과 재도약이 필요하다.

[한국전쟁 진행 상황도]

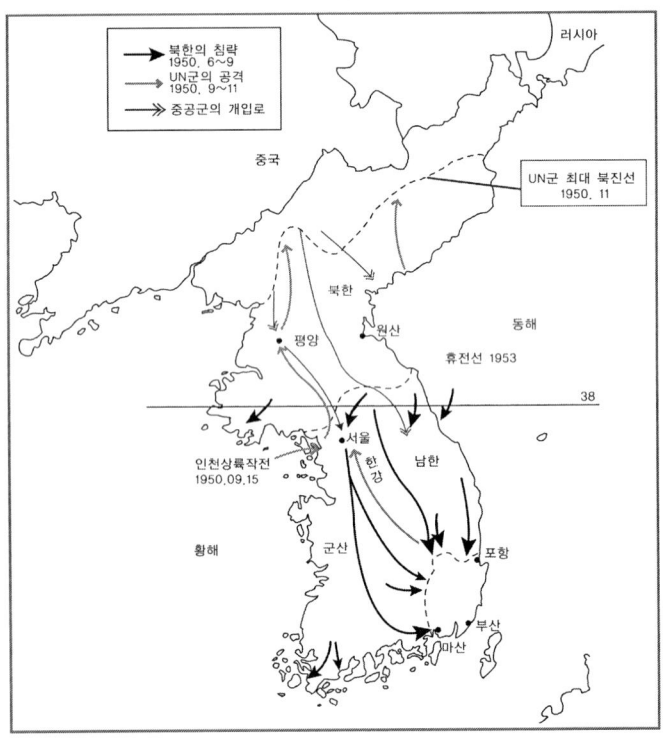

한국전쟁은 1950년 6월 25일부터 1953년 7월 27일까지 지도에서 제시된 바와 같이 유엔군, 한국군, 북한군, 중공군을 교전 당사자로 한 전쟁이었다. 1950년 6월 25일 소련과 중국의 지원 하에 북한 김일성 군대는 기습공격을 하여 남한의 무력 적화통일을 목표로 공격을 감행했다. 북한의 기습공격에 대해 유엔 안보리에서는 국제평화를 위협하는 불법 군사행동으로 규정했다. 한반도에서의 군사행동을 즉각 중지하고 북위 3·8선 이북으로 군대를 철수할 것을 결의하고, 유엔 회원국들에게 북한의 침략 행위를 저지할 수 있도록 한국을 군사적으로 지원할 것을 요청했다.

유엔 안보리의 결의안에 따라 미국이 중심이 되어 16개국이 참전한 가운데 유엔군이 편성되고, 맥아더 장군이 유엔군 사령관으로 임명되어 한반도에서 군사작전이 이루어졌다. 한국군은 1950년 7월 14일 이승만 대통령이 한국군의 작전 통제권을 맥아더 장군에게 이양함에 따라 유엔군의 일원으로서 작전에 참가하게 되었다. 초기 작전에는 유엔군이 북한군의 전차부대를 앞세운 기습공격으로 수도 서울이 3일 만에 함락되고 낙동강 방어선까지 후퇴하는 열세를 보였다. 그러나 1950년 9월 15일 유엔군의 인천 상륙작전 성공을 기회로 전세가 역전되기 시작하여 1950년 11월에는 압록강, 두만강 일대까지 진출하는 유엔군의 우세가 유지되었다. 그러나 중공군이 참전하면서 다시 유엔군이 열세에 몰려 서울이 재 함락되고 경기도 오산, 평택을 연하는 일대까지 후퇴했다가, 반격 작전으로 서울을 재 수복, 전쟁 이전의 3·8선이 일부 변경된 현재의 휴전선을 경계로 하여 정전 상태로 마무리되었다.

한국전쟁은 한국이 침략을 당하는 당사자이면서 유엔 총회, 유엔 안보리, 미국, 소련, 중국, 북한 등 관계 행위자(Actor)가 많고 입장도 상이한 국제적 성격이 강한 전쟁이었다. 이와 같은 휴전 상태는 60년이 지난 현재까지 계속되고 있으며, 특히 최근 북한의 핵무기 보유와 장거리 미사일 개발, 실험과 관련된 이른바 대량살상 무기(WMD) 개발 및 보유와 관련하여 한반도와 지역의 안보를 위협하는 새로운 양상으로 발전하고 있다.

인간이 집단생활을 시작한 고대 원시시대부터 전쟁은 많이 일어났다. 사람이 생존하기 위해 식량을 구하고(food), 안전한 주거 공간을 확보하고(shelter), 후손을 이어갈 배우자(female)를 얻기 위한 경쟁은 모든 인간 집단에 공통되는 관심사였다. 폭력은 폭력을 불러오고 '눈에는 눈, 이에는 이'라는 보복과 복수의 원칙이 정립되었다. 인간의 지혜가 축적되면서 이 같은 행위가 근본적인 문제 해결을 하지 못한다는 것을 깨닫게 되었다. 고대 중국 속담에 "오래된 감정과 묵은 빚은 가능하면 거론하지 않는다"라는 현실적 지혜가 전해진다. 또 불교에서는 "부모를 죽인 원수도 사랑하고 자비를 베풀어야 한다"라는 말이 있고, 기독교에서는 "원수를 사랑하라"는 가르침이 있다. 또한 『손자병법』에서도 "백 번 싸워서 백 번을 다 이기는 것이 최선이 아니라, 싸우지 않고 상대방을 굴복시키는 것이 최선"이라고 말한다.

한민족은 다른 민족을 지배하고 상처를 주기보다 외부로부터 많은 침략과 지배를 받으면서 항거하는 가운데 고난과 상처를 받으며 살아왔다. 진정한 복수는 '눈에는 눈, 이에는 이'라는 감정적 차원의 단순 논리가 아니라, '과거의 상처를 기억하되 이를 이성적으로 승화시켜 충분한 물리적, 감정적 보복을 할 수 있음에도 불구하고, 상대방이 내면으로부터 승복하고 인정할 수 있는 실질적 능력을 구비하여 포용력과 담대함을 발휘하는 것'이다. 또한 이것은 미래에 또 다른 문제를 야기하지 않을 풍류도 정신에 입각한 바람직한 문제 해결책이다. 파스칼이 "힘이 없는 정의는 허약한 것이고, 정의가 없는 힘은 폭력이다. 정의는 힘과 결부되어야 빛을 발할 수 있다"고 했듯이, 실질적 능력이 없으면서 말로만 포용, 공존을 외치는 것은 약자의 비굴한 변명에 지나지 않는다. 한국이 명실상부 능력을 구비하고 1950년 10월 7일 유엔 총회에서 결의한 대로 "한반도가 통일되고(unified), 독립된(independent), 민주정부(democratic government)로 구성된 주권국가(The Sovereign State of korea) 수립을 위해 모든 노력을 경주한다"는 약속이 충실히 이행될 수 있도록 주도적인 역할을 담당해야 한다.

〈한반도 문제 관련 유엔총회 결의안〉
The Problem of the Independence of Korea

1950년 6월 25일 북한군의 남침으로부터 지역의 안정과 세계평화를 유지하기 위해 유엔 안보리의 결의안에 따라 이를 격퇴하기 위해 유엔군의 군사행동이 이루어지고 있다. 이와 관련된 유엔 총회의 긴요한 목표는 한반도에 통일되고, 독립적이며, 민주적인 정부가 수립될 수 있도록 모든 적절한 조치를 다하여 한반도 전체에 안정을 보장하는 것이다.

Having in mind that United Nations armed forces are at present in Korea in accordance with the Recommendations of the Security Council of 27 June 1950, subsequent to its resolution of 25 June 1950, that the Members of the United Nations furnish such assistance to the Republic of Korea as may be necessary to repel the armed attack and restore international peace and security in the area, Recalling that the essential objective of the resolutions of the General Assembly referred to above was the establishment of a unified, independent and democratic Government of Korea, All appropriate steps be taken to ensure conditions of stability throughout Korea.

– 1950. 10. 7. 유엔 총회

16. 대한민국 정부 수립과 풍류도 정신의 계승

3·1운동 시 발현된 풍류도 정신은 대한민국 정부가 수립되면서 계승되었다. 새로운 대한민국은 홍익인간의 이념을 바탕으로 모든 국민이 국가의 주인이며 평등한 존재라고 하는 헌법을 마련하고, 자유 민주주의를 국가 이념으로 하며 자유로운 경제활동을 보장하는 새로운 체제로 출범했다. 일제 강점기를 거치면서 민족정신이 각성, 고양되고 새로운 삶의 패러다임이 정립되었다. 국민 각 개인이 나라의 주인이며, 모든 국가통치와 관련된 권력은 국민으로부터 위임된 것으로, 지도자는 국민의 투표에 의해 선출되는 장치가 마련되었다. 오랫동안의 왕조 지배체제의 통치 패러다임이 민주 공화제로 변경되었다.

한국전쟁 이후 일시적인 휴전 상태로 머물면서 유엔군의 일원으로 참전하여 한국을 도운 미국 군대가 유엔군의 일원으로 계속 주둔하게 되었다.[272] 유엔군(미군)의 군사적 도움을 받으면서 부강하고 살기 좋은 새로운 나라를 건설하기 위해 매진했다. 후손들을 홍익인간의 풍류도 정신이 깃든 훌륭한 인재로 양성하기 위해 교육 제도도 새롭게 마련되었다.

> 홍익인간의 이념을 실현하기 위하여 우리는 사람을 의리의 인간, 기술의 인간, 용기의 인간으로서 온전한 사람[人]을 만들어 우리의 사상건설. 경제건설. 무력건설을 빨리 그리고 튼튼하게 해야 한다. 전인적 능력을 구비한 낱 사람[個人]과 한 백성인 한민족과 또 다른 한 백성인 온 백성[全人類]을 지향하는 우리의 교육은 서구식 개인, 자본주의적 민주교육과 소련식 계급, 공산주의적 독재교육과 구별하기 위하여 민주적 민족교육이라고 한다.
> － 초대 문교부 장관 안호상

---

[272] 한국전쟁이 정전 상태로 마무리되자 이승만 정부는 미국과 한미상호방위조약 체결을 조건으로 정전 협정에 묵시적으로 동의하고 미국은 이에 응하게 된다. 휴전 협정에 합의한 후 미국은 유엔 결의안에 의한 유엔군 사령부 존속과 한미상호방위조약과 합의 의사록에 의거, 주한미군을 한반도에 주둔시키게 된다. 한국의 안보는 유엔군 사령부, 한국군 현대화, 한미 연합군 사령부 창설을 거치면서 유엔+한미연합 방위력에 의거, 북한의 위협을 저지해왔으며, 한국군의 역량이 증대됨에 따라 한국군의 역할 또한 증대되고 있으나, 기본적인 구조는 현재에도 계속되고 있다.

또한 5천 년 역사에 면면히 계승된 '홍익인간 이화세계'의 이념과 도의와 무예를 아울러 숭상하는 풍류도 사상은 민주 공화정으로 재정립되면서 현대적 의미의 민주 시민정신으로 계승되고 있다.

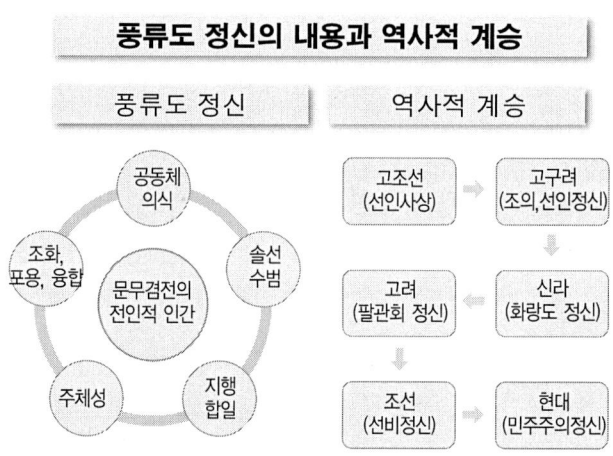

민주 공화정으로 설립된 대한민국 초대 대통령으로 이승만 박사가 선출되었다. 그는 기독교 계통의 학교에서 공부하고 미국에 유학하여 박사 학위까지 취득한 인물이었다. 미국과 하와이 일대에서 독립 운동을 주도하고 조국의 독립을 위해 애를 많이 쓴 사람이었다. 조선왕조 체제에서 일제 강점기를 거쳐 민주 공화정으로 첫 출발하는 정부가 뿌리 내리기도 전에 동족 간의 전쟁이 발발하여 더욱 어려움을 겪었다. 그에게는 민주 공화정으로 새롭게 출발하는 대한민국의 초대 대통령으로서 미국의 조지 워싱턴 장군과 같이 권력에 초연하고 기초를 다지는 모범을 보이는 것이 필요했으며, 미국의 남북전쟁 시 링컨 대통령이 보여준 남과 북 사이에 국가통합 유지를 위한 포용과 노련한 리더십이 요구되기도 했다. 실로 그에게 부여된 역사적 과업은 중요하고 또 무거웠다.

일제 유산을 청산하기 위해 특별법을 제정하고, 민족정기와 역사의식을 올바로 세우기 위해 여러 가지 일을 해야 했다. 그러나 시간이 지날수록 권력 집중을 추구하고 이를 관철하기 위해 헌법을 수정하는 일까지 발생했다. 특히 초대 정부에 참여한 주요 인사들이 상황논리에 따라 일제 강점기에 일본 제국주의자들에게 협력하고 호의호식한 사람들이 많았기 때문에 풍류도 정신에 위배되는 일들이 생길 수밖에 없었다.

8·15 해방 직후 한국 사회에는 일제 식민통치 결과 특권층과 비 특권층 사이에 커다란 격차가 벌어졌다. 특권 계층의 대부분은 친일적 성향을 가진 자들로서 부와 사회적 지위를 누리고 있는 지주, 자본가, 관리들이었다. 이에 반해 비 특권 계층은 사회 저변에서 빈곤에 허덕이는 농민, 노동자들이었다. 특권 계층에 속한 이들은 몇 백 년 후의 후손들과 민족 전체의 이익을 생각하기보다는, 현재 당장 내가 누릴 수 있는 권력과 부를 중요시했다. 이들에게서 미국의 조지 워싱턴이나 링컨 대통령의 리더십을 기대할 수는 없었다. 이러한 한국의 정치 상황에 대해 어느 외국 기자는 "한국에서 민주주의를 찾기는 쓰레기통에서 장미꽃을 찾기보다 어렵다."라고 했다. 정치가 불법적이고 임의적인 독재로 치닫자 젊은 학생들이 들고 일어났다. "민주주의 사수하자, 부정선거 다시 하라, 이승만 정부 물러가라."라는 학생들의 구호는 비무장, 맨주먹에서 시작되었다. 학생들은 민족과 국가의 장래를 걱정하면서 풍류도 정신을 망각한 집권세력에 대하여 정면으로 맞섰다. 정부 측에서는 계엄령을 발동하여 강제로 진압하게 했으나, 군대도 무력을 행사하지 않고 학생들 편에 섰다. 결국 85세 고령의 이승만 대통령은 하야 성명을 발표한 뒤 미국으로 망명을 떠났고, 자신이 독립운동을 했던 하와이 일대에서 노후를 보내다가 1966년 91세의 나이로 세상을 떠났다.[273]

---

273) 위의 책, pp.545-546.

새롭게 마련한 헌법에서 "모든 권력은 국민으로부터 나온다"는 원칙을 권력층 스스로 지키지 않고 무너뜨리려 하자 학생들을 중심으로 한 일반 국민들이 목숨을 걸고 이를 지켜낸 것이다. 3·1 운동 당시 살아 있던 민족정신이 학생들에게 계승되고 다시 확산되기 시작했다. 이제는 사, 농, 공, 상, 양반, 상인, 노비라는 개념은 없어지고, 국민 모두가 나라의 진정한 주인이며 또한 진정한 주인 노릇을 해야 하는 사회로 변모했다. 그렇게 만든 중심적 역할은 지배층이 아니라 이번에도 학생을 비롯한 일반 민중들이었다. 풍류도 정신이 민중들의 저변에 면면히 흐르고 계승되고 있다는 증거이다. 이러한 정신은 헌법 전문에 "유구한 역사와 전통에 빛나는 우리 대한 국민은 3·1 운동으로 건립된 대한민국 임시정부의 법통과 불의에 항거한 4·19 민주이념을 계승하고"라고 명시된 것과 같이 대한민국 국가 운영의 기본 정신으로 제도화되었다.

[4·19 기념탑]

대한민국헌법
[전문개정 1987.10.29 헌법 제10호]

전 문

유구한 역사와 전통에 빛나는 우리 대한 국민은 3·1운동으로 건립된 대한민국 임시정부의 법통과 불의에 항거한 4·19 민주이념을 계승하고, 조국의 민주개혁과 평화적 통일의 사명에 입각하여 정의·인도와 동포애로써 민족의 단결을 공고히 하고, 모든 사회적 폐습과 불의를 타파하며, 자율과 조화를 바탕으로 자유·민주적 기본 질서를 더욱 확고히 하여 정치·경제·사회·문화의 모든 영역에 있어서 각인의 기회를 균등히 하고, 능력을 최고도로 발휘하게 하며, 자유와 권리에 따르는 책임과 의무를 완수하게 하여, 안으로는 국민생활의 균등한 향상을 기하고 밖으로는 항구적인 세계평화와 인류공영에 이바지함으로써 우리들과 우리들의 자손의 안전과 자유와 행복을 영원히 확보할 것을 다짐하면서, 1948년 7월 12일에 제정되고 8차에 걸쳐 개정된 헌법을 이제 국회의 의결을 거쳐 국민투표에 의하여 개정한다.

제1장 총 강

제1조
① 대한민국은 민주공화국이다.
② 대한민국의 주권은 국민에게 있고, 모든 권력은 국민으로부터 나온다.

제2조
① 대한민국의 국민이 되는 요건은 법률로 정한다.
② 국가는 법률이 정하는 바에 의하여 재외국민을 보호할 의무를 진다.

제3조 대한민국의 영토는 한반도와 그 부속도서로 한다.

17. 산업 사회 전환기의 풍류도 사상

4·19 혁명 이후 대한민국의 모든 국민은 헌법 전문에 명시된 바와 같이, "유구한 역사와 전통에 빛나는 우리 대한 국민은 3·1운동으로 건립된 대한민국 임시정부의 법통과 불의에 항거한 4·19 민주이념을 계승하고, 조국의 민주개혁과 평화적 통일의 사명에 입각하여 정의·인도와 동포애로써 민족의 단결을 공고히 하고, 모든 사회적 폐습과 불의를 타파하며, 자율과 조화를 바탕으로 자유, 민주적 기본 질서를 더욱 확고히 하여 정치·경제·사회·문화의 모든 영역에 있어서 각인의 기회를 균등히 하고, 능력을 최고도로 발휘하게 하며, 자유와 권리에 따르는 책임과 의무를 완수하게 하여, 안으로는 국민생활의 균등한 향상을 기하고 밖으로는 항구적인 세계평화와 인류공영에 이바지함으로써 우리들과 우리들의 자손의 안전과 자유와 행복을 영원히 확보할 것을 다짐"하게 되었다. 모든 국민이 공동체의 주인이며, 일원이며, 국선화랑, 화랑, 조의선인이며, 선비, 현대적 의미의 리더이며, 또 그렇게 되어야 한다는 의미이기도 하다.

조선왕조 500년을 지배해온 사, 농, 공, 상의 농경사회에 적합한 사회적 역할 분담과 농업 생산력 중심의 정치, 경제, 사회 체제는 더 이상 한국 사회에 적합하지 않게 되었다. 모든 국민들이 자신의 적성과 능력에 따라 각자의 맡은 바 책임과 의무를 다하는 체제가 정립된 것이다. "모든 권력은 국민으로부터 나온다."는 원칙에 따라 국가 운영과 관련된 헌법과 법률 제정 및 개정은 국민의 대표 기관인 국회와 국민들의 의사를 확인하는 절차인 국민투표를 통해 결정되도록 했다.

이승만 정부의 대통령 중심제 헌법이 독재와 장기집권의 문제점을 일으키자 헌법을 개정하여 내각 책임제 권력 구조로 개편했다. 대통령과 총리의 권한을 적절히 분산하여 일인독재 체제가 되지 않도록 했다. 그러나 민주 공화정의 경험이 일천하여 의사소통과 타협, 조정 능력이 부족하고 각자의 이해관계에 따라 시위와 데모 등에 의한 집단 의사표시를 남발하자 사회가 불안해지기 시작했다.

북쪽의 공산주의와 남쪽의 자유 민주주의가 대립되고 있는 냉전시대 상황에서 사회 불안은 공동체의 안위를 위협하는 일이었다. 한국전쟁이 휴전으로 끝나자 국방상 필요에 의해 군사력이 확장되고 군의 역할이 증대되었다. 정치·사회적 불안정이 계속되자 군대가 군사혁명을 통해 반공과 국가재건, 경제발전의 목표를 제시하고 국가 운영에 관한 리더십의 주도권을 장악했다. 군사혁명 지도자로 등장한 박정희 장군이 그 중심에 있었다.

박정희 대통령은 1917년 11월 14일 경상북도 선산군 구미읍 상모리라는 농촌 마을에서 가난한 농부의 6남매 중 막내로 태어났다. 그의 어릴 적 학교생활을 보면 늘 과묵하고 성실하며 학교 성적도 수위를 다투는 우등생이었다고 전해진다. 그는 사범학교에 들어가 졸업 후 교사생활을 하다가 만주 군관학교에 입학하여 장교의 길을 택했다. 당시 만주 군관학교에서 우등생으로 졸업하면 일본 본토의 일본 육군사관학교에서 수학할 기회가 부여되었다. 박정희는 우등생으로 졸업하여 일본 육군사관학교에 유학하고 육군 장교로 임관하여 일본 군대에 복무하다가 육군 중위 계급으로 해방을 맞았다.

해방 후 귀국하여 고향에 머물다가 다시 대한민국 육군사관학교가 창설되자 사관학교를 졸업하고 군 장교로 복무했다. 그는 강직한 성격과 청렴결백한 태도를 지닌 유능하고 책임감이 강한 장교로서 후배들의 존경을 한 몸에 받았다고 알려져 있다. 그는 이승만 정권 말기 부정선거에 개입하라는 상부의 부당한 지시를 거부할 정도로 강직했다고 한다.

그의 이러한 성격과 시대적 상황이 맞물려 군사혁명이 발생하게 되었고, 그는 정치 지도자로서 역량을 발휘하게 되었다.[274]

새로운 대한민국 정부가 수립되어 모든 국민이 국가의 주인이 되는 민주 공화정을 정립했으나 하루아침에 서구 선진 민주국가와 같은 정치, 사회적 성숙을 기대할 수는 없었다. 한국전쟁에 이어 계속된 미국과 소련의 냉전, 이와 관련한 한반도의 긴장과 불안 요소 증폭, 빈곤한 국가 경제 등이 당시 한국 사회가 처한 현실이었다.

한국은 전통적으로 벼농사와 보리농사를 이모작으로 하여 식량을 생산했다. 물론 콩, 귀리, 밀 등 기타 잡곡류도 생산했으나 주식으로 활용되는 것은 벼와 보리였다. 가을에 벼를 추수하여 겨울을 보내고 다음해 5, 6월 경 보리 수확 때까지 식량이 부족하여 어려움을 겪는 시기가 있는데 이를 춘궁기, 보릿고개라고 했다. 이 시기는 초근목피(草根木皮 : 풀뿌리와 나무껍질)에 의존하기도 하고 하루 한 번, 또는 두 번의 식사로 끼니를 해결해야 했다. 대부분의 농촌 현실이 이처럼 암담했다.

가난하게 어린 시절을 보낸 박정희 대통령의 머릿속을 지배하고 있는 사상은 경제 문제를 신속히 해결하여 절대 빈곤 상태에서 벗어나는 일과, 남북 대결에서 국가의 안보를 지키고 제2의 6·25를 예방하는 일이었다. 다행히도 국방에 관한 문제는, 한국전쟁이 휴전으로 마무리되고 유엔군 사령부가 한국에 주둔하면서 한미연합 전력이 대북 억지력을 유지해주고 있는 상태였다. 그러므로 경제 문제에 주력하면서 자주국방을 구현하기 위한 목표를 수립했다. '자주국방, 자립경제'를 목표로 하여 정부 주도하의 5년 단위 국가·사회·경제 발전 계획이 수립, 추진되었다.

---

[274] 김운태 외 공저(1986), 앞의 책, pp.546–547.

〈경북 구미, 고(故) 박정희 대통령 생가 옆에 마련된 보릿고개 체험장〉

경제 발전을 이룩하기 위해서는 많은 투자가 있어야 하는데 축적된 민족자본이 열악하고 부족했다. 그나마 국가의 부가 일부 부유층에게 부당하게 집중된 경우도 많았다. 부정축재 재산을 환수하고 가용 재원을 모두 동원했는데도 자금이 부족하자, 해외로부터 차관을 도입하고 일본과의 국교 정상화를 추진하여 일본으로부터 식민지 강점 시대의 손해 배상금(대일 청구권 자금)을 받아내기도 했다.

한일국교 정상화는 일제 강점기의 민족감정 문제와 연계되어 진통을 겪었다. 1945년부터 1950대 초 일본은 2차 세계대전 패전국으로서 폐허가 된 국토에서 배급에 의존하고 있었다. "어느 양심 있는 대학교수가 자신의 식량배급 순서를 기다리다가 굶어 죽었다."라는 말이 있듯이 일본 경제도 어려움을 겪고 있었다. 그러나 일본은 곧 한국전쟁 특수를 통해 재기할 수 있는 기반을 마련하고 빠른 속도로 성장하기 시작했다. 특히 전후 미국과 일본의 안보조약 체결과 평화헌법 규정에 따라, 대규모의 군사비 지출보다는 가용 재원이 경제성장과 회복에 집중할 수 있는 여건도 유리한 상황으로 작용했다. 시속 200km를 주파하는 새로운 고속철도(신간선) 건설과 함께 급속한 경제회복으로 1964년에 동경에서 올림픽을 개최할 정도로 안정을 되찾으며 일본은 미국에 이어 세계 2위의 경제대국으로 성장했다.

1860년대부터 근대화를 추진하여 100년 동안에 서구 선진 산업국가와 어깨를 나란히 할 정도로 성장한 일본은 군사적 팽창주의를 지향하면서 과욕을 부리다가 미국을 위시로 한 서구의 전략적 이익과 충돌하여 패했으나, 100년 동안 추진한 근대화 경험과 노하우를 전후 복구에서 유감없이 발휘했다. 일본의 1억 인구가 하나의 공동체를 유지한 가운데 패전의 상처를 딛고 전쟁 전의 상태로 회복했을 뿐만 아니라, 이를 도약의 계기로 삼아 세계 제2의 경제대국으로 탈바꿈한 것이다.

일본의 자금과 기술이 한국 경제 발전에 투입되면서 한국 경제는 자연스럽게 일본 경제에 많은 부문을 의존하게 되는, 경제적 의존과 무역역조 현상이 나타났다. 해방이 되면서 정치적으로는 일본의 지배를 벗어났으나 경제적으로는 보이지 않는 의존 관계가 계속된 것이다. 남북한이 하나의 공동체로 통합되고 단일 시장으로 경제활동이 이루어져도 당시 약 4, 5천만 정도의 인구 규모는 일본의 절반 수준에 지나지 않았다. 남과 북이 서로 갈라져 적대국으로 대치하고 있으니 여기에 들이는 군사비 지출 경쟁과 민족적 역량 소모만 하더라도 일본에 뒤지는 것은 당연한 결과였다. 풍류도 사상이 실종된 상태에서 민족분단이 초래한 또 하나의 비극인 것이다.

그러나 북한의 군사적 위협에 대응하면서 '근면, 자주, 협동'의 가치 아래 하나로 단결하여 1960년대 중반부터 1980년대 초반까지 5차례에 걸쳐 국가·사회·경제 발전 5개년 계획이 성공적으로 추진되었다. 기간 중에 새마을 운동이라는 의식 혁명을 병행한 농촌 근대화 운동도 추진되어 한국은 농경사회에서 산업사회로 진입하기 시작했다.

〈국민교육헌장〉

우리는 민족중흥의 역사적 사명을 띠고 이 땅에 태어났다.
조상의 빛난 얼을 오늘에 되살려, 안으로 자주 독립의 자세를 확립하고, 밖으로 인류 공영에 이바지할 때다. 이에 우리의 나아갈 바를 밝혀 교육의 지표로 삼는다.
성실한 마음과 튼튼한 몸으로 학문과 기술을 배우고 익히며, 타고난 저마다의 소질을 계발하고, 우리의 처지를 약진의 발판으로 삼아, 창조의 힘과 개척의 정신을 기른다.
공익과 질서를 앞세우며 능률과 실질을 숭상하고, 경애와 신의에 뿌리박은 상부상조의 전통을 이어받아, 명랑하고 따뜻한 협동 정신을 북돋운다.
우리의 창의와 협력을 바탕으로 나라가 발전하며, 나라의 융성이 나의 발전의 근본임을 깨달아, 자유와 권리에 따르는 책임과 의무를 다하며, 스스로 국가 건설에 참여하고 봉사하는 국민정신을 드높인다.
반공 민주 정신에 투철한 애국 애족이 우리의 삶의 길이며, 자유세계의 이상을 실현하는 기반이다. 길이 후손에 물려줄 영광된 통일 조국의 앞날을 내다보며, 신념과 긍지를 지닌 근면한 국민으로서, 민족의 슬기를 모아 줄기찬 노력으로 새 역사를 창조하자.

- 1968년 12월 5일

수출과 내수가 증가하고 소득이 늘어나며 저축도 증가했다. 특히 이 기간 중 국군이 월남전에 파병되어 목숨을 담보로 받은 달러와 독일에 탄광 근로자와 간호사로 파견되어 지하 탄광에서 구슬땀을 흘리고 병원에서 온갖 궂은일을 하면서 벌어들인 외화, 또 사막의 땅 중동 지역에 파견되어 더위와 싸우면서 벌어들인 근로자들의 자금도 경제발전에 큰

몫을 했다.

　국내자본도 축적되어 투자를 확대, 공업제품을 생산하고 국내소비뿐만 아니라 세계를 상대로 수출을 실시하여 세계 15위 이내의 경제 규모로 성장했다. 반만 년 가까운 전통적 농경사회의 패러다임이 불과 30년 정도의 단기간에 근대적 산업사회의 패러다임으로 전환된 것이다. 이 과정 중에 많은 진통도 수반되었는데, 빈부격차를 비롯하여 도시와 농촌의 격차, 무분별한 개발로 인한 환경 문제 등이 대표적인 부정적 요소들로 나타났다. 그러나 세계인들이 '한강의 기적'이라고 부를 정도로 일제 강점기와 한국전쟁의 폐허로부터 회복되었다. 5천 년 전통의 한민족이 지닌 문화적 역량과 잠재력이 '우리도 한번 잘 살아보자, 우리도 할 수 있다'라는 각오와 자신감으로 발현되면서 세계인들이 놀랄 만한 기적을 만들어냈다.

　일본이 1860년대 메이지 유신을 계기로 한발 앞서 추진했던 근대화 작업을 한국은 거의 백 년이나 늦게 1960년도부터 본격적으로 추진했고, 그 성과는 1980년대에 진입하면서부터 본격적으로 나타났다.

　역사의 시계바늘을 되돌려 볼 때, 조선조 후기 한민족이 주변 변화에 민감하게 대응하여 국가 운영의 패러다임을 적기에 전환했었다면, 일제 강점기도 피하고 한국전쟁도 발발하지 않았을지 모른다. 많은 희생과 시행착오를 겪고 나서야 근대화를 추진하고 산업사회에 동참할 수 있었다는 것은 유감스러운 일이다.

　남북 분단의 문제는 아직도 해결되지 않은 상태로 남아 있다. 대한민국의 절반, 남한만이 산업사회 구축에 성공하고 절대 빈곤 문제를 해결하는 등 지속적인 성장을 위한 물질적 기반을 확보하게 되었다.

〈한국의 고속철도 KTX : 시속 300km로 서울-부산 간 이동 시간을 2시간대로 단축했다.〉

18. 시대적 과제 해결과 풍류도 정신의 계승

　빈곤 문제를 해결하고 산업화를 조기에 정착시키기 위해 경제성장 위주로 추진했던 국가 정책은 이제 또 다른 문제를 해결해야 할 기로에 서 있다. 정치적 자유의 확대, 빈부격차 완화, 도시와 농촌의 격차 해소 등 자유와 평등, 성장과 분배 및 복지를 동시에 달성해야 하는 새로운 국면을 맞이하게 된 것이다. 서구의 선진 민주 산업국가들이 100-200년 경험하고 시행착오를 통해 개선, 발전시켜온 자유 민주주의와 산업화, 복지사회의 패러다임을 한국은 남북 분단이라는 어려운 여건 하에서 50년 미만의 단기간에 구현하려다 보니 많은 고통과 진통이 뒤따랐다. 그러나 5천 년의 문화적 역량과 단시간에 이룩한 산업화 역량을 기반으로 계층 간, 지역 간, 노사 간, 세대 간 갈등과 분열을 극복해내고, 또한 평화적 정권교체와 권력이양을 성공적으로 이루어내면서 보다 성숙한 선진 민주주의 사회로 한 걸음 나아갔다.

　1986년에는 아시안 게임을 성공적으로 개최하고, 1988년에는 세계인들을 서울로 초청하여 올림픽 경기를 성공적으로 개최했다. 이러한 자신감을 기반으로 남북관계도 개선하기 위해 노력했다.

남북 기본 합의서(1991)

남과 북은 분단된 조국의 평화적 통일을 염원하는 온 겨레의 뜻에 따라 7.4 남북공동성명에서 천명된 조국통일 3대원칙을 재확인하고, 정치 군사적 대결 상태를 해소하여 민족적 화해를 이룩하고, 무력에 의한 침략과 충돌을 막고 긴장완화와 평화를 보장하며, 다각적인 교류·협력을 실현하여 민족 공동의 이익과 번영을 도모하며, 쌍방 사이의 관계가 나라와 나라 사이의 관계가 아닌 통일을 지향하는 과정에서 잠정적으로 형성되는 특수 관계라는 것을 인정하고 평화통일을 성취하기 위한 공동의 노력을 경주할 것을 다짐하면서 다음과 같이 합의했다.

제1장. 남 북 화 해 제1조 남과 북은 서로 상대방의 체제를 인정하고 존중한다.
제2조 남과 북은 상대방의 내부문제에 간섭하지 아니한다.
제3조 남과 북은 상대방에 대한 비방. 중상을 하지 아니한다.
제4조 남과 북은 상대방을 파괴. 전복하려는 일체 행위를 하지 아니한다.
제5조 남과 북은 현 정전 상태를 남북 사이의 공고한 평화 상태로 전환시키기 위하여 공동으로 노력하며 이러한 평화 상태가 이룩될 때까지 현 군사정전협정을 준수한다.
제6조 남과 북은 국제무대에서 대결과 경쟁을 중지하고 서로 협력하며 민족의 존엄과 이익을 위하여 공동으로 노력한다.
제7조 남과 북은 서로의 긴밀한 연락과 협의를 위하여 이 합의서 발효 후 3개월 안에 판문점에 남북 연락사무소를 설치, 운영한다.
제8조 남과 북은 이 합의서 발효 후 1개월 안에 본회담 테두리 안에서 남북 정치 분과위원회를 구성하여 남북화해에 관한 합의의 이행과 준수를 위한 구체적 대책을 합의한다.

제2장. 남 북 불 가 침 제9조 남과 북은 상대방에 대하여 무력을 사용하지 않으며 상대방을 무력으로 침략하지 아니한다. 제10조 남과 북은 의견 대립과 분쟁 문제들을 대화와 협상을 통하여 평화적으로 해결한다. 제11조 남과 북의 불가침 경계선과 구역은 1953년 7월27일자 군사정전에 관한 협정에 규정된 군사 분계선과 지금까지 쌍방이 관할하여온 구역으로 한다.
제12조 남과 북은 불가침의 이행과 보장을 위하여 이 합의서 발효 후 3개월 안에 남북 군사공동위원회를 구성, 운영한다. 남북 군사공동위원회에서는 대규모 부대 이동과 군사 연습의 통보 및 통제 문제, 비무장지대의 평화적 이용 문제, 군 인사 교류 및 정보교환 문제, 대량살상무기와 공격 능력의 제거를 비롯한 단계적 군축 실현문제, 검증 문제 등 군사적 신뢰 조성과 군축을 실현하기 위한 문제를 협의, 추진한다.
제13조 남과 북은 우발적인 무력충돌과 그 확대를 방지하기 위하여 쌍방 군사 당국자 사이에 직통전화를 설치, 운영한다.
제14조 남과 북은 이 합의서 발효 후 1개월 안에 본회담 테두리 안에서 남북 군사 분과위원회를 구성하여 불가침에 관한 합의의 이행과 준수 및 군사적 대결 상태를 해소하기 위한 구체적 대책을 협의한다.

제3장. 남북교류. 협력

제15조 남과 북은 민족경제의 통일적이며 균형적인 발전과 민족 전체의 복리 향상을 도모하기 위하여 자원의 공동개발, 민족 내부교류로서의 물자교류, 합작 투자 등 경제교류와 협력을 실시한다.

제16조 남과 북은 과학, 기술, 교육, 문학, 예술, 보건, 체육, 환경과 신문, 라디오, 텔레비전 및 출판물을 비롯한 출판, 보도 등 여러 분야에서 교류와 협력을 실시한다.

제17조 남과 북은 민족 구성원들의 자유로운 왕래와 접촉을 실현한다.

제18조 남과 북은 흩어진 가족, 친척들의 자유로운 서신 거래와 왕래와 상봉 및 방문을 실시하고 자유의사에 의한 재결합을 실현하며, 기타 인도적으로 해결할 문제에 대한 대책을 강구한다.

제19조 남과 북은 끊어진 철도와 도로를 연결하고 해로, 항로를 개설한다.

제20조 남과 북은 우편과 전기통신 교류에 필요한 시설을 설치, 연결하며, 우편, 전기통신 교류의 비밀을 보장한다.

제21조 남과 북은 국제무대에서 경제와 문화 등 여러 분야에서 서로 협력하며 대외에 공동으로 진출한다.

제22조 남과 북은 경제와 문화 등 각 분야의 교류와 협력을 실현하기 위한 합의의 이행을 위하여 이 합의서 발효 후 3개월 안에 남북 경제교류, 협력 공동위원회를 비롯한 부문별 공동위원회들을 구성, 운영한다.

제23조 남과 북은 이 합의서 발효 후 1개월 안에 본회담 테두리 안에서 남북 교류, 협력 분과위원회를 구성하여 남북교류, 협력에 관한 합의의 이행과 준수를 위한 구체적 대책을 협의한다.

제4장. 수정 및 발효

제24조 이 합의서는 쌍방의 합의에 의하여 수정 보충할 수 있다.

제25조 이 합의서는 남과 북이 각기 발효에 필요한 절차를 거쳐 그 본문을 서로 교환한 날부터 효력을 발생한다.

1991년 12월 13일 남 북 고 위 급 회 담, 북 남 고 위 급 회 담
남측 대표단 수석대표 대한민국 국무총리 정 원 식
북측 대표단 단장 조선민주주의인민공화국 정무원 총리 연 형 묵

1996년에는 선진 경제개발협력기구(OECD)에 29번째 회원국으로 가입했다. 이어서 2002년에는 한국과 일본 공동으로 월드컵 경기를 성공적으로 개최했다. 이로써 한민족의 저력이 유감없이 세계에 알려졌다. 일제 식민지 지배, 남북분단, 동족간의 한국전쟁, 기아와 빈곤 등 약 100년 동안 한민족을 괴롭혀왔던 시련이 어느 정도 극복되면서 세계 속의 한국으로 거듭나게 되었다.

　이는 모든 사람이 국가의 주인으로서 헌법 전문에 명시된 바와 같이 "유구한 역사와 전통에 빛나는 우리 대한국민은 3·1운동으로 건립된 대한민국 임시정부의 법통과 불의에 항거한 4·19 민주이념을 계승하고, 조국의 민주개혁과 평화적 통일의 사명에 입각하여 정의·인도와 동포애로써 민족의 단결을 공고히 하고, 모든 사회적 폐습과 불의를 타파하며, 자율과 조화를 바탕으로 자유·민주적 기본 질서를 더욱 확고히 하여 정치·경제·사회·문화의 모든 영역에 있어서 각인의 기회를 균등히 하고, 능력을 최고도로 발휘하게 하며, 자유와 권리에 따르는 책임과 의무를 완수하게 하여, 안으로는 국민 생활의 균등한 향상을 기하고, 밖으로는 항구적인 세계평화와 인류 공영에 이바지함으로써 우리들과 우리들의 자손의 안전과 자유와 행복을 영원히 확보할 것을 다짐"하고 이를 적극적으로 실천한 결과였다.

　그러나 아직도 남북분단 상황과 갈등은 근본적으로 해결되지 못하고 남북의 경제력 격차가 나날이 심해지면서 불안 요소가 증대되고 있다. 신라가 삼국 통일을 달성한 후 고려, 조선에 이어 약 1500년 가까이 하나의 공동체로 유지되어온 한민족이 일본의 식민지 지배와 전쟁을 겪으면서 남북으로 분단된 상태로 약 60년의 세월이 경과했다.

제 3 장

21세기 새로운 화랑도

1. 전통 사상의 재조명과 화랑도 리더십의 계승

가. 한국의 현주소

한민족은 지금으로부터 5000년 전 백두산, 만주, 발해만 일대에 동이 문화권을 형성하고 '홍익인간 이화세계'의 자연 친화적 이념을 정립하며 역사의 시련과 도전을 극복하면서 오늘날에 이르고 있다. 인간을 존중하고 자연 친화적 삶을 중시했으며, 농경·유목·수렵 등 다양한 형태의 삶의 방식을 유연하게 수용하고, 나와 다른 것에 대한 포용과 수용을 통해 이를 창조적으로 발전시켜왔다. 내가 차지하는 몫을 더 키우기 위해 다른 민족을 무력으로 점령하거나 빼앗지 않았으며, 남이 나를 짓누를 때는 항거하되 도의와 양심을 지키면서 민족문화의 존엄성을 유지해왔다.

현재(2009년 기준) 한국의 인구는 남한이 4천 9백만 명, 북한이 2천 4백만 명으로 남북한을 합친 인구는 약 7천 3백만 명이다. 또한 해외에 거주하는 인구도 176개국에 6백 8십만 명을 초과하고 있다. 동이 문화권을 형성하고 고대 문명을 꽃 피웠던 한민족이 지구촌 전체에 확산되어 인류 공동체의 일원으로서 그 역할을 당당히 담당하고 있다. 또한 2009년 5월 1일 기준으로 국내에 살고 있는 외국인 숫자도 110만 명을 넘어섰다. 국내에 살고 있는 외국인의 52% 정도가 한국의 젊은이들이 기피하는 소위 3D 업종에 종사하는 산업현장 근로자이고, 약 12%가 농촌을 중심으로 외국에서 한국으로 시집온 결혼 이민자들로 알려져 있다. 조선 시대 세종대왕이 태평성대를 이루자 이웃의 북방 유목민들이나 대마도의 왜구들이 조선에 많이 귀화하여 살기를 희망했다고 전해진다. 21세기 한반도는 한민족이 지구촌 전체를 삶의 터전으로 삼고 우리의 형제와 가족으로 상호 교류하고 있음을 잘 보여주고 있다. (《조선일보》, 2009. 9. 4. "2050년의 한국" 기사 참조)

[한민족 해외거주 국가별 동포 수 : 2009, 외교통상부 자료]

(단위: 명)

순위	국가명	동포수
1	중국	2,336,771
2	미국	2,102,283
3	일본	912,655
4	캐나다	223,027
5	러시아	222,027
6	우즈베키스탄	175,949
7	오스트레일리아	125,669
8	필리핀	115,460
9	카자흐스탄	103,952
10	베트남	84,566
11	브라질	48,419
12	영국	45,295
13	인도네시아	31,760
14	독일	31,248
15	뉴질랜드	30,792
16	아르헨티나	22,024
17	태국	20,260
18	키르키즈스탄	18,810
19	프랑스	14,738
20	말레이시아	14,580
21	싱가포르	13,509
22	우크라이나	13,001
23	멕시코	12,072
24	과테말라	9,921
25	인도	8,337
26	파라과이	5,229
27	캄보디아	4,772
28	이탈리아	4,203
29	남아프리카공화국	3,949
30	스페인	3,647
기타 4,000명 미만 국가 동포 수		63,516
전체 재외 동포 수(176개국)		6,822,606

오늘날 세계 인구는 67억 4천 9백만 명이라고 한다. 현재 우리의 이웃 국가인 중국은 인구가 13억 3천만 명 정도이고, 일본은 1억 2천만 명 정도이다. 남북한 인구를 포함하여 동아시아 지역에 약 15억 3천만 명의 인구가 살고 있다. 이는 지구촌 전체 인구의 약 1/4 수준이 한반도 주변에 거주하고 있다는 것을 보여준다. 한민족이 온갖 시련을 극복하면서 민족문화의 정체성을 유지하고 세계 속의 한국으로 우뚝 솟은 것이다. 한국 국민 모두가 헌법 전문에 명시된 바와 같이 "자유와 권리에 따르는 책임과 의무를 완수하게 하여, 안으로는 국민생활의 균등한 향상을 기하고 밖으로는 항구적인 세계평화와 인류공영에 이바지함으로써 우리들과 우리들의 자손의 안전과 자유와 행복을 영원히 확보할 것을 다짐"하고 이를 적극적으로 실천한 결과인 것이다.

인류는 서로 다른 환경과 조건에서 삶을 영위하고 각기 독특한 문화를 발전시켜왔다. 그러나 21세기에 들어와서는 하나뿐인 지구의 환경보호는 인류 모두의 책임이라는 사실을 각성하고 자연 친화적 삶의 패러다임을 재정립하기 위해 공동의 노력을 경주하고 있다. 인간은 자연의 일부이며 자연과 일치하는 삶이 가장 바람직하다는 선조들의 사상이 21세기에 재조명되고 있는 것이다. 한국 사회도 근대화와 산업화를 거치면서 서구의 물질숭배, 자연개발 및 지배 사상이 대두되기도 했으나 녹색 이념, 친환경 사상, 자연이 지탱 가능한 지속적 성장 등 이른바 친환경 사상이 대두되면서 전통 사상의 현대적 재인식을 통한 새로운 자연 친화적 성장 전략을 모색하고 세계화를 지향하고 있다.

> 〈어느 미국인 스님이 보는 한국 전통 사상의 가치〉
>
> 최근에 동양과 서양 사회를 특징짓는 기본적인 가치들에 대해 논쟁이 일고 있다. 싱가포르의 이광요 총리, 말레이시아의 마하티르 총리를 비롯하여 한국과 일본, 서양 학자들까지 이른바 '아시아적 가치'를 규명하려고 노력한 바 있다. 한때 아시아 경제성장의 견인차 역할을 했다는 긍정적 평가가 지배적이었던 아시아적 가치는 최근 아시아에 경제 위기가 닥치면서 마치 곧 쓰레기통에 버려야 할 폐기물로 전락된 느낌마저 든다.
>
> 그러나 동양인들은 자신들의 당면 문제를 해결해야 한다는 강박관념이 지나쳐 그들 자신이 지니고 있는 엄청난 보물을 깨닫지 못하고 있다. 모든 사람들이 '미국인'이 되고 싶어 하고 5천 년 문화 전통을 버리고 사회 시스템을 미국식으로 바꾸고 싶어 한다. 그러나 각종 사회 문제는 동양에만 있는 것이 아니다. 글로벌 스탠다드가 곧 아메리칸 스탠다드는 아니다. 요즘 서양에서는 서구의 문제를 해결하기 위해 그 단서를 동양에서 찾고 있는데 말이다.[275]

    인간의 생명 유지를 위해 가장 필수적인 것이 산소와 물이다. 산소는 대기 중에 약 25%를 구성하고 있는데 호흡을 통해 체내로 흡수한다. 산소 공급이 중단되면 인간은 질식사하고 만다. 또 인간의 육체는 75%가 물로 이루어져 있는데, 물은 수소분자와 산소분자로(H_2O) 구성되어 있다. 즉 인간은 끊임없이 산소와 물을 공급해야 생명을 유지하고 살아갈 수가 있다. 이러한 산소는 식물이 태양 에너지를 이용하여 탄소 동화작용을 하면서 생산된다. 식물이 없으면 산소가 생산되지 않고, 산소가 없으면 인간은 생존할 수가 없다. 인간은 매순간 식물이 생산하는 산소를 호흡하면서 생명을 유지한다. 그러나 자연스럽게 이를 향유하고 있는 까닭에 식물과 산소의 고마움을 잊고 살아간다. 물은 산소와 함께 대기 순환에 따라 지구 내의 생물 다양성을 유지하는 핵심 기능을 수행한다.

---

[275] 현각, 『만행, 하버드에서 화계사까지 2』 (서울 : 도서출판 열림원, 2000), pp.224-225.

한반도는 고대부터 산이 높고 물이 맑은 곳이라 하여 나라 이름도 고려라고 할 정도로 산소와 물의 혜택을 가장 적절하게 받는 곳이었다. 또한 한반도는 비 침투성 토양으로 형성되어 어느 곳이든지 물을 쉽게 구할 수 있었다.

인간은 물과 산소를 기본으로 하고 탄수화물, 지방, 단백질 등 3대 영양소를 섭취해야 유기체를 유지하고 살아갈 수가 있다. 탄수화물, 지방, 단백질 등 3대 영양소는 식물과 동물 등 모두 자연으로부터 얻을 수 있다. 자연이 없으면 인간은 단 한 순간도 존재할 수가 없는 것이다. 그러나 인간은 자연에 대한 우월적 존재로서 자연을 지배하고 통제할 수 있는 대상으로 여기고, 생존 유지에 필요한 양보다 더 많이 취하면서 자연을 훼손하고 자원을 낭비해왔다. 인간의 의식주와 관련하여, 음식물 과잉 섭취가 비만을 가져왔으며, 비만을 치료하기 위해 또 다른 자원을 낭비하고 있다. 인간만이 따뜻하게 지내기 위해 동물 가죽을 남획하고 삼림을 훼손하고 자연석을 낭비했다. 자연이 감당할 수 있는 한계를 벗어나자 지구가 몸살을 하기 시작했다. 매년 지구의 표면 온도가 상승하고 자연 생태계의 변화는 인간이 감당하기 어려울 정도로 급변하고 있다. UN의 '환경이 지탱 가능한 성장, 지속 가능한 성장'은 이러한 배경 속에서 발의된 것이다.

이러한 문명사적 전환기에 한반도는 요란하게 새로운 이념을 만들고 정립할 필요 없이 고대 선조들의 삶의 방식을 현대적으로 온고지신하면 되니 얼마나 다행스러운 일인가. 이러한 연유에서 우리는 전통 사상을 재조명하여 계승·발전시키고, 세계로 전파하여 지구촌 전체가 홍익인간의 이념을 구현할 수 있도록 해야 한다. 한반도는 이러한 사상적 전파를 더욱 유리하게 만들어줄 수 있는 환경적 조건도 탁월하다. 뚜렷한 사계절과 풍부한 강수량, 다양한 동·식물 종 등을 비롯하여 대륙과 바다로 통하는 반도의 지형 역시 지리적인 이점이라 할 수 있다.

중동의 산유국들은 지하에 매장된 석유를 수출하여 국가의 부를 형성한다. 석유는 재생 불가능한 유한한 자원이다. 석유를 팔아서 물을 구입해야 하는 중동의 실정을 생각해볼 때 인간은 석유 없이는 살아도 물 없이는 살 수 없다는 것을 깨닫게 된다. 한반도는 비록 석유가 나지 않지만, 대신 석유보다 더 소중한 물 자원이 풍부한 나라이다. 풍부한 강수량과 물을 보존할 수 있는 토양의 특성처럼 천혜의 이점에 더불어 빗물을 정화하고 바닷물을 담수화하는 기술력 또한 우수하다. 다만 우리는 어디서나 쉽게 물을 구할 수 있다 보니 물의 귀함을 종종 잊어버린다는 것이 문제이다. 중동의 산유국들이 석유를 담보로 국제 경제의 판도를 좌지우지할 때, 한국의 수자원과 기술력이 전 세계인의 이목을 집중시킬 수 있는 날이 올 것이다.

고대 선조들이 제시한 '한밝 문화'는 태양, 바람, 물, 강, 숲과 관련이 있다. 태양 에너지의 효과적인 이용이 모든 국가의 화두가 되고 있는 요즘, 한반도는 연중 강수량과 일조량이 세계 어느 곳보다 우수한 지역으로 무한한 강점을 지닌 곳이다. 예로부터 선조들이 이룩해놓은 유산들에 과학적인 기술력을 더하여 현대적으로 계승하고 발전시킬 수 있을 것이다. 태양 에너지와 물 에너지, 바람 에너지 등의 자연적 조건들을 이용하여 인간의 삶을 윤택하게 하면서도 자연의 훼손을 최소화할 수 있는 방법을 모색하는 것이 새로운 과제이다. 가령 선조들이 온돌이라는 획기적인 난방 시스템을 발명했듯이, 현대인들은 그보다 더 지혜로운 답을 찾아내야 한다. 또 풍수지리 사상을 미신적인 것으로 치부하지 않고 객관적이고 체계적으로 정보화하여 이용한다면 우리가 가진 지리적 조건들을 우수하게 활용할 수 있을 것이다.

지구촌을 사이버 공간에서 하나로 연결하는 데 핵심 역할을 하는 반도체 산업 및 IT 기술은 한국이 세계시장을 주도하고 있다 해도 과언이 아니다. 이 모든 것이 21세기에 새롭게 조명되고 있으며, 차세대 인류의 삶의 패러다임을 재정립하는 새로운 인류 문명의 지향 방향이다. 여기에도 그 바탕에 자리한 사상의 원천은 화랑도 리더십 사상이라 할 수 있다. 대한민국 국민 모두는 화랑의 후예이며, 선비의 후예이며, 풍류도 정신이 정신적, 문화적 유전자로 전수되고 있는 단군왕검의 후예들인 것이다.

〈대국으로 가는 길,
재생 가능한 에너지를 이용하는 경제 패러다임 구축〉

인류가 새로운 문명을 건설하고 지속 가능한 성장을 위해서는 석유 에너지 중심의 경제 구조에서 풍력, 수력, 태양열과 같은 재생 가능한 에너지를 사용하는 경제로 변환하는 것이 현재 우리 세대가 달성해야 할 과제입니다.
우리가 반드시 새로운 모델을 찾아야 하는 이유는, 기존의 방식은 한정된 에너지 자원을 고갈시키고, 이산화탄소 대량 배출은 환경을 불안정하게 만들어 결국 인간이 견딜 수 없는 상황에까지 몰고 가기 때문입니다.
지난 세기 석유 의존도가 높아지면서 인류는 지구의 특정 지역에 의존하게 되었습니다. 그 지역에서만 석유자원이 존재하기 때문이죠. 그러나 풍력, 지열, 수력, 태양열 등 재생 가능한 에너지는 세계 어디에서나 구할 수 있는 것입니다.[276)]

- 래스터 브라운

---

276) 중국 CCTV 저(2007b), 앞의 책, pp.310-311.

나. 화랑도 정신에 의한 재도약

 높은 산은 정상에 가까울수록 산소도 적어지고 힘해 등정의 어려움이 가중된다. 또한 결승전에 가까워질수록 경쟁은 더욱 치열하고 더 높은 기량이 요구된다. OECD 국가 중에서 선두 그룹으로 도약하기에는 현재까지 해온 노력보다 더 많은 노력과 정성이 요구된다.

[OECD 국가별 인구 수 : 통계청, 2008]

대륙 구분	국가 명	인구수(단위 : 천 명)
아시아	한국	48607
	일본	127987
	터키	75830
북미	캐나다	33170
	멕시코	107801
	미국	308798
오세아니아	오스트레일리아	20951
	뉴질랜드	4275
유럽	오스트리아	8391
	벨기에	10480
	체코	10183
	덴마크	5453
	핀란드	5293
	프랑스	61946
	독일	82534
	그리스	11172
	헝가리	10000
	아이슬란드	4380
	이탈리아	58946
	룩셈부르크	472
	네덜란드	16450
	노르웨이	4727
	폴란드	38022
	포르투갈	10662
	슬로바키아	5392
	스페인	44593
	스웨덴	9160
	스위스	7512
	영국	61019
OECD 계	29개국	1194000
세계 총계	224개국	6749678

한국은 어려운 상황 속에서 오늘날의 발전 단계까지 이르렀다. 세계가 거대한 하나의 시장으로 통합되면서 한국에서 생산한 물품은 세계 어느 곳에서나 만날 수 있다. 또 한국인들은 세계 어느 곳에나 진출하여 거주할 수 있다. 국가와 국가 간에 인적, 물적 교류가 증가하고 상호 작용이 커지면서 상호 협력과 상호 의존적인 관계가 증대되고 있다. 한 나라, 한 회사라는 공동체 속에서 문제를 해결하고 지속적인 성장을 위한 우수한 기술과 지혜를 겨루는 것에 따라 국력의 우위가 결정되는 시대이다. 이를 두고 소프트 파워(Soft Power), 스마트 파워(Smart Power)라고 부르기도 한다. 한 나라의 군사력으로 다른 나라를 무력으로 점령하고 새로운 나라를 건국하던 시대는 지났다. 고대의 동이 문화권을 회복하기 위해 군대를 동원하여 북방 이민족을 몰아내고 철령위, 요동 지역, 간도 지역 등을 다시 차지하고자 하는 것은 21세기에 적합한 방법이 아니다.

세계의 67억이 넘는 인구는 매일 세 끼의 식사를 하고 물을 마시며 공기를 흡입한다. 그 중 우리 가까이에 있는 중국은 인구수가 13억이 넘고 일본은 1억이 넘을 정도이다. 남북한 인구를 포함하여 동아시아 지역에 약 15억 3천만 명의 인구가 살고 있다. 이는 지구촌 전체 인구의 약 1/4 수준이 한반도 주변에 거주하고 있다는 뜻이다. 경제적 관점에서 보면 비행기로 2시간 이내인 단거리에 거대한 시장이 형성되어 있다고 할 수 있다. 중국과 일본이 보유하지 못하는 기술을 한국만이 보유했고, 일본과 중국이 만들지 못하는 제품을 한국만이 만들면 세계 인구의 1/4이 한국 제품의 고객이 되고, 나아가 67억의 세계 인구가 고객이 될 수 있다. 그렇다면 한국의 영향력은 자연스럽게 확대될 것이다. 만주 일대의 동북삼성에 살고 있는 조선족들은 자연스럽게 한국 제품을 사용하게 될 것이고 상호 교류가 확대될 것이다. 북한에 살고 있는 사람들이 한국에서 만든 제품을 사서 이용하여 삶이 윤택해지면 상호 접촉이 많아질 것이고 상호 이해도 깊어지며 언젠가는 하나로 다시 통일이 될 것이다. 한국은 동아시아 경제권의 구심점으로 등장할 것이며, 나아가 세계 경제와 문화에도 영향력을 미치게 될 것이다. 이것이 21세기 한민족이 지향해야 할 비전이고, 진정한 풍류도 정신이며, 화랑도 리더십 사상이다. 또한 고구려의 건국이념이었던 다물 정신을 현대적으로 계승하는 길이며, 고려 왕건 태조의 북진정책을 현대적으로 구현하는 것이다.

우리는 이와 같은 목표를 향해 얼마나 힘을 합해서 노력하고 나아가고 있는가를 되돌아보아야 한다. 통일신라 시대 우리의 선조들이 미완성의 통일을 이루고 제2단계 통일의 목표와 비전을 상실한 채, 서라벌 사람들이 초가집을 모두 기와집으로 고치고 호의호식하면서 현실에 안주하고 사치에 빠져 신라를 쇠락의 길로 나아가게 했던 우를 범하고 있는 것은 아닌지 반성해야 한다. 또한 조선조 후기에 세계가 산업혁명을 맞이하여 농경사회에서 산업화를 위해 역동적으로 변하고 있을 때, 우리의 선조들은 시대에 뒤지는 유교 이념에 집착하여 근대화와 산업화의 적기를 놓침으로써 이웃나라 일본의 식민지로 전락한 과오를 반복하고 있지는 않은지 깊이 성찰해야 한다.

또한 오늘날의 식민지 상태는 강대국이 무력을 동원하여 특정 국가를 점령하고 배타적으로 지배하던 과거와는 다르다. 인류 사회에 공헌하고 교류할 수 있는 보편적 사상과 과학 기술력을 보유하지 못한 채 모든 것을 다른 나라에서 생산한 것에 의존하여 종속적, 의존적 관계가 심화되면, 자주성과 정체성을 상실하고 종속적이고 의존적인 상태에 놓이게 되어 국가와 민족의 위상이 저하되게 마련이다. 수입하는 것이 있으면 수출하는 것도 있어야 하며, 상대방에게 의존하는 것이 있으면 상대방도 내게 의존하는 것이 있어야 대등한 국가관계가 형성되고 유지된다.

한국은 그동안의 경제성장 덕분에 당장의 시급한 문제들을 어느 정도 해결했다. 이제는 과거에는 없던 노사분규, 사회 양극화 및 빈부 갈등, 3D 업종 기피라는 말이 생겨났다. 육체적으로 어렵고(difficult), 위험하고(dangerous), 더러운(dirty) 일은 한국인의 몫이 아니라 외국인 근로자들의 몫이라고 생각하는 풍조가 생겨났다. 한국의 청년실업이 심각한 사회 문제로 대두되면서도, 어렵고 힘들고 더러운 노동 환경을 한국인이 기피하는 것은 화랑도 정신이 쇠퇴하고 있다는 증거이다. 또한 선진국 경제로 진입하기 위해 구성원 모두가 자본축적, 기술개발 및 투자에 전력을 쏟아 부어도 선진국을 따라잡기가 어려운 상황에서 현재까지 이룩한 경제적 과실을 누가 더 많이 가질 것에만 혈안이 된다면 더 이상의 발전은 없을 것이다.

한 나라의 경제력이나 부는 영원불변한 것이 아니다. 자만하고 나태해지는 사이 경제적 빈곤에 허덕이던 과거의 상태로 돌아갈 수도 있다. 주변 4강(러시아, 중국, 미국, 일본)의 틈바구니 속에서 자주국방을 달성하고 통일 비용을 스스로 감당할 수 있도록 역량을 축적하며, 과학 기술개발에 투자하여 첨단기술을 끊임없이 개발하는 것이 앞으로의 발전 과제라고 할 수 있다. 지나치게 현실에 안주하고 있는 것은 아닌지 성찰이 필요한 시기이다.

보릿고개 시절에는 비만이라는 말이 한국 사회에 생소한 용어였다. 다이어트라는 말도 한국 사회에는 적당치 않았다. 그러나 오늘날 불필요하게 많이 섭취하고, 그로 인해 발생한 비만을 줄이게 위해 또 시간과 재원을 투자하는 이중의 자원낭비가 이루어지고 있다. 사람의 몸에 투입되는 에너지가 불필요하게 많아서 투입과 산출의 균형이 깨지고, 그로 인해 발생한 당뇨, 비만, 고혈압을 치료하기 위해 또다시 자원과 시간을 낭비하고 있는 것이다. 이러한 삶이 바람직한 삶이고 자연의 이치에 합당한 것인지 반성할 필요가 있다.

신라가 삼국을 통일한 후 고대 동이 문화권 회복을 원대한 목표로 설정하고 다시 국력을 결집하면서 수도를 대구로 옮기고 과감한 북진정책을 추진했었더라면 우리의 삶이 달라졌을 것이다. 또 고려 말 요동 정벌을 포기하지 않고 적극적 팽창 정책을 추진했었더라면 한민족의 위상이 달라졌을 것이다. 조선조 말에 세계의 열강들이 근대화, 산업화를 추진할 때 우리도 과감하게 농경사회의 삶에서 벗어나고 무사안일과 현실안주를 탈피했었더라면 일제 강점기도, 남북 분단도 없었을 것이고, 한국전쟁도 일어나지 않았을 것이다. 그래서 현재보다 선진국 진입도 쉽고 빨리 이뤄졌을지도 모른다. 역사의 교훈을 망각하는 민족에게는 영광스러운 미래가 보장되지 않는다. 충분한 시행착오를 경험했으니 다시 전진해야 한다.

8·15 해방 직후 민주 독립 국가를 새롭게 건설해야 할 역사적 시점에서 김구 선생은 '나의 소원'이라는 글을 통하여, 지금 우리 민족이 추진해야 할 최우선 과제는 첫째, 남의 간섭도 받지 않고 남에게 의지하지도 않는 완전한 자주독립 국가를 세우는 일, 둘째, 이 지구상의 모든 인류가 진정한 평화와 복지를 누릴 수 있는 사상을 정립하여 먼저 우리나라부터 실현하는 일, 셋째, 계급 독재를 반대하고 자유를 실현하는 일, 마지막으로, 높은 문화를 창조하여 문화 선진국을 건설하는 일이라고 제시했다.[277] 전통 사상을 계승하고 새로운 환경 변화에 적합하게 민족이 나아가야 할 방향을 올바르게 제시하고 있는 글이다.

한민족 오천 년 역사에서 보았듯이, 달성해야 할 목표가 모든 사람에게 이익이 되고 자연과 인간이 하나 되게 하는 원대하고 명분이 뚜렷한

---

[277] 강만길 외 공저(1985), 앞의 책, pp.48-49.

것일 때는 모두가 하나로 뭉쳐서 추진했었다. 그러나 목표가 내부 지향적이고 현실안주, 현상유지를 추구할 때는 내부적으로 당장 눈앞에 보이는 조그마한 이익을 서로 다투다가 분열이 발생하고 갈등, 쇠퇴로 이어졌다. 우리 모두가 풍류도 사상으로 재무장하여 21세기에 맞는 '홍익인간 이화세계'와 백범 김구 선생이 주장한 '이 지구상의 모든 인류가 진정한 평화와 복지를 누릴 수 있는 사상을 정립하여 먼저 우리나라부터 실현하는 일'에 대한 추진을 원대한 목표로 설정하고 실행에 옮겨야 할 때이다.

이는 오늘날 유럽 연합(EU : European Union)의 출범 과정을 통해서도 확인할 수 있다. 오랫동안 유럽은 갈등과 분열, 그리고 전쟁으로 점철된 역사를 갖고 있었다. 민족적, 정치적, 종교적 문제로 유럽 대륙에는 전쟁이 그칠 날이 없었다. 30년 전쟁, 100년 전쟁, 나폴레옹 전쟁, 1차 세계대전, 2차 세계대전 등 세계사의 주요 전쟁은 거의 유럽 대륙에서 발발했다. 유럽은 어느 한 나라가 독주하는 것을 방지하고 상대방을 제압해야 내가 살 수 있다는 세력균형, 분열, 제로섬 사고방식이 오랫동안 그들의 정신세계를 지배해왔다. 여기다가 민족적 다양성과 종교적 차이가 가세되면서 갈등은 더욱 심화되었다. 그러나 2차 세계대전이 종료되면서 유럽인들은 각성하기 시작했다. 특히 1차, 2차 세계대전의 주범 역할을 하면서 이웃 나라들에 많은 피해를 입힌 독일이 반성하고 화해를 주도했다.

"유럽은 하나다, 하나로 뭉치자"라는 구호와 함께 경제 문제부터 협력과 통합을 추진하고 더 나아가 정치적 통합을 이루기로 약속했다. 경제 문제를 통합하기 위해, 그동안 각국이 별도의 화폐를 보유하고 있어서 생겨났던 환전, 환차손 등 각종 비효율을 제거하자는 취지에서 통합화폐인 유로화를 발행했다. 현재 EU 경제권은 4억이 넘는 인구 규모를 유지하면서 미국의 3억보다 더 많은 시장을 형성해가고 있다.

〈유럽 경제통합의 상징 유로화 : 1유로는 미화 1달러와 비슷한 가치를 보유하고 있다.〉

뿐만 아니라 정치 통합까지 추진하여 세계 정치, 경제 질서를 주도하는 세력으로 성장을 시도하고 있다. 분열-갈등-전쟁의 패러다임을 화해-협력-통합의 패러다임으로 전환한 결과이다. 이와 비교하여 동아시아 지역은 아직도 분열-갈등-대결의 패러다임에서 벗어나지 못하고 있다. 한반도는 남북으로 분단되어 갈등과 대결 국면을 해결하지 못하고 있으며, 일본은 과거 역사와 영토 문제와 관련하여 야스쿠니 신사참배 문제, 한일 간에 독도 문제를 비롯하여 교과서 왜곡 문제를 주기적으로 제기하면서 한국인을 비롯한 이웃 국가들의 마음을 불편하게 하고 있다.

〈독도 전경〉

어느 나라나 자국의 영토 문제를 중요하게 취급하지 않을 수 없지만, 특히 일본은 섬나라로서 영토 문제에 매우 민감한 태도를 보여 왔다. 일본은 역사적으로 대륙을 향한 영토 확장의 꿈을 버리지 못했다. 역사에서 보아왔듯이 일본은 국내가 통일되고 힘이 하나로 결집되자 1592년 조선을 상대로 임진왜란을 일으켰다. 한반도를 점령하여 일본 영토로 편입시키고 장군들에게 봉토로 할양하기 위해서였다. 1910년 일본은 근대화 및 산업화에 한 발 앞서 성공하자 또다시 한반도와 만주를 점령하고 대륙으로 진출하기 시작했다. 욕심이 지나쳐 미국을 비롯한 서구의 전략적 이익과 충돌하여 연합국과의 전쟁에서 참패하고 경제적으로는 다시 일어섰으나, '정상 국가론, 보통 국가론', 야스쿠니 신사참배, 자위대의 해외파견 등 일본 사회의 전반적 우경화 현상은 과거 역사를 진정으로 반성하지 않았다는 것뿐 아니라, 과거 제국주의 시절의 정치적, 군사적 환상을 버리지 못하고 있다는 것을 잘 보여주고 있다.

> ### ⟨애매한 일본과 나 :
> ### 오에 겐자부로, 1994년 12월 7일 노벨 문학상 시상식장에서⟩
>
> 일본은 메이지 유신 이래 현대화를 계속 추진하고 있지만, 근본적으로 아주 애매한 양극의 중간에 놓여 있다. 나는 현대를 살아가는 일본인의 한 사람으로서 일본이 지닌 과거 역사로 인해 고통스런 낙인이 찍힌 채로 살아가는 사람 중의 하나이다. 일본의 현대화는 서유럽을 모방한 것이었다. 그러나 일본은 아시아에 위치하고 있으며, 일본인들도 아시아의 전통을 고수하고 있다. 이런 애매한 위치 속에서 일본은 아시아를 상대로 침략을 했다. 현대 일본 문화는 서유럽을 향해 완전히 개방되어 있지만 서유럽은 그 문화를 이해하지 못한다. 일본은 아시아에서도 정치와 사회, 문화 방면에서 점점 고립되고 있다. 2차 대전 이후 일본인들의 새로운 탄생을 뒷받침하는 근본적 도덕관념은 전쟁의 포기와 민주주의를 지향한다는 선언이었다. 그러나 일본 사회와 국민 개인이 이와 같은 도덕적 관념에 비추어 순수하고 결백하지 못하고 있기 때문에, 아시아를 짓밟았던 침략자로서의 역사적 오점을 씻지 못하고 있다. 일본 경제가 번영을 이룩하고 근대화를 추진하는 과정에서 나타난 만성병과도 같은 애매함이 점점 심화되고 더욱 기이한 형태를 보이고 있다. 국제적인 비판의 시각은 우리가 일본 내에서 느끼는 것보다 훨씬 정확하다.[278]

> ### ⟨일본과 독일의 전후 50년 : 1995년 바이츠 제커 독일 대통령⟩
>
> 지도적 위치에 있는 정치인이 역사적인 시각에서 자기 나라가 전쟁 중에 저질렀던 행위에 대해 대가를 지불하지 않으려 한다면, 그리고 누가 전쟁을 도발했고 자국의 군대가 다른 나라에서 어떤 짓을 저질렀는지에 대한 판단을 주저한다면, 또한 전리품 획득에만 급급하고 타국에 대한 공격을 자기 나라 방위를 위해 어쩔 수 없는 일이었다고 한다면, 이는 도덕적으로 문제가 있는 것은 차치하고라도 외교적으로 엄청난 부작용을 초래할 것이다. 불신은 갈등과 전쟁을 일으키는 원인이고, 불신을 해소하는 것은 현재와 미래의 생존과 직결된 중요한 문제이다. 과거를 부정하는 사람은 과거의 잘못을 되풀이할 위험을 안고 있다.[279]

---

278) 중국 CCTV 저(2007a), 앞의 책, pp. 294-298.
279) 위의 책, pp.294-298.

2. 21세기 한반도의 비전

가. 한반도의 지리적 정세

김구 선생이 '나의 소원'에서 제시한 우리 민족이 추진해야 할 최우선 과제는, 첫째, 남의 간섭도 받지 않고 남에게 의지하지도 않는 완전한 자주독립 국가를 세우는 일, 둘째, 이 지구상의 모든 인류가 진정한 평화와 복지를 누릴 수 있는 사상을 정립하여 먼저 우리나라부터 실현하는 일, 셋째, 계급 독재를 반대하고 자유를 실현 하는 일, 마지막으로 높은 문화를 창조하여 문화 선진국을 건설하는 일[280]로서 이는 풍류도 정신으로 무장한 한민족 모두의 소원일 것이다.

한국은 유라시아 대륙의 동북단에 위치한 작은 나라라는 고정관념이 있다. 그러나 대륙을 북으로 하고 해양을 남으로 하는 통상적인 위치에서 지도를 반대로 놓고 보면 유라시아 대륙을 뒤로 하고 태평양을 앞에 둔 전구적 배산임수(全球的 背山臨水)의 명당에 위치하고 있으면서, 지정학적 관점에서 볼 때 한반도는 유라시아 대륙과 태평양을 잇는 가교적, 연결적 핵심 위치에 자리하고 있다. 또한 지구과학적 측면에서 보아도 환태평양 지진대를 벗어난 안전하고 살기 좋은 지역이다.

한반도는 유라시아 대륙과 태평양을 연결하는 고대 동이 문화권의 중심지로서, 원시 무속신앙을 체계화하여 고대 동아시아 문명의 발원지가 되었음은 앞에서 논의된 바와 같다. 고대 고조선과 고구려는 동아시아 일대의 최대 강국이었다. 고구려 시대의 다물 사상은 이러한 고대 강대국의 영토와 영향력을 회복하기 위한 대륙 중심적 사고였다.

---

[280] 강만길 외 공저(1985), 앞의 책, pp.48-49.

오늘날 서구 문명의 기원은 고대 그리스 문명에서 유래하고 있는데, 고대 그리스 문명도 발칸 반도에 위치하고 있는 아테네, 에게 해, 크레타 섬을 중심으로 발현되었다. 바다와 육지를 연결하는 교차 지역이 문명 발달과 중요한 연관이 있음을 보여준다. 고대 그리스 문명을 기원으로 하여 이탈리아 반도의 로마를 중심으로 지중해 일대를 하나로 연결하는 로마 문명이 확대 발전되었다. 대륙과 바다가 연결되는 반도 지역이 문명 발전의 중요한 지역임을 다시 한번 보여주고 있다. 서구 문명이 발칸 반도에서 이태리 반도로, 에게 해에서 지중해로 확대 발전되고 있음을 보여준다. 이처럼 인류 문명은 유럽-대서양 시대를 거쳐서 아시아-태평양 시대로 발전하고 있다.

[로마 제국 강역도]

풍수지리학적 관점에서 보면 한반도는 지구상에서 가장 큰 대륙인 유라시아 대륙(산, 땅)과 지구상에서 가장 큰 바다인 태평양(바다, 물)을 연결하는 교차 지역에 위치하고 있다. 즉 21세기 지구촌 시대의 핵심에 위치하고 있는 것이다. 유라시아 대륙과 태평양, 서반구를 육로, 철도, 항공기, 선박을 이용하여 하나로 연결하는, 사람과 물류 이동의 중심지로서 그 중요성이 부각되고 있다. 또한 21세기에 새롭게 부각된 사이버 공간을 연결하는 초고속 인터넷 망의 중심지로서도 부각되고 있다.

인류 정신문화의 주류 사상인 전통적 무속신앙, 기독교, 불교, 유교, 도교 등 동양 사상과 서양 사상이 융합되어 조화와 공존을 이루어야 하며, 인간과 자연과의 조화와 공존, 지구촌 모든 사람을 이웃으로, 친구로 포용할 수 있는 새로운 사상과 이념이 요구되는 곳이 21세기 한반도의 모습이다. 따라서 21세기 한민족이 지향해야 할 새로운 풍류도 사상은 대륙을 기반으로 해양을 중시하며 동양과 서양을 통합하는 새로운 사상이라고 정리할 수 있다.

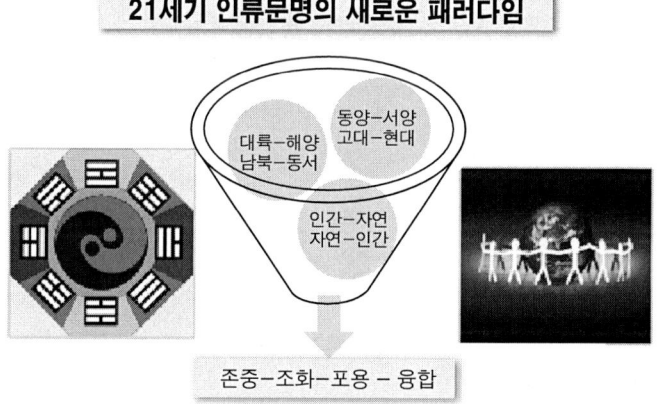

나. 21세기 한반도 문제 재검토

한반도를 둘러싼 중국, 러시아, 미국, 일본은 모두가 세계의 강대국이다. 그 중 미국, 중국, 러시아는 유엔 안전보장 이사회 상임 이사국이며, 일본은 세계 2위의 경제대국으로서 경제력을 바탕으로 정치, 군사 대국을 지향하고 있다. 1950년 한국전쟁을 통해 한반도는 지정학적 위치나 전략적 가치가 상기 강대국 가운데 어느 일방의 영향력 하에 편입될 수 없다는 것이 확인되었다.

2차 세계대전 종전과 더불어 일본의 항복과 함께 일본의 식민지였던 한국은 미국과 소련의 새로운 대결의 장으로 부상했다. 미국은 얄타 회담과 포츠담 회담 정신에 따라 한반도의 통일된 자주독립 국가 건설을 위해 미소 공동위원회를 개최했다. 그러나 어떤 이념 하에 통일된 독립 국가를 건설할 것인가 하는 문제에는 양측의 의견이 달랐다. 한반도에 공산체제 건설을 목표로 하는 소련의 의도를 간파한 미국은 미소 공동위원회가 결렬되자 한국 문제를 유엔으로 이관했다. 유엔은 한반도를 유엔 감시 하에 인구비례 자유 총선거를 실시하여 자주독립 국가를 건설할 것을 추진했으나, 북쪽의 반대로 남한에서만 자유선거를 실시하여 대한민국 정부가 수립되었다. 유엔은 대한민국을 한반도에서 유일한 합법 정부로 승인했다.

이러한 결과가 나오자 북쪽에서는 소련의 지원 하에 무력으로 남한을 전복하고 통일하겠다는 목적으로 한국전쟁을 도발했다. 유엔은 안보리 결의안을 채택하여 북한이 무력 행동을 즉각 중단하고 3·8선 이북으로 군대를 철수할 것을 통보했다. 그러나 북한은 이에 응하지 않았고, 결국 유엔 회원국들이 군사 지원을 결의하여 유엔군이 파병되었다. 미국의 맥아더 장군을 유엔군 사령관으로 하여 미국군, 한국군, 그리고 참전 16개국 유엔군의 활약으로 3·8선을 돌파하고 북진하게 되었다. 이때 중공군이 참전하게 되는데, 당시 중국은 미국을 비롯한 서구의 주도로 한반도가 통일되어 미국의 영향력 하에 편입되는 상황을 용인할 수 없었다. 중공군이 참전하게 되자 유엔에서는 한국전쟁이 한반도 외부로 확전되는 것을 방지하고 유엔 헌장 정신에 따라 평화적이고 만족스러운 상태에서 무력 행동이 정지될 수 있도록 권고했다. 결국 3년간의 전쟁은 민족에게 크나큰 상처만 남기고 3·8선이 현재의 휴전선으로 변경된 가운데 휴전 상태로 일단락되었다. 한반도가 남과 북으로 분단된 상태에서 미국, 러시아, 중국, 일본의 세력 균형과 현상 유지가 지속되는 것이 이들의 국가 이익에 부합된다는 묵시적 합의가 이루어진 가운데 내려진 결과였고, 이것은 60년이 지난 현재까지 지속되고 있다.

〈1979년 9월 16일 한반도 관계 미국 상원 외교위원회 보고서〉

미국, 중국, 일본, 러시아 등 4강이 한반도에서 세력 균형의 상황 하에서 희망을 가질 수 있는 이유의 하나는 어느 나라도 일방적으로 자신의 의지를 밀고 나갈 수 없다고 하는 것이며, 이것이 언젠가는 4강의 견해에 영향을 미쳐, 천천히 이루어진다고 해도 4강 모두가 받아들일 수 있는 국제체제를 향하여 보조를 맞추게 할 수도 있다. 따라서 미국은 한반도를 남북 분단의 상황에서 현상 유지하는 것과 마찬가지로 동맹국을 불안하게 하고 동맹국 국민을 당혹시키는 급격한 행동을 취하는 것도 미국의 이익에 부합되지 않는다는 것을 알아야 한다.[281]

---

[281] 김운태 외 공저(1986), 앞의 책, pp.726-727.

위의 보고서는 현상유지 정책을 추진하면서 언젠가는 4강의 이해관계가 상충하지 않고 합의가 이루어지는 국제 체제의 성립 가능성을 내다보면서, 급격한 현상타파 정책은 미국의 국익에 바람직하지 않다는 것을 제시하고 있다. 그리고 최근 들어 국제적 현안으로 대두되고 있는 북한의 핵 문제, 한반도 통일 문제와 관련된 당사국들의 입장과 이해관계는 아래에 제시된 바와 같이 상이하기 때문에 갈등과 분열의 소지가 많다.

구분	입장과 전략
UN	현 정전체제 유지, 핵 개발 및 확산 저지, 한반도를 궁극적으로 통일되고(Unified), 민주적이며(Democratic), 독립적인(Independent) 주권국가 수립(the sovereign state of Korea)
한국	북한 핵 폐기, 군사적 도발 억제, 지속적 경제성장 및 한반도의 민주적, 평화적 통일
북한	핵 개발 계속, 핵보유국 지위 획득, 김일성-김정일-김정은 체제유지 및 성장, 한반도 적화통일
미국	북한 핵 폐기, 한반도 비핵화, 동북아 핵 확산 방지, 대량살상 무기 확산 방지, 단기적 한반도 분단 현상유지, 장기적으로 가능하면 미국 영향력 하에 한반도 통일, 중국 견제
중국	북한 핵 폐기 및 한반도 비핵화, 한반도 분단 현상유지, 북한 붕괴로 인한 대량난민 중국 내 유입 예방, 북한 지원 중국 영향력 유지, 장기적으로 한반도 친 중국 체제 구축, 일본, 미국과 중국 사이에 완충지대 확보
일본	북한 핵 폐기, 한반도 비핵화 유지, 한반도 분단 현상유지 일본 영향력 및 국가 이익 극대화, 중국 견제, 아시아 패권국가 지향
러시아	한반도 비핵화, 한반도 분단 현상유지, 동북아 지역 안정과 러시아 영향력 유지

다. 통일된 한국의 청사진

한반도를 둘러싼 복잡한 안보 환경은 21세기에도 계속되고 있다. 비록 어려운 상황이지만, 우리는 어려움을 극복하고 분단을 넘어 통일을 이루고, 나아가 동아시아 공동체의 주역으로서 세계 속의 한국으로 전진해야 한다.

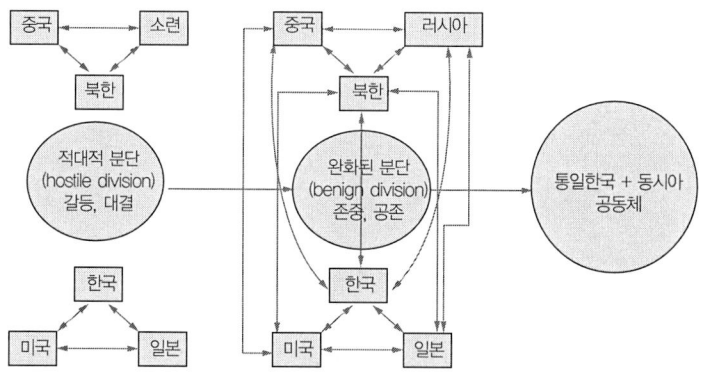

이를 위해 한국인 모두가 아래와 같은 사항에 냉철하게 자문자답해 보아야 한다.

> 1. 세계인을 포용할 열린 사고와 넓은 사상체계를 구비하고 있는가?
> 2. 남북분단 문제를 해결할 주인의식과 역사적 사명감, 지속적 성장 잠재력과 북한 경제를 회복시킬 수 있는 물질적 기반을 충분히 확보하고 있는가?
> 3. 북한의 군사적 위협과 주변의 잠재적 위협으로부터 스스로의 힘으로 나라를 지킬 수 있는 자주 국방력을 충분히 구비하고 있는가?
> 4. 유엔을 비롯한 한반도 문제 관련 당사국들을 설득하고 이들의 동의와 합의를 도출할 수 있는 글로벌 외교 역량을 구비하고 있는가?

상기 4가지 문제가 해결되어야 통일을 이루고 동아시아 공동체의 주역으로서 세계 속의 한국으로 나아갈 수 있다. 어느 한 가지 과제도 쉽게 달성될 수 있는 문제가 아니다. 또한 지도자 한 사람이나 특정 시기의 정부의 힘으로 단 시간 내에 이루어질 수 있는 것도 아니다. 목표와 비전을 갖고 세대와 세대를 이어서 국민 모두가 이와 같은 문제에 주인의식을 갖고 각자 제 위치에서 최선을 다할 때 이루어질 수 있는 문제이다.

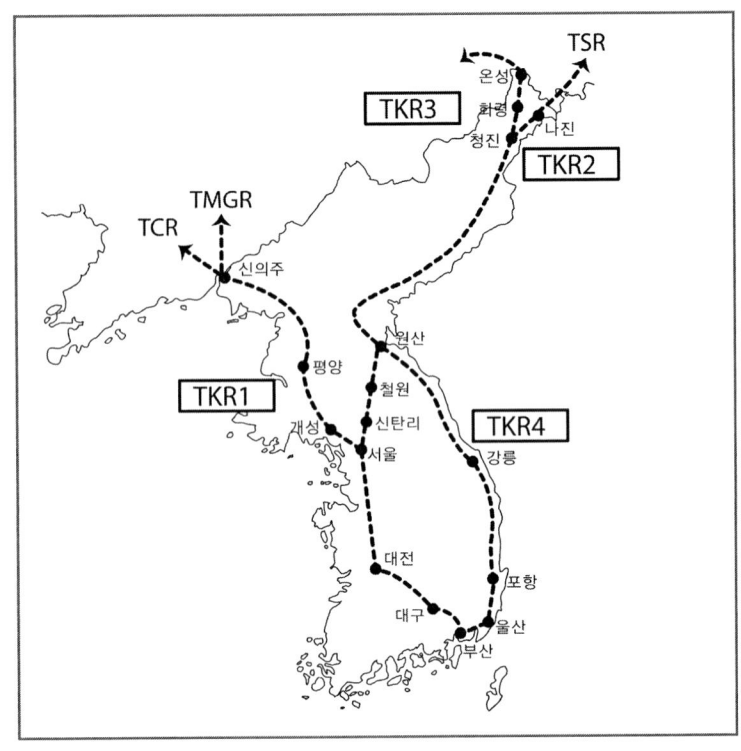

[한반도와 유라시아 대륙 연결망]

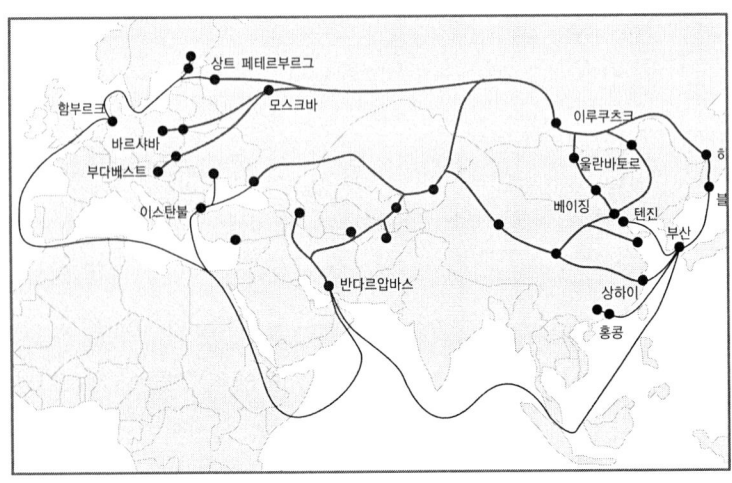

한국과 일본, 중국 사이에는 일본의 제국주의 침략과 관련하여 과거의 아픈 상처가 있다. 일본은 5000년 동안 이웃하면서 문화를 전수하고 협력해오던 주변 나라들에 대하여 국가적 이기주의를 앞세워 강점하고 핍박했다. 이러한 과거사에 대해 상황이나 정치적 필요에 따라 사과성명은 발표했으나, 독일의 브란트 총리와 같이 무릎을 꿇고 사죄할 정도의 진정성을 보여주거나 후대 사람들의 교육에 이를 반영할 만큼의 과거사 정리는 하지 않았다.282)

아직도 일본은 제국주의 시대의 향수에서 벗어나지 못하고 이를 미화하는 사람과 단체가 많이 있으며, 독도 문제를 비롯한 영토 문제와 관련하여 이웃 국가들과 수시로 갈등을 빚고 있다. 최근 일본은 2차 세계대전 후에 50년 이상 집권해온 자민당 정권이 선거에서 패배하고 하토야마 유키오가 이끄는 민주당이 승리했다. 일본의 정치와 경제, 대외 관계 전반이 탈아입구(脫亞入區) 패러다임에서 친미입아(親美入亞) 패러다임으로의 전환이 예상되고 있다. 일본은 메이지 유신을 계기로 헌 신짝처럼 버렸던 아시아 국가들이 근대화에 성공하고 경제 발전을 이룩하자, 강대국인 미국과 우호적 관계를 맺으면서 아시아 국가들과의 관계를 다시금 돈독히 하겠다는 전략이다. 일본이 이웃 국가들과 화해와 협력, 공존을 추구하기 위해서는 일본 스스로 진정으로 반성하고 독일과 같은 리더십을 보여주어야 할 것이다.

한국의 입장에서는 스스로 힘을 길러서 분단된 남과 북을 통일하여, 일본을 비롯한 이웃 국가들이 한국의 존재를 인정할 수밖에 없고, 한국의 역할 없이는 동아시아 공동체가 제대로 작동되지 않는다는 것을 보여줄 필요가 있다. 이탈리아 반도를 중심으로 로마 제국이 번영을 이룬 것

---

282) 일본의 무라야마 총리는 1995년 8월 15일 2차 세계대전 종전 50주년 담화에서 "과거 한때 그릇된 국가정책으로 전쟁의 길로 접어들어 아시아 각국 국민들에게 손해와 고통을 안겨준 데 대해 사과하고 반성한다. 이 같은 잘못을 되풀이하지 않기 위해 청소년들에게 알려주어야 한다."고 했다.

과 같은 역사적 사례를 거울삼아, 한반도를 중심으로 동아시아 공동체가 번영을 누릴 수 있도록 한민족이 21세기 문명사적 역할을 다해야 한다.

> 〈어느 외국인 학자의 충고, '한국, 중국, 일본의 당면 과제'〉
>
> 21세기 현재 동아시아에서 3강 구도를 이루고 있는 한국, 중국, 일본에게는 시급히 해결해야 할 과제가 있습니다. 한국은 경제가 지속적으로 성장하고 있으나 남북이 분단되어 있어서, 북한 문제를 해결해야 지속적 성장이 가능합니다. 북한 문제 해결에 모범답안이 있는 것은 아니지만 반드시 해결해야 할 과제입니다.
> 중국의 경제도 나날이 눈부신 발전을 거듭하고 있으며 정치 역량도 강력해지고 있습니다. 그러나 소수민족 및 내부적 압력, 빈부격차, 대만 문제가 과제로 대두되고 있습니다. 특히 타이완 문제는 반드시 해결해야 할 과제입니다. 일본은 과거 역사 문제를 해결하고 중국과 한국과 진정으로 화해해야 합니다.
> 앞으로 10-15년 후에는 한국, 중국, 일본 3국의 관계가 개선되어 국제관계에서 하나의 연합을 이룰 것이라고 생각합니다. 만약 그렇게 된다면 3국은 지금보다 훨씬 더 발전할 것입니다. 만약 그렇지 못한다면 더 이상 발전은 없을 것입니다.[283]
> – 임마누엘 월러스틴

예일대학 사회학과 석좌교수 임마누엘 월러스틴이 '대국으로 가는 길'에서 위와 같이 제시했다. 이를 한 마디로 요약하면 화해, 협력, 통합의 길로 나아가야 현 단계에서 한 단계 더 도약할 수 있다는 것이다. 갈등과 분열, 전쟁으로 나아가서는 모두가 파멸의 길로 들어선다. 이는 국내적, 국가 간 관계에서도 똑같이 적용되는 원칙이다. 동아시아 지역이 화해-협력-통합의 길로 나아가는 데 한국이 주도적 역할을 할 수 있는 명실상부한 역량을 구비하고 이를 실천해 나가는 것이 21세기 한국이 직면한 과제라 할 수 있다.[284]

---

[283] 중국 CCTV 저, 『강대국의 조건, 네덜란드 편』, (서울 : 인그라픽스, 2007c), p.229.
[284] 《조선일보》, 2009.10.8. 기사 " 동아시아 공동체가 허망하게 들리지 않으려면" 참조.

3. 화랑도 사상의 현대적 재조명

가. 새로운 풍류도 사상 정립

일제 강점기에 임시정부 주석을 지낸 김구 선생은 '나의 소원'에서 "우리 민족이 추진해야 할 최우선 과제는 첫째, 남의 간섭도 받지 않고 남에게 의지하지도 않는 완전한 자주독립 국가를 세우는 일, 둘째, 이 지구상의 모든 인류가 진정한 평화와 복지를 누릴 수 있는 사상을 정립하여 먼저 우리나라부터 실현하는 일, 셋째, 계급 독재를 반대하고 자유를 실현하는 일, 마지막으로, 높은 문화를 창조하여 문화 선진국을 건설하는 일"285)이라고 제시했다. 이는 김구 선생뿐만 아니라 한민족 모두의 소원이기도 하다.

한반도는 앞서 살펴봤던 것처럼 지리적 요건이 우수한 곳에 위치하고 있고, 이를 바탕으로 하여 오늘날 사람과 물류의 이동에 핵심적 역할을 하는 지역으로 그 중요성이 부각되고 있다. 물리적인 지역성뿐만 아니라 21세기 지식 정보화 시대를 선도하는 IT 강국으로서 초고속 인터넷 망의 중심지로도 각광받고 있다. 이러한 여건을 이용하여 분단 상황을 종식시키고 세계 속의 한국으로 선진국 대열에 합류하기 위한 노력이 절실한 때이다. 특히 인류의 평화와 행복, 복지를 보장해줄 수 있는 정신적인 체계와 사상을 정립하여 우리나라에서부터 이를 실현하는 일이 중요하며, 여기에 경제력과 군사력 등이 뒷받침될 수 있도록 해야 할 것이다.

새로운 사상이란 전통적 무속신앙, 기독교, 불교, 유교, 도교 등 동양

---

285) 강만길 외 공저(1985), 앞의 책, pp.48-49.

사상과 서양 사상이 융합하여 조화와 공존을 이룰 때 형성될 수 있다. 지구의 다양한 인종과 민족을 포용할 수 있는 새로운 사상과 이념이어야 할 것이다. 다양한 신앙생활과 종교를 통섭하고 과거와 현재, 동양과 서양, 인간과 자연을 아우를 수 있는 것이야말로 오늘날 세계의 이목이 집중되어 있는 자연 친화적이면서 지속 성장이 가능한 인류 문명의 새로운 패러다임이 될 수 있다.

21세기 새로운 화랑도

- 유교 사상
- 원시 무속 신앙
- 신 풍류도
- 불교 사상
- 기독교 사상
- 도가 사상

글로벌 리더십 홍익인간 재세이화
- 존중
- 조화
- 포용
- 융합

신 세속 오계
- 사군이충
- 사친이효
- 교우이신
- 임전무퇴
- 살생유택

사상과 종교의 통섭(統攝), 동양–서양, 과거–현재, 인간과 인간, 인간과 자연, 존중–조화–포용–융합의 새로운 풍류도 사상 정립
→ 자연 친화적, 지속 성장 가능한 새로운 인류 문명 패러다임 구축 선도

나. 다시 쓰는 21세기 난랑비 서문

E. H. Carr(1961)는 "역사란 역사가와 사실의 상호 작용의 과정이며, 현재와 과거의 끊임없는 대화이다. 과거-현재-미래는 별도의 분리된 상태가 아니라 연속선상에서 존재한다. 따라서 역사가는 사실을 재해석하여 그것이 현재에 주는 교훈과 미래를 예측하고 전망하는 것에 관심을 두어야 한다."[286]라고 했다. 이와 같은 관점에서 새로운 사상의 구현 방안으로 최치원 선생이 쓴 난랑비 서문과 원광법사의 세속오계를 21세기 상황에 적합한 형태로 제시하고자 한다.

[21세기에 새롭게 쓴 난랑비 서문]

한자	해석
大韓民國有玄妙之道, 曰 花郞之道	대한민국에 현묘한 리더십 사상이 있으니, 이를 화랑도라고 한다.
實乃包含四敎 (儒, 佛, 仙, 基), 求 弘益人間 理化世界	동양의 전통 사상인 유, 불, 선 3교와 서양의 기독교 사상을 다 포함하고 있으며, 인간과 자연을 널리 이롭게 하는 것을 목표로 한다.
設敎之原, 備祥 韓國 五千年史	사상의 정립 과정은 한민족 5천 년 역사에 잘 나타나 있다.
修己治人而, 儒家之敎	자신을 개발 및 완성하고 사람을 잘 이끌고 보살펴야 한다는 것은 유가의 가르침과 같고
上求菩提 下化衆生而, 佛家之敎	위로는 진리를 구하고 아래로는 중생을 제도하라는 것은 불가의 가르침과 같다.
爲無爲, 處無爲之事, 依法自然而, 道家之敎	매사를 자연의 이치에 따라서 자연 친화적으로 하라는 것은 도가의 가르침과 같으며,
敬神愛人而, 基督敎之敎	하나님을 공경하고 이웃을 사랑하라는 것은 기독교의 가르침과 같다.

---

286) E. H. Carr 저, 황문수 역, 『역사란 무엇인가』 (서울 : 범우사, 1987), p.51.

한민족은 고대부터 원시 무속신앙을 체계화하여 풍류도 사상을 토착 사상으로 정립한 후 외래 사상과 문화에 관한 배타적, 경직된 자세를 탈피하고 유연하고 창의적인 자세로 이를 수용하여 계승, 발전시켜왔다. 조선왕조 500년 동안 유교가 국교가 되어 국가통치 이념으로서 역할을 해왔으나, 일제 강점기를 거치면서 유교는 급격히 쇠퇴했다. 특히 3·1 운동과 관련하여 유교가 더 이상 국민들 편에서 국민들을 이끄는 역할을 하지 못하자 새로운 사상 체계로 대두된 기독교와 동학이 대신 자리를 채우게 되었다. 최치원이 난랑비 서문을 쓸 무렵 전통적 무속신앙과 유가, 불가, 도가 사상이 상호 작용하면서 전래되어 오다가, 조선왕조 후기에 들어서서 동양의 전통적 3교 외에 동학 계통의 민족 신앙과 서구 외래 사상인 기독교가 전래되어 사회적으로 확산되었다. 조선 후기에 전래된 서구 기독교 사상도 전래 초기에 탄압과 순교 등 진통이 수반되었으나 빠른 속도로 한국 사회에 전파되어 정착하기 시작했다.

[한국의 종파별 신도 현황]

단위 : 명(2005년 통계청)

구분	불교	개신교	천주교	유교	원불교
인원수	10,726,463	8,616,438	5,146,147	104,575	129,907
구분	증산교	천도교	대종교	기타	계
인원수	34,550	45,835	3,766	163,085	24,970,766

상기 도표에서 제시된 바와 같이 한국 인구의 50% 이상이 종교를 가지고 있는데, 전통적 종교인 불교가 약 1천만 명, 유교가 약 10만 명을 나타내고 있으며, 새로운 서구 전래 종교인 기독교와 천주교가 합쳐서

약 1천 3백 7십만 명으로 가장 많은 수를 차지하고 있다. 기타 전통 사상을 계승하여 새롭게 정립한 동학 계통의 종교와 기타의 수를 합치면 대략 20만 명 이상으로 적은 숫자는 아니다.

한국은 다른 나라에 비해 민족 구성이 복잡하지 않다. 한민족은 5천 년 동안 한반도에 정착해 살아오면서 외세의 침략을 숱하게 받았지만, 민족의 순수성과 정체성을 비교적 잘 유지해온 단일민족이라 할 수 있다. 많은 국가들의 화합을 방해하는 요소 중의 하나가 다민족으로 구성되었거나 국교를 제외한 다른 종교를 인정하지 않는 경우에 생기는 갈등과 차별의 문제이다. 한국은 단일민족이면서 다양한 종교가 존재하는데도 불구하고 종교 간의 갈등이나 차별이 없는 나라이다. 이것은 아마도 고대부터 전해져온 다양한 형태의 삶의 방식을 인정하고, 이민족과의 상호 교류를 활발히 하며, 외래 사상에 대해 우호적인 민족성에서 기인하는 것이라고 본다.

21세기 한국 사회는 하나의 민족이 다양한 종교를 신봉하면서도 조화와 균형을 이루고 이를 사상적 다양성으로 승화시켜 역동적인 사회 건설에 활용하고 있다. 이것은 단군왕검이 고조선을 건국하면서 제시한 '홍익인간 이화세계'가 지향하는 모습이며, 백범 김구 선생이 주장한 '이 지구상의 모든 인류가 진정한 평화와 복지를 누릴 수 있는 사상을 정립하여 먼저 우리나라부터 실현하는 일'의 구체적인 실행이라고 할 수 있다. 유가 사상, 불가 사상, 도가 사상, 그리고 기독교 사상을 모두 아울러서 동양과 서양의 조화와 균형을 이루고 인간과 자연의 공존을 지향하는 삶의 방식이 오늘날 지구촌 모든 인류에게 요구되는 새로운 패러다임이다.

다. 조화를 위한 포용의 자세

인간의 삶에 근본적 영향을 미치는 종교와 철학 사상은 동양과 서양이 각각 처해진 삶의 여건에 따라 다르게 태동되고 변천해왔다. 동양은 원시 무속신앙을 기반으로 하여 유교적 사상과 전통, 불교적 사상과 전통, 도가적 사상과 전통이 상호 조화와 균형을 이루면서 상생의 모습으로 오늘에 이르고 있다.

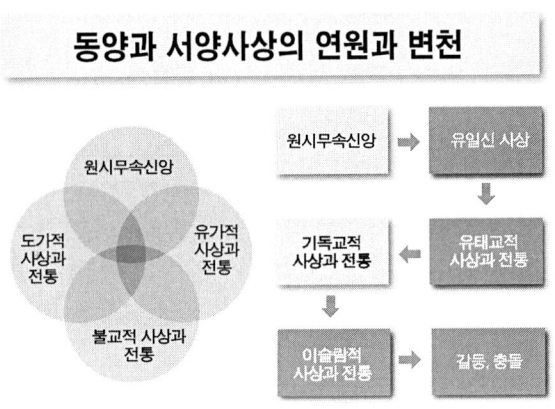

반면에 서양은 원시 무속신앙을 바탕으로 유일신 사상이 정립되어 유태교 사상과 전통, 기독교 사상과 전통, 그리고 이슬람교 사상과 전통으로 분화되어 갈등과 충돌의 모습[287]으로 오늘에 이르고 있다. 특히 오

---

[287] 2001년 9월11일 미국의 뉴욕(New York)에 위치한 세계무역센터 쌍둥이 빌딩에 비행기 자살 공격사건이 발생했다. 이슬람 근본주의자들의 무장투쟁 단체인 알 카이다 소속 젊은이들이 민간 항공기를 납치하여 미국을 비롯한 서방의 시장경제 체제와 자유무역을 상징하는 뉴욕의 세계무역센터와 미국의 군사적 힘을 상징하는 미국의 수도 워싱턴(Washington D. C)의 국방성 건물을 직접 공격하는 미국 역사상 전무후무한 일이 발생했다. 21세기 시작과 동시에 발생한 이 사건은 서구 기독교 문명과 이슬람 문명의 갈등과 충돌을 상징적으로 보여준다.

늘날 서구 기독교적 사상과 전통에 기반을 둔 문명과 이슬람 사상과 전통에 기반을 둔 문명이 갈등과 충돌을 빚으면서 지구촌 전체의 삶에도 부정적 영향을 미치고 있다. 이러한 갈등과 충돌 국면은 동양과 서양 모두가 조화와 융합의 상태로 전환되어 새로운 모습으로 거듭나야 한다.

유가, 도가, 불가, 기독교 사상이 각각 동양과 서양을 모체로 태동되었으나, 아래 표에 제시된 바와 같이 궁극적 지향점은 경천애인(敬天愛人) 사상과 인간과 자연과의 일치와 조화(下化衆生, 物我一體)에 있음을 알 수 있다. 이러한 사상과 정신은 인류가 각자 처한 환경과 역사적 상황 속에서 모두가 인류 구원을 지향하며 태동시키고 계승, 발전시켜온 귀중한 정신문화 유산이다. 표현 방법과 용어, 개념상의 다소 차이는 있으나 그 근본정신과 궁극적으로 지향하는 바는 한민족 고대의 홍익인간 이화세계의 사상과 맥락을 같이한다고 볼 수 있다.

구분	한민족 풍류도	유가 사상	도가 사상	불교 사상	기독교 사상
목표	홍익인간 (弘益人間) 재세이화 (在世理化)	경천애인 (敬天愛人) 내성외왕 (內聖外王)	귀근(歸根): 인법지(人法地), 지법천(地法天), 천법도(天法道), 도법자연(道法自然)	상구보리, (上求菩提) 하화중생 (下化衆生)	하나님 경배, 이웃 사랑
주요 가르침	지·인·용 삼덕, 문무겸전의 전인적 인간 완성, 인간과 자연 관계에서의 세속오계 실천	修己治人: 격물, 치, 성의, 정심, 수신, 제가, 치국, 평천하, 극기복례 (克己復禮)	심제, 좌망을 통한 득도, 주객일체, 자연과 인간의 조화와 일치 달성	계, 정, 혜 삼학 팔정도를 통한 진리를 구하고 (아뇩다라삼막삼보리, 無上正覺) 중생에 대한 자비 실천	예배와 기도를 통한 하나님 경배, 이웃 사랑 실천 Know I am who I am, enter the Kingdom of Heaven

한민족은 고대부터 문화적 포용성과 유연성이 뛰어났으며, 전통 사상과 주체성을 바탕으로 온고지신(溫故知新), 법고창신(法古創新)의 자세로 외래 사상을 수용하고 융합시켜왔다. 한민족의 전통을 나타내는 상징적 기표라 할 수 있는 태극기와 태극 문양에는 음과 양이 서로 조화되어 끊임없는 변화와 생성을 뜻하는 동양의 음양오행과 주역 사상이 잘 나타나 있다. 또 한국의 전통적인 비빔밥에는 다양한 식재료가 융합되어 새로운 오묘한 맛을 창출해내는 존중, 조화, 포용, 융합 정신이 깃들어 있다.

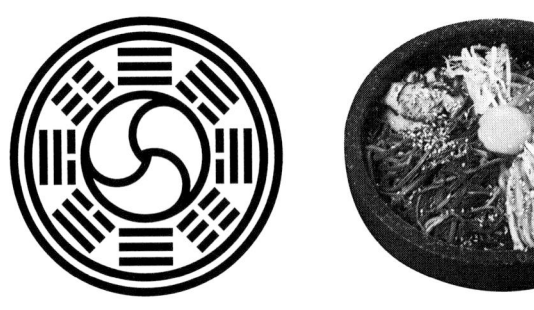

〈존중 – 조화 – 포용 – 융합 사상의 상징, 태극문양과 비빔밥〉

이러한 자세는 21세기 다문화, 다양성이 공존하는 세계화된 환경에서 더욱 중시되고 있다. 자신이 신봉하는 종교와 사상의 노예가 된 배타적이고 고립된 자세가 아니라, 상호 존중, 인정하면서 화합하는 자세(和而不同)로 열린 사고와 포용력을 갖추는 것이 중요하다.

라. 지·인·용 삼덕을 구비한 전인적 글로벌 리더십 개발

선조들이 정립한 풍류도는 원시 무속신앙을 사상적 배경으로 하여 유가, 불가, 도가 사상을 포용하는 넓고 열린 사상 체계였으며, 지·인·용 삼덕과 문무겸전의 실천력을 구비한 전인적 역량을 갖춘 리더를 개발하기 위한 체계였다.

전인적 능력 개발의 중요성은 현대 신경과학에서도 그 타당성이 규명되고 있다. 인간의 뇌는 대뇌, 중심핵, 변연계로 구성되어 있으며, 약 100억 개 이상의 신경세포와 거의 무한대에 가까운 신경세포 간의 연결이 존재하다고 한다. 이들은 각각 독립적으로 기능하는 것이 아니라 상호 연관되어 컴퓨터 네트워크처럼 작동하는데, 인간의 뇌는 우주에서 가장 복잡한 구조물의 하나이며 인간의 모든 사고와 행동은 뇌 및 신경계의 활동과 관련이 있다고 한다.[288] 현재까지 사람들은 성숙한 인간의 뇌는 새로운 뉴런을 발생시키지 않는다고 인식해왔으나, 최근의 연구 결과 인간의 뇌는 학습과 경험의 결과로 끊임없이 뉴런이 생성되고 있으며, 학습과 경험의 결과에 따라 가소성을 갖는 역동적인 체계[289]임이 밝혀졌다. 이러한 결과를 통해 인간의 잠재력은 무한하다는 것과 뇌의 각 부위를 균형 있게 활성화시켜 능력을 최고도로 발휘할 수 있도록 하는 것이 얼마나 중요한지를 새삼 알 수 있다.

인간과 기계의 차이점은 인간의 뇌가 끝없이 발달하고 있다는 데서 찾을 수 있을 것이다. 또한 이것은 인간의 전인적 역량 개발의 중요성과 필요성을 과학적으로 증명해주는 사례이다. 21세기 지식 정보화 시대

---

[288] Edward E. Smith 저(2004), 앞의 책, p.9.
[289] 위의 책, p.942.

에는 인간의 전인적 역량과 창의력이 다른 어느 시대보다도 중요시된다. 인간의 지식의 양이 두 배가 되는 데까지 걸린 시간을 보면, 중세 시대에는 1000년이 소요되었으나 19세기에는 불과 100년밖에 소요되지 않았다고 한다. 현재는 3년마다 두 배로 증가하고 있으며, 그 소요 시간의 폭이 점점 더 단축되는 것290)을 알 수 있다.

과거 농경 시대나 산업 시대에는 오늘날의 지식 정보화 시대에 비해 상대적으로 새로운 지식이나 기술의 발전 속도가 느려서, 한 번 교육을 받거나 특정 분야의 기술을 습득하면 장기간 활용할 수 있었다. 그러나 오늘날은 지식과 기술의 수명 주기가 과거에 비해 짧고 변화가 빠르다. 따라서 지속적으로 새로운 지식과 기술을 학습하고 개발해야 경쟁력을 유지할 수 있다. 그러므로 평생학습 체제를 이용해서 개인의 잠재능력을 개발하고 창의성을 발휘해야 하며, 이러한 과정이 권장되어야 한다.

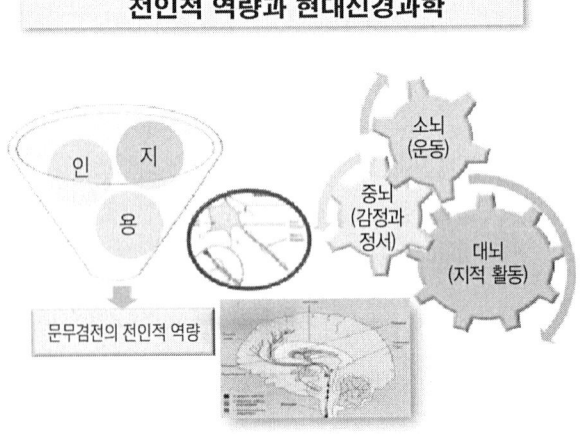

---

290) Robert L. Bateman 3세 편저(2000), 앞의 책, p.91.

GE 인터내셔널의 인사담당 수석 책임자 히더 왕(Heather Wang, 2009)은 한국의 대학 졸업생들이 다른 서구 및 아시아권 대학 졸업생들과 비교하여 창의성이 부족하다고 분석했다. 이는 고등학교와 대학에서의 학습 및 교수 방식과도 관련 있는 것으로 보인다고 했다. 그는 한국의 교육 방식이 토론보다는 주입식이며, 다양함을 수용하지 않고 정답과 통일된 생각을 은연중에 요구하는 것은 아닌지 의심스럽다고 했다. 그는 글로벌 환경에서의 업무는 특정 분야에 대한 깊은 지식도 중요하지만, 실제로 변화무쌍한 환경에 다양한 연관 지식을 활용하고 응용하여 새롭고 독특한 결과물을 만들어내는 창의적인(out of the box) 사고방식[291]이 더욱 중요시된다고 했다.

그가 지적한 것처럼 그동안 한국의 교육은 창의력과 전문성을 권장하기보다 체제 순응과 획일성을 중요시했다. 표준화된 제품의 대량 생산을 위해서는 일사불란한 조직 운영이 중요했으며 기계처럼 주어진 업무를 잘 수행하는 복종형, 순응형 인력이 더욱 적합[292]했기 때문이다. 주입식 교육은 지식과 정보가 가르치는 사람으로부터 가르침 받는 사람에게로 일방적으로 하향 전달되는, 일방통행식 전달 체계이다. 전달하는 사람의 지식과 사고방식의 틀을 벗어나면 틀린 답이고, 전달하는 사람의 지식과 사고방식을 온전히 답습하면 모범생이고 성적이 우수하다는 평가를 한다. 지식이란 인간의 지적 활동의 결과를 문자나 기호로 표현한 결과이다. 상황과 관점에 따라 변화할 수도 있는 것이 지식이다.

17세기 이탈리아 천문학자 갈릴레오 갈릴레이는 망원경을 만들어서 천체를 관측하여 목성 주위에도 지구의 달과 같은 위성이 있다는 것을

---

291) 《조선일보》, 2009.5.14.
292) 대통령자문21세기위원회, 『21세기의 한국과 한국인』, (서울 : 나남출판, 1995), p.71.

발견, 당시의 천동설을 부인하고 지동설을 전파하기 시작했다. 이는 기존의 우주관을 근본적으로 흔드는 것으로서 교황청의 탄압을 받았다. 그러나 그는 그의 신념을 굽히지 않고 지동설을 주장했다. 이러한 갈릴레이의 노력을 바탕으로 뉴턴이 만유인력의 법칙을 정립하고 아인슈타인이 상대성 원리를 정립[293]했다. 이처럼 지식과 사상의 세계에서 절대적으로 맞고 틀린 것은 있을 수 없다. 교사와 학생 간의 역동적 상호 작용이 없이 학생들의 창의성은 길러지지 않는다. 교사가 학생들의 창의성을 길러주기 위해서는 학생들의 다양한 생각을 포용해야 하며, 교사 스스로 끊임없이 노력하고 유연한 사고를 지니고 경우에 따라서는 학생들로부터 배우겠다는 자세를 견지할 때 가능하다.

이에 반해 미국의 명문 대학 중 하나인 예일 대학의 수업방식에 대해 현각 스님은(2000) 『만행, 하버드에서 화계사까지』에서 아래와 같이 소개하고 있다. "예일대학의 모든 수업은 토론식으로 진행된다. 교수들은 학생들이 교과서의 내용을 암기하거나 교수의 생각을 그대로 따르기보다는 창조적이고 독창적인 사고방식을 가지도록 유도하고 강조한다. 교수들은 자신의 강의 내용이 학생들의 경험과 결합되어 학생들 각자의 시각으로 소화되기를 원한다. 그리고 교수들은 단순암기 위주로 공부하는 학생에게는 높은 점수를 주지 않는다. 학생들은 교수의 강의와 자신의 생각을 정리해서 일주일에 두 번 정도 A4 용지 10페이지 정도의 리포트를 제출하게 되어 있는데, 제목도 학생 스스로 정하고 분석과 결론도 스스로 내려야 한다. 교수는 학생이 주제와 관련된 사실(fact)을 많이 알고 있느냐에 따라 점수를 매기는 것이 아니라, 학생이 수업 내용을 얼마나 잘 소화하고 학생 자신의 독창적인 시각이 표현되었는가를

---

[293] John Boslough 외 1인 공저, 홍동선 역, 『스티븐 호킹의 우주』 (서울 : 도서출판 책세상, 1990), pp.47-48.

중시한다."[294]

토론식 수업과 다양한 독서 및 사색을 통해 학생 스스로 생각을 정리하고 이를 글로써 직접 표현케 하여 창의적 사고력을 길러주는 교육을 중시함을 알 수 있다. 지·인·용 삼덕을 구비한 전인적 인격완성을 위해 교육과 학습을 중시한 풍류도 사상을 시대에 뒤진 쓸모없는 것으로 폄하할 것이 아니라, 지식 정보화 시대에 적합하게 현대적으로 새롭게 인식하고 온고지신해야 한다.

마. 새로운 세속오계의 정립과 실현

1) 새로운 사군이충[新事君以忠]

군은 군주, 임금을 뜻하며, 충(忠)은 가운데를 뜻하는 중(中)과 마음(心)이 합해져서 이루어진 글자이다. 마음이 중심을 유지한 상태에서 흔들리지 않고 일관성을 유지하는 것을 의미한다. 즉 임금을 섬기되 충으로 임하라는 의미이다. 고대 유교 이념에서는 군주에 대한 충성을 의미했으나, 오늘날의 민주 공화제에서는 국가에 대한 충성을 의미한다.

또한 국가란 모든 권력이 국민으로부터 나온다는 헌법 규정에 따라 국가 권력의 주인은 국민 개개인이다. 국가의 지도자는 헌법과 법률이 정한 규정에 따라 국민으로부터 위임된 권력을 국민을 위해서 집행하는 사람을 말한다. 따라서 현대적 의미의 충성은 민주 시민으로서 자신이 항상 마음의 중심을 잡고 민주 시민으로서의 권리와 의무, 책임과 역

---

[294] 현각(2000), 앞의 책, pp.80-82.

할을 다하여 자신을 완성하고 사회, 국가, 나아가 지구촌 전체가 성장, 발전하도록 최선을 다하는 것을 의미한다고 볼 수 있다.

고대 유교 이념에서는 군주에 대한 신하의 충성이 매우 중시되었다. 동양 사상에 나타난 아랫사람, 따르는 사람으로서의 바람직한 도리[臣道]는 한 마디로 '의도불의인(依道不依人)'이라 할 수 있다. 이는 상하 인간관계에서 스스로가 주도적인 자세로 도(道)에 따라 사고하고 행동하여 자신과 윗사람 모두에게 이로워질 수 있도록 하는 것이 바람직한 도리라는 사상이다. 신하가 군주를 어떻게 보좌하느냐에 따라 왕조의 흥망성쇠가 좌우되기도 하기 때문이다. 이미 앞에서 언급했지만 동양에서는 고대부터 이미 오래 전에 따르는 사람의 도리에 대하여 다양하게 언급되었다. 이는 이끄는 자 못지않게 따르는 자의 도리도 중요함을 시사해준다.

『육도삼략』에 "신하로서 충성스러운 자세로 군주에게 바른 말로 간하지 않는 사람은 신하가 아니다."라고 했다. 『논어』에도 자로가 공자에게 임금을 잘 섬기는 일을 묻자, 공자는 "속임이 없어야 한다. 그리고 얼굴을 붉히는 간쟁이 있어야 한다."라고 했다. 또한 인(仁)의 실천과 관련하여 "인에 당하여서는 스승에게도 양보하지 않아야 한다."[295]라고 했다.

공자, 맹자에 이어서 유가 사상을 체계화하고 집대성한 순자는 임금과 신하 사이에 신하가 취해야 할 바람직한 도리[臣道] 편에서, 신하로서 바람직한 도리[臣道]는 '도(道)를 좇고 군주를 좇지 않는 자세[依道不依人]'라고 제시했다. 이와 같은 관점에 따라 명령을 좇아서 임금을 이롭게 하는 것을 순종이라 하고, 명령을 좇아서 임금을 해롭게 하는 것을

---

295) 주희 집주(2004), 앞의 책, p.618.(當仁, 不讓於師)

아첨이라 하고, 명령을 거역해서라도 임금을 이롭게 하는 것을 충성이라 하고, 명령을 거역해서 임금을 해롭게 하는 것을 찬이라 했으며, 신하의 유형을 성신(聖臣), 공신(功臣), 찬신(簒臣), 태신(態臣)으로 제시296)했다.

태신(態臣)이란 안으로는 백성을 통일시키지 못하고 밖으로는 환란을 막지 못하면서 교묘한 방법과 거짓된 말로써 임금의 총애를 받기 위해 애쓰는 신하를 말한다. 찬신(簒臣)이란 위로는 임금에게 충성하지 않으면서 아래로는 백성들로부터 명성을 얻기 위해 애쓰고 공정과 도리를 멀리하고 붕당을 만들어 사사로이 이익을 도모하는 신하를 말한다. 공신(功臣)이란 안으로는 백성을 통일시키고 밖으로는 환란을 막아주며 백성들은 그와 친하고 선비들은 그를 믿으며 임금에게 충성하고 백성을 사랑하는 신하를 말한다. 성신(聖臣)이란 위로는 임금을 존중하고 아래로는 백성을 사랑하며 정치와 법령으로 교화하며 졸지에 생긴 일을 잘 처리하며 변화에 대처하기를 신속히 하며 전례에 비추어 미래를 대비하고 빈틈없이 제도와 법 학문을 이루는 신하를 뜻한다. 이 가운데 성신(聖臣)이 가장 바람직한 신하의 유형이라고 말한다.

이러한 사상은 부모와 자식 사이에서 자식이 따라야 할 바람직한 도리[子道]에서도 강조되고 있다. 순자의 자도 편(子道篇)에 "자식이 부모에게 순종할 수 있는데 순종하지 않는 것은 자식의 도리가 아니며, 순종해서는 안 될 때 순종하는 것은 충심으로서 섬기지 않는 것이다. 순종하고 순종치 않는 것을 분명히 깨닫고서 공경과 충성과 믿음을 다하며 바르고 성실하고 삼가서 행동하는 것이 위대한 효도다."라고 했다. 이것

---

296) 성낙훈(1983), 앞의 책, p.240.

이 전(傳)에 언급되어 있는 "도리(道理)를 따르되 임금을 따르지 아니하며 의로움(義)을 따르되 어버이를 따르지 않는다."라는 가르침의 의미297)이다.

이와 같은 사상은 중국의 군주와 신하 사이의 리더십과 팔로우어십에 관한 고전인 『정관정요』에 바람직한 신하(팔로우어) 6가지 유형[六正臣], 부정적인 신하(팔로우어) 6가지 유형[六邪臣]으로 구분되어 더욱 세부적으로 전하고 있다. 바람직한 신하의 모습은 성신(聖臣), 양신(良臣), 충신(忠臣), 지신(智臣), 정신(貞臣), 직신(直臣) 등 6가지 유형[六正臣]으로 제시된다.

먼저 성신이란 어떤 일의 맹아가 아직 움직이지 않고 형체가 드러나기 전에 독자적으로 나라의 존망과 득실의 요령을 미리 정확히 보고, 재앙이 일어나기 전에 그것을 소멸시켜 나라를 평안하게 하는 사람을 말한다. 양신이란 전심전력으로 국사를 처리하고 매일같이 군주에게 좋은 의견을 제시하며, 예의를 갖추어 군주를 염려하고 훌륭한 계책은 군주에게 아뢰고 군주의 좋은 생각에는 따르고, 군주에게 허물이 있을 때는 이를 바로잡는 사람을 말한다. 충신이란 항상 현명하고 재능 있는 자를 군주에게 추천하고 고대 현인의 행동을 본받아 행하며, 그것으로 군주의 의지를 격려하는 사람이다. 지신이란 일의 성패를 분명하게 볼 줄 알고 일찍 대비하고 법을 세워 보충하며, 새는 부분을 막고 재앙의 뿌리를 끊으며, 재앙을 복으로 만들어 군주로 하여금 항상 근심이 없게 하는 사람을 말한다. 정신이란 법도를 준수하며 인재를 추천해서 직무를 잘 처리하고, 청렴결백하며 검소와 절약을 생활화하는 사람을 말한다. 직신이란 군주가 어리석어 나라에 혼란이 발생할 때 아첨하며 윗사람의

---

297) 위의 책, p.357.

행위를 따르지 않고, 군주의 잘못된 점을 면전에서 논하며 이를 시정하기 위해 노력하는 사람을 말한다.298) 이렇듯 어진 신하는 항상 원칙에 입각하여 생각하고 행동하기 때문에 군주는 편안하고 나라는 효과적으로 다스려진다. 이러한 신하가 살아 있을 때 백성들은 그를 좋아하고 세상 떠난 후에는 그리워한다. '의도불의인(依道不依人)' 정신은 신라 시대 화랑도 사상299)에도 나타나고 있으며, 조선 시대 선비들의 신하로서의 바람직한 사고와 행동에도 많은 영향300)을 주었다.

조선 시대 수양대군이 계유정란을 일으켜 집권한 후 단종을 폐위시키고 세조로 즉위하자, 세종대왕 시절 집현전 학사 출신의 신하들인 성삼문, 박팽년, 하위지, 이개, 류성원, 유응부 등은 집권 과정의 부당함과 권력의 정통성 문제를 내세워 단종의 복위운동을 전개하다가 발각되었다. 세조는 직접 이들의 죄를 심문하면서 회유했으나 이들은 충신불사이군(忠臣不事二君)의 원칙을 지키며 세조를 왕으로 대우하지 않고 수양대군 나리라 호칭했다. 그들은 시류에 편승하여 일시적 부귀영화를 누리는 길을 버리고 역사에서 영원히 생명을 발하게 될 정신적 영생의 길을 택했다.

그들은 결국 역모 죄로 처형되면서도 당시의 선비들이 언문이라고 비하하던 한글로 된 시를 남겼다. 이는 선비정신의 진면목을 잘 보여주는 것으로서, 시류에 편승하여 권력과 부를 탐하는 신하들에게 일침을 가하는 것이었다. 이는 또한 조선 시대 문, 무 양반의 선비정신으로 면면히 계승되었다.

---

298) 오긍 저(2008), 앞의 책, pp.155-156.
299) 일연이 지은 『삼국유사』 미륵선화 미시랑 · 진자사 편에 "진흥왕 시대 화랑제도를 시행하여 오상, 육예, 삼사, 육정이 널리 행하여졌다."라고 전하고 있다.
300) 조선 시대 관직 명칭 중에 홍문관, 사헌부, 사간원 등을 3사라고 하는데, 이들의 주 임무는 관리와 임금의 잘못된 행동이나 정책을 바로잡고 시정토록 하는 직언과 간함이 주 임무였다. 이러한 맥락에서 수양대군의 왕위 계승과 관련된 사육신과 생육신의 행동은 동양적 의도불의인 정신이 발현된 예로 볼 수 있다.

> 이 몸이 죽어가서 무엇이 될고 하니
> 봉래산 제일봉에 낙락장송 되었다가
> 백설이 만건곤할 제 독야청청하리라
> － 성삼문
>
> 가마귀 눈비 맞아 희는 듯 검노매라
> 야광 명월이야 밤인들 어두우랴
> 임 향한 일편단심이야 변할 줄이 있으랴
> － 박팽년
>
> 창 안에 혔는 촛불 눌과 이별했관대
> 겉으로 눈물지고 속 타는 줄 모르는고
> 저 촛불 날과 같아야 속 타는 줄 모르더라
> － 이개
>
> 간밤에 부던 바람 눈서리 치단 말가
> 낙락장송이 다 기울어지단 말가
> 하물며 못다 핀 꽃이야 일러 무삼하리오
> － 유응부
>
> 초당에 일이 없어 거문고를 베고 누워
> 태평성대를 꿈에나 보려더니
> 문전의 수성 어적이 잠든 나를 깨와라
> － 류성원

 충무공 이순신 장군이 품계가 낮았던 시절 상관과 부하와의 관계에서 아랫사람으로서의 행동을 보면, 훈련원 봉사로 재직할 때는 상관이 개인적 친분에 의한 부당한 승진인사를 단행하려 하자 이를 반대했고, 발포만호로 재직할 때는 상관이 관사에 있는 오동나무를 사적인 목적으로 베어가려 하자 관청에 위치한 물건은 공적인 재물이므로 베어갈 수 없다고 거절했다[301]고 한다. 상관에게 잘 보이고 아첨하는 예스맨 같은 자세가 아니라 도에 따라서 항상 의롭고 당당하게 행동했음을 잘 보여주는 예[302]이다.

이와 같은 '의도불의인(依道不依人)' 정신은 『손자병법』에도 나타나며, 이는 전쟁을 수행하는 장수들의 리더십에도 많은 영향을 주었다. 『손자병법』에 "전장에 위치한 장수의 바람직한 자세는 전장의 실제 상황을 고려하여 군주가 싸우지 말라고 해도 전쟁의 도[戰道]에 비추어 승리가 확실하면 반드시 전쟁을 수행하고, 군주가 싸우라고 해도 승리가 불확실하면 싸우지 말아야 한다고 했다. 그리고 임무와 관련하여 나아감에 있어서 자신의 명예와 부귀영화를 추구하지 않으며, 물러나야 할 상황에 처벌이 두려워 물러나기를 주저해서도 안 된다. 나아가고 물러남을 판단하는 사고와 행동의 기준이 백성을 보호하고 그 결과 군주에게도 이롭게 할 때, 그런 사람이 진정한 국가의 보배이다."[303]라고 했다.

〈의도불의인(依道不依人), 군명유소불수(君命有所不受)〉

상장지도(上將之道), 고전도필승(故戰道必勝), 주왈무전(主曰無戰), 필전가야(必戰可也), 전도불승(戰道不勝), 주왈필전(主曰必戰), 무전가야(無戰可也), 고진불구명(故進不求名), 퇴불피죄(退不避罪), 유민시보(唯民是保), 이리어주(而利於主), 국지보야(國之寶也).
― 『손자병법』

---

301) 김영숙(1993), 앞의 논문, p.28.
302) 이순신 장군의 강직하고 일관된 행동은 당시 시류에 편승하던 무리들에게 좋게 보일 리가 없었다. 때문에 모함과 파직, 백의종군 등 인사상의 불이익을 당하기도 했다.
303) 노병천, 『도해손자병법』, (서울 : 도서출판 한원, 1990), pp.242-243.(上將之道, 故戰道必勝, 主曰無戰, 必戰可也, 戰道不勝, 主曰必戰, 無戰可也, 故進不求名, 退不避罪, 唯民是保, 而利於主, 國之寶也), '상장지도'라는 말은 전쟁을 수행하는 최고 지휘관이 따라야 할 원칙이란 뜻으로, 서구에서 사용되었던 전략(Strategy)이라는 용어, '장수의 책략(art of the generals)'과 같은 의미이다.

이는 군주로부터 군대 지휘에 관한 전권을 위임받았으므로 군주의 명령을 거역하고 장수가 마음대로 하라는 의미가 아니다. 중국의 『손자병법』 종합연구에 "군 최고 통수권자의 명령은 때에 따라서 반드시 지키지 못할 수도 있다. 군주의 명령을 임기응변적으로 취해야 한다."[304]라고 언급된 바와 같이, 군주의 명령이나 지시사항에 대해 현장 상황(任勢)과 전쟁의 원칙(戰道) 등을 고려하여 승리를 최우선으로 스스로 판단하고, 전쟁의 결과가 국익에 도움될 수 있도록 적극적으로 행동하라는 의미이다. 이것을 전장에서 지휘관이 취해야 할 바람직한 행동으로 언급한 것으로 볼 수 있다.

이 같은 사례는 임진왜란 때 선조 임금과 이순신 장군의 예에서도 볼 수 있다. 임진왜란 때 일본은 육상에서의 일방적인 승리에도 불구하고 일본 수군이 이순신 장군의 탁월한 능력으로 조선 수군에 연전연패하여 수륙병진 전략에 차질을 가져오자 이순신 장군을 제거하기 위해 이간책을 사용했다. 일본은 조선에 대한 재침이 기정사실화된 1596년 가을, 간첩 요시라를 조선 측에 접근시켜 일본 장수 소서행장과 가등청정 간에 갈등이 있다는 것과, 가등청정 군대의 해상 이동상황과 관련된 허위 정보를 조선 측에 제공했다. 조선 조정에서는 이를 믿고 이순신에게 함대를 출동시켜 가등청정을 격멸할 것을 지시했다. 그러나 이순신 장군은 현지 상황과 정보의 신뢰성을 고려하여 함대를 출동시키지 않고 신중하게 대처했다. 이러한 행동으로 이순신 장군은 임금의 명령을 이행치 않았다는 항명죄로 취급되어 삼도 수군통제사에서 해임되고 파직당하게 된다.[305]

---

304) 위의 책, p.200.(元首的命令有時也不必服從, 而採取應機權諭的處置)
305) 이민웅(2002), 앞의 논문, p.116.

그 후 상황은 앞에서 언급한 바와 같이 원균에 의한 칠천량 해전 대패로 나타났다. 이순신 장군은 현장 지휘관으로서 『손자병법』에서 제시한 "전장에 위치한 장수의 바람직한 자세는 전장의 실제 상황을 고려하여 군주가 싸우지 말라고 해도 전쟁의 도(戰道)에 비추어 승리가 확실하면 반드시 전쟁을 수행하고, 군주가 싸우라고 해도 승리가 불확실 하면 싸우지 말아야 한다."는 원칙을 지키면서 신중히 대처했을 뿐이다. 그러나 조선 조정에서는 현장에 위치한 지휘관의 판단을 존중하기보다 적의 이간책에 속아 결정적인 시기에 전략적 실책을 범하는 결과를 초래했다. 이는 군사 전문성을 구비한 유능한 지휘관이 임무와 관련하여 현장에서 상황에 적합하게 업무를 수행할 수 있도록 적절한 권한 위임과 여건을 보장해야 하며, 군주나 다른 사람이 불필요한 간섭을 하면 전쟁에서 승리할 수 없다는 것을 잘 보여준다.

또한 연산군 시절 임금이 도에 어긋난 폭정을 일삼자, 연산군을 가장 가까이에서 보좌하던 환관의 우두머리 정이품 벼슬의 김처선은 수차례에 걸쳐 임금의 잘못을 간하고 올바른 정치를 할 것을 건의했다. 그러나 연산군은 속으로 못마땅했지만 늙은이가 충정에서 하는 말이라 생각하고 노여움을 밖으로 표현하지는 않았다. 임금의 행동이 음란과 패륜의 극에 다다르자 김처선은 죽음을 불사하고 직언으로 간했다. "늙은 몸이 역대 네 임금님을 섬겼고, 경서와 사서에도 대강 통하지만, 고금에 상감마마와 같은 임금은 없었사옵니다."라고 간하자, 연산군은 그간 참고 있던 분노를 더 이상 참지 못하고 활로 쏘았다. 화살을 맞고서도 김처선은 계속 간했다. "조정의 대신들도 죽음을 두려워하지 않는데, 어찌 늙은 내시가 죽음을 두려워하겠습니까? 다만 상감마마께서 오래도록 임금 노릇을 할 수 없게 될 것이 한스러울 뿐이옵니다." 연산군은 화살을 한 번 더 쏘고 다리를 부러뜨리게 한 다음 일어나서 걸어보라고 했다.

그러자 김처선은 "상감께서는 다리가 부러져도 걸어 다닐 수 있겠습니까?"라고 했다. 연산군은 말대꾸를 한다고 그의 혀를 자르게 했다. 그러나 혀가 돌아갈 때까지 행동을 올바로 하고 바른 정치를 할 것을 간했다. 연산군은 김처선을 죽이고 장례도 치르지 못하게 했으며, 시체를 산에 버려 산짐승 먹이가 되도록 했다. 그리고 김처선의 이름자인 처(處)와 선(善) 두 글자를 사용 못 하게 하는 금자령까지 내렸다. 그러나 김처선의 용기 있는 행동은 환관 사회의 우상이 되었다. 효자동의 환관촌에 그의 사당을 짓고 제사를 지내면서 그의 정신을 계승하기 위해 노력했다. 그 후 사대부들이 선비정신에 어긋난 행동을 하면 '환관만도 못한 선비'라는 말이 나왔다.[306] 목숨을 바쳐서 신하의 도리를 다한 역사적 사례이다.

한편 부정적인 신하의 모습은 구신(具臣), 유신(諛臣), 간신(奸臣), 참신(讒臣), 적신(賊臣), 망국신(亡國臣)등 6사신으로 분류하여 제시하고 있다.[307] 구신이란 관직에 안주하고 봉록을 탐하며, 직무를 충실히 수행하지 않고 세태의 흐름에 따라 부침하며, 일이 발생하면 관망만 할 뿐 자신이 심사숙고한 의견은 제시하지 않는 사람을 말한다. 유신이란 군주가 어떤 말을 해도 모두 좋다고 하고 군주가 어떤 일을 하든 모두 옳다고 하며, 항상 군주가 좋아하는 것을 은밀히 바치고 그것으로 군주의 눈과 귀를 즐겁게 하며, 군주의 수법에 영합하여 자신의 부귀영화를 도모하고 아첨하면서 이후의 폐해에 대해서는 돌아보지 않는 사람을 말한다. 간신이란 마음속은 간사하고 사악한 생각이 가득 차 있으면서 겉으로는 근신하고 교묘한 말과 온화한 낯빛으로 다른 사람의 환심을 사

---

306) 이규태, 『리더십의 한국학』, (서울 : 신태양사, 1987), pp.149-151.
307) 오긍 제(2008), 앞의 책, pp.155-156.

지만 속으로는 어진 사람을 질투한다. 누군가 추천할 때에는 그 사람의 우수한 점을 과장되게 칭찬하고 단점은 가리며, 누군가를 비방할 때는 그 사람의 허물을 과장되게 나타내고 우수한 점은 가려, 군주가 공정한 신상필벌을 못 하게 하고 명령을 집행할 수 없게 하는 사람을 말한다. 참신이란 교묘하게 잘못을 가리고 궤변으로 유세를 하며, 속으로는 골육지친의 관계를 이간시키고 밖으로는 조정에서 반란을 조성하는 사람을 말한다. 적신이란 대권을 쥐고 전횡하며 사사건건 시비를 걸고 사사로이 패거리를 지어 사욕을 추구하고 자의적으로 군주의 뜻을 조작하여 왜곡하는 사람을 말한다. 망국신이란 화려하고 교묘한 말로 군주를 속여 군주가 불의에 빠지게 하고, 사사로이 당파를 결성하여 군주의 눈을 가림으로 군주의 현명한 판단을 방해하여, 군주의 악명이 전국은 물론 이웃 나라까지 퍼지게 하여 나라를 멸망에 이르게 하는 사람을 말한다. 이것은 신하의 유형을 12가지로 세분하여 바람직한 팔로우어와 바람직하지 못한 팔로우어를 구분하는 좋은 모델로 활용할 수 있는 고전의 예이다. 오늘날 사회와 조직 구성원으로서 21세기 상황에 적합하게 온고지신해야 할 내용이다.

『정관정요』에는 "군주의 옳지 않은 명령을 그대로 시행하는 것은 신하의 도리가 아니다."308), "달콤한 말로 가득 찬 상소문을 경계하라."309)라는 말이 있다. 진정한 충성의 의미를 반복적으로 강조하고 있는 내용으로 보인다. 또한 『논어』에 "임금을 섬기면서 너무 잦은 간언을 하면 이로써 욕을 입게 되고, 동료와의 관계에서 너무 잦은 충고를 하면 이로써 소원한 관계가 되고 만다."310)라고 했다. 이와 같이 우리는 고대

---

308) 위의 책, p.39.
309) 위의 책, p.101.
310) 주희 집주(2004), 앞의 책, p.157.(事君數, 斯辱, 朋友數, 斯疏)

부터 이어져오는 충성에 관한 훌륭한 전통과 유산을 지니고 있다. 이를 현대적으로 해석하면 구성원의 한 사람으로서 바람직한 사람의 도리는 군주, 상관에 대하여 맹종, 무조건 복종, 아부, 아첨하는 것이 아니라, 원칙과 올바른 가치, 정도에 따라 사고하고 행동하여 아랫사람으로서의 도리를 다하면서 진심 어린 건의와 충고를 하여 이를 실행케 하고, 그 결과가 국가(조직)와 백성(구성원) 모두를 이롭게 하는 것이 진정한 의미에서의 충성이라는 것을 알 수 있다.

이러한 개념은 21세기 '지구촌을 일터로, 세계인을 친구로'의 자세로 국제사회, 국제기구의 인간관계에까지 연장되어 개인과 국가와 국제사회 모두가 이롭게 되는 것으로 확대되어야 한다.

- 순종(順從) : 임금의 명령에 복종하여 그 결과가 임금에게 이로운 경우
- 아첨(阿諂) : 임금의 명령에 복종하여 그 결과가 임금에게 해로운 경우
- 충성(진충 : 盡忠) : 임금의 명령에 복종하지 않아 그 결과가 임금에게 이로운 경우
- 반역(反逆) : 임금의 명령에 복종하지 않아 그 결과가 임금에게 해로운 경우
- 권간(勸諫) : 임금에게 과오가 있어서 나라의 사직이 위태로울 때 충언을 하여 임금이 받아들이면 조정에 남고 받아들이지 않으면 조정에서 물러나는 경우
- 쟁간(諍諫) : 금에게 과오가 있어서 나라의 사직이 위태로울 때 충언을 하여 그것이 받아들여지면 살고 받아들여지지 않으면 죽는 경우
- 보좌(補佐) : 여럿이 함께 임금이 불편하더라도 임금의 과오를 시정하도록 하여 나라의 화와 액을 제거하고 임금의 지위를 확고하게 하고 나라의 안전을 보장하는 경우
- 보필(輔弼) : 임금의 명을 과감히 어기고 나라에 닥친 위험을 막아내고 적국을 쳐서 임금이 수치를 당하지 않도록 막아주며 나라에 이익이 되게 하는 경우

— 설원

2) 새로운 사친이효[新事親以孝]

친(親)은 가깝다, 친하다는 뜻이며 어버이, 부모를 의미한다. 또한 겨레, 일가를 의미하기도 한다. 효란 노인을 뜻하는 老와 아들을 뜻하는 子가 합쳐진 것으로서, 아들이 노인인 아버지를 업고 있는 모습을 나타내는 글자이다. 그 의미는 부모를 잘 섬기는 일, 선조의 뜻을 올바르게 계승하는 일을 뜻한다. 즉 부모를 잘 섬기고 일가친척과 친하게 지내며, 나아가 선조의 뜻을 올바르게 계승하라는 의미가 내포되어있다. 맹의자가 공자에게 효에 대해 질문하자 공자가 '어기지 않는 것[無違]'이라고 하니, 번지가 그것이 무슨 뜻이냐고 되물었다. 공자는 "부모가 살아계실 때에는 예법에 따라 받들고, 돌아가시면 예법에 따라 장례를 치르고, 예법에 따라 제사를 지내라는 것이다."라고 대답했다.[311]

고대 농경사회는 대가족 제도를 기본으로 했다. 한 집안에 할아버지, 아버지, 아들에 이르기까지 3-4대가 어울려 살면서 고도의 협동이 요구되는 농사일을 함께 하고, 선조로부터 농경에 관한 지식과 기술, 노하우를 전수받으면서 공동체를 유지해왔다. 농경에 관한 일은 나이가 많아지고 경험이 축적될수록 지식과 지혜도 증가하는 속성을 지닌다. 따라서 경험과 지식이 축적된 노인일수록 권위가 있고 문제해결 능력도 높았다. 자연스럽게 가족 간에 위계적 인간관계가 형성되었으며, 나이가 젊은 아들은 나이 든 아버지를 잘 섬기고 선조의 뜻을 올바르게 받드는 것이 중요했다. 부모가 세상을 떠나면 최소 3년 동안 상례를 치르고, 5대에 걸쳐 제사를 모셨다. 농경문화를 기반으로 하여 공동체를 유지하고 이를 효과적으로 세대와 세대로 전수하기 위한 수단이었을 것이다.

---

311) 리쩌허우 저(2006), 앞의 책, p.93.(生, 事之以禮, 死, 葬之以禮, 祭之以禮)

자연계에서는 동물이나 조류가 생후 일정 기간 새끼를 양육하여 어느 정도 성장해서 홀로 생존해야 할 시기가 오면, 더 이상 먹이를 제공하지 않고 둥지에서 내보낸다. 스스로 사냥기술과 먹이 획득 방법을 숙달하면서 자립하게 되는 것이다. 그러나 인간은 사회적 동물로서 집단을 이루는 공동체 생활이 중요시되었다. 특히 농경사회는 노동력의 통합과 협동이 매우 중요했다. 따라서 대가족 제도를 기초로 하여 집성촌 및 씨족, 부족 공동체가 이루어지면서 가족 간의 효 윤리가 기초가 되어 사회 윤리로 확장되게 되었다.

몽골 속담에 "7대 조상까지 내력을 모르는 사람은 숲을 떠도는 원숭이와 같고, 친척의 의미를 모르는 개와 같다."라는 말이 전해온다고 한다. 이는 인류의 문명이 가족을 기초 단위로 하여 장구한 세월 동안 진화해왔음을 의미한다. 오늘날에도 가족은 사회를 구성하는 기본 단위체이다. 사람이 태어나서 생존과 관련된 기초 지식을 배우는 것은 가정에서부터 시작된다.

오늘날 인간의 뇌 과학이 발달하면서 뇌세포인 뉴런이 유아기에 가장 활발하게 성장하는 것으로 확인되고 있다. 유아 시절 가정에서 부모와 가족으로부터 받는 사랑과 교육, 경험이 일생을 살아가는 데 매우 중요한 영향을 미치는 것이다. 가족 간의 바람직한 인간관계 없이는 사회생활에서의 바람직한 인간관계도 기대할 수 없다. 따라서 효에 대한 개념도 현대적으로 적합하게 부모와 자식, 기타 친척 간에 개인의 잠재능력이 최대한 개발, 발휘될 수 있도록 서로가 배려하면서 이를 지원, 격려하는 개념으로 확대되어야 한다. 또한 사회적으로도 노인 세대를 공경하고 원로를 예우하며, 그들의 삶의 경험이 후대에 전수되어 확대 재생산될 수 있도록 활동 여건을 마련해주는 방향으로 발전되어야 한다.

자유가 공자에게 효에 대해 질문하자, 공자는 "오늘날 효라고 말할 때는 다만 부모님을 잘 봉양하는 것만을 뜻하고 있다. 그러나 사람 역시 개나 말을 기르듯이 대할 수 있으니 존경하지 않는다면 무슨 차이가 있겠는가?"라고 했다.[312] 진정한 존중과 경애가 중요함을 말해주는 가르침이다.

공자의 가르침도 인을 가정에서부터 실천하는 것이 효이며, 이를 사회적 인간관계로 확대해 나가는 것이 충과 예라고 했다. 다시 말하면 인(仁)이 가정 공동체에서 발현된 것이 효이며, 사회적으로 확대된 것이 충, 예이다. 인을 구체적으로 실천하는 방안에 대해 공자는 "자기가 하고 싶지 않은 일은 다른 사람에게도 억지로 시키지 않는다(己所不欲, 勿施於人)"라고 했다. 예수도 "너희가 남에게 대접받고 싶은 대로 남에게 베풀라(Do for others what you want them to do for you.)"라고 했다. 또한 예수가 군중들에게 복음을 전파할 때 어느 제자가 "당신의 어머니와 형제들이 당신을 기다리고 있습니다."라고 전하자, "누가 내 어머니이고 내 형제인가, 하나님 말씀을 따르는 여기 모인 모든 사람이 내 어머니이며 형제가 아닌가(마태복음, 12:48-49)"라고 했다. 혈연적 의미의 좁은 가족관계를 뛰어넘어 인류 공동체 차원에서 하나님을 경배하고 이웃을 사랑하자는 가르침을 설파한 것이라고 볼 수 있다. 각자의 위치에서 공간적, 시간적 제한 속에 살다 보면 서로 다름과 벽, 그리고 갈등이 생긴다. 그러나 지구촌 전체를 보면 인류는 모두가 이웃이며 한 가족이다. 유가, 불가, 도가, 기독교에서 가르치는 근본정신은 인류가 모두 한 가족이며 자연의 일부라는 것, 그러므로 이를 실천할 것을 제시하고 있는 것이다. 이와 같이 유가의 '경천애인', 불가의 '상구보리 하화중생', 도가의 '만물여아위일', 그리고 기독교의 '하나님 경배와 이웃 사랑'이 확산되어 하나로 연결되는 것이 21세기 새로운 화랑도의 진

---

[312] 리쩌허우 저(2006), 앞의 책, p.98.(今之孝者, 是謂能養, 至於犬馬, 皆能有養, 不敬何以別乎)

정한 모습일 것이다. 현대적 의미의 사친이효는 이 같은 맥락에서 이해, 실천되어야 한다.

3) 새로운 교우이신[新交友以信]

교우이신이란 친구와 교류함에 있어서 믿음으로 해야 한다는 의미이다. 믿음을 뜻하는 신(信)은 사람[人]과 말씀, 언어[言]가 합쳐서 만들어진 글자다. 사람의 말, 인간의 언어라는 것은 거짓이 없고 믿을 수 있어야 한다는 의미이기도 하다. 사회적 인간관계에서 서로간의 신뢰는 인간관계의 기본이다. 사람과 사람의 소통은 언어를 매개로 하여 이루어진다. 그 사람이 하는 말을 믿을 수 없으면 소통이 되지 않을 뿐 아니라 더 이상 인간관계도 유지되기 어렵다. 인간이 그가 속한 공동체에서 소외되면 사회생활을 유지하기 어려워진다. 그래서 믿음을 뜻하는 신은 사람의 말이라는 뜻을 갖고 있다. 정직하고 허위가 없는 말이 친구, 동료, 나아가 다양한 인간관계의 기초를 이룬다.

공자도 이와 같은 사회 공동체 유지와 신용의 중요성에 대하여 "사람이 서로 신의를 지키지 못한다면 사회가 어떻게 되겠는가? 이는 큰 수레와 작은 수레를 막론하고 차축이 없으면 굴러갈 수 없는 것과 같다."라고 강조했다.[313]

신의와 신용에 관한 문제는 글로벌화된 현대 사회에서 더욱 그 중요성이 증가하고 있다. 국가 간의 무역과 거래는 신용을 기본으로 하여 이루어진다. 오늘날 네덜란드는 북서부 유럽에 위치한 국토 면적 약 41000㎢에 인구 1600만 명 정도의 OECD 국가이다. 국토와 인구 규모

---

313) 위의 책, p.125.(人而無信, 不知其可也, 大車無輗, 小車無軏, 其何以行之哉)

는 작지만 당당히 OECD 회원국으로서 17세기부터 약 200년 동안 한때 세계 무역질서를 정립한 세계적인 강대국으로 군림했다. 네덜란드의 국민성에 관한 몇 가지 일화를 살펴보겠다.

1596년 빌렘 바렌츠 선장이 이끄는 상품 운반선이 북극해를 지나다가 바다가 얼어 북극해에 고립되었다. 이로 인해 바렌츠 선장과 17명의 선원들은 북극해 일대에서 영하 40도의 추위와 싸우면서 얼음이 녹을 때까지 수개월을 버텨야 했다. 식량이 부족하여 사냥도 하고 얼어 죽지 않기 위해 갑판의 나무를 뜯어 불을 지피기도 했다. 당시 배에는 아시아 지역으로 운반 중이던 의약품과 의복도 있었으나 절대로 손대지 않았다. 너무나 열악하고 극한 상황이라 결국 8명의 선원이 목숨을 잃고 말았다. 겨울을 보내고 살아남은 사람들은 본국으로 귀환하여 위탁 받은 화물을 고객들에게 무사히 전달했다. 신용을 목숨과도 바꾸지 않는 네덜란드 선원들의 이러한 성실함과 책임감이 세계인들에게 통하기 시작했다. 국제 무역 관련 유통업을 장악하면서 네덜란드는 세계에서 가장 부유하고 강한 나라로 부상했다. 또한 이러한 신뢰와 신용 정신이 네덜란드를 200년 동안 강대국으로 유지시켜준 핵심 기반이었던 것이다.

반면에 1차 세계대전 당시 세계 질서는 영국, 프랑스, 러시아 등 3개의 강대국이 주도하고 있었다. 당시 중동 지역은 오스만 터키가 지배하고 있었고, 오랜 동안의 이산 상태에 있던 유태인들은 세계 도처에서 독립국가 건설을 위해 시온주의 운동을 펼치고 있었다. 오스만 터키 지배 하의 아랍인들은 통일된 독립국가 건설을 꿈꾸고 있었다. 오스만 터키는 1차 대전이 발발하자 영국과 프랑스에 대항하여 독일 측에 가담했다. 먼저 영국은 아랍 측을 자신들에게 가담시키기 위해 1915년 후세인-맥마흔 각서를 체결했다. 아랍인들이 영국을 위해 터키에 대항하여 싸우면 아랍 독립국가 건설을 지원해주겠다는 내용이었다. 그리고 1년 후 1916년 영국과 프랑스는 러시아의 양해와 묵인 하에 중동 지역을 3개로 분할하여 영국, 프랑스, 러시아가 지배하는 내용이 담긴 사이크스-피코 비밀협정을 체결했다. 아랍 지역을 영국, 프랑스, 러시아가 나누어 지배하겠다는 것이었다. 그리고 1년 후 영국 외상 밸포아는 유태인들이 영국 측에 가담하여 재정 지원을 비롯해 전쟁과 관련된 도움을 주면 팔레스타인 땅에 유태인 독립국가 건설을 지원해주겠다고 약속했다. 강대국인 점을 내세워 이해관계가 상충하는 국가나 소수민족을 상대로 하여 그들이 간절히 소망하는 것을 미끼로 2중, 3중 약속을 한 것이다.

영국과 프랑스는 러시아가 공산혁명을 하자 약속을 뒤집고 러시아를 중동의 분할 점령에서 제외시킨 뒤, 영국과 프랑스가 중동 지역을 양분하여 각각 신탁 통치령으로 삼았다. 영국 외상 밸포아 선언을 믿고 세계 도처에 있던 유태인들은 하나 둘씩 팔레스타인 지역으로 정착을 위해 몰려들기 시작했다. 유태인과 아랍인 간에 갈등이 생기고 중동 전쟁이 발발했다. 국가 간, 민족 간 약속과 협정을 자국의 이익과 상황논리에 따라 수시로 변경한 예이다. 교우이신의 원칙이 실종된 이 같은 사례는 오늘날 이스라엘-팔레스타인-아랍 제국 간에 발생하고 있는 영토 문제와 난민, 테러, 보복, 전쟁 등 중동 문제를 야기한 출발점이 되었다. 이러한 갈등과 분쟁은 특정 지역에 한정되는 것이 아니라, 세계화된 환경에서 지구촌 전체에 부정적 영향을 미치는 구조적 문제로 작용하고 있다. 지킬 수 있는 약속을 하고, 약속을 했으면 반드시 지켜야 한다.

당장 눈앞에 닥친 문제를 해결하기 위해 자국의 이익만 고려한 상황논리를 적용하면, 근본적인 문제는 해결되지 않고 오히려 내일의 재앙으로 다가오고 만다. 지구촌이 하나의 공동체로 연결된 21세기에는 과거의 소아적 이기주의로는 올바른 리더십을 발휘할 수 없다. 지구촌 전체를 하나의 공동체로 보고 인간과 자연이 공존할 수 있는 근원적 문제 해결이 요구되고 있다.

> **〈21세기 글로벌 시대의 바람직한 리더십〉**
>
> 미국에게는 자신들의 수준 높은 문화를 보여줄 기회가 많이 있습니다. 그러나 불행하게도 미국의 지도자들은 침략의 방식을 통해 이를 과시하려고 합니다. 선제공격 논리도 그렇습니다. 그들은 다른 나라가 미국을 공격하지 않은 상황에서도 미국이 다른 나라를 먼저 공격하고 정복할 권리가 있다고 생각합니다. 이 때문에 힘없는 약소국들은 많은 걱정을 하고 있습니다. 이는 미국과 같은 강대국이 해야 할 일이 못 됩니다. 미국은 수준 높은 국제시민의 모습을 보여주어야 하며, 유엔을 통한 국제문제 해결이 원만하게 될 수 있도록 적극적인 역할을 해야 합니다. 훌륭한 지도자는 침략적 모습을 보여서는 안 됩니다. 지도자는 국가를 발전시키고 국민들이 더 잘살 수 있도록 해야 하지만, 그렇다고 해서 무력에 의한 강제적인 방법으로 다른 나라의 자원을 약탈하고 다른 나라 국민의 희생을 대가로 자국민의 번영을 추구하겠다는 생각은 전근대적 사고입니다. 오늘날 세계는 다른 나라와의 정상적인 교역을 통해 얼마든지 경제를 성장시키고 지구촌 전체의 삶을 윤택하게 할 수 있습니다.[314]
>
> — 마하티르 모하메드(전 말레이시아 총리)

한국도 더 이상 국내 농업생산에 의존하여 자급자족하는 농경국가가 아니다. 지식 정보화 사회의 주역으로서 '지구촌을 일터로, 세계인을 친구로' 하여 교류와 협력을 통해 공동체를 꾸려가야 하는 나라이다. 문화적, 역사적 배경이 다른 모든 사람들에게 공통적으로 통하는 것은 신용과 믿음이다. 한국의 역사와 문화, 사상에 대한 신뢰, 한국 사람의

---

314) 중국 CCTV 저(2007b), 앞의 책, pp.304-305.

인격과 능력에 대한 신뢰, 한국 제품에 대한 신뢰, 한국인이 제공하는 서비스에 대한 신뢰, 한국의 기술에 대한 신뢰, 이 모든 것이 국가 경쟁력을 좌우하는 핵심 요소이다.

또한 교우이신은 서로 다른 것에 대한 존중과 배려, 이해와 포용을 수반해야 한다. 경(敬)이라는 글자는 원시 무속신앙에서 하나님과 자연에 대한 존경과 두려움을 나타내는 말이다. 이와 같은 지극한 공경의 마음을 담아서 기도와 제사를 바치는 의례가 제천의식이었다. 예(禮)는 마음 속으로부터의 경이 외부적으로 발현된 모습이다. 공자는 "사람은 집에 들어와서는 효도를 하고, 외부에 나가면 근면과 신의로써 모든 사람을 공경하고 사랑하며 인을 가까이 하고, 그렇게 하고도 여력이 있으면 학문을 연마해야 한다."라고 했다.315) 경천애인(敬天愛人)을 실천하는 방법을 잘 제시하고 있다. 불가의 '상구보리 하화중생', 도가의 '만물여아위일', 그리고 기독교의 '하나님 경배와 이웃 사랑'도 같은 맥락에서 이해되어야 한다.

지구촌에는 피부색, 언어, 종교, 역사, 문화와 관습이 다양한 60억이 넘는 사람이 살고 있다. 지구촌의 이웃 중에는 우리와 생각이 다른 문화권의 사람도 많다. 특히 한국에 종교적 기반이 미약한 아랍권의 종교 사상은 우리의 그것과 상이한 점이 많다. 앞에서 언급한 바와 같이 서구의 고대 유일신 사상은 유태교를 거쳐 예수 시대 기독교로 확산되고, 600년경에는 마호메트에 의해 이슬람교로 확산되었다. 서기 570년경 아라비아의 메카 시에서 마호메트가 태어났다. 그는 태어난 지 2개월 만에 아버지를, 6살 때는 어머니마저 여의고 작은아버지 집에서 자랐다. 그는 성장하면서 대상을 하던 작은아버지를 따라 아라비아 반도와 시리

---

315) 리쩌허우 저(2006), 앞의 책, p.56.(弟子, 入則孝, 出則弟, 謹而信, 汎愛衆, 而親仁, 行有餘力, 則以學文)

아 일대를 여행하면서 유태교와 기독교 사상을 접하고 유일신에 대해 듣게 되었다. "하나님은 오직 한 분만 계신다. 그리고 그분은 인간에게 은총을 베푸는 사랑의 신이다."라는 기독교 사상이 그에게 큰 감명을 주었다. 그는 어린 시절 메카의 카바 신전에 모셔진 검은 돌에 대하여 사람들이 기도하는 것을 이상하게 여겨 "저 돌이 정말 신입니까?"라고 작은아버지에게 질문할 정도로 종교 문제에 관심이 많았다. 당시의 메카 일대는 유일신 사상이 전파되지 않았고 다신 사상이 지배하고 있었다. 각 종족별로 숭배하는 신이 서로 다르고 다양해서 신앙의 차이로 인해 갈등과 분열, 전쟁이 잦았다. 아랍인들이 숭배하는 여러 형태의 신 중에 '알라' 라는 신이 있었는데, 알라는 신전을 갖고 있지도 않으며 눈에 보이지도 않는 신이었다.

마호메트는 나이가 들고 성장하면서 사색과 종교적 체험을 위해 단식과 기도를 하면서 유일신 사상을 발전시켜 나갔다. 그이 나이 40세 무렵에 "알라와 기독교에서에서 얘기하는 하나님은 같은 것이다. 알라야말로 진정한 유일신이다."라는 교리를 확립하고 스스로 예언자로 칭하면서 새로운 유일신 사상을 메카 일대에 전파하기 시작했다.316) 이른바 이슬람교가 태동한 것이다. 이슬람이란 의미는 '유일신인 알라에게 절대 순종한다' 는 뜻이며, 또 다른 의미는 '평화의 상태에 이른다' 는 뜻을 내포하고 있다. 그는 아랍 부족 간의 끊임없는 분규가 혈연으로 뭉쳐진 단위 부족의 우상숭배 사상에 그 원인이 있다고 보고, 그것을 타파하고 아랍 부족을 하나로 통일하는 방법은 혈연을 초월한 종교 사상, 즉 유일신 사상이 최선이라고 생각했다.

이슬람 교리 가운데 첫 번째이며 가장 중요하게 인식되는 것은 "알라

---

316) 김경묵·우종익, 『이야기 세계사』 (서울 : 청아출판사, 1994), pp.300-302.

외에 다른 신은 없다. 마호메트는 알라의 말씀을 전달한 심부름꾼이다."317)라는 구절이다. 고대부터 신은 여러 사람의 예언자를 통해 신의 말씀을 계시했으나, 유태교나 기독교는 오래되고 온전하지 못하며, 마호메트 이전의 여러 예언자들은 신의 말씀을 올바르고 완전하게 전달하지 못했다. 신이 마지막으로 예언자를 택하여 진리를 말씀하셨는데, 마지막 예언자가 마호메트이며, 최종적인 진리의 말씀을 기록한 것이 아랍어로 기록된 코란(경전 : 암기하고 암송하는 신의 책)이라는 것이다.318) 이러한 종교 사상이 아랍 일대로 전파되면서 분열된 아랍 민족이 하나로 통일되고 거대한 이슬람 문명권이 형성되기 시작했다. 이러한 결과를 모두 알라 신의 축복으로 여긴 아랍인들은 알라, 마호메트, 아랍어, 코란 등 이슬람 사상과 문화에 대한 확신과 자부심이 점점 확고해졌다. 오늘날 이슬람 문화권은 서남아시아, 중앙아시아, 중동, 그리고 아프리카 중·북부에 걸쳐 55개의 국가와 16억 명의 인구로 형성된 광대한 문화권319)을 형성하고 있다.

결정론적 종교 사상은 개인의 창의적이고 독창적인 생각과 행동보다는 신에 의해 계시되고 결정되어 있는 교리 체계에 따르는 전통적 사고와 행동을 중시하며, 모든 것을 신의 가르침에 의지하고 순종하는 것을 미덕으로 여긴다. 따라서 개인이 스스로 적극적으로 인생을 개척하기보다 모든 것은 신의 뜻대로 이루어진다는 숙명관과 정명사상이 나타나며, 변화보다는 전통을 고수하고 따르는 것이 신의 말씀을 실천하는 것이라는 근본주의적인 사고가 나타난다. 오늘날 중동 일대에서 나타

---

317) 최영길, 『이슬람의 이해』 (서울 : 도서출판 신지평, 1999), p.135.(이는 유대교의 유일신 사상이 기독교의 삼위일체설을 거치면서 다시 절대적 유일신 사상으로 정립된 것으로 보인다)
318) 김정위(1990), 앞의 책, p.165.
319) 최영길(1999), 앞의 책, p.18.

나는 이슬람 근본주의 사상과 관련된 제반 정치, 사회적 현상은 이슬람교 사상을 이해해야 올바르게 접근할 수 있다.

이슬람 문화권에서 하는 인사말 중에 '인 샬라(In Shaa Allah)'라는 말이 있다. 이는 '신의 뜻대로'라는 의미를 지니고 있다.[320] 비즈니스를 위한 상담이나 각종 인간관계와 관련된 협상 또는 약속을 할 경우 '예, 아니오'가 아닌 '인 샬라(신의 뜻대로)'라고 대답하게 되면, 한국인의 사고방식과 가치 기준으로 볼 때는 애매한 답변이다. 이러한 상황에서 어느 한쪽의 입장과 가치관을 내세워 문명과 미개, 호오 등을 따지는 일방적 판단은 21세기 글로벌 환경에서는 지양해야 할 자세이다. 이슬람 문명권도 우리의 이웃이며 교우이신의 대상이다. 서로 다른 것에 대한 올바른 이해와 인정과 존중이 교우이신을 위한 기본 전제이다.

〈이슬람교 성지, 메카의 신전〉

---

320) 위의 책, p.309.

대 몽골제국을 건설한 징기스칸은 모든 사람이 지켜야 할 대법령(Yeke Jasag)을 제정했는데, 현재 전하고 있는 조문 가운데 "모든 종교를 차별 없이 존중해야 한다(제 11조).", "만물은 모두 청정하다. 부정한 것은 없으므로 정과 부정을 구분해서는 안 된다(제 16조)."라는 조항이 있다. 이렇듯 포용적이고 개방적인 사상과 인식체계의 근저에는 북방 유목민족의 원시 무속신앙이 자리 잡고 있다.[321] 한민족의 전통적 풍류도 정신은 이 모든 것을 포용하는 열린 사고체계이다. 21세기 교우이신의 진정한 의미는 이러한 맥락에서 이해되어야 한다. 대한민국 국민 모두가 풍류도 정신을 현대적으로 정립하고 '교우이신'을 실천해야 한다.

4) 새로운 임전무퇴[新臨戰無退]

임전무퇴란 전쟁에 임하여 비굴하게 물러나지 말고 끝까지 최선을 다해 임무를 완수하라는 계명이다. 이는 현대적으로 해석해볼 때 군인들이 전쟁에 임하여 생명의 위험을 무릅쓰고 임무를 완수해야 하는 것은 물론, 어렵고 힘들고 고통이 따를지라도 모든 사람들이 자신이 맡은 업무를 최선을 다해 완수함으로써 공동체가 유지되게 하는 것을 의미한다고 볼 수 있다. 한국은 임전무퇴 정신과 관련하여 고대부터 이어져 내려온 훌륭한 역사적 유산을 갖고 있다. 삼국통일 과정에 나타난 화랑도의 임전무퇴 정신을 비롯하여 임진왜란 당시 이순신 장군의 예에서도 잘 나타나고 있다.

특히 이순신 장군은 서른이 넘어서야 벼슬에 임했다. 그는 시류에 편승하지 않는 일관된 자세로 무신으로서 국가에 봉사했다. 생애 마지막

---

[321] 국립민속박물관(1998), 앞의 책, pp.328-329.

이 된 명량해전 당시 장군은 "살고자 하면 죽을 것이요, 죽고자 하면 살 것이다. 목숨과 바꿔서라도 이 조국을 지키고 싶은 자는 나를 따르라." 라고 했다. 임진왜란을 마무리하는 마지막 전투인 노량해전을 앞두고 1598년 11월 19일 밤 자정에 홀로 갑판 위에 올라가 "이 원수를 무찌른 다면 지금 죽어도 유한이 없겠습니다."라고 기도한 후 다음 날 노량 앞 바다로 나아가 달아나는 적을 추격했다. 추격 중에 적탄이 날아와 이순신 장군의 왼편 겨드랑이를 뚫고 나가 심장 근처에 치명상을 입었다. 장군은 급히 명령하여 방패로 당신의 몸을 가리게 하고 "지금 싸움이 한창 급하니 내가 죽었단 말을 하지 말라[戰方急 愼勿言我死]."라는 유언을 마지막으로 남기고 전사[322]했다. 그리고 한자어 무(武 : 창을 의미하는 과[戈]+그치게 하다[止])가 의미하는 바와 같이 전쟁을 종료시키고 무도(武道)를 완성하며 국가와 민족을 구했다.[323]

이순신 장군께서 남긴 "살고자 하면 죽을 것이요[必生則死], 죽고자 하면 살 것이다[必死則生])"라는 말과 "지금 싸움이 한창 급하니 내가 죽었단 말을 하지 말라 [戰方急 愼勿言我死]"는 말의 의미는 '삶과 죽음은 분리된 것이 아니라 생(生)은 사(死)에 이르는 시작이며 사(死)는 또 다른 생을 위한 시작이다[死而復生, 四時是也][324], 현재 나[我]라는 존재는 변화무상(變化無常)한 세계의 하나의 과정에 지나지 않는 것이니 집착의 대상이 아니다. 따라서 사(死)는 또 다른 생을 위한 시작이라는 것을 올바로 알고 전쟁 상황에서 군인들이 가야 할 바른 길[正道]은 최선을 다해서 전투에 임하는 것' 이라는 것을 보여준다. 생명을 지닌

---

322) 이종학, "명량해전의 군사학적 연구" (『해양전략』 132호, 해군대학, 2006), p.134.
323) 이순신 장군의 부친 이정은 아들들의 이름을 중국 성군의 모습을 본받아 신하로서 그와 같은 덕을 구비하라는 의미에서 각각 의신(義臣), 요신(堯臣), 순신(舜臣), 우신(禹臣)으로 지었다고 한다.
324) 노병천(1990), 앞의 책, p.125.

한 인간으로서 육체적 고통과 목숨이 다하는 극한 상황에서 마지막까지 평상심(平常心)을 유지하면서 이렇듯 생각과 말과 행동이 일치할 수 있는 것은 인간으로서, 군인으로서, 그리고 최고 지휘관으로서 군 리더십의 최상의 경지[得兵道, 覺武道, 武聖, 軍神]에서만 가능하다. 이런 이유로 후세에 '성웅(聖雄) 이순신'으로 불리고 일본의 도고 헤이하치로도 "진실로 군신(軍神)으로 불릴 사람은 이순신 장군 뿐이다"라고 말한 것이다.

이와 유사한 가르침은 동·서양의 고전에서 다양하게 나타난다. 먼저 성서의 가르침에 "자기 목숨을 살리려고 하는 사람은 잃을 것이며, 진리를 위하여 목숨을 바치는 사람은 얻을 것이다(마태복음 7:12)"라고 했다. 또한 "밀알 하나가 땅에 떨어져 썩어서 변하지 않으면 한 알 그대로 남아 있고, 썩어서 변하면 많은 열매를 맺는다. 누구든지 살려고 자기 자신만의 목숨을 아끼는 사람은 잃을 것이요, 이 세상에서 자기 자신만의 목숨을 아끼지 않는 사람은 목숨을 보존하며 영원히 살게 될 것이다(요한복음 12:24)"라고 했다. 그리고 진리에 이르기 위해서는 찾고, 구하고, 두드려야 하며(Ask, Seek, Knock), 어렵고 힘들고 고통이 따르는 좁은 문(Narrow gate)으로 들어가야 한다고 가르치고 있다.

노장 사상의 창시자 노자는 『도덕경』 첫 머리에 "도를 도라고 하면 도가 아니요, 이름을 이름이라고 하면 이름이 아니다. 그리고 유와 무는 다른 것이 아니라 동시에 생겨난 이름만 다른 것이다."라고 했다. 노자 사상을 계승한 장자는 삶과 죽음이 다른 것이 아니며[死與生與, 生寄死歸], 변화무상(變化無常)한 자연 속에서 인간은 자연과 함께하는 존재이며 만물은 하나로 귀일한다[325]고 했다. 그리고 도에 이르기 위해서는

---

325) Chao-Chaun Chen and Yueh-Hing Lee(2008), op. cit., p.87.(天地與我並生, 萬物與我爲一)(生死一如, 生不異死, 死不異生)

심제, 좌망 등 마음을 수양하고 청정하게 해야 한다고 제시하고 있다. 불교 경전에도 "색과 공이 다르지 않고 공이 색이며 색이 곧 공이다[色不異空, 空不異色, 色卽是空, 空卽是色]"326)라고 했다. 또한 "보살은 자기 몸을 버림으로써 진리의 몸을 체득하며, 능히 중생을 위하여 목숨을 바친 사람은 곧 하늘에 태어나며 또 얻은 환희도 무량하다."327)라고 했다. 그리고 진리를 체득하는 길은 어렵고 힘든 좁은 문이라고 했다[是舍唯一門, 而復狹小].

동·서양의 여러 고전에서 전하는 가르침은 현재까지도 영향을 미친다. 모든 사람이 민주사회의 주인으로서 직업의식과 책임감, 기업가 정신, 리더십을 함양하고 자신이 담당하고 있는 사회적 역할을 올바르게 수행하는 길은 간단하고 쉬운 길이 아니다. 상기 이순신 장군의 사례에서 보는 바와 같이 일생 동안 한결같은 마음으로 정진해서 도달해야 하는 도(道)의 길이다. 특히 직급과 직책이 높아질수록 더욱 중요해지는 것이 수도(修道)의 길이다. 예수와 석가모니의 좁은 문이 의미하는 것과, 이순신 장군이 남긴 "살고자 하면 죽을 것이요[必生則死], 죽고자 하면 살 것이다[必死則生]"라는 말의 의미를 단순히 이해하는 차원이 아니라, 어떠한 어려움이 닥치더라도 이를 회피하지 않고 극복하면서 몸과 마음으로 깨닫고 실천하고, 각자 제 위치에서 제 몫을 다해야 공동체가 원활히 유지, 발전한다는 의미로 볼 수 있다. 21세기 임전무퇴 정신은 이러한 맥락에서 해석되고, 이해되고, 실천되어야 한다.

---

326) 서종범(1984), 앞의 책, p.265.
327) 밀알 기획실 「산은 산, 물은 물」 (서울 : 도서출판 밀알, 1984), p.31.

5) 새로운 살생유택[新殺生有擇]

살생유택이라는 계명의 유래는 신라 시대 귀산과 추항이라는 청년이 당시 중국에 유학하여 불교를 공부하고 돌아와, 당대 최고의 지식인이자 학자로 숭상 받던 원광법사를 찾아가서 평생 동안 좌우명으로 삼고 실천할 가르침을 내려달라고 했을 때, 원광법사가 한 답변에서 비롯된 것이다. 원광법사는 "불교에 보살 십계가 있으나 한 아버지의 아들 및 임금의 신하 된 자로서 이를 실행하기는 어렵다. 세속에서 행해지고 있는 다섯 가지의 가르침이 있으니 이를 실행하면 될 것이다. 사군이충(事君以忠), 사친이효(事親以孝), 교우이신(交友以信), 임전무퇴(臨戰無退), 살생유택(殺生有擇)이 그것이다."라고 했다. 그러자 청년들은 "국가에 대한 충성, 부모에 대한 효도, 친구간의 믿음에 대해서는 잘 알아들었습니다만, 살생유택에 대해서는 잘 이해가 되지 않습니다."라고 했다. 이에 원광법사는 "봄철과 여름철에는 죽이지 않으니 이는 시기를 가려야 한다는 의미이고, 어린 것과 소, 말, 닭 등 가축은 죽이지 않으니 이는 종류를 가려야 한다는 의미이며, 또한 반드시 소용되는 것만 취하고 불필요한 것은 죽이지 않으니 이는 양(量)을 의미하는 것이다."라고 했다.328) 살생유택 계명은 이 같은 유래를 지니고 있다. 오늘날의 자연 친화적 녹색 이념과 관련이 깊은 계명으로서 자연과 인간의 공존과 조화를 지향하는 계율이다. 인간과 자연은 하나이며 유기적 전일체라는 풍류도 사상과 동양 사상의 정수라고 할 수 있다.

고려 말기와 조선 초기에 청렴한 선비, 명재상으로 알려진 황희가 젊은 시절 길을 가다가 두 마리 소를 이용해서 논을 가는 농부를 만났다.

---
328) 이종학(2006), 앞의 책, pp.59-60.

신기한 마음에 길가에 서서 농부를 보고 두 마리 소 중에서 어느 소가 힘이 더 세고 일을 더 잘하냐고 물었다. 농부는 일을 잠시 멈추고 황희에게 가까이 와서 귓속말로 조용하게 오른쪽에 있는 소가 더 잘한다고 했다. 황희는 그런 일로 일을 멈추고 여기까지 와서 귓속말까지 할 필요가 있느냐고 농부에게 말했다. 농부는 젊은 선비를 나무라며, 일체 중생이 다 생명이 있고 귀가 있는데, 나를 위해서 일을 해주는 소가 자신보다 옆에 있는 소가 일을 더 잘한다고 하면 얼마나 서운하겠느냐며, 그래서 이렇게 귓속말로 한다고 했다. 황희는 자신의 공부와 수양이 부족함을 절실히 깨닫고 부끄러운 마음에 더 이상 말을 못 하고 농부에게 현명한 지혜를 일깨워주어 감사하다는 말과 함께 그 자리를 떠났다고 한다.

유교 경전을 통달했다고 자만에 빠진 선비가 자연 친화적 생활 속에서 지혜를 터득한 농부에게 큰 가르침을 받은 형국이 되었다. 우리 선조들의 자연 친화적 사상을 잘 보여주는 예이다. 따라서 21세기 살생유택 정신은 동·식물에 대한 현대인들의 무분별한 포획과 남용, 자연 훼손과 파괴 등에도 적용되어야 한다. 생명유지를 위한 최소, 최적의 먹거리를 취득하고 자연 질서에 순응하는 것이 우주와 자연의 모든 존재와 인간이 평화롭게 공존하는 길임을 깨달아야 한다.

장자가 설파한 "인간은 자연과 분리되고 자연보다 우위의 특권을 누리는 존재가 아니라, 인간은 자연의 일부이며 우주 자연의 만물은 하나로 귀일된다[天地與我竝生, 萬物與我爲一]"는 말은 오늘날 과학 분야에서도 증명되는 말이다. 대폭발 이론(Big bang Theory)으로부터 상대성 이론, 양자물리학에 이르기까지 현대의 과학은 우주 만물의 유기체적, 전일적 존재와 상호 의존, 상호 연계성을 규명하는 데 초점이 맞춰져 있다. 우주, 태양, 지구, 달, 무생물, 식물, 동물, 인간, 원자, 분자, 산소, 물 등 사람들이 편의에 따라 이름을 부여한 모든 것들이 별개의 존재가 아니라, '이것이 있으므로 저것이 있고, 저것이 없으므로 이것이 없어지는 상호 의존적, 상호 연계적 존재'라는 것이다. 인간만의 편의를 위해 화석 연료를 무분별하게 사용한 결과가 지구의 기후 변화를 일으켜 그 화가 인간에게 되돌아오고 있는 것처럼, 인간과 자연의 관계는 같은 궤에 있음을 알아야 한다. 자연을 해치는 것이 곧 인간을 해치는 것이며, 자연을 보호하는 것이 곧 인간의 삶도 윤택하게 만든다. 『육도삼략』에도 "천하는 한 사람의 천하가 아니라 천하 사람의 천하이다. 천하의 모든 사람들과 함께 더불어 이익을 추구하는 자는 천하를 얻을 것이며, 천하의 이익을 나 홀로 독식하려는 자는 천하를 잃을 것이다[天下非一人之天下, 乃天下之天下, 同天下之利者, 則得天下, 擅天下之利者, 則失天下]."329)라고 했다. 이 말은 "우주는 인간만을 위한 존재가 아니며 우주, 자연 모든 만물의 우주이다. 우주, 자연과 더불어 이익을 추구하는 존재는 우주, 자연과 영원히 공존공영을 누릴 것이며, 우주 자연의 이익을 홀로 독식하려는 자는 우주 자연을 잃고 멸망할 것이다."로 확대 적용되어야 한다.

　인간과 인간이 함께하는 삶, 국가와 국가가 함께하는 삶, 나아가 인간과 자연이 모두 함께하는 삶이 고대 한반도를 중심으로 동이 문화권을 형성한 한민족 선조들의 종교와 철학이요 리더십 사상이었다. 그 사상은 분열보다는 통합을, 배타적 내침, 갈등보다는 포용적 수용, 화합을 지향해왔다. 외부로부터 전래된 유·불·선·기독교 사상도 뿌리는 모두 원시 무속신앙에서 출발했다는 공통점을 지니고 있다. 시간적, 공간적 여건이 상이함에 따라 표현한 글자가 다르고 관점이 일부 다를 수 있으나, 거시적으로 지향하는 바는 동일한 것이다. 바야흐로 한반도는 21

---

329) 이상옥 역해(2007), 앞의 책, p.63.

세기 지구촌을 육로와 철도, 항공과 해상 그리고 광역 초고속 인터넷 망을 통해 하나로 연결하는 새로운 실크로드의 중심지로 부상하고 있다. 이와 더불어 한국인 모두에게 인류 문명사적 새로운 변화의 주인공 역할이 요구되고 있다.

21세기를 살고 있는 한국인 모두는 선조들의 위대한 사상에 대해 긍지와 자부심을 갖고 이를 현대적으로 계승, 발전시켜 새로운 화랑도로 무장해야 한다. 그리하여 지구촌 전체를 '세계인을 친구로, 지구촌을 일터로' 생각하는 넓은 시각과 '이웃과 함께, 자연과 더불어'(홍익인간 이화세계)의 이념이 지배하는 친자연적, 친환경적 세계 구현에 앞장서야 한다. 이를 위해서는 세계를 품는 넓은 포용력과 유연성, 외국어 능력을 비롯한 의사소통 능력, 새로운 도전과 변화된 환경을 극복하기 위한 창의력, 그리고 글로벌 스탠다드를 선도하는 전문적 지식과 기술의 함양이 요구된다. 이러한 목표는 쉽게 달성되는 것이 아니다. 한국인, 아시아인, 세계인으로서 요구되는 바람직한 리더십 역량을 좁은 문을 통하여 진리에 도달하는 자세로 일생 동안 노력하고 필생즉사, 필사즉생의 자세로 실천해야 가능한 것이다. 21세기 임전무퇴 정신은 이와 같은 맥락에서 이해하고 실천해야 한다.

제4장

맺음말

한민족은 역사가 오래된 민족이다. 오래된 역사를 지니고 있으면서도 낡은 사상을 지닌 민족은 아니다. 인간과 자연은 하나라는 자연 친화적 사상을 기반으로 하여, 홍익인간 재세이화를 구현하기 위해 5000년 역사를 이어오면서 때로는 이웃으로부터 핍박받기도 하고 불이익을 당하기도 했으나, 참고 인내하며 극복하여 OECD 20개 국가 중에 종합 국력 13위로 평가될 정도로 세계 속의 한국으로 우뚝 일어섰다.

5000년 역사를 이어오는 동안 한민족의 이기심을 내세워 이웃을 핍박하거나 지배하지 않았다. 대마도에 거주하는 이웃들이 물자가 필요하면 한반도의 물자를 교역을 통해 조달할 수 있도록 배려했으며, 그들의 행동이 난폭하고 지나쳐도 주의, 경고를 줄지언정 그들을 말살하거나 삶의 근거지를 없애버리지도 않았다. 그리고 그 땅을 우리의 영토로 병합시키지도 않았다. 또한 북방 유목민들의 생필품이 부족하면 한반도의 물자를 조달할 수 있도록 배려했다. 민족의 생존권과 안전을 위협할 때는 저항하고 전쟁에 주저하지 않았으나, 다른 민족의 삶을 희생시켜 그 대가로 영토 확장을 추구하지 않았다.

인류 문명의 기초를 이루는 인간 존중, 여자의 정조와 혼인제도의 순결 유지, 인간과 자연을 함께 존중하는 이념을 추구하면서, 내가 정립한 사상과 종교만이 최고라는 오만하고 경직된 자세도 견지하지 않았다. 이웃이 우리의 문화를 필요로 하면 직접 가서 친절하게 알려주고 전파했다. 때로는 초심을 망각하고 강한 이웃에게 의지하기도 하고, 현실안주와 무사안일에 젖기도 했다. 산업화, 과학화되는 세계 주류 문화에 뒤지거나 이웃 나라에게 점령당하기도 했으나, 자주적 민족정신을 잃지 않고 정체성을 유지하면서 인간의 삶과 문화에 대한 도덕적 정당성을 확보하고 유지해왔다.

이 책에서 논의된 바와 같이 한민족은 고대부터 원시 무속신앙에 기원을 둔 풍류도 사상을 정립시켜, 이것이 고구려의 조의, 선인, 신라의 화랑제도로 발전했고, 신라의 화랑제도가 삼국통일의 추진 동력이 되었음을 알 수 있다. 또한 화랑도 사상은 고려의 팔관회 제도와 자주정신, 조선의 선비정신으로 면면히 이어져 현대에 이르고 있으며, 이러한 정신적 전통이 한민족 고유의 선비와 선비정신으로서 현대적 의미로 리더와 리더십 사상이라고 볼 수 있다. 그 사상과 정신은 도의와 무예 등 문무겸전의 전인적 역량을 구비하고 사군이충, 사친이효, 교우이신, 임전무퇴, 살생유택 등 세속오계 생활화를 지향하는 실천적 행위규범이었다. 또한 사회적 신분과 계급이 높은 사람부터 솔선수범하는 노블레스 오블리제(Noblesse Oblige) 정신이기도 했다. 분열보다는 통합을, 배타성과 갈등보다는 포용적 수용, 화합을 지향하는 사상인 것이다. 이는 오늘날의 지식 정보화 시대와 글로벌 환경에서 국가, 군대, 기업 등 다양한 조직이 요구하는 정신이자 사상이다. 집단의 생존과 번영을 위해 리더와 구성원들의 도덕성, 창의성, 유연성, 전인적 역량 등이 중시되고 있기 때문이다. 한민족 고유의 정체성을 지니고 있으면서도 세계적으로 보편성을 인정받을 수 있는 우리의 정신적 문화가 바로 오늘날 리더십 사상의 근간인 것이다.

우리의 이러한 전통은 21세기에 새롭게 조명되고 있다. '자연이 지탱 가능한 지속적 성장', 인간과 자연의 '조화, 화합, 협력, 융합, 공존'은 21세기가 요구하는 새로운 삶의 패러다임이다. 한국은 지구촌의 모든 이웃들을 하나로 연결시키고 새로운 인류 문명을 선도해야 할 역할을 요구받고 있다. 따라서 한민족의 전통적 화랑도 사상은 글로벌 차원의 새로운 화랑도 사상으로 계승, 발전되어야 한다. 과거에 아무리 훌륭한 사상이 있었더라도 이를 현대적으로 새롭게 계승, 발전시키지 못하면 죽은 사상이나 다름이 없다. 후손들이 해야 할 바람직한 도리는 과거의 영광을 회상하면서 향수에 젖는 것이 아니라, 현대에 적합하게 더욱 발전시켜 계승하는 길이다. 이를 위해서 21세기를 살고 있는 한국인 모두는 선조들이 물려준 위대한 사상에 대해 긍지와 자부심을 갖고, 이를 현대적으로 계승 발전시켜 새로운 화랑도로 무장해야 한다. 이를 통해 인격과 유능함을 겸비하고 주체성, 창의성을 갖춘 글로벌 인재로서 서로 다름에 대해 존중, 포용, 조화, 융합을 지향하면서, 현대적 의미의 사군이충, 사친이효, 교우이신, 임전무퇴, 살생유택을 실천하는 리더십을 발휘해야 세계 속의 선진한국을 조기에 달성할 수 있다고 본다.

  한국은 분단된 남북을 하나로 통일하여 민족의 역량을 재결집하고 지구촌의 모든 이웃들을 하나로 연결시켜 새로운 인류 문명을 선도해야 할 시간적·공간적·사상적 역할을 요구받고 있다. 인종, 종교, 언어의 다름을 극복하고 모두가 조화롭게 공존하면서, 힘이 아닌 이치에 따라 질서가 유지되는 '글로벌 홍익인간 재세이화' 달성에 한국인이 주도적인 역할을 해야 한다. 우리는 그 역할을 충분히 해낼 수 있는 역사와 전통을 지니고 있다. 한반도와 세계 도처에 살고 있는 단군의 후예들에게는 풍류도 사상의 유전자가 면면히 흐르고 있기 때문이다.

〈참 고 문 헌〉

■ 국내 문헌 ■

1. 단행본

- 강만길 외 11인 공저, 『해방전후사의 인식 2』, 서울 : 한길사, 1985.
- 고동영, 『한국상고무예사』, 서울 : 한뿌리, 1993.
- _____, 『한국상고군사사』, 서울 : 한뿌리, 1994.
- 구학서, 『이야기 세계사』, 서울 : 청아출판사, 1994.
- 국립국어연구원, 『표준국어대사전』, 서울 : 두산동아, 1999.
- 국립민속박물관, 『북방민족의 샤머니즘과 제사습속』, 서울 : 국립민속박물관, 1998.
- 국방부 전사편찬위원회, 『한국전쟁사 제1권』, 서울 : 국방부, 1968.
- 국방부, 『국방정책 1998-2002』, 서울 : 국방부, 2003.
- 금장태, 『한국의 선비와 선비정신』, 서울 : 서울대학교 출판부, 2001.
- 김경묵, 우종익, 『이야기 세계사』, 서울 : 청아출판사, 1994.
- 김남현 역, 『리더십』, 서울 : 경문사, 2005.
- 김운태 외 공저, 『한국정치론』, 서울 : 박영사, 1986.
- 김정위, 『중동사』, 서울 : 대한교과서 주식회사, 1990.
- 김종래, 『유목민 이야기』, 서울 : 자우출판, 2002.
- 김학주 역, 『손자·오자』, 서울 : 명문당, 1999.
- _____, 『노자』, 서울 : 명문당, 2002.
- 김혜법, 『불교의 바른 이해』, 서울 : 우리출판사, 1988.
- 김희영, 『이야기 일본사』, 서울 : 청아출판사, 1994.
- 남기성, 『SPSS를 이용한 통계분석은 어떻게?』, 경기도 : 자유 아카데미, 2007.

- 노병천, 『도해손자병법』, 서울 : 도서출판 한원, 1990.
- ____, 『손자병법 통달을 위하여』, 서울 : 도서출판 21세기, 1995.
- 노양규, 『365일 손자병법』, 서울 : 신한출판사, 2007.
- 대통령자문 21세기위원회, 『21세기의 한국과 한국인』, 서울 : 나남출판, 1995.
- 대한성서공회, 『한영성경전서』, 서울 : 신일기획문화, 2002.
- 두산동아, 『두산백년옥편』, 서울 : 두산동아, 2009.
- 로버트 엘 베이트맨 3세 편저, 윤주학 역, 『디지털 전쟁』, 대전 : 문경출판사, 2000.
- 리쩌허우 저, 김옥균 역, 『논어금독』, 서울 : 북로드, 2006.
- 리처드 닉슨 저, 박정기 역, 『20세기를 움직인 지도자들』, 서울 : 을지서적, 1998.
- 모연호 외 2인 공저, 『화랑도와 화랑열전』, 서울 : 학문사, 1978.
- 미국 육군성, 『DA-PAM 600-65』, 워싱턴 : 미국 육군성, 1985.
- 민 진, 『조직 관리론』, 서울 : 대영문화사, 1996.
- 밀알기획실, 『산은산 물은물』, 서울 : 도서출판 밀알, 1984.
- 박유진, 『한국적 지휘통솔 교리의 개념 및 구성 체계』, 육군 제3사관학교, 1999.
- 백기복, 『이슈 리더십』, 서울 : 창민사, 2000.
- 백선엽, 『군과 나』, 서울 : 대륙연구소 출판부, 1989.
- 서근석 역, 『중용』, 서울 : 풀잎, 1994.
- 서종범, 『불교를 알기 쉽게』, 서울 : 도서출판 밀알, 1984.
- 성낙훈 역, 『세계의 대사상 묵자, 순자, 손자, 한비자』, 서울 : 휘문출판사, 1983.
- 송계충, 『조직행위론』, 서울 : 경문사, 2004.
- 순자 지음, 김학주 옮김, 『순자』, 서울 : 을유문화사, 2009.
- 신용하, 『한국 원민족 형성과 역사적 전통』, 서울 : 나남출판, 2005.
- 신응섭 외 5인 공저, 『리더십의 이론과 실제』, 서울 : 학지사, 2005.
- 신채호 저, 박기봉 옮김, 『조선상고사』, 서울 : 비봉사, 2006.
- 안호상, 『민족사상의 전통과 역사』, 서울 : 한뿌리, 1992.

- 야마구치 오사무 저, 남혜림 역, 『중국사』, 서울 : 행담출판, 2006.
- 에드가 F. 퍼이어 저, 권영근 역, 『공군 지휘관의 인격과 리더십』, 대전 : 공군본부, 2006.
- 에드워드 E. 스미스 외 3인 공저, 장현갑 외 5인 공역, 『힐가드와 애트킨슨의 심리학 원론』, 서울 : 박학사, 2004.
- 에드워드 H. 카아 저, 황문수 옮김, 『역사란 무엇인가』, 서울 : 범우사, 1987.
- 오 긍 저, 김원중 역, 『정관정요』, 서울 : 현암사, 2008.
- 오점록 외 13인 공저, 『한국군 리더십』, 서울 : 박영사, 1999.
- 유향, 유흠편, 후웨이훙 재편, 이원길 역, 『반성하는 조직이 성공한다』, 서울 : 신원문화사, 2007.
- 육군본부, 『육군리더십, 야전교범: 지-0』, 대전 : 육군본부, 2009.
- _____, 『인간중심 리더십에 기반을 둔 임무형 지휘, 교육회장 : 06-6-7』, 대전 : 육군본부, 2006.
- _____, 『지휘통솔, 야전교범 : 6-0-1』, 대전 : 육군본부, 2004.
- 이강수, 『노장철학의 이해』, 서울 : 예문서원, 2005.
- 이규태, 『리더십의 한국학』, 서울 : 신태양사, 1987.
- 이기동 역해, 『논어강설』, 서울 : 성균관 대학교 출판부, 2009.
- 이기백, 『한국사 신론』, 서울 : 일조각, 1984.
- 이기석 역, 『육도삼략』, 서울 : 홍신문화사, 1980.
- 이능화 저, 이재곤 역, 『조선무속고』, 서울 : 동문선, 2002.
- 이병호 편역, 『손자 군사사상과 병법이론』, 울산 : 울산대학교 출판부, 1999.
- 이부일 외 3인 공저, 『엑셀을 활용한 통계자료 분석』, 서울 : 경문사, 2009.
- 이상옥 역, 『육도삼략』, 서울 : 명문당, 2007.
- 이서행, 『청백리 정신과 공직윤리』, 서울 : 도서출판 인간사랑, 1990.
- 이재호 역, 『논어정의』, 서울 : 솔 출판사, 2006.

- 이종학 역, 『손자병법』, 서울 : 박영사, 1974.
- 이종학, 『군사논문선』, 경주 : 서라벌 연구소, 1991.
- _____, 『군사전략론』, 대전 : 충남대학교 출판부, 2009.
- _____, 『신라화랑 군사사 연구』, 경주 : 서라벌 연구소, 1995.
- _____, 『한국 군사사 서설』, 경주 : 서라벌 군사연구소, 1991.
- _____, 『한 군사학도의 연구발자취』, 대전 : 충남대학교 출판부, 2006.
- 이종학·길병옥, 『군사학 개론』, 대전 : 충남대학교 출판부, 2009.
- 이주영, 『따뜻한 가슴 냉철한 머리』, 대전 : 예일기획, 2008.
- 이준형, 『리더십 먼저 민주주의 나중에』, 서울 : 인간사랑, 2004.
- 이창위, 『일본제국흥망사』, 서울 : 궁리출판, 2005.
- 이희승, 『국어대사전』, 서울 : 민중서림, 1994.
- 일연 저, 이병도 역, 『한국의 민속·종교사상』, 서울 : 삼성출판사, 1978.
- 장기홍, 중국문화연구소 역, 『중국사상의 근원』, 서울 : 문조사, 1986.
- 조지프 S. 나이 저, 홍수원 역, 『소프트 파워』, 서울 : 세종서적, 2006.
- 존 보슬로 저, 홍동선 역, 『스티븐 호킹의 우주』, 서울 : 도서출판 책세상. 1990.
- 주희 집주, 임동석 역주, 『사서집주언해 논어』, 서울 : 학고방, 2004.
- 중국 CCTV, 『대국굴기, 강대국의 조건, 독일편』, 서울 : 안그라픽스, 2007.
- 지승, 『삼신과 한국사상』, 서울 : 한민사, 2004.
- 최영길, 『이슬람의 이해』, 서울 : 도서출판 신지평, 1999.
- 최종태, 『현대조직론』, 서울 : 경세원, 2001.
- 폴 M. 뮤친스키 저, 유태용 역, 『산업 및 조직심리학』, 서울 : 시그마프레스, 2003.
- 프리초프 카프라 저, 김용정·이성범 역, 『현대물리학과 동양사상』, 서울 : 범양사, 2008.
- 한승준, 『조사방법의 이해와 SPSS 활용』, 서울 : 대영문화사, 2006.
- 한영우, 『한국 선비지성사』, 서울 : 지식산업사, 2010.
- 한인수, 『현대 인적자원 관리 : 동양적·구미적 인사관리』, 서울 : 명경사, 2009.

▪ 황규대 외 7인 공저, 『조직행동의 이해』, 서울 : 박영사, 2002.
▪ 현각, 『만행, 하버드에서 화계사까지2』, 서울 : 도서출판 열림원, 2000.

2. 논문 및 기타

1) 학위논문

▪ 강은아, "연구개발 조직에서 상사의 윤리적 리더십과 부하의 윤리 성향과의 관계 연구", 충남대 박사학위논문, 2008.
▪ 김삼봉, "리더십 이론과 영관장교들의 리더십에 관한 연구", 충남대 석사학위논문, 2005.
▪ 김설환, "전략적 리더십이 군 조직 유효성에 미치는 영향에 관한 연구", 명지대 박사학위논문, 2007.
▪ 김영숙, "충무공 이순신 연구", 경희대 박사학위논문, 1993.
▪ 김일형, "학교장의 감성지능 및 직무역량이 리더-구성원 교환관계(LMX)를 매개로 직무만족과 조직몰입에 미치는 영향", 홍익대 박사학위논문, 2009.
▪ 김종환, "리더십 연구에 관한 문헌 검증 및 비판", 국방대 석사학위논문, 2007.
▪ 백남환, "카리스마적 리더십이 군 조직 유효성에 미치는 실증적 연구", 호서대 박사학위논문, 2003.
▪ 손 영, "상호작용 공정성과 상사에 대한 신뢰가 종업원 행위적 성과에 미치는 영향에 관한 연구", 충남대 석사학위논문, 2009.
▪ 송인진, "한반도 비핵화 정책의 이론과 실천에 관한 연구", 충남대 박사학위논문, 2001.
▪ 오점록, "리더십, 팔로우어십의 특성과 자기 임파워먼트가 군 조직의 유효성에 미치는 영향", 경희대 박사학위논문, 1998.

- 이민웅, "임진왜란 해전사 연구", 서울대 박사학위논문, 2002.
- 이양곤, "권력 유형에 따른 복종과 조직 유효성에 관한 연구", 서울대 석사학위논문, 1986.
- 이준구, "육군임무형 지휘에서의 임파워먼트 특성이 조직 구성원 태도에 미치는 영향 연구", 충남대 석사학위논문, 2001.
- 이태구, "조직풍토가 조직몰입에 미치는 효과에 관한 연구 : 직무 스트레스의 매개효과와 LMX에 의한 조절효과를 중심으로", 경원대 박사학위논문, 2009.
- 정재욱, "상황적 조절변수를 중심으로 한 리더십의 조직 효과성에 대한 영향에 관한 연구", 중앙대 박사학위논문, 1991.
- 정지명, "리더십 유형과 조직 유효성의 관계에서 리더-부하 간 교환관계(LMX)의 매개효과 검증", 연세대 박사학위논문, 2008.
- 조형철, "병사의 개인성격이 군 조직의 몰입에 미치는 영향", 충남대 석사학위논문, 2006.
- 최광신, "팔로우어십-리더십 유형의 짝이 조직 유효성의 영향에 미치는 영향에 관한 연구", 전남대 박사학위논문, 2001.
- 최병순, "상이한 상황 하에서 효과적인 지휘행동에 관한 연구", 연세대 박사학위논문, 1988.
- 최장옥, "육군장교의 전문 직업성 향상 방안", 충남대 석사학위논문, 2004.
- 표영현, "리더십 유형과 직무태도와의 관계에 있어서 팔로우어십 특성의 조절효과에 관한 연구", 충남대 석사학위논문, 2003.

2) 학습지논문

- 길병옥, "군사학과 안보학의 학문적 이론체계에 대한 비교연구", 『평화와 안보』, 2호, 2005.
- 김현기, "이순신 제독의 전략 전술과 손자병법", 『이순신 연구논총』, 4호, 2005.

- _____, "이순신의 군사적 리더십에 관한 현대적 조명", 『이순신 연구논총』, 2호, 2004.
- _____, "전술적 측면에서의 이순신의 전략사상", 『이순신 연구논총』, 2호, 2004.
- 박영한, "독일군 임무형 지휘연구", 『육군교육사 번역자료』, 1996.
- 배달형, "네트워크 중심전 수행개념 발전방안", 『국방정책 연구』, 67호, 2005.
- 백기복, "군 리더십 효과성 모델", 『육군 리더십 발전 세미나 발표논문』, 2007.
- 육군대학, "임무형 지휘 실천방안", 『군사평론』, 340호, 1999.
- 이경묵, "사서에 나타난 리더십", 『리더십 연구』, 1호, 2004.
- 이민웅, "정유재란 기 칠천량 해전의 배경과 원균 함대의 패전 경위", 『한국문화』, 29호, 2002.
- 이병갑, "『大學』 3강령 8조목의 분석과 행정학적 함의", 『행정논총』, 43권 4호, 2005.
- 이종학, "명량해전의 군사학적 연구", 『해양전략』, 132호, 2006.
- 임경훈·박승호, "소프트파워 향상을 위한 육군 리더십 발전방향", 『한국사회과학』, 29호, 2007.
- 정범구, "조직특성과 개인특성이 조직시민행동에 미치는 영향에 관한 연구", 『경영경제연구』, 25권 1호, 2002.
- 조남국·이재윤, "군 지휘관의 권력유형에 관한 연구", 『한국심리학회지』, 2권 1호, 1989.
- 허남성·박균열, "충무공 이순신의 리더십 연구", 『국방정책 연구』, 67호, 2005.

3) 인터넷 자료

- http://blog.naver.com/utimegps/7001496430, (검색일 : 2006.4.2).
- http://www.poori.net/ethics/421.htm, (검색일 : 2007.2.27).
- www.quanxue.cn/CT_BingFa/SunZiIndex.html, (검색일 : 2007.11.14).

■ 국외 문헌 ■

1. 단행본

- Babbie, E. *The Practice of Social Research.*. New York : Wadsworth, 1994.
- Burns, James M. *Leadership*, New York : Perennial, 1978.
- Canadian National Defence. *Leadership in the Canadian Forces*. Ottawa : Canadian National Defence, 2006.
- Chao-Chuan Chen and Yueh-Ting Lee. *Leadership and Management in China*. New York : Cambridge, 2008.
- Church, Allan H. and Waclawski, J. *Designing and Using Organizational Surveys*. San Francisco : Jossey-Bass A Wiley Company, 1998.
- Clausewitz, Carl V. Edited and translated by Michael Howard and Peter Paret, *On War*. New Jersey : Princeton University Press, 1989.
- Connerley, Mary L. and Pedersen, Paul B. *Leadership in a Diverse and Multicultural Environment.*. California : Sage Publication, 2005.
- Daft, Richard L. *Understanding the Theory and Design of Organizations*. Ohio : South-Western Thomson, 2007.
- Edwards, Jack E. *How to Conduct Organizational Surveys*. CA : Sage Publications, 1997.
- Gardner, John W. *On Leadership*. New York : The Free Press, 1990.
- Griffith, Samuel B. *Sun Tzu The Art of War*. London : Oxford University Press, 1971.
- Kennedy, Paul. *The Rise and Fall of the Great Powers*. New York : Vintage Books, 1989.
- _____, *Preparing for the Twenty-first Century*. New York :

Vintage Books, 1994.

Kraut, Allen I. *Organizational Surveys Tools for Assessment and Change*. San Francisco : Jossey-Bass A Wiley Company, 2000.

Norton, Mary B. et al. *A People and Nation, A History of the United States*. Boston : Houghton Mifflin Company, 1988.

Rost, Joseph C. *Leadership for the Twenty-first Century*. New York : Prager, 1991.

Summer, Harry G. *A Critical Analysis of the Gulf War*. New York : Dell Pub, 1992.

Toffler, Alvin & Heidi. *War and Anti-War*. New York : Little Brown Company, 1993.

US Department of the Army. *Army Leadership(FM 6-22)*. Washington : US Department of the Army, 2006.

_____, *Army Regulation 600, Army Leadership*. Washington : US Department of the Army, 2007.

_____, *Operations(FM3-0)*. Washington : US Department of the Army, 2008.

Yukl, G. *Leadership in Organization*. New Jersey : Pearson prentice hall, 2006.

2. 논문 및 기타

Allen, N. J. Lee, K. Meyer, J. P. & Rhee, K. Y. "Cross-cultual generalizability of the three-component model of organizational commitment : An application to South Korea", *Applied Psychology : An International review*, 50, 2001.

- Basu, R. and Green, S. G. "Leader-Member Exchange and Transformational Leadership : An Empirical Examination of Innovative Behaviors in Leader-Member Dyads", *Journal of Applied Social Psychology*, 27, 1997.

- Deluga, R. J. "Leader-Member Exchange Quality and Effectiveness Ratings : The Role of Subordinates-Supervisor Conscientiousness Similarity", *Group and Organization Management*, 23, 1998.

- Dienesch, R. M. and Liden, R. C. "Leader-Member Exchange Model of Leadership : A Critique and Future Development", *Academy of Management Review*, 11, 1986.

- Graen, G. B. and Uhl-Bien M. "Relationship-Based Approach to Leadership: Development of Leader-Member Exchange(LMX) Theory of Leadership over 25years", *Leadership Quarterly* 6(2), 1995.

- Henderson, David J. et al. "Leader-Member Exchange, Differentiation, and Psychological Contract Fulfillment : A Multilevel Examination", *Journal of Applied Psychology*, Vol.93, No.6, 2008.

- Hinkin, T. R. and Schriesheim, C. A. "Development and Application of New Scales of Measure the French and Raven(1959) Bases of Social Power", *Journal of Applied Psychology*, Vol.74, No.4, 1989.

- Howell, Jane M. "The Role of Followers in the Charismatic Leadership Process", *AMR* Vol.30, 2005.

- Kacmar, K. Michele et al. "Regulatory Focus as a Mediator of the Influence of Initiating Structure and Servant Leadership on Employee Behavior", *Journal of Applied Psychology*, Vol.93, No.6, 2008.

- Lau, Dora C. and Liden, Robert C. "Antecedents of Coworker Trust :

Leaders' Blessings", *Journal of Applied Psychology*, Vol.93, No.5, 2008.

Liden, R. C., Sparrowe, R. T. and Wayne, S. J. "Leader-Member Exchange Theory : The Past and Potential for the Future", *Research in Personnel and Human Resources Management*, 15, 1997.

Paparone, Christopher R. "De Construction Army Leadership", *US Military Review*, 2004.

Podsakoff, P. M., Mackenzie, S. B., Moorman, R. H., & Fetter, R. "Transformational leader behaviors and their effects on followers trust in leader satisfaction and organizational citizenship behaviors", *Leadership Quarterly*, 1(2), 1990.

Podsakoff, Philip M. et al. "Common Method Biases in Behavioral Research: A Critical Review of the Literature and Recommended Remedies", *Journal of Applied Psychology*, Vol.88, No.5, 2003.

Remus Ilies, Jennifer D. Nahrgang, and Frederick P. Morgeson. "Leader-Member Exchange and Citizenship Behavior: A Meta-Analysis", *Journal of Applied Psychology*, Vol.92, No.1, 2007.

Sorenson, Georgia. "An Intellectual History of Leadership Studies : The Role of James MacGregor Burns", http://www.academy.umd.edu/publications/presdidental_leadership/so.(검색일 : 2006.4.7)

Thach, Elizabeth C., Thompson, Karan J. and Morris Alan. "A Fresh Look at Followership", *Institute of Behavioral and Applied Management*, 2006.

US Department of Defense, "Network-Centric Environment Joint Functional Concept", *Version* 1.0, 2005.

Vugt, Mark V. "Evolutionary Origins of Leadership and Followership", *Personality and Social Psychology Review*, Vol.10, No.4, 2006.

- Walker, Robert W. "A Summary of the Requisite Leader Attributes for the Canadian Forces", 2004, p.7. www.cda.acd.forces.gc.ca/cfl(검색일 : 2009.2.1)
- Wang, H. et al. "Leader-Member Exchange as a Mediator of the Relationship between Transformational Leadership and Followers' Performance and Organizational Citizenship Behavior", *Academy of Management Journal*, 48(3), 2005.
- Werner, W. "Auftragstaktic and Innere Fuhrung : Trademarks of German Leadership", *US Military Review*, 2002.
- Yukl, G. & Falbe, C. M. "The Importance of Different Power Sources in Downward and Lateral Relations", *Journal of Applied Psychology*, 76, 1991.